浦東歷代要籍選刊編纂委員會 編
李天綱 主編

馮氏畫識二種

［清］馮金伯 撰
陳旭東 朱莉莉 賴文婷 點校

復旦大學出版社

浦東歷代要籍選刊　編纂委員會

主　任　吳泉國

副主任　秦泉林　張　堅　柴志光　費美榮　楊　雋

委　員　丁麗華　朱峻峰　李志英　吳昊蘋　吳艷芳　吳憶福　杜　禕　沈樂平
金達輝　孟　淵　邵　薇　唐正觀　莊　崚　馬春雷　許　芳　陳長華
陳偉忠　張劍容　張建明　張澤賢　賈曉陽　梁大慶　景亞南　喬　漪
溫愛珍　趙鴻剛　盧　嵐　龍鴻彬

上海市浦東新區地方志辦公室
上海市浦東新區政協學習和文史委員會　**編**

主　編　李天綱

副主編　柴志光　陳長華　金達輝　許　芳　張劍容

總序

葛劍雄

改革開放以來，浦東以新區的設立和其日新月異的發展面貌聞名於世，而此前還只是一個附屬於上海的地名。但這並不等於浦東的歷史是從二十世紀九十年代纔開始的，更不意味着此前的浦東没有自己的文化積累。

由於今上海市一帶至遲在西元十世紀已將河流稱之爲「浦」，如使上海得名的那條河即爲上海浦，一條河的東面就能被稱之爲「浦東」。因而「浦東」可以不止一個，但只有其中依託於比較大的、重要的「浦」而得名的「浦東」，方能成爲一個專用地名，並且能長期使用和流傳。這個「浦」自然非黄浦莫屬。

廣義的浦東是指黄浦江以東的地域，自然得名于黄浦江形成之後，但在兩千多年前的秦漢時期已經開始成陸，此後不斷擴大。黄浦這一名稱始見於南宋紹興二十八年（一一五八），是指吴淞江南岸的一條曾被稱爲東江的支流。此後河面漸寬，到明初已被稱爲大黄浦。永樂年間經夏元吉疏浚，黄浦水道折向西北，在今吴淞口流入長江。正德十六年（一五二一），經疏浚後的吴淞江下游河道流入黄浦，此後，原在黄浦以東的吴淞江故道逐漸堙没，吴淞江成爲黄浦的支流，而黄浦成了上海地區最大河流。

南宋以降，相當於此後黄浦以東地屬兩浙路華亭縣。元至元二十九年（一二九二）析華亭縣置上海縣，此地大部改屬上海縣，南部仍屬華亭縣，北部一小塊自南宋嘉定十五年（一二二二七）起屬嘉定縣。在明代黄浦下游河道形成後，黄浦以東地的隸屬關係並無變化。清雍正三年（一七二五）寶山縣設立，黄浦東原屬嘉定縣的北端改屬寶山。雍正四年，黄浦以東地的大部分設置了奉賢縣和南匯縣。嘉慶十五年（一八一〇），以上海縣東部濱海和南匯北部置川沙撫民廳（簡稱川沙廳），民國元年（一九一二）建川沙縣。但上海縣的轄境始終有一塊在黄浦之東，寶山縣也有一小塊轄境處於高橋以西至黄浦以東，故狹義的浦東往往專指這兩處。

一八四三年上海開埠後，租界與華界逐漸連成一片，形成大都市。一九二七年上海設特别市，至一九三〇年改上海市，其轄境均包括黄浦江以東部分，一般所稱浦東即此。一九五八年至一九六一年一度設縣，即以浦東爲名。川沙、南匯二縣雖屬江蘇，但與上海市區關係密切，故仍被視爲浦東，或稱浦東川沙、浦東南匯。一九五八年二縣由江蘇劃歸上海市後更是如此。

改革開放後，浦東新區於一九九二年成立，轄有南市、黄浦、楊浦三區黄浦江以東地、上海縣三林鄉，川沙縣撤銷後全部併入。至二〇〇九年五月，南匯區也撤銷併入浦東新區，則浦東已臻名實相符。

故浦東雖仍有上海市域最年輕的土地，且每年續有增加，但其歷史文化仍可追溯一千多年。特別是上海建鎮、設縣以後，浦東地屬江南富裕地區，經濟發達，文教昌隆，自宋至清產生進士一百多名以及衆多舉人、貢生和秀才，留下大量著作和詩文。上海開埠和設市後，浦東作爲都市近鄰，頗得風氣之先，出現了具有全國影響的人物和著作。

據專家調查，浦東地區一九三七年前的人物傳世著作共有一千三百八十九種，其中收入四庫全書者十二種，列入四庫全書存目者十餘種，在小説、詩文、經學和醫學中均不乏一流作品。但其中部分已成孤本秘笈，本地久無收藏。大多問世後迄未再版，有失傳之虞。由於長期未進行搜集匯總，專業研究人員也難窺全貌，公衆不易查閲瞭解，外界更鮮爲人知。

浦東新區政府珍惜本地歷史文化，重視文化建設，滿足公衆精神需求，支持政協委員提案，決定由新區政協文史資料委員會和地方志辦公室聯合編纂浦東歷代要籍選刊。計劃以至少三年時間，選取整理宋代至民國初年浦東人著作一百種，近千萬字，分數十册出版。此舉不僅使浦東鄉邦文獻得以永續傳承，也使新老浦東人得以瞭解本地歷史和傳統文化，並使世人更全面認識浦東新區，理解浦東實施改革開放的內因和前景。

長期以來，流傳着西方人的到來使上海從一個小漁村變成了大都會的錯誤説法，完全掩蓋了此前上海由一聚落而成大鎮、由鎮而縣、由縣而設置國家江海關的歷史。這固然是外人蓄意誤導的結果，也是本地人對自己的歷史和文化瞭解不夠、傳播更少所致。浦東自改革開放以來，外界也往往只見其高新技術産品密集於昔日農舍田疇，巨型建築崛起於荒野灘塗，而忽視了此前已存在的千年歷史和鬱鬱人文。況新浦東人不少來自外地和海外，又多科研、理工、財經、企管、行政專業人士，使他們全面深入瞭解浦東的歷史文化，更具現實和長遠的意義。

我自浦西移居浦東十餘年，目睹發展巨變，享受優美環境，今又躬逢浦東歷代要籍選刊編纂出版之盛事，曷其幸哉！是爲序。

二〇一四年六月於浦東康橋寓所

主編序

地名：浦東之淵源

李天綱

「浦東」，現在作爲一個「開發區」的概念，留在世人的印象中。一九九〇年代，「浦東」是國內外媒體上出現頻率最高的詞之一。一九九三年一月成立上海市政府直屬地方銀行，以「浦東發展銀行」命名，可見當代「浦東」之於上海的重要性。一九九二年十月，上海市政府執行國家「浦東開發」戰略，以川沙縣全境爲主體，將上海縣位於浦東的三林鄉，當年曾劃歸楊浦、黄浦、南市等市區管理的「浦東」部分合併，設立「浦東新區」。二〇〇九年，上海市政府又決定將地處黄浦江以東的南匯區（縣）全境劃入，成爲一個轄境一千四百二十九點六七平方公里的副省級行政單位，高於上海的一般區縣。「浦東」，作爲一個獨立的行政區劃概念，以强勢的面貌，出現於當代，爲世界矚目。

「浦東」一詞出現得晚，但絕不是没有來歷。浦東和古老的上海、松江以及江南一起發展，已經有了上千年的歷史。固然，浦東新區全境都在三千年前形成的古岡身帶以東，所有陸地都是由長江、錢塘江攜帶的泥沙，與東海海潮的沖頂推湧，在唐代以後才形成的。上海博物館的考古隊，没有在浦東地區找到明以前的豪華墓葬。但是，這裏的土地、人物和歷史，與上海縣、松江府和江蘇省相聯繫，是江南地區吴越文明的繁衍與延伸。經過唐、宋時期的墾殖、開發和耕耘，浦東地區的經濟、社會和文化在明、清兩代登峰造極。川沙、周浦、横沔、新場這樣的鄉鎮日臻發達，絕非舊時的一句「斥鹵之地」所能輕視。

浦東新區由原屬上海市位於黄浦江東部的數縣，包括了川沙、南匯和上海縣部分鄉鎮重組而成。從行政統屬來看，浦東新區原屬各縣設立較晚。清代雍正四年（一七二六），從上海縣析出長人鄉，設立南匯縣；嘉慶十五年（一八一〇），由上海縣析出高昌鄉，南匯縣析出長人鄉，加上八、九兩團，合併設立川沙撫民廳，簡稱川沙廳。開埠以後，租界及鄰近地區合併發展，迅速成爲「大上海」，上海、寶山、川沙等縣份受「洋場」影響，捲入到現代都市圈。南匯縣則因爲離市區較遠，和川沙仍皆隸屬於江蘇省松江府。一九一一年，中華民國建立後，廢除州、府、廳建制，南匯縣歸江蘇省管轄，川沙廳改稱川沙縣，亦直屬江蘇省。一九二八年，國民政府在上海設立特別市，浦東地區原屬寶山、川沙縣的鄉鎮高橋、高行、陸行、洋涇、塘橋、楊思等劃入市區。一九三七年以後，日僞建立上海市大道政府、上海特别市政府，將川沙、南匯從江蘇省劃出，隸於「大上海市」。一九四五年抗戰勝利以後，國民政府恢復一九一一年建置，川沙、南匯仍然隸於江蘇省。一九五〇年，中華人民共和國公布省、市建置，以上海、寶山兩縣舊境設立上海直轄市。浦東地區的川沙、南匯兩縣，歸由江蘇省松江專員行政公署管轄。一九五八年十月，中華人民共和國國務院將浦東的川沙、南匯兩縣，及江蘇省所轄松江、青浦、奉賢、金山、崇明等五縣一起，併入上海市直轄市。此前，一九五八年一月，江蘇省嘉定縣已先期劃歸上海市管理。

「浦東新區」之前，已經有過用「浦東」命名的行政區劃，此即一九五八年到一九六一年設置的「浦東縣」。一九五八年，爲「大躍進」發展的需要，上海市政府在原川沙縣西北臨近黄浦江地區，設立「浦東縣」，躍躍欲試地要跨江發展，開發浦東。「浦東縣」政府設在浦東南路，轄高橋、洋涇、楊思三個鎮，共十一個公社，六個街道。一九六一年一月，因工業化遭遇重大挫折，上海市政府在「三年自然災害」中撤銷了「浦東縣」，把東部農業型「東郊」區域的洋涇、楊思、高橋等鄉鎮，劃歸到川沙縣管理。沿黄浦江的「東昌」狹長工業地帶，則由對岸的老市區楊浦區、黄浦區、南市區接手管轄。「浦東縣」在上海歷史上雖然只存在了三年，卻顯示了上海人的一貫志向。即使在一九五〇年代的極端困難條件下，仍然懷揣著「開發浦東」的百年夢想，只要有機會，就想幹一下。

現代的「大上海」，原來是從上海、寶山兩縣的土地上生長起來的。明代以前，上海、寶山仍以吴淞江（後稱「蘇州河」）劃界。吴淞江以北的「淞北」，屬寶山縣；吴淞江以南的「淞南」，屬上海縣。吴淞江是松江府之源，「松江」，原名就是「淞江」，「府因以名」。按明正德松江府志的説法，「吴淞江，後以水災，去水從松，亦曰松陵江」。水克火，木生火，「淞江」去「水」，從「木」爲「松江」，上海果然「火」了。清代以前，上海士人寫的方志、筆記、小説，以及他們的堂號室名，都用「吴淞」、「淞南」作爲郡望。一六〇七年，徐光啓和利瑪竇合譯幾何原本，在北京刊刻，便是署名「泰西利瑪竇口譯，吴淞徐光啓筆受」，自稱「吴淞」人。另外，清嘉慶年間上海南匯人楊光輔編淞南樂府，光緒年間南匯人黄式權編淞南夢影録，昆山寓滬文人王韜（一八二八—一八九七）作淞隱漫録、淞濱瑣話，採用「淞南」、「吴淞」之名説上海，可見明、清文人學士，都用吴淞江作爲上海的標誌。吴淞江是上海的母親河，而「黄浦江是母親河」，只是一九八〇年代以後冒出的無知説法。

明、清時期的黄浦是一條大河，卻不是首要的幹流。方志裏的「水道圖」，都把「吴淞江」置於「黄浦」之前。「黄浦」，一説「黄歇浦」的簡稱，僅是一「浦」，並不稱「江」。在上海方言中，「浦」大於河，小於江，如周浦、桃浦、月浦、上海浦、下海浦……黄浦流經太湖流域，水流較清，經閔行、烏泥涇、龍華等鎮，匯入吴淞江。吴淞江受到長江泥沙的影響，水流較濁，淤泥沉澱，元代以後逐漸堰塞。於是，原來較爲窄小的黃浦不斷受流，成爲松江府「南境巨川」。明代永樂元年（一四〇三），上海人葉宗行建議開鑿范家浜，引黃浦水入吳淞江，共赴長江。從此，江浦合流，黃浦佔用了吳淞江下游河道。黃浦江的受水量和徑流量，大約在明代已經超過吳淞江了。但是在人們的觀念中，黃浦江仍然没有吳淞江重要，經濟、交通和人文價值還不及後者。康熙上海縣志的「水道圖」，仍然把吳淞江和黃浦畫得一樣寬大。從地名遺跡來看，地處吳淞江下游的「江灣」，並非黃浦之灣，而是吳淞江之灣。同理，今天黃浦江的入口，並不稱爲「黃浦口」，依然是「吳淞口」。

黃浦江以東地區在唐代成陸，大規模的土地開發則是在宋代開始，於明代興盛。宋、元兩代，浦東地區產業以鹽田爲主，是屬華亭縣的「下砂鹽場」。從南匯的杭州灣，到川沙的長江口，「大團」到「九團」一字排開，團中間還有各「竈」的開設。聯繫各「竈」，設立爲「場」，爲當年的曬鹽場，「大團」、「六竈」、「新場」的地名沿用至今。隨著海水不斷退卻，海岸不斷東移，鹽業衰落，明代以後浦東地區便繼之以大規模的圍海造田，農業墾殖。早期的浦東開發，在泥濘中築堤、圍墾、挖河、開渠、種植，異常艱辛。爲了鼓勵浦東開發，元代至元年間的松江知府張之翰向中央申請減税，他描寫浦東人的苦惱，詩曰：「黃浦春風正怒號，扁舟一葉渡驚濤；諸君來問民間苦，何用潮頭幾丈高。」算是一位瞭解民間疾苦，懂得讓利培本的地方官。

隨著浦東的早期開發，以及浦東人的財富積累，「浦東」以獨特的形象登上了歷史舞臺。「黄浦江」的概念在清末變得重要起來，上海人的地理觀念由此也經歷了從「淞南—淞北」到「浦東—浦西」的轉變。至晚在明中葉，「浦東」一詞已經在上海人的日常生活中使用。萬曆上海縣志載：「由閘江而下，若鹽鐵塘，沈家莊，若周浦，若三林塘，若楊淄樓，此爲浦東之水也。」「閘江」，即後之「閘港」，在南匯境内；「鹽鐵塘」、「沈家莊」，今天已不傳，地域在南匯、川沙交界處；「周浦」、「三林塘」在川沙境内；「楊淄樓」在今「楊家渡」附近。「浦東」，顧名思義是東海之内、黄浦以東的廣大地區，是泛稱，非確指。明清時，因爲黄浦到楊樹浦、周家嘴匯入吴淞江，故「浦東」只指南匯、川沙地區，還没有包括當時在吴淞江對岸、屬寶山縣的高橋地區。歷史上的「浦東」一詞，只是方位，並非地名。同治上海縣志卷首「上海縣南境水道圖」中解釋：「是圖南起黄浦中界蒲匯塘，而浦東、西之支水在南境者並屬焉。」這裏的「浦東」，仍然僅僅是指示方位。通觀清代文獻，「浦東」一詞並没有作爲地名，在自然地理、行政地理的敍述中使用。

時至清末，「黄浦」的重要性終於超過「吴淞江」，同治上海縣志説：「（松江）一郡之要害在上海，上海之要害在黄浦，黄浦之要害在吴淞所。」黄浦取得了地理上的重要性，主要是它成爲中外貿易的要道，近代上海是從黄浦江上崛起的。一八四三年，上海開埠以後，華界的南市（十六鋪）和英租界（外灘）、法租界（洋涇浜）、美租界（虹口）連爲一體，在幾十年間迅速崛起，這一段河道，只屬於黃浦，不屬於吴淞江。更致命的是，一八四八年上海道臺麟桂和英國領事阿禮國修訂上海租地章程的時候，英語中把「吴淞江」翻譯成了「蘇州河」(Soo Choo River)，作爲英租界的北界。「蘇州河」以外灘爲終點，從此以後，吴淞江下游包括提籃橋、楊樹浦、軍工路、吴淞鎮的岸線，在現代上海人的心目中就專屬「黃浦」，「黃浦」由此升格爲「黃浦江」。囊括上海、寶山、川沙三縣的「大上海」，也正式地分爲「浦東」和「浦西」。「後殖民理論」的批評者，可以指責英國殖民者用「蘇州河」取代「吴淞江」，還捏造出一條「黃浦江」。但是，我們的解釋原理是既尊重歷史，也承認現實。從自然地理來看，原來用東西向的吴淞江，把上海分爲「淞南」、「淞北」，是一個局促的概念，確實不及用南北向的黃浦江分爲「浦西」、「浦東」更爲大氣與合理。地理上的重新區分，順應了上海的空間發展，以及上海人的觀念演化，更反映了上海的「近代化」。

認同：浦東之人文

浦東的地理，順著吴淞江、黃浦江東擴；浦東的人文，自然也是上海、寶山地區生活方式的延續與傳承。「開發浦東」是長江三角洲移民運動的結果。明清時期的上海，已經是一個移民導入地區，北方人、南方人來此營生的比比皆是。但是，當時的「浦東開發」，基本上是上海人民的自主行爲，具有主體性。四百多年前，歷史上最爲傑出的上海人徐光啓，就是浦東開發的先驅。徐光啓是上海城裏人，中國天主教會領袖，編農政全書，號召國人農墾。話説有一位姓張的北京人，是帝都裏最早的天主教徒，他「由利瑪竇手領洗，後來徐光啓領他到上海，在徐宅服務。不久，即在黄浦江邊墾種新漲出之地，因而居留焉」。京城的張姓移民，在徐光啓的幫助下站住腳跟，歸化爲上海人。徐光啓後裔徐宗澤在中國天主教傳教史概論中説，這塊灘地，就是現在浦東的「張家樓」。

元代黄巖人陶宗儀，因家鄉動亂，移民上海，「避兵三吴間，有田一廛，家於淞南，作勞之暇，每以筆墨自隨」，遂作南村輟耕録。松江府華亭（上海）一帶果然是逃避戰亂、修生養息、耕讀傳家的好地方。上海的一個神奇之處，就在於這一片魚米之鄉，還總有灘地從江邊、海邊生長出來，而且平坦肥沃，風調雨順，易於開墾。願意吃苦的本地人、外地人，都很容易在浦東獲得更多的土地，過上好日子。子孫繁衍，數代之後就成爲佔據了整村、整鎮的大家族。「朱、張、顧、陸」，史稱江東大族，浦東的衆姓分佈也是如此。南滙縣周浦鎮朱氏，以萬曆年間朱永泰一族的事跡最堪稱道。徐光啓没有及第之前，永泰曾請他來浦東教授自家私塾。徐光啓位居相位之後，召他兒子入京辦事，永泰居然婉拒。直到順治十六年，永泰的孫子朱錦在南京一舉考取南榜「會元」，選爲庶吉士。朱錦秉承家風，「決意仕途，優游林下」（閲世編），淡泊利禄，不久就致仕回浦東，讀書自怡，專心著述。浦東士人，因爲生活優裕，方能富而好禮。

浦東張氏，舉新場鎮張元始家族爲例。張元始爲崇禎元年進士，曾爲户部侍郎。滿洲入侵的關頭，他回到松江、蘇州地區爲支用短缺的崇禎皇帝籌集軍餉，調運大批錢糧，北上抗清。東林黨争，他「彈劾不避權貴」（閲世編），「性方嚴，不妄交游，留心經濟」（光緒南匯縣志）。浦東籍的士人，多有耿直性格。浦東顧氏，舉合慶鎮顧彰爲例。江南顧氏，傳説是西漢封王顧余侯之後，川沙顧氏則是明代弘治十八年狀元顧鼎臣家族傳人。顧鼎臣（一四七三—一五四〇），昆山人，位居禮部尚書，任武英殿大學士，明中葉以後家族繁衍，散佈在昆山、嘉定、寶山、川沙一帶。太平天國戰亂之後，江南經濟恢復，川沙人顧彰在村裏開設一家店鋪，額爲「顧合慶」。生意成功，周圍店家不斷開設，數年之内，幡招林立，成了市鎮，人稱「合慶鎮」。顧彰「開發浦東」有功，兩江總督端方請朝廷賞了顧彰的長子懿淵一個五品頭銜，顧彰的孫子占魁也被録取爲縣庠生。浦東陸氏，我們更可以舉出富有傳奇的陸深家族爲例。陸深（一四七七—一五四四），松江府上海縣人，高祖陸餘慶以上世居馬橋鎮，元季喪亂，曾祖德衡遷居到黄浦岸邊的洋涇鎮。這樣一户普通的陸姓人家，累三世之耕讀，到陸深時已經成爲浦東的文教之家。弘治十四年（一五〇一），陸家院内的一棵從不開花的牡丹，忽然開出百朵鮮花，當年陸深在南京鄉試中便一舉奪得「解元」。後來大名鼎鼎的昆山「狀元」顧鼎臣和陸深同榜，這次卻被他壓在下面。陸深點了翰林，做過國子監祭酒，也給嘉靖皇帝做過經筵講官，但接下來的官運卻遠遠不及顧鼎臣，只在山西、浙江、四川外放了幾次布政使。陸深去世後，嘉靖皇帝懷念上課時的快樂時光，也只給他加贈了一個「禮部侍郎」的副部級頭銜。不過，陸深給上海留下了一個大名頭：陸家宅邸、園林和墳塋地塊，在黃浦江和吴淞江的交界處，尖尖的一喙，清代以後，人稱「陸家嘴」。

浦東地區的南匯、川沙，原屬上海縣，這裏和江南的其他地區一樣，物産豐富，人物鼎盛，文教繁榮，産生了許許多多的世家大族。「朱、張、顧、陸」的繁衍，是浦東本地著名大姓的例子。事實上，外來移民只要肯融入上海，即使孤身一人，也能在浦東成家立業，樹立自己的家族。無錫華氏家族，元代末年有一位華嶽（字太行），因戰亂離散，來到上海，在浦東横沔鎮蘇家入贅。按本地習俗，人稱爲「招女婿」，近似於「打工仔」。然而，華嶽一表人才，並不見外，奮身於鄉里，他「風姿英爽，遇事周詳，一鄉倚以爲重」（轉引自吴仁安明清時期上海地區著姓望族）。這位「引進人才」在蘇家積極工作，耕地開店，帶領全村發家致富，族人居然允許他自立門户，用華氏名義傳宗接代。乾隆初年，華氏子孫「增建市房，廛舍相望」（南匯縣志·疆域·邑鎮），這就是浦東名鎮「横沔鎮」的起源。管窺蠡測，我們在浦東横沔鎮華氏家族的復興故事中，看到了明、清時期上海社會接納外來移民的良性模式。寄居浦東，入籍上海，認同江南，融入本土社會，這是外來者成功的關鍵。「海納百川」，是上海本地人的博大胸襟；「融入本土」，則更應該是外來移民的必要自覺。浦東人講：「吃哪里嗒飯，做哪里嗒事體，講哪里嗒閒話。」熱愛鄉土，服務當地民衆福祉，維護地方文化認同，如天經地義一般重要。

南匯、川沙原來都屬於上海縣，清代雍正、嘉慶年間剛剛分別設邑，爲什麽會在清末就有一個和上海「浦西」相對應的「浦東人」的認同發生？ 這是值得思考的問題。「浦東人」，就是明、清時期的「上海人」，他們在近代歷史上形成了一個子認同(sub-identity)。二十世紀開始，「浦東人」和黄浦江對岸的「大上海」既有聯繫，又有分別，大致可以用文化理論中的「子認同」來描述。十九、二十世紀中，浦東的地方語言，和上海市區方言差距拉大；浦東的農耕生活，和市區的大工業、大商業有些不同。儘管朱其昂、張文虎、賈步緯、楊斯盛、陶桂松、李平書、黄炎培、葉惠鈞、穆藕初、杜月笙等一大批川沙、南匯籍人士活躍於上海，但是「浦東」是他們口中念念的家鄉，「上海」是他們心中一個異樣的「洋場」，因爲「大上海」的文化認同更加寬泛。

清末民初時期，占人口約百分之十的上海本地人，接納了約百分之九十的外地人、外國人，這裏熔鑄出一種新型的文化。「華洋雜居，五方雜處」，現代上海人的認同要素中，不但包括了蘇州、寧波、蘇北、廣東、福建、南京、杭州、安徽、山東人帶來的文化因數，還有很多英國、法國、美國、德國、日本的文化因數。「阿拉上海人」，是一個較大範圍的城市文化認同(identity)；「我伲浦東人」則是一個區域性的自我身份(status)。熟悉上海歷史的人都知道，兩者之間確有一些微妙的差異。但是，這種不同，互相補充，互爲激蕩，屬於同一個文化整體。這種差異性，正說明上海文化的內部，自身也充滿了各種「多樣性」(diversity)，並非一個專制體。文化，是拿來欣賞的，不是用作統治的。上海的「新文化」，有過一種文化上的均勢，曾經對「五方」、「華洋」的不同文化加以欣賞。在這個過程中，浦東地區保存的本土傳統生活方式，是「大上海」的母體文化，支撑了一種新文明。無論浦東文化是如何迅速地變異和動盪，變得不像過去那樣傳統，但它卻真的曾以「壁立千仞，海納百川」的胸襟，接納過世界各地來的移民。它是上海近代文化(俗所謂「海派文化」)的淵源，我們應該加倍地尊重和珍視纔是。

傳承：浦東之著述

直到明、清，以及中華民國的初期，江南士人的身份意識仍然是按照鄉、鎮、縣、府、省的單位，一級一級，自然而然，由下往上地漸次建立起來的。日常生活中，江南士人都主動或被動以自己的地望作爲身份，如「徐上海」、「錢常熟」、「顧崑山」地交際應酬，不會只用一個「中國人」的表面身份來隱藏自己。只有當公車顛沛，到了「帝都魏闕」，或厠身擠進了「午門大閱」，沾上些許皇帝的虛驕，纔會偶爾感到自己是個「中國人」。儒家推崇由近及遠，由裏而外，漸次推廣的傳統人際關係，有相當的合理性。在此過程中，不同地域的人羣學會了尊重各自的方言、禮節、習俗、飲食和價值觀念，在一個「多樣性」的社會下生存。今天，「多元文化觀」在「國家主義」盛行的二十世紀，以及「全球化」横掃的二十一世紀，面臨著巨大的困窘。如何在當今社會發掘傳統，面對危機，重建認同，是一件很重要的事情。

二十世紀中，在現代化「大上海」的崛起中，上海地區的學者和出版家，一直努力將江南學術的優秀傳統，匯入「國際大都市」的文化建設，出版地方性的文獻叢書便是一種做法。一九三六年，負責編寫上海通志的上海通社整理刊刻了上海掌故叢書第一集十四種，後因「抗戰」、「内戰」發生，没有延續。一九八七年，華東師範大學出版社編輯影印了上海文獻叢書，共五種。一九八九年，上海古籍出版社標點排印了上海灘與上海人叢書，共二十三種。縣區一級的文獻叢書，有松江文獻系列叢書（上海社會科學院出版社，二〇〇〇年），共十二種；嘉定歷史文獻叢書（中華書局，二〇〇六年），線裝，二輯。在基層文化遺産保護前景堪憂的大局勢下，地方傳統文獻的整理出版工作倒是在各地區有識之士的堅持下，努力從事。上海浦東新區地方志辦公室的同仁們，亟願爲浦東文化留下一份遺産，編輯一套浦東歷代要籍選刊。復旦大學出版社憑藉獨有的學術組織能力和編輯實力，積極參與這一出版使命。這樣的工作，對開掘浦東的傳統内涵，維護當地的生活方式，發展自己的文化認同，都具有重要意義，無疑應該各盡其力，加以支持。

編纂浦東歷代要籍選刊，首要問題是如何釐定作者的本籍，將上海地區的「浦東人」作者挑選出來。清代中葉之前，現在浦東新區範圍内的土地和人民並不自立，當時並没有「浦東人」。但是，明、清時期江南地區的鄉鎮社會異常發達，大部分讀書人的籍貫，往往可以追究到鎮一級。爲此，我們在確定明、清時期的浦東籍作者時，都以鎮屬爲依據。那些或出生，或原居，或移居，或寓居在現在浦東地區鄉鎮的作者，儘管著述都以「上海縣」、「華亭縣」、「嘉定縣」標署，但隨著清代初年「南匯縣」、「川沙縣」，以及後來「浦東縣」、「浦東新區」的設立，理應歸入「浦東」籍。

例如：高橋籍舉人孫元化（一五八一——一六三二）追隨徐光啓，有著作幾何體用、幾何演算法、泰西算要等傳世。當時的高橋鎮在黄浦東岸，屬嘉定縣，孫元化的籍貫當然是嘉定。清代雍正二年（一七二四），嘉定縣析出寶山縣，孫元化曾被視爲寶山人。一九二八年，高橋鎮劃入上海特别市的浦東部分，從此孫元化可以被認定爲「浦東人」。陸深的浦東籍貫身份，也可以如此確定。明史本傳稱：「陸深，字子淵，上海人。」按葉夢珠閲世編・門祚記載，陸深科舉成功後曾移居上海城裏，居東門，稱「東門陸氏」。然而，陸深的祖居地及其墳塋，均在浦東陸家嘴，理當被視爲「浦東人」。相對於原本就出生在浦東地區的陸深、孫元化而言，黄體仁自陳「黄氏世爲上海人」（曾大父汝洪公曾大母任氏行實，收入黄體仁集），進士及第爲官後，即在城裏南門内擴建宅邸，黄家里巷命名爲黄家弄（黄家路）。另外，黄體仁的父母去世後，也安葬在西門外周涇（西藏南路）的黄家祖塋（參見先考中山府君先妣瞿孺人繼妣沈孺人行實），是地地道道的上海人。黄體仁之所以被認定爲浦東人，是因爲他在九歲的時候，爲躲避倭寇劫掠，曾隨祖母和母親在浦東避難，並佔用金山衛學的學額，考取秀才，進而中舉、及第。科場得意以後，他才回到上海城裏，終老於斯。明代之浦東，屬於上海縣，他甚至不能算是「流寓」川沙。然而，從黄體仁的曲折經歷，以及後來的行政劃分來看，他在川沙居住很久，確實也可以被劃爲「浦東人」。

選擇什麽樣的作者，將哪一些的著述列入出版，這是編纂浦東歷代要籍選刊的第二個難點。唐宋以前，浦東地區尚未開發，撰人和著述很少，可以不論。到了明、清時期，浦東地區開發有年，文教大族紛紛湧現，人才輩出，著述繁盛，堪稱「海濱鄒魯」，絶非中原學人所謂「斥鹵之地」可以藐視。按復旦大學古籍整理研究所近年來數篇博士論文的收集和研究，明、清時期上海浦東地區的著者人數，不亞於松江府、蘇州府其他各縣。據初步研究統計，清代中前期有著作存世的松江府作者人數共五百二十五人，其中華亭縣（府城）一百四十七人，上海縣一百二十三人，婁縣六十五人，青浦縣六十人，金山縣五十一人，南匯縣三十一人，奉賢縣二十二人，川沙縣二人，未詳二人。這其中，南匯、川沙屬於今天浦東新區，都是剛剛從上海縣劃分出來。以南匯縣本籍作者三十一人爲例，加上列在上海縣的不少浦東籍作者，這個新建邑城境内的文風一點不比其他縣份遜色。此項統計，可參見杜怡順復旦大學博士論文上海清代中前期著述研究。

明代天啓、崇禎年間，以松江地區爲中心，有「復社」、「幾社」的建立。那幾年，江南士人的文章風流和人物氣節，盡在蘇、松、太一帶。經歷了清代順治、康熙年間的高壓窒息，到乾隆、嘉慶年間，上海地區的文風又有恢復。順應蘇州、松江地區的「樸學」發展，「家家許鄭，人人賈馬」，這裏做考據學問的人也越來越多。因此，浦東學者也和其他江南學者一樣，在經、史、子、集的研究上下過功夫。易、書、詩、禮、樂、春秋的「經學」，二十四史之「史學」，天文、地理、曆算、農、醫、兵、雜、小説，詩文詞曲，釋、道教，「三教九流」的學問都有人做。在這樣豐富的人物著述中，挑選和編輯浦東歷代要籍選刊，是綽綽有餘，裕付自如。

浦東地區設縣（南匯、川沙）之後的二百年間，各類學者層出不窮。以清末學者爲例，周浦鎮人張文虎（一八〇八—一八八五）以諸生出生，專研經學，學力深厚，卓然成家。道光年間，他幫助金山縣藏書家錢熙祚校刻守山閣叢書，一舉成名。一八七一年，張文虎受邀進入曾國藩幕府，破格録用，負責「同光中興」中的文教事業。他刊刻船山遺書，管理江南官書局，最後還擔任南菁書院山長。張文虎學貫四部，天文、算學、經學、音韻學，樣樣精通。按當代南匯縣志的統計，他著有舒藝室雜著、鼠壤餘蔬、周初朔望考、懷舊雜記、索笑詞、舒藝室隨筆、古今樂律考、春秋朔閏考、駁義餘編、湖樓校書記和詩存、詩續存、尺牘偶存等著作，實在是清末「西學」普及之前少見的「經世」型學者。

一八四三年，上海開埠以後，浦東地區的學者得風氣之先，來上海學習「西學」，成爲中國最早的一批精通西方學術的學者。李杕（一八四〇——一九一一），名浩然，字問漁，幼年在川沙鎮從鎮人莊松樓經師學習儒家經學。一八五一年，李杕來上海，入徐家匯依納爵公學，學習法文、文學和科學。一八六二年加入耶穌會，一八七二年按立爲神父，一九〇六年繼馬相伯之後，擔任震旦學院哲學教授和教務長。李杕創辦和主編益聞報、格致彙報、聖心報等現代刊物，傳播西方科學、哲學和神學，著有理窟、古文拾級、新經譯義、宗徒大事録等，還編輯有徐文定公集、墨井集等。這樣一位貫通中西的複合型學者，在清末只有他的同班同學馬相伯等寥寥數人堪與之比。如果説明、清時期的浦東士人還是在追步江南，與蘇、松、太、杭、嘉、湖學風「和其光，同其塵」的話，那開埠以後的浦東學者在「西學」方面確是脱穎而出，顯山露水。

「且頑老人」李平書（一八五一——一九二七）是高橋鎮人，父親爲寶山縣諸生，太平天國佔領江蘇時以難民身份逃到上海。十七八歲時，纔獲得本邑學生資格，進入龍門書院學習。這位浦東學子聰明好學，進步神速，不久就擔任字林報、滬報主筆，在城廂内外宣導「改良」，開設自來水廠。一八八五年，經清廷考試，破格録用他爲知縣，在廣東、臺灣、湖北等地爲張之洞辦理洋務，樣樣「事體」做得出色，且一心維護清朝利益。李鴻章遇見他後，酸溜溜地説「君從上海來，不像上海人」，算是對他的肯定與表揚。李平書確是少見的洋務人才，他奉行「中體西用」，一手創建了上海城廂工程局、警察局、救火會、醫院、陳列所等。最後，他還從張之洞手中要到了「地方自治權」，擔任上海自治公所的總董（市長）。李平書在一九一一年辛亥革命高潮中轉而支持革命黨，可見「且頑老人」是一位深明大義的上海人——浦東人。在仍然提倡士宦合一、知行合一的清末，李平書也有重要著述，他的新加坡風土記、且頑老人七十自述、上海自治志都是上海社會變革的佐證。

浦東地區的文人士大夫，經歷了明清易代，又看到了清朝覆滅，還親手創建了中華民國，所謂「歷代」，愈來愈精彩，浦東人參與的歷史也愈來愈重要。孫元化、陳于階（康橋鎮百曲村）等浦東人，爲抗禦清朝獻出生命；李平書、黄炎培、穆湘玥一代浦東人，參與締造了中華民國；黄自、傅雷這樣的浦東人，爲中國的現代藝術做出了獨特貢獻；還有像張聞天、宋慶齡這樣的浦東人，厠身於中國的共産主義運動。這些浦東人都有著述存世，品類繁多，卷帙浩瀚，選擇起來頗費斟酌。我們以爲，刊印浦東歷代要籍選刊應該本著「厚古薄今」的原則，對那些本來數量不多，且又較少流傳的古籍，包括在上海圖書館、復旦大學圖書館收藏的刻本、稿本和鈔本，盡可能地借此機會搶救和印製出來，以饗讀者。至於在民國期間，直到現在經常用平裝書、精裝書形式大量出版的近現代浦東人的著作，則選擇性收入。

出版一部完善的地方文獻叢書，還會遇到很多諸如資金、體例、版式、字體、設計等人力、物力方面的問題。好在有浦東新區政協文史委員會和地方志辦公室的鼎力支持，復旦大學出版社的精心組織，加上全國和復旦大學歷年畢業的學者，以及相關專業的博士後、博士生的積極參與，浦東歷代要籍選刊一定能圓滿完成。受浦東新區政協文史委員會和地方志辦公室，以及復旦大學出版社的邀請，由我擔任本叢書主編，感到榮幸的同時，也覺得有不少責任。因教學、研究事務繁鉅，不能從事更多工作，但一定會承擔相應的策劃、遴選、審讀、校看和復核任務，做出一部能夠流傳、方便使用的文獻集刊，傳承浦東精神，接續上海文化。

二〇一四年八月十五日

暑假，於上海徐匯陽光新景寓所

浦東歷代要籍選刊　編纂凡例

一、地域範圍。選刊所稱之浦東，其地域範圍爲今黄浦江以東浦東新區和閔行區浦江鎮所屬區域。

二、人物界定。祖籍浦東並居住在浦東的人物，祖籍浦東但寓居於外地（包括今上海其他地區）的人物，長期寓居於浦東的外地籍（包括今上海其他地區）人物，其撰寫的著作均在選刊範圍之内。清初浦東地區行政設置前，人物籍貫以浦東地區鄉鎮爲準。

三、年代時限。所選著作的形成時間範圍，爲南宋至國民政府時期（一一二七—一九四九）。

四、選録標準。南宋至清嘉慶時期（一一二七—一八二〇）浦東人物所撰寫的著作原則上均予刊録；清道光至民國末年（一八二一—一九四九）浦東人物所撰寫的著作擇要選刊。本籍人士所撰經、史、子、集四部著作，或日記、年譜、回憶録等近代著述，不分軒輊，擇其影響重大者刊印。

五、編纂方式。依據古籍整理的通行規則，刊印文獻均用新式標點，直排繁體。選擇較早的底本，參照各本，並撰寫整理説明，編輯附録。除附書影外，凡有人物像和手跡者亦附録。尊重原著標題、卷次及文字，以存原始。

六、版本來源。所選各底本，力求原始。底本多據上海圖書館、復旦大學圖書館藏本，絕大多數著作爲首次整理和刊佈。

馮氏畫識二種

歸基題

馮氏畫識二種　整理説明

陳旭東

本書收録清人馮金伯所撰畫識二種，國朝畫識十七卷，墨香居畫識十卷。

馮金伯（一七三八—一八一〇），字冶堂，一字墨香，號岑南，又號墨香居士、華陽外史。南匯縣（今屬上海市）人。乾隆間貢生，官句容訓導。馮金伯生平履歷，史志所載極爲簡略，甚至多有牴牾，現稍作梳理，以見其概。

馮金伯生卒年，史無明載。其海曲詩鈔二集序[一]末題署「嘉慶戊辰（十三年，一八〇八）孟夏上澣，七十一翁馮金伯識」，據此上推，馮金伯當生於清乾隆三年（一七三八）。王作九先生稱馮金伯「生於清乾隆三年（一七三八），卒於清嘉慶十五年（一八一〇），享年七十三歲」[二]，當有所本。惜未能得見，附此待考。

[一] 海曲詩鈔十六卷補編一卷二集六卷，清馮金伯輯，民國七年（一九一八）國光書局鉛印本。

[二] 王作九：簡介南匯歷史上的著名詩選——海曲詩鈔，南匯縣政協文史資料工作委員會編：南匯縣文史資料選輯第十一輯第五五頁，一九九三年六月。

馮金伯之字號，記載多有不同。王昶國朝詞綜〔一〕二集卷四、湖海詩傳〔二〕卷四十二以及蒲褐山房詩話〔三〕均作「馮金伯，字墨香」。（嘉慶）松江府志〔四〕卷六十一本傳作「馮金伯，字南岑」。彭蘊燦歷代畫史彙傳〔五〕卷二據耕硯田齋筆記作「馮金伯字冶亭，號南岑」。盛大士溪山卧遊録〔六〕卷三「墨香居畫識」條下作「馮廣文金伯冶堂氏」。蔣寶齡墨林今話〔七〕卷六作「南匯馮墨香廣文金伯，字冶堂」。（光緒）南匯縣志〔八〕卷十五本傳作「馮金伯，號墨香」。秦祖永桐陰論畫三編〔九〕下卷作「馮墨香金柏」。清續文獻通考〔一〇〕卷二百七十五經籍考十九「墨香居畫識十卷，馮金伯撰」

〔一〕國朝詞綜四十八卷二集八卷，清王昶輯，清嘉慶七年（一八〇二）刻本。
〔二〕湖海詩傳四十六卷，清王昶輯，清嘉慶八年（一八〇三）刻本。
〔三〕蒲褐山房詩話一卷，清王昶輯，清鈔本。
〔四〕（嘉慶）松江府志八十四卷首二卷圖一卷，清宋如林修，清孫星衍等纂，清嘉慶二十三年（一八一八）刻本。
〔五〕歷代畫史彙傳七十二卷附録二卷，清彭蘊燦編，清道光刻本。
〔六〕溪山卧遊録四卷，清盛大士撰，清道光刻本。
〔七〕墨林今話十八卷續編一卷，清蔣寶齡撰，清咸豐二年（一八五二）刻本。
〔八〕（光緒）南匯縣志二十二卷首一卷末一卷，清金福曾等修，清張文虎纂，清光緒五年（一八七九）刻本。
〔九〕桐陰論畫三編二卷，清秦祖永撰，清光緒八年（一八八二）刻朱墨套印本。
〔一〇〕民國景十通本。

條下作「金伯字治亭，一字墨香，號南岑」。黄協塤海曲詩鈔三集〔一〕馮氏小傳作「馮金伯，字南岑，號墨香」。馮金伯著作卷前之題署，國朝畫識〔二〕、墨香居畫識〔三〕、詞苑萃編〔四〕等均作「馮金伯治堂」，海曲詩鈔作「馮金伯墨香」。葛嗣浵愛日吟廬書畫續録〔五〕卷六收録馮金伯幻園八景詩畫册，詩畫册末或署「馮金伯」，或「墨香」，或「墨香居士」，或「華陽外史」；鈐「馮金伯」「墨香」朱白文連珠方印、「墨香」朱文長方印、「南岑」朱文長方印等印章。凡此，除馮氏之自署外，友人王昶之記載當較爲可信，其餘多陳陳相因，徒增混淆。又，歷代畫史彙傳據耕硯田齋筆記作「馮金伯字治亭」，「亭」字或爲「堂」之訛？

馮金伯之仕履，史志記載亦多語焉不詳。（嘉慶）松江府志卷六十一本傳作「以例貢官句容訓導」，（光緒）南匯縣志卷十五本傳作「廩貢生，選用句容訓導」，均未明言爲何年貢生、何年任

〔一〕海曲詩鈔三集，黄協塤輯，民國七年（一八一八）國光書局鉛印本。

〔二〕國朝畫識十七卷，清馮金伯輯，清乾隆五十六年（一七九一）刻本。

〔三〕墨香居畫識十卷，清馮金伯撰，清嘉慶刻本。

〔四〕詞苑萃編二十四卷，清馮金伯輯，清嘉慶刻本。

〔五〕愛日吟廬書畫續録八卷，葛嗣浵撰，民國二年（一九一三）葛氏刻本

訓導。（光緒）續纂句容縣志〔一〕卷七秩官表列馮金伯於嘉慶朝：「馮金伯，南匯人，廪貢。」馮金伯海曲詩鈔自序言：「乾隆壬子（五十七年，一七九二），邑侯胡公聘修邑志，采訪諸君以詩文稿投局者，摘付小胥録之，積成巨册。乙卯（乾隆六十年，一七九五），攜至句容。」據此，馮氏似當於乾隆六十年（一七九五）赴任句容訓導，而獲得功名，則在此之前。

馮金伯家世無考。據葉鳳毛送馮生南岑游楚言，「況有白髮親，朝夕待羞膳」〔二〕，恐出身寒門。

馮金伯嘗師事葉鳳毛。葉鳳毛字超宗，號恒齋，葉映榴孫。能詩，善書畫。馮金伯稱其「所爲詩古文詞雋永超妙，真草深得晉人意，畫山水喜倣石谷，花鳥則橅南田。」〔三〕葉鳳毛曾與馮金伯論畫，載墨香居畫識，馮氏嘗有所得。又，馮金伯嘗爲葉鳳毛編輯生平詩作。葉鳳毛自言「門人馮南岑、子壻曹北居、姪孫方宣，爲余删存千有餘首，釐爲一十二卷」〔四〕。二者情誼可知。墨林今話言馮金伯「少即喜與同郡諸前輩游」，大概據此而言。唐述山言「君之覃精詩教也，始從

〔一〕（光緒）續纂句容縣志二十卷首一卷末一卷，清張紹棠修，清蕭穆纂，民國七年（一九一八）刻本。
〔二〕海曲詩鈔卷十二葉鳳毛條
〔三〕墨香居畫識卷一。
〔四〕墨香居詩話，海曲詩鈔卷十二葉鳳毛條。

葉恒齋先生游，親得其指授」，指出馮金伯潛心詩歌創作，深獲葉鳳毛傳授。

唐述山又言馮金伯「繼見賞於王述庵、姚姬傳兩先生」〔二〕。王述庵即王昶（一七二五—一八〇六），姚姬傳即姚鼐（一七三一—一八一五），二人年稍長於馮金伯，惜未見馮金伯與二人之交游詳情，僅知王昶曾爲馮金伯墨香居畫識作序，姚鼐曾題句容學博馮墨香小照〔三〕。此外，二人評馮金伯詩學成就，當即爲唐述山所言之「見賞」者。詳見下文。

乾隆三十八年至四十八年間（一七七三—一七八三），馮金伯游楚。墨香居畫識卷二王宸條下載：「王宸字紫凝，號蓬心。……以舉人補内閣中書，轉部曹，出爲湖北宜昌府司馬。予之游楚也，蓬心適在省委督錢局，遂首訪焉。」王宸出任湖北宜昌府同知，在乾隆三十八年（一七七

〔二〕黄協塤海曲詩鈔三集收録馮金伯詩前附録。

〔三〕詩言：「我於江寧城，始接馮君貌。蕭静有古韻，當座展圭瑁。固知其中異，清絶遠塵滓。而今對此圖，睇視目增眊。審知爲子真，指説賴前告。寫真自古難，神藝有深造。點睛加頰豪，用意孰能到。後世圖太多，往往雜仁虣。卷軸紛牛毛，題詠亂蟬噪。君實精六法，自摹山水樂。眢賢縑素遺，窮辨極窔奥。倉卒命俗工，胡亦同衆好。想處山澤儀，局以入黌校。士有笑吟披，莫乃分臂臑。學舍小如舟，請鄰仍祀竈。誰知曠世懷，天宇大哉聱。抑鬱無與言，寫圖寔寄傲。工拙固勿論，似否亦弗較。譬若影罔兩，等是無持操。又若太虚雲，約略狀旌纛。與古寫真意，迹本不同蹈。此理如不然，姑縱吾言耄。雨霽天欲霜，候迫風落帽。邀子野鶴態，試鼓青谿櫂。一醉酬廩秋，相對蘧然覺。」《惜抱軒詩文集詩集》卷五 6b，清嘉慶十二年刻本。

三）。至乾隆四十八年（一七八三）升任湖南永州知府，王宸官湖北十餘年。[一]「蓬心適在省委督錢局」，雖不知具體爲何年，馮金伯游楚在乾隆三十八年至四十八年間，則甚明。王宸係王原祁曾孫，善畫山水，「雖稍變家法，而蒼谷渾厚之氣自在」[二]。期間馮金伯與之書畫往來，親密無間。

游楚期間，馮金伯嘗寓武昌勺庭書院。[三] 乾隆四十年（一七七五），馮金伯主應城縣蒲陽書院，時張敔任應城知縣。[四] 張敔書畫「無一不精且敏」，兩位灑落人以書畫交，相得甚歡。墨林今話言：「之楚中，與王蓬心太守、張雪鴻大令交，時相往還，益深畫理。」即本於此。

馮金伯在楚，前後至少五年。墨香居畫識卷二徐傳毓條載：「徐傳毓，崑山人，官湖北武昌府通判。……余在楚五年，祇得其畫水仙一扇而已。」惜暫未查得徐傳毓任職湖北武昌府

[一] 王宸履歷，參見許雋超清代「小四王之一王宸生平仕履考」，杜桂萍主編，明清文學與文獻第二輯，黑龍江大學出版社，二〇一三．十二，第二九八—三〇六頁。

[二] 墨香居畫識卷二王宸條。

[三] 墨香居畫識卷二王仲條言：「曾相遇於楚省，邀至勺庭藏書所，觀其作畫。」釋寄塵條言「後予居勺庭」。卷三吴霽條載：「吴霽……嘗主湖北勺庭、江漢兩書院。及予游楚，寓勺庭，而先生已歸浙，未得相見。」

[四] 墨香居畫識卷二張敔條載：「乙未（乾隆四十年，一七七五）冬月，余主應城之蒲陽書院，雪鴻來攝邑篆，相見甚歡。……庚子（四十五年，一七八〇）冬，相遇於清江旅次。」

通判年份，無從據以推算馮金伯游楚之起迄年月。馮氏於乾隆四十年(一七七五)主應城蒲陽書院，至四十五年(一七八〇)别張敔於清江旅次，前後恰好五年，馮金伯「在楚五年」，或即指此。

然在此之前，馮金伯似已曾游楚。墨香居畫識卷二馮廣忠條載：「馮廣忠……與原任長蘆運使沈香灃先生友善，遂同至河南、江西，并來湖北。余之相遇於安陸府署也，在癸未(乾隆二十八年，一七六三)春，時年已五十外，而豪興不減。相處三載，最稱莫逆。乙酉(乾隆三十年，一七六五)四月，别於漢上。今聞猶客楚中也。」據此，馮金伯當於乾隆二十八年(一七六三)春之前入楚，乾隆三十年(一七六五)四月，仍在楚中。此後何時歸里，不得而知。此時馮金伯未及而立之年，居停安陸府署，訪友耶，或任僚佐之職耶？

馮金伯游楚，當如其師葉鳳毛所言，爲謀生故也。葉鳳毛送馮生南岑游楚言：「……丈夫志四方，無取故鄉戀。如鳥不出巢，飲啄賴誰薦？況有白髮親，朝夕待羞膳。餼廩既久虛，一官尚遲選。得爲入幕賓，庶慰倚門盼。將伯儻助予，歸來冀無晏。」該詩或作於馮金伯首次入楚前夕，是時馮氏正值當年。「餼廩既久虛，一官尚遲選」，概言馮氏取得廩貢出身，然而遲遲未得選官任職。爲一家生計，馮氏遂遠走他鄉，「得爲入幕賓，庶慰倚門盼」，無奈之餘，差可慰懷。而壯年入楚，或寓勺庭書院，或主蒲陽書院，大抵以教職糊口。

大約乾隆五十年（一七八五）前後，馮金伯回到故鄉。乾隆五十年仲春，訪沈映輝，〔一〕是年秋天訪周靄〔二〕。乾隆五十一年（一七八六）四月，曾至吴門平江書院〔三〕；仲夏，於嘉興拜見翟大坤〔四〕；八月，於水秀訪馮洽〔五〕。乾隆五十三年（一七八八），遊浙〔六〕。五十四年，訪余昂霄於湖州府歸安縣學舍〔七〕。所到之處，相與論詩作畫。墨林今話言「歸里後，又時出游武林、嘉禾及袁浦、維揚間」，蓋指此。

墨林今話又言金伯「交道愈廣，嗜好彌篤。所至搜訪，叙其人之大畧，刻畫識兩種，實有功於藝林不淺。」國朝畫識、墨香居畫識二書之刊刻皆在歸里後，爲實情。但二書的撰寫編輯，當在「歸里」前。

〔一〕「乙巳（乾隆五十年，一七八五）仲春，訪先生於楓涇里第。」見墨香居畫識卷二沈映輝條。

〔二〕「乙巳秋造其廬。」見墨香居畫識卷二周靄條。

〔三〕「丙午四月（乾隆五十一年），於吴門平江書院見斗泉之書。」見墨香居畫識卷三陳栻條。

〔四〕「余於丙午（乾隆五十一年）仲夏訪雲屏於護龍街畔。」見墨香居畫識卷三翟大坤條。

〔五〕「丙午（乾隆五十一年）八月，相晤於鴛鴦湖畔。」見墨香居畫識卷二馮洽條。

〔六〕「予於戊申（乾隆五十三年，一七八八）秋杪遊浙。」見墨香居畫識卷四錢維喬條。

〔七〕「余昂霄……今官湖州府歸安縣教諭。……余於己酉（乾隆五十四年，一七八九）夏訪松巖於學舍。」見墨香居畫識卷五余昂霄條。

馮金伯曾取周亮工讀畫録、馮仙湜圖繪寶鑑續纂、張庚畫徵録三書加以删繁正譌，參以各省通志、府州縣志及别集雜著，以世序前後編次爲十七卷（又説有補編二卷）〔一〕。成書後，因「恐固漏寡聞，搜羅未徧，庋閣有年，未敢付梓」〔二〕。墨香居畫識之撰寫，「但就髫年師事父事之人，以及壯歲游歷，萍蹤相值，或友其人而得見其畫，或見其畫而企慕其人，隨所欣賞，輒爲劄記」〔三〕，殆非一時之作。乾隆五十三年（一七八八）夏，馮金伯養病期間，得閒「略加詮次，先登梨棗」〔四〕。至乾隆五十六年（一七九一），馮金伯緫序刊國朝畫識行世。

乾隆五十七年（一七九二），馮金伯應知縣胡志熊之邀，與纂南匯縣志，次年志成。（光緒）南匯縣志本傳言「乾隆五十八年重修邑志，金伯實主其事」，乃實情。除了主事之胡志熊，主纂三人，吴省欽、吴省蘭負責「訂其譌闕」，姚左垣負責「釐定」工作，而編纂工作則爲分修負責，凡三人，馮金伯居首。〔五〕纂修邑志期間，采訪所得邑先賢詩文稿歸志局，馮金伯據以摘擇，鈔録成

〔一〕詳見國朝畫識自序。
〔二〕墨香居畫識自序。
〔三〕墨香居畫識自序。
〔四〕墨香居畫識自序。
〔五〕詳見（光緒）南匯縣志末附胡志熊序及纂輯姓氏。

冊，是當爲海曲詩鈔等書之編纂積累了大量原始資料。

乾隆六十年（一七九五）馮金伯出任句容訓導。張蘭言送馮墨香之官句曲贈言：「東風輕撲馬蹄塵，柳眼青青送畫輪。廿載申江尊國士，一朝句曲得詩人。地多山水何妨僻，官是師儒莫厭貧。取次春光歸講席，滿門桃李看重新。」[一]

此後十餘年，馮金伯長期擔任句容訓導一職。墨香居畫識卷四「郎福延」條下言：「七橋、蘇門均與潘明府郎齋相厚。乙丑（嘉慶十年，一八〇五），郎齋官句曲，兩人盤留公署，因得讀其詩兼讀其畫云。」可見，是時馮金伯還在句容官署出入。又，海曲詩鈔自序「嘉慶丙寅（十一年，一八〇六），小假歸里」，墨香居詩話載「今丙寅（十一年）秋，假歸過石筍里」[二]，王誠撰丙寅十月十九日墨香歸自句曲同黃碧塘顧舍留宿詩四首[三]等等，均記載了嘉慶十一年馮金伯由句容任上假歸之事。此任當依然是句容訓導。據（光緒）續纂句容縣志卷七秩官表所載，馮金伯接任者爲丹徒舉人何堅光，嘉慶朝兩任訓導，至道光四年（一八二四）三任該職，可見馮氏十餘年於此，非爲特例。

[一] 海曲詩鈔卷十五。
[二] 見海曲詩鈔卷六朱紹鳳條下。
[三] 見海曲詩鈔二集卷二王誠條下。

此十餘年間，除了短暫歸里省親訪友，馮金伯主要於訓導任上教書育人，閒暇仍與師友談詩作畫，或獨自整理撰著。嘉慶九年（一八〇四）秋編纂詞苑萃編二十四卷，次年書成。詞苑萃編自序言：「予向讀兹書（詞苑叢談），便惜其序次錯綜，屢欲重加排纂，匆匆未果。甲子（嘉慶九年）入秋後，枯坐小於舟，蕭然無事，思了此願。第家中書籍未能捆載而來，此間又無書可借，惟先將原書細爲整理，復就案頭所有，再爲補綴，因陋就簡，仍復不免比原書删者十之一，增者已十之三四矣。……手自繕寫，逾年而脱藁。」

嘉慶十一年，海曲詩鈔十六卷補編一卷成書，次年刊成。海曲詩鈔自序言：「乾隆壬子（五十七年，一七九二），邑侯胡公聘修邑志，采訪諸君以詩文稿投局者，摘付小胥録之，積成巨册。乙卯（乾隆六十年，一七九五），攜至句容，蕭齋無事，重爲抉擇，且細加考訂，毋令借材異地，自宋迄今幾及二百家，附以閨秀、方外，釐爲一十六卷。嘉慶丙寅（十一年），小假歸里，質之四峰、璧堂、秋山三君，俱蒙獎借。親友聞有此選，亦踴躍解囊，慫恿付梓。遂於丁卯（嘉慶十二年，一八〇七）三月開雕，至臘月而工竣。」從著手編纂至刊成，前後費時十五年，可興浩歎。

嘉慶十三年（一八〇八），海曲詩鈔二集六卷成書并刊行。海曲詩鈔二集序：「予編次海曲詩鈔將竣，諸相好又各以詩稿寄示，計得七十餘家。……予乃纂爲二集。」同年，序刊熙朝詠物雅詞〔一〕。熙朝詠物雅詞自序言：「曾葺宋元明三朝詠物詞爲一編，採擷未周，旋有熙朝樂府雅詞之役。……得詞七百餘首，釐爲十有二卷。」

據目前所知見，馮金伯生平事蹟可考之紀年，最遲爲熙朝詠物雅詞序所署之「嘉慶戊辰（十三年，一八〇八）長至後三日」，此後事蹟待考。馮金伯卒後，張廷桂輓詩曰：「樓閣仙山客夢孤，飄飄丹旐振江波。空教藝苑留煙墨，祇惜官借謄薜蘿。一代詞人三絕少，四朝詩友九原多。平生未識鍾期面，徒抱青琴作輓歌。」〔二〕所謂「三絕」者，蓋指馮金伯善詩、書、畫也。

關於馮金伯詩、書、畫之評價，（嘉慶）松江府志本傳謂馮金伯「工書善畫，山水倣北苑，氣韻生動。詩詞亦工」。（光緒）南匯縣志本傳亦言其「學優品飾，性耽風雅，工詩，兼善書畫，收藏頗富。」墨林今話評其書畫曰：「書法學米襄陽，畫宗北苑、巨然、梅道人，尤得其鄉董文敏墨趣。」王昶評其詩曰：「七古抒寫性情，遇方成璧，不主故常，而無不與古合，蓋於詩學深矣。」姚鼐言：「隨意抒寫，其意欲以韻勝，不屑以才力勝也。比之南宋，頗似石湖。精於繪事，故題畫詩頗佳，而絕句尤勝。」黃協塤言：「墨香先生之詩，從宋人入手，疏放似范石湖，雅潔似陸務觀。其五七

〔一〕熙朝詠物雅詞十二卷，清馮金伯輯，清嘉慶十三年（一八〇八）刻本。

〔二〕海曲詩鈔三集卷二張廷桂輓馮墨香。

言古體，則雄才奔放，大氣包舉，直足上薄眉山。」〔二〕均足資參考。

馮金伯生平著述等身，上文所舉，計有：國朝畫識十七卷（補編二卷），墨香居畫識十卷，海曲詩鈔十六卷補遺一卷二集六卷，詞苑萃編二十四卷，熙朝詠物雅詞十二卷。此外，經見諸家著録者尚有：

墨香居畫識前編，墨香居畫識例言：「繪事莫盛于國朝。從前畫譜固多遺漏，即名人題詠亦難徧及。其既未入國朝畫識，而是編又因年遠未載者，現在另輯墨香居畫識前編。」是否成書則不詳。

峯泖煙雲，（光緒）南匯縣志卷十二藝文志藝術類著録於國朝畫識、墨香居畫識後，且言「畫識見府志，此見徐鏞府志餘議」。

五茸遺話，（光緒）南匯縣志卷十二藝文志雜家類著録，「見府志餘議」。

海曲詞鈔，（光緒）南匯縣志卷十二藝文志詞曲類著録。

宋元明三朝詠物詞，熙朝詠物雅詞自序言「曾葺宋元明三朝詠物詞爲一編」，則當已成書。是否刊行則未詳。

〔二〕以上三人評介，見海曲詩鈔三集卷一馮金伯條下附録。

海曲文鈔，墨林今話：「嘗輯邑中詩文曰海曲文鈔、詩鈔，文鈔未及刻而遽歸道山矣。」

南村詞略，王昶國朝詞綜二集卷四著録。

墨香居詩話，或爲編纂海曲詩鈔時所作。黄協塤海曲詩鈔三集例言：「其有一二名句及佚聞本事，則另撰詩話紀之，蓋一遵馮氏初編成例云。」今海曲詩鈔及補遺録存墨香居詩話二十八則。以上各書，卷數均不明。

墨香居詩鈔十二卷，（光緒）南滙縣志卷十二藝文志别集類著録。（嘉慶）松江府志未著録卷數。以上各書，均未見傳本。黄協塤海曲詩鈔三集選録馮金伯詩作四十九篇凡六十八首，恐不及原書十之一二矣。其餘如王昶湖海詩傳、蒲褐山房詩話、國朝詞綜等書中，尚見輯存零篇斷簡，終難窺全豹。

馮金伯有一子三女。子名是蕙，號棉莊，善畫，早卒。墨香居畫識卷六翟繼昌條載：「雲屏（翟繼昌父翟大坤）與予年相若，趣相合，同有一子三女。……予兒是蕙學寫蘭竹，時作時輟，不克有成。」[一] 馮蘭因哭棉莊弟言：「三年不相見，予弟猝然亡。」「豪華一轉瞬，落拓廿年中。」「太息遺孤小，能知風木悲。」概言馮是蕙猝然辭世，時年二十，遺孤尚年幼。「書畫承家學，衣冠尚古

〔一〕墨香居畫識卷六翟繼昌條。

風。」「長物看垂盡，惟留詩卷叢。」則言其秉承家學，能詩善書畫。（光緒）南匯縣志卷十五馮金伯傳後附：「子家樹，號棉莊，亦能詩善書畫，尤工鐵筆，有印譜行世。」據此，家樹號棉莊者，當即指馮是蕙，家樹或爲其字。墨林今話：「（馮金伯）子是蕙，號棉莊，亦工山水、花鳥。」

一女名蘭因，字玉芬，長歸王正路，著有静寄軒詩鈔。常熟歸佩珊曾序其詩，於馮蘭因生平略有言曰：「夫人之學，得於庭訓者深。幼穎悟慧解，常出諸弟子外。長歸王。王故名家子，好五陵裘馬之游，視夫人之氣味閒澹不相得也，以故歸寧之日爲多。嗣墨香先生捐館，夫人遷居府南僻巷中，獨居一室，庭蒔雜花，左圖右史，書聲琅琅，鄰之聞之者疑是老諸生也。」馮氏年六十時尚在世，有六十自述詩。歸佩珊評其詩曰：「其旨潔，其品芳，其思靈，其學瞻，不拘拘於古人之形貌，而能得其精神。」〔二〕今静寄軒詩鈔未知存否，海曲詩鈔三集録存十七篇二十七首，吉光片羽，彌足珍貴。

此次整理，國朝畫識以清乾隆五十六年（一七九一）刻本爲底本，墨香居畫識則以清嘉慶間刻本爲底本，尚有幾點説明如下：

〔二〕海曲詩鈔三集卷九馮蘭因條下附録。

一、國朝畫識現存另有清道光十一年（一八三一）刻增修本及民國間中華書局聚珍版仿宋印本。增修本刻書者或作「雲間文萃堂」，或作「江左書林」。續修四庫全書所據本内封題「道光辛卯年增補」，堂號已挖去，餘「藏板」二字。比對乾隆五十六年（一七九一）初刻本，增修本似於原板上挖改、增補，而非新刻。此説又一例證是：增修本一如初刻本避乾隆帝諱，然不避嘉慶帝、道光帝諱，若爲新刻，殊爲難解。增修本何處挖改、何處增補，均未予説明。雖已對初刻本顯誤處改正一二，但仍有大量譌奪未予訂正，且又新增譌誤。如續修四庫全書本首有馮金伯自序、王昶及錢大昕序。自序實爲清唐岱繪事發微序[一]，民國排印本亦收録。王昶、錢大昕序第二葉錯換，不知是原本如此抑或影印時錯置。初刻本有馮金伯自序，增修本之僞序則不予收録。增修本前王昶序，春融堂集卷三十七已收録，題馮光文墨香居畫識序，是爲墨香居畫識而非國朝畫識所作甚明，今移置墨香居畫識書前。增修本之錢大昕序，錢氏潛研堂文集未收。錢序謂馮金伯「問序於余。余非知畫者，久之不能下筆，而墨香之請益勤」，遂作此序歸之。嘉定孝廉陳詩庭善畫，馮金伯曾言：「錢竹汀少瞻亦向予亟稱之。」[二]可見錢大昕自稱「非知畫者」實

[一] 繪事發微一卷，清唐岱撰，清乾隆刻本。

[二] 墨香居畫識卷十陳詩庭條。

爲謙辭，亦可見錢氏與馮金伯關係匪淺。馮金伯曾與錢大昕次子錢東塾書畫往來，事載墨香居畫識卷九。馮金伯與錢氏父子兩世交好，錢大昕又精於鑒賞書畫，且名滿天下，馮金伯向其請序，是情理中事。此次整理，故據增修本給予收録。

二、國朝畫識自序「濫觴於周櫟園讀畫録、馮沚鑑圖繪寶鑑續纂、張浦山畫徵録三書，竊爲之芟其繁、正其譌、銓次其世序之前後，復益以各省通志、府州縣志及名人詩文雜著」。經粗略統計，不計重複[一]，全書凡引用書籍約二百五十餘種，各省通志、府州縣志近七十種，詩文（含别集、總集及其小傳、詩話）一百二十餘種，畫史專著近三十種，筆記雜著三十餘種，另有族譜一種，單篇傳記、序跋十餘篇。此次整理，凡引用周亮工讀畫録、馮仙湜圖繪寶鑑續纂、張庚畫徵録及畫徵續録者，大多參校原書，所據各書版本爲：讀畫録四卷，清康熙十二年（一六七三）周氏烟雲過眼堂刻本；圖繪寶鑑續纂三卷，于安瀾編，上海人民美術出版社，一九六三年排印本；國朝畫徵録三卷附録一卷續録二卷，清乾隆四年（一七三九）刻本。其餘各書則未遑一一核對，若有所爰引，於首次出現時注明所據版本。馮金伯自序又言「博採羣言，不加評泊，間有舛誤，竊附數語於後焉」。據統計，全書約有按語七十八則。

[一] 如，江寧縣志與江寧志以一種計，施愚山集、施愚山文集、愚山先生集、歸愚文鈔餘集亦以一種計。

三、國朝畫識自序謂全書「釐爲一十七卷」，然墨香居畫識自序則謂「國朝畫識十有七卷，又補編二卷」。現存初刻本與增修本，均作十七卷。國朝畫識自序謂「計得畫家九百餘人」，墨香居畫識自序則言國朝畫識「計得畫人七百七十餘家」，相去甚遠。或以墨香居畫識登載七百七十餘家，誤爲國朝畫識所收。此次整理所得，凡立目一千〇二十三則，計一千〇五十二家，又附録四十六人，總一千〇九十八人。其中據增修本增補二十二人附録一人，分别是：卷一：潘訪岳、陸介祉、李莅、李文纘、楊德偉，卷三：周嗣憲、林樾、聞音、董守正，卷四：謝爲憲、盧宜、佘霔、張起宗，卷五：張琳，卷七：張錫璜、陳履斌、李能白、黄堅、俞笙、史榮，卷十二：沈映暉（弟承焕附）、汪士通。所增補者附於各卷末，并予説明。又，初刻本卷四周珽一人，增修本則删去。初刻本卷七史喻義一則，增修本移至卷五張琳後；卷九龔雲鵬移至卷十鮑鑑後。

四、國朝畫識各卷卷端原鐫「南匯馮金伯治堂纂輯」以及參訂者，今依例删去。各卷之參訂者録存於此，不没其實。凡：卷一：海陽吴晉進之；卷二：華亭錢東熙問山；卷三：嘉善黄繼祖秋山；卷四：同里于世煒煇山；卷五：吴江蒯嘉珍聘堂；卷六：南昌熊之垣楚香；卷七：吴縣袁廷檮綬階；卷八：華亭張與載甄山；卷九：長洲楊思恕蓉坡；卷十：長洲楊思永仁山；卷十一：新陽孔繼泰鄂莊；卷十二：嘉善朱景星助月；卷十三：長洲曹煊曉堂；卷十四：青浦釋覺銘慧照；卷十五：嘉善王點超葦村（原本墨丁，據增修本補）；卷十六：嘉善王根寧東圃；卷十七：嘉善郁維垣鶴汀（原本墨丁，據增修本補）。以上參訂諸人，墨香居畫識收録有：卷二：黄繼祖、朱景星、于世煒、孔繼泰；卷三：吴晉、釋覺銘；卷六：熊之垣，郁維垣。墨香居畫識各卷端署「南匯馮金伯治堂撰」一行，并删去。

五、國朝畫識自序言：「在昔陶宗儀紀畫分十三科，茲則山水、花卉、人物諸科合而爲一，惟寫真則另編焉。顧凝遠畫評有士大夫名家畫，名家之别即古人所謂士流、雜流也，茲則不廢雜流，而士流更爲詳悉，至方外、蘭閨則亦另編焉。」卷一至十二收録各家係「山水、花卉、人物諸科」，未予標識，而於卷十三卷端題「寫真」，卷十四題「方外一」，卷十五題「方外二」，卷十六、十七均題「閨秀」。今爲求體例一致，卷十三以下分科題署均删去。附此説明，亦可見其舊。

六、墨香居畫識爲撰著之作，所載爲馮金伯「髫年師事父事之人」，「以及壯歲游歷，萍蹤相值，或友其人而得見其畫，或見其畫而企慕其人，隨所欣賞，輒爲劄記」，所收者皆爲乾隆壬申至戊申（一七五二—一七八八）三十餘年中人〔一〕。乾隆五十三年（一七八八）「略加詮次，先登梨棗」。是爲初刻本，未見。今所見者爲清嘉慶間刻本（多著録作清道光刻本），避嘉慶帝諱，「琰」作「琰」，「炎」作「炎」，不避道光帝諱。嘉慶本所載者之行實，多有乾隆五十三年（一七八八）後

〔一〕 參見墨香居畫識例言。

者，如余昂霄（乾隆五十四年）、孫銓（嘉慶六年）、陳森（嘉慶九年）、郎福延（嘉慶十年）、賀隆錫（十二年），等等。蓋馮氏於乾隆五十三年後多有續增。此次整理所得，立目七百四十則，收録七百五十人，又附録二十九人，共七百七十九人。

國朝畫識、墨香居畫識諸舊刻，均非善本，魯魚亥豕之譌不勝枚舉，且有目無文，有文闕目，重收漏載，顛倒錯置，不一而足。此次整理，力求均予訂正，凡有改正，皆予説明。而避諱字及「己」、「已」之類顯誤者則徑改。異體字、俗字若不影響字意，則仍其舊，不求劃一。其餘各種詳情，於校注中一一説明。

此次整理，歷時年餘，自謂差可告慰墨香先生於九泉。然終因學力有限，新造舛誤之過則在我，敬請方家指正。

馮氏畫識二種　總目

國朝畫識

陳旭東　朱莉莉　整理

錢序〔一〕

清　錢大昕

昔米元章之論畫曰：「紙千年而神去，絹八百年而神去。」後之賞鑒家莫能易其説也。而華亭董文敏公非之，以爲「神猶火也，火無新故，神何去來？世近則託形以傳，世遠則託聲以傳。曹弗興、衛協輩，妙迹已絶，獨名稱至今，雖謂絹素之壽壽於金石可也，神安得去乎？」余蓋誦其言而韙之。夫古人以不朽之精神託於絹素，而絹素之有盡，不如聲名之無窮。然聲名之傳，又必藉紀載以永之。此謝赫、鄧椿、夏文彦諸人之大有造於古賢也。古畫多寫人物故事，惟取形似。至唐賢點染山水，乃有南北二宗。元四家出，氣韻生動，妙絶古今。明代得四家三昧者，文敏而外，不多見也。國朝婁東、虞山、毘陵諸大家，筆力雄厚，直入元四家之室，師友相承，風流未墜。百五十年來，精於六法者，幾於家握靈蛇矣。馮君墨香，生長文敏之鄉，而聞其緒論潑墨之暇，敘述當代畫家，由所見而溯所傳聞，名曰國朝畫識，凡若干卷，問序於余。余非知畫

〔一〕該序原本未收録，錢氏潛研堂文集亦未載，據增修補。

者，久之不能下筆，而墨香之請益勤。因誦文敏之言質之，未識與墨香撰述之旨有當焉否也？

嘉慶二年丁巳夏四月，竹汀居士錢大昕書於吳門紫陽書院之春風亭。

自序

國朝畫識一編，濫觴於周櫟園讀畫録、馮沚鑑圖繪寶鑑續纂、張浦山畫徵録三書，竊爲之芟其繁、正其譌，銓次其世序之前後，復益以各省通志，府、州、縣志及名人詩文雜著，自國初迄今，計得畫家九百餘人，釐爲一十七卷。其前之已載於佩文齋書畫譜者不重列也，其後之已入墨香居畫識者亦不復出也。在昔陶宗儀紀畫分十三科，兹則山水、花卉、人物諸科合而爲一，惟寫真則另編焉。顧凝遠畫評有士大夫名家畫，名家之别即古人所謂士流、雜流也。兹則不廢雜流，而士流更爲詳悉，至方外、蘭閨則亦另編焉。朱景元畫録、王穉登丹青志，均有神妙能逸之稱，兹則博採羣言，不加評泊，間有舛誤，竊附數語於後焉。夫繪畫之事，藝事也；識畫之書，識其小焉者也。然而臺閣名賢、山林韻士沐聖藻之榮光，被熙朝之雅化，其風流文采照耀於翰墨間者，於是編亦略可想見矣。乾隆辛亥季秋朔日，雲間馮金伯書於山塘楊氏之雙清閣。

國朝畫識

范　纘（一八九）李　巒（一九〇）
戴　峻（一九〇）吴　求子正附（一九一）
鄭　蘭（一九一）吕　學（一九一）
鄒　溶（一九二）周　復（一九二）
許宗渾（一九二）朱　鈐（一九二）
韓李思（一九二）張　竹（一九三）
王　石子琨附（一九三）
孫西顥（一九三）夏　維（一九三）
朱　軾（一九三）董公慶（一九四）
方　乾（一九四）周　度弟復附（一九四）
姚　節（一九四）成　兖（一九四）
王　遐（一九五）黄　鼎（一九五）
温　儀（一九六）王敬銘（一九六）
李爲憲（一九七）金永熙（一九七）
曹培源（一九七）華　鯤（一九八）

趙　曉（一九八）唐　岱（一九八）
王　昱（一九九）李又紘（二〇〇）
杜亮采（二〇〇）周　霽（二〇〇）
許　慧（二〇〇）黄　彭（二〇一）
王　雋（二〇一）吕　佐（二〇一）
黄　松（二〇二）沈　治（二〇二）
龔　振（二〇二）葉自堯（二〇二）
張　然（二〇二）董建中（二〇三）
焦秉貞（二〇三）葉　洮（二〇三）
鮑　濟姪蘭附（二〇三）
姚敏修（二〇四）茅　瀚（二〇四）
陸　榮（二〇四）蒲　穀（二〇四）
陳　炳（二〇四）金　曜（二〇四）
馬　驤（二〇五）程　琳（二〇五）
許允中（二〇五）

國朝畫識卷一

王時敏

王時敏字遜之，崇禎初以蔭歷太常，奉使楚閩，餽遺一無所受。入國朝，杜門稽古，益工詩文，兼精隸書，畫法爲海内所珍。（江南通志）

先朝論畫，取元四家爲宗。石田山人後，董宗伯爲集其成，而奉常略與相亞。當其搜羅鑒別，得一秘軸，閉閣凝思，瞪目不語，遇有賞會，則遶牀狂叫，拊掌跳躍。於黄子久所作，早歲遂造閫奥，晚更薈萃諸家之長，陶冶出之，解衣盤礴，格高神王，追古人於筆墨畦逕之外。（吴梅村文集）

太常公風流宏長，巋然爲江左文獻，尤擅場六法，寸縑尺素流傳海外。世之論者以比黄公望，而年壽亦如之。此非煙雲供養不能。（蠶尾集）

煙客儀度醖藉，儒雅風流。寫山水得宋元標格，蓋恒與思白、眉公揚搉畫理，故啓發爲多。（無聲詩史）

惲南田壽平詩：「共説癡翁是後身，長綃零亂墨華新。蟻觀一世操觚客，虎視千秋繪苑人。」

自註：「先生於宋元諸家無不研精兼擅，尤于癡翁稱出藍妙手。」毘陵六逸詩鈔

太原王時敏，相國文肅公錫爵孫，翰林衡子也。資性穎異，淹雅博物，工詩文，善書，尤長八分，而於畫有特慧。家本富於收藏，及遇名蹟，不惜多金購之。嘗擇古蹟之法備氣至者二十四幅爲縮本，裝成巨册，載在行笥，出入與俱，以時模楷，故凡布置設施、鉤勒斫拂、水暈墨彰，悉有根柢。以蔭官至奉常，然淡於仕進，優游筆墨，嘯詠煙霞，爲國朝畫院領袖。平生愛才若渴，故四方工畫者踵接於門，得其指授，無不知名於時，海虞王翬其首也。卒年八十有九。畫徵録

西廬老人，法本一峯，妙於用筆。作松枝、樹幹，層層皆有法度；山脚、平坡、側壁，脈理井井。肆而能醇，熟不病，恬大家氣象，故應獨冠本朝。葉恒齋庚子書畫評

王　鑑

王鑑，字元照，太倉人，弇州先生孫也。弇州鑒藏名蹟，金題玉躞，不減南面百城。鑑披閱既久，神融心會，領略爲深。其舐筆和墨，蓋有源流矣。無聲詩史

瑯琊王鑑，精通畫理，摹古尤長。四朝名畫，見輒臨橅，務肖其神而後已。故其筆法度越凡流，直追古哲，而於董、巨尤爲深詣。元照視太原煙客爲子姪行，而年寔相若，互相砥礪，竝臻其妙。世之論六法者，以兩先生有開繼之功焉。知言哉！畫徵録

圓照善畫山水，運筆出鋒，用墨濃潤，樹木蓊鬱而不繁，邱壑深邃而不碎，氣運得烘染之法，皴擦無自撰之筆。圖繪寶鑑續纂

吴偉業送王元照詩：「始興公子舊諸侯，丹荔紅蕉嶺外遊。席帽京塵渾忘却，被人强喚作廉州。」「朔風歸思滿蕭關，筆墨荒寒點染間。何似大癡三丈卷，萬松殘雪富春山。」自注：「王善書畫，弇州先生孫，偶來京師，舊廉州守也。」吴梅村集

董文驥和吴學士送王元照還山詩：「故國重來客薊門，宣和遺跡已無存。白頭只索丹青引，文采風流舊子孫。」微泉閣集

王文簡士禛題元〔一〕照小畫：「瑯琊家世鳳麟洲，翰墨人間第一流。松勢高低疑鸛啄，溪光參伍學鷺頭。扶节名岳雲峯細，放鶴空亭雪棧幽。白首奉常今又死，買絲重擬繡廉州。」漁洋集

程正揆

程正揆，字端伯，號鞠陵，又號青谿道人，孝感人。崇禎辛未進士，名正葵，選翰林。入國朝，改正揆，官至少司空。善山水，初師董華亭，得其指授。後則自出機軸，多秃筆，枯勁簡老，設色穠湛。余宬賞其水墨竹石一圖，作兩枯樹，一濃一淡，極意交插，而疎柯勁榦，意致生拙，脱

〔一〕「元」，原作「圓」，據漁洋續詩改，原作題王元照仿宋元人小畫爲牧仲比部作見帶經堂集卷三十五，清康熙刻本。

盡畫習。潑墨作巨石於下，亦有別趣，元人妙品也。（畫徵録）

青溪道人書法師李北海，而丰韻蕭然不爲所縛。嘗欲作卧遊圖五百卷，十年前予已見其三百幅矣。或數丈許，或數尺許，繁簡濃淡各極其致。然矜貴不肯輕以與人，惟於石和尚無所悋耳。張瑶星云：「長康、右丞諸公，皆以士夫作畫，故皆能造入神妙。宋時畫學猶分士流、雜流，俱令治大小經，仍讀説文、爾雅、文言、釋名等書，宜其下筆不苟也。子畏學畫於東村而勝東村，直是胷中多數百卷書耳。此事固當讓青溪獨步矣。」（周櫟園讀畫録）

先生敏而多能，善屬文，工書畫，意有所到，援筆立成，若風雨集而江河流也。四方之人，造請者無虚日，一一應之，無所靳惜。是時董宗伯思白爲風雅師儒，先生折節事之，虚心請益，董公亦雅愛先生，凡書訣畫理，傾心指授，若傳衣鉢焉。（無聲詩史）

唐宋元明以來，士大夫詩畫兼者，代不數人。青溪先生晚出，兩俱擅場，詩與畫皆登逸品。予昔爲周櫟園侍郎題先生畫山水云：「琴中賀若誰能解，詩裏淵明子細尋。古木蒼山數茅屋，青溪遺老歲寒心。」（蠶尾文）

程青溪六法神妙，駕軼前人，氣骨高老，具巖廊邱壑之致。（江寧府志）

端伯於甲申後卜居於江寧之青谿，自號青谿道人。順治丁酉挂冠歸，優游於栖霞、牛首之間，蕭然高寄，時以詩畫自遣。（江寧縣志）

吳偉業

吳偉業，字駿公，號梅村，太倉人。前明崇禎辛未進士，廷試一甲二名。國朝官至祭酒。博學工詩，名滿區宇。山水得董、黄法，清疎韶秀，風神自足貴也。與董思白、王煙客等友善，作畫中九友歌以紀之。畫徵録

吳祭酒不多爲畫，然能萃諸家之長而運以己意，故落筆無不可傳者。北海孫寶仍題曰：「吾師風流文采，照映海内，其秀如廬岳千尋，其遠如蜀江萬里。閲此一往，如侍顔色。」毛卓人題：「婁江秋雨聽潺湲，東澗西田自往還。此中招隱無人到，叢桂風生月滿山。」楊大鶴題：「野橋流水樹深深，獨看雲峯曳杖尋。忽聽上方鐘磬落，空山何處有知音？」讀畫録

王　鐸

王鐸，字覺斯，孟津人。天啓壬戌進士，入翰林。南都再造，召入内閣。後仕國朝，官至尚書。謚文安。性情高爽，偉軀幹，美鬚髯，見者傾倒。博學好古，工詩古文。書法有擬山園石刻，諸體悉備。畫山水宗荆、關，邱壑偉峻，皴擦不多，以暈染作氣，傳以淡色，沈沈豐蔚，意趣自別。嘗與戴嚴犖書云：「畫寂寂無餘情，如倪雲林一流，雖略有淡致，不免枯乾尫羸，病夫奄奄氣息，即謂之輕秀，薄弱甚矣，大家弗然。」又云：「以境界奇創，然後生以氣暈乃爲勝，可奪造化。」其持論如此。間作花草，亦超脱名貴。畫徵録

孟津賦性高爽，偉幹修髯，尤精史學。行草書宗山陰父子，正書出自鍾元常，雖模範鍾王，亦能自放胷臆。所繪蘭竹梅石，灑然有象外意。無聲詩史

戴明説

戴巖犖者，滄州人，名明説，字道默，巖犖其號也。崇禎甲戌進士。善山水、墨竹。國朝官至尚書。畫徵録

滄州戴公，工文章，善書畫，爲詩深渾奇峭，超邁絶倫。洊登三事，再世侍中，父子俱列臺閣，賜召見，給筆札，丹青墨寶，照耀殿壁。吴梅村集

戴巖犖善畫墨竹，飛舞生動。其飄舉之筆，大得吴仲圭法。圖繪寶鑑續纂

方大猷

方大猷，字歐餘，號唵藍，烏程人。崇禎丁丑進士。仕國朝，官至山東巡撫，以事鐫級爲河道。山水學董，間爲倪、黄，多濕筆。嘗畫河灘小景，題曰：「十二載河干，只記得者个。」工書，善詩，河南考城最多其蹟。畫徵録

王崇簡

王崇簡，字敬哉，宛平人。官大宗伯。善米氏雲山。畫徵録

王宗伯晚年遊情翰墨，命筆之際不落窠舊，真右丞逸致衣缽。圖繪寶鑑續纂

墨香按：敬哉係崇禎癸未進士，著有青箱堂集。

鍾　諤

鍾諤，字一士，益都人。崇禎癸未進士。仕國朝，官至觀察。山水宗王右丞，邱壑嚴整，布置得宜。圖繪寶鑑續纂

胡貞開

烏程胡貞開，字循蜚，號耳空居士。善畫石，宋漫堂極稱之。所居有未山堂，邱壑皆自點綴。以孝廉起家，官至參政。畫徵録

瑟菴性喜任俠，旁通藝流諸術。每雄談，四座爲辟易。己卯舉於鄉，會遭鼎革，自甘放廢。開府張公物色之，辟至軍門備參謀，尋授湘東司李，有惠政。未幾告歸。畜聲伎，與人言雜詼諧調笑，自稱耳空居士。工書，愛畫石，爲文絶類蘇長公。今世説

耳空居士工詩能文，長於畫石，每幀必自爲題識，并善山水。嘗有句云：「緑蕉新雨無人到，閑倚書窗紀舊游。記得潯陽江上宿，匡廬天半晚來秋。」墨林韻語

胡循蜚性嗜畫石，得南宫之法，故欵題有本。圖繪寶鑑續纂

王含光

王含光，字鶴山，山西人。崇禎辛未進士。仕國朝，官至參政。善山水，脱略冠冕，寓興筆

墨。圖繪寶鑑續纂

張　恂子湛附

張恂，字稚恭，涇陽人。先世以業鹺家江都。崇禎癸未成進士。天才雋邁，肆力於詩古文詞，兼工畫筆。江南通志

張舍人稚恭，詩文雄視一切，尤好作畫。晨夕與程邃處士往來，故初年畫與穆倩莫辨。後自變以己意，尤有雄渾之致。子湛，字水若，亦能畫。稚恭自塞外歸，家既破，以賣畫自給，張一小箋示人，曰一屏值若干，一箑一幅值若干。人高之。讀畫録

程正揆題稚公畫册：「三秀於厚重見秀峭，稚公於秀峭見厚重，此能以山水爲性情，以性情爲筆墨者。噫！此道遠矣。」程青溪集

葉蒼巖映榴與稚恭書：「畫家三品，氣韻爲神，超凡爲妙諦。觀佳製，二者兼之。昔范仲立遊秦，得山之骨法；董北苑多畫江南山水，幽情婉思，意外筆前。先生手握華蓮，目空江水，宜乎吮筆落紙無際可尋耳。雖偷荒不知至理，而寶此墨香，重於拱璧矣。」葉忠節公遺稿

張稚恭善山水，喜用枯筆皴。圖繪寶鑑續纂

周世臣

周世臣，字穎侯，宜興人。崇禎庚辰進士，就選得太康令，尋改漢陽尹，以譏議銓法忤冢宰，

免歸。游武林，晤藍田叔，因究心繪事。後起爲興化司理，公餘惟事吟詠，而於黄石齋太史尤所服膺，互相倡和。既而擯跡杜門，惟以盤礴遣興，屢空晏如也。游屐所至，人得其渲染以爲珍寶。寔菴陳太史爲予言：「穎侯畫，近益精進。」無聲詩史

周進士世臣，生平筆墨澹遠，方袍道服，不異苦行僧。最精粉繪，矜慎不妄作，自娱而已。後以蜚語株連論死。予有懷舊詩云：「斷紈零墨總離披，董巨荆關作本師。至竟稽康東市日，琴聲日影不勝悲。」陳維崧湖海樓集

墨香按：圖繪寶鑑作：「周世沛字允侯，進士，山水師藍田叔。」應是世臣之誤。

呂　潛

呂潛，字孔昭，遂寧人。崇禎癸未進士，官行人。善花草，用筆放縱而不越矩矱，神氣清朗可貴。性曠達，淡於仕進，入國朝遂不出，以詩畫娱老。畫徵録

孔昭，大器子，亂後僑居泰州，號半隱，又號石山農。有懷歸堂、守閑堂、課耕樓三集。集中望江一絶，漁洋極賞之。兼工書畫，爲時所重。笠亭詩話

余正元

余正元，字中山，睢州人。崇禎癸未進士。官清河縣令僅七日，流賊變，懷印去。居州東北郊，署其門曰「青苔日厚」。開鶴林社，造就後學。足跡不入城市，自號雪崖樵者。善草書。山

水自寫胸臆，雖不入格，而意趣自雅。〈畫徵録〉

姜思周

姜思周字周臣，嘗游京師，時關仲通以畫名，師事焉。與同郡藍瑛各拈疋練數丈，相戒止寫獨樹高柯，勿用竹石映帶。嘗寫梧桐，落筆數葉，得秋風晨露之致，見者以爲神品。自號花酒頭陀。〈錢塘縣志〉

姜封翁思周，抱瑰異才，入京師無所遇，縱於酒，縱於畫。山水花卉皆多奇致，醉後逞筆，尤英英自異也。人索其畫者不恒得，或怒駡人曰：「若輩安足知我畫！」顧酒錢乏，則又急作一二幅與裝潢人郭華陽，郭則跪進酒資。酒資既足，復傲睨不肯爲人作，或怒駡人如故，以故其畫益貴重。至其子真源公以進士爲名侍御，公之畫益不可得見矣。〈讀畫録〉

姜周臣善畫山水，得石田之遺意。下筆老健，陰晴濃淡，煙雲縹緲，亦云得法。又善牡丹，鈎勒、設色俱佳。〈圖繪寶鑑續纂〉

張學曾

爾唯太守學曾，又號約菴，山陰人。畫倣董北苑。辛卯秋，爲予作數幅，極爲程青溪所賞，題云：「此道寥寥，得其解者，維約菴吾友差足與語，不復多見矣。是幅筆意從江貫道來。」曹秋岳題云：「筆勢空蒼，吐納北苑，不作元人佻薄氣。櫟公雖博賞諸家，終以爲正法眼藏。」吴梅村題：「請看韋白新詩句，能作蘇州刺史無？ 爾唯名家老輩，晚得吾鄉一郡，論者并其畫訾謷之。即此幅真迂倪畫脈，蕭疎簡遠，移入詩中，可入香山、蘇州兩廡，而見怪流俗，殊可笑也。」讀畫録

張爾唯由中書出仕吳郡太守。自幼好書畫，重交游，凡有技能者莫不友善。書學蘇長公，畫倣元人筆。圖繪寶鑑續纂

林之蕃

林之蕃，字孔碩，號涵齋，閩縣人。崇禎癸未成進士，授嘉善令。自幼喜畫山水，落筆蒼潤，韻致更自蕭疎。其爲吏清廉有聲，惟知奉公潔己，不善逢迎上司，遂爲鹺使者所劾，竟拂衣歸。一瓢一衲，寂隱山中。因寫山水一幅，寄余同邑荆毅菴，蓋其同門友也。煙雲潑墨，點染精工，上題絶句曰：「與君隔别幾經秋，雲水無緣接舊遊。若問故人生計在，石田茅屋隱山邱。」亦足想見其詩中有畫矣。無聲詩史

萬壽祺

萬壽祺，字年少，徐州人。中庚午南闈鄉試，有時名。嫺爲詩古文詞，皆雋永秀拔。頗精篆刻，得漢人章法，隨事賦形，不假配搭，去柳葉、鐵線、急就、爛銅諸習。行楷遒逸，有鸞鶴停峙之概。畫士女，作唐裝，楷模周昉，不必艷冶明媚，得静女幽閒之態。山水林石，隨意點染，夐然出塵。其筆墨甚自矜惜，無所操而求，與操約而求奢者皆不應，曰：「吾效唐子畏，閒來寫就青山

賣，不使人間作孽錢也。」甲乙之後，儒衣僧帽，往來吳楚間。無聲詩史

萬壽祺由選貢中鄉試，五上公車不第。築室袁公浦，博覽羣書，明曆法，通禪理，吟詠無虛日。有隰西、内景諸集。書畫俱精工絶倫。江南通志

萬年少自詩文書畫外，琴棋劍器，百工技藝，細而女工刺綉，觕而革工縫紉，無不通曉。唐叔升歎謂：「我輩十指雖具，乃如縣搥。若是何種慧性，一能至此！」今世説

許　儀

許中翰子韶儀，無錫人。舅氏李采石者，工繪事，子韶一見，欣然窮其技，多軼出其上。工山水，而於花草蟲魚之屬尤極精致。范質公先生嘗言：「子韶畫花能香，畫鳥能聲。」米友石亦頗重之。余在閩，從有介見子韶畫。抵雲門，晤堵芬木，托爲購之。君特遣使至雲門，頃復破關訪予於青溪。所得君畫，亦頗滿志。君好神仙家言，工篆籀、圖章，稱能品，尤通醫。所著詩集甚夥。己酉冬，客死閩之劍津。讀畫録

許子韶曾爲明季中書，山水、人物、界畫、花鳥，無一不善。其没骨點綴杏花紫燕，脂粉鮮艷，開染嬌媚，得徐熙之法。亦能寫照。圖繪寶鑑續纂

子韶資禀英敏，襟懷灑落。精篆籀。寫花鳥，神采奕奕，宛若生動。其欵下印章，以手畫成，亦絶技也。無聲詩史

許儀工詩，又善畫，尤精於花鳥。年七十一卒。儀好鶴，稱鶴影子，又自號歇公。著有鶴槎詩稿。崑新合志

子韶服道有年，嘗棄人間事，閉閣學仙，則丹青伎倆宜非所措意，而工逸至此。然從來無不慧性神仙，葛稚川列籍上真，而文詞雅尚瑰麗，則一切筆墨靈異，不妨爲仙家游戲。今子韶已化去，而其妙筆常在人間，獨有濯濯出塵之概，則謂子韶畫爲畫中仙也可。賴古堂集

王　遂

王子京使君遂，蜀人。不以畫名，偶然落筆，便有出塵之想。丙戌與余同官江南，爲余作一二小幅，筆意在黄子久、吴仲圭間。袁荆州籜菴題云：「畫法即書法所在，畫至脱化譜格，即書家所謂離鈎也。子京生處活處，與作家迥别。」張瑶星題云：「冉冉緑陰中，位置層軒好。松外亭空天更空，天闊孤亭小。石壁絶攀躋，明月聞長嘯。壁後還藏千萬峯，峯際閒雲繞。」讀畫録

周　燦

周燦，字光甫，號闇昭，吴江人。崇禎辛未進士。巡按江西，聞京師失守，脱身懷印綬歸里，以畫自娱。其族姓多有其跡，蓋意在白石翁者。所著有西巡政略。畫徵録

祁豸佳

祁止祥豸佳，山陰人。丁卯舉於鄉，數入春明不得志。嘗自爲新劇，按紅牙教諸童子，或自

度曲，或令客度曲，自倚洞簫和之，借以抒其憤鬱。甲午冬，送予北上，過金陵，留予家一月。至維揚始返。舟中爲予作山水花卉四十葉，又别爲數小册，留一詩别予。曹顧菴曰：「止祥書不在董文敏右，畫則入荆、關之室，詩文填詞皆有致。能歌能奕，能圖章，以至奕錢蹴踘之戲，無不各盡其致。以名孝廉隱於梅市，蓋異人也。」讀畫録

豸佳，豸彪弟。天啓丁卯舉人，以教諭遷吏部司務。明亡不仕。工詩文，善書畫，四方來索者輒呵凍流汗以應。家居數十年，以壽終。紹興府志

黄秋圃知彰喜得祁吏部雲林秋樹圖詩：「所見浙習多，此圖獨清瑟。瘦石間枯松，點點倪迂墨。出之塵埃中，置之煙霞室。大喜豪貴嫌，不費餅金得。」百幅菴畫寄

「青山白社夢歸期，可但前身是畫師。記得西泠風雨夜，真堪圖取大蘇詩。」此止祥先生遺墨，偶撿敝篋得之。人但知先生以書畫擅名，而不知其吟詠過人者，存此以見吉光片羽云。宋長白柳亭詩話

許友

許友，有介，又名友眉，字介壽，閩之福州人，玉豸先生子也。有介畫如其詩，蒼楚有致，無一毫煙火氣。好畫小竹，倣管仲姬，柔枝嫩葉，姿態横生。自鐫「許友畫竹」章，每作竹即用之。因予累至京師，渡河而北，不復畫竹，忽放筆爲枯木寒鴉，蒼涼之態不可逼視。讀畫録

先生才兼三絶，名盛一時。其爲詩，篇章字句不屑蹈襲前人，正如俊鶻生駒，未可施以韝靮。静志居詩話

許有介孝廉不仕，畫竹枝葉不多，殊有逸致。圖繪寶鑑續纂

朱一是

朱近修一是，海寧人，以詩文雄視一世。作江上數峯圖，滄遠空闊，怡人心目〔一〕。是李山顔寄余者。曹子顧菴曰：「余與近修同研席者二十年，自未見其畫。亂離之餘，游戲爲之，便自神詣。」近修有爲可齋集，與古大家争衡，頗有可傳者。丁未夏過白門，與余論畫，語語當行。其集中諸小記，妙極形容，頗有繪畫不能盡者。顧菴又何疑焉！讀畫録

近修先生舉崇禎十五年孝廉，避地梅里，説經鏗鏗，從遊甚衆。與王价人言遠昆季交好，詩品亦相近。畫不多作，故所傳絶少。書畫紀略

吴山濤

吴山濤字岱觀，領崇禎己卯鄉薦，授陝西成縣令。三年致仕，終老吴山，嘯歌自得。書法飄逸，能自成家。畫不入谿徑，揮毫自得。當出關日，賦西塞詩三十篇，因自號塞翁。年八十七

〔一〕「目」，原作「自」，形訛，據讀畫録改。

卒。錢塘縣志

塞翁博通經史，能文章，尤工於詩，作畫妙盡神理。令成邑，旋引去，一裘一馬歸錢塘，種秫爲娱，更浮家泛宅往來苕霅之間。杭州府志

朱檢討錫鬯贈吴明府：「詩人吾愛塞翁好，風格西陵別擅場。嗜酒肯淹千里駕，罷官爲起七歌堂。雲山畫出無前輩，暑雨燈殘話故鄉。甪里菜畦猶未賣，歸時休只戀餘杭。」曝書亭集

錢　棻

錢棻，字仲芳，中丞士晉子。崇禎壬午魁北雍。閣部史可法招致幕下，不就。博通典墳，鍵户謝客，著書大滌山。賦詩作畫，遠近無不瞻仰。卒年七十八。嘉興府志

錢仲芳善畫山水，摹擬子久最爲得手。圖繪寶鑑續纂

滌山先生，余生平敬事之，實友而兼師者。丁亥春初阻雪盱眙，北征不果，回憩於虎邱竹亭者旬日。聚首唱酬之餘，作畫見貽，滿紙雲煙。藏弆篋衍，每一展視，不勝人琴之感。曹爾堪南溪集

黄宗炎

黄宗炎，字晦木，一字立谿，餘姚人，忠端公次子，棃洲先生弟也。崇禎間貢生。亂定後，游石門、海昌間，賣畫以給。畫宗小李將軍趙千里，工繆篆，又善製硯。所著有周易象詞、尋門餘論、學圖辨惑諸書。畫徵續録

黄晦木山水宗唐人李昭道，連江疊嶂，灑灑不窮。書畫紀略

阮　濬

阮濬字季子，築草堂於龍山，冬夏惟披一衲，因以自號。性嗜酒，工畫。時攜襆被、酒爐、畫具，命一僮肩之，游散山水間，遇勝處輒流連忘返。謂友劉鴻儀曰：「死即葬我草堂之側，磨片石題曰『酒人阮一衲之墓』。」未幾卒，劉及同志葬之如約，題所居曰「一衲庵」。每歲宴，劉必攜酒澆其墓，有詩弔之曰：「酬君君豈知，去去復回顧。一片紙錢灰，飛上梅花樹。」濬詩多寒瘦，畫格清絶。入本朝乃卒，亦高士云。居易録

蘇　邈

蘇澤民初名霖，更名邈，字遺民，華亭人。王勝時澐曰：「遺民爲人奇狷，善畫帝釋諸天像，得吴道子筆意。間寫山水，成即毁棄之，人莫測其意。以窮困死，死後畫益貴重，在予鄉亦不易得也。予蓋親見楊子雲者，今且從片紙中呼之出矣。」讀畫録

澤民本仕族子，性迂僻，不娶，好嫚駡人。寄居西林寺，以畫佛像自娱，淳古莊嚴，筆意似丁南羽。吴高士騏嘗題其畫曰：「其人必傳，其藝必傳。」婁縣志

楊　亭

楊元草亭，維揚人，寄居秣陵。工山水，有品行。家固貧，又無子，晚益無所依。與瞽妻

對坐荒池草閣中，晨夕禮佛號，雖晨炊數絶，嘯詠自若，不妄干人也。年七十餘，竟以貧死。〈讀畫録〉

楊亭畫山水，筆少温潤，然挺峙巉巗，亦自成一家也。〈圖繪寶鑑續纂〉

王國夋

王子杓國夋，山陰人，旅寓京師，食貧。畫人物甚工緻，然非數日不能竟一幅，人勸其苟且應酬，子杓曰：「寧貧耳，不欲以率筆敗吾名。」人有以多資求其畫者，竟歲始成，成則又質之子錢家，非後有以重資索其畫者，前畫弗得也。余里王君玉比部，愛子杓畫，館之署中經年，所得子杓畫最多。惜哉大梁壬午之變，俱没黄流中矣。子杓卒以貧死，人始悔不早購其畫，競曰：「今欲以高資從子錢家數數贖子杓畫，何可得哉！」〈讀畫録〉

丁元公

丁元公，字原躬，嘉興布衣。性孤潔，寡交游。善書詩，有奇氣。兼畫山水、人物、佛像，老而秀，工而不纖。寫關壯繆真像，凛然有生氣。後髡髮爲僧，號曰願庵。〈畫徵録〉

丁元公書畫俱逸品，精繆篆，詩亦不屑作庸熟語。〈静志居詩話〉

邱岳

邱岳，字青谷，一字退谷，號五游，吴縣人。金處士俊明題其畫曰：「青谷書畫名重一時，片楮寸縑，人咸珍弆。桐山鄭子與爲莫逆交，見此幅淪没於市廛中，不忍落俗子手，多方購得之。因歎生死交情於此益見，非獨愛其筆墨也。」春草閒房集

葉舟

葉舟，字飄仙，松江人。善花卉，晚年惟畫佛像，籃中折枝尤妙。圖繪寶鑑續纂

雪漁純孝君子，晚而入道，是大有根器人。此册計十幅，寫生設色，即黄荃復生，豈能過之？顧允光寄園集

雪漁亂後披緇，日畫諸佛變相，間作花卉，屢空晏如，真高士也。昔人以畫馬墮騾胎有復改而畫佛者，今雪漁定生人天受花供養。至其繪事之工，出入漢陽先生，雪漁得毋曰「恨右軍無臣法」耶。張壽孫題跋

王應華

王應華，字園長，廣東人。勝國擢進士。善畫蘭花、竹石。圖繪寶鑑續纂

梅朗中

梅鼎祚以古學自任，文詞雅贍，海内皆知。孫朗中，亦工詩文、書畫。江南通志

梅朗中，字朗三，宣城諸生，有書帶園集。施愚山云：「朗三善詩古文詞，兼及書畫，又好獎才彦，斂衆美以萃其身。乃年不四十而摧折矣，悲夫！」静志居詩話

奚濤

奚濤，原名冠，字沅山，一字大蒙。崇禎五年補郡諸生。遭世故，遂棄儒冠，隱居渭塘，日吟詩兼畫。詩原本少陵，出入高、岑、王、孟。畫有倪元鎮筆意。年八十六。崑新合志

錢士璋

錢士璋字章玉，少隨父任京師，明習典故，負經濟才。苦於徭役，士璋建議爲條鞭法以均之，著爲令。在甬上，值海寇亂，士璋出奇計定之，舟山以安。薄游天台，因號赤霞山人。後歸西湖，見石山壁立有篆刻赤霞字符其號，遂築菟裘終老焉。善吟詠，工草書，尤精繪畫，得宋元人筆意。所著有赤霞山莊集。年八十有五。錢塘縣志

錢士璋，仁和諸生，甲申後隱西湖赤霞山，屢徵不起。每放舟孤山，琴一曲，笛三弄，酣飲後吟詩數章，走筆作雲林畫，見者目爲神仙中人。圖繪寶鑑續纂

王岱

王岱，字山長，湖廣湘潭人。能詩文，兼工書畫。嶔崎磊落，以氣節自命。髮甫燥，名滿海內。己卯舉孝廉，官學博。今世説

王山長岱，一字九青石史，號了菴，茂齡即舉孝廉。畫不一法，山水奇變，人物、花卉悉得前人意，而書法亦備各體。圖繪寶鑑續纂

周容

周容，字鄮山，鄞縣人。明諸生，入國朝不試。善書工畫，疎木枯石，自率胸臆，蕭然遠俗，不拘拘於宗法也。容於滄桑之交，嘗渡蛟門，脱友人之厄，幾死不悔。所著有春涵堂集。畫徵録

姚學灝

姚學灝，字天如，善墨蘭，工詩，有詠竹百首。畫徵録

蔡澤

蔡澤，字蒼霖，善人物，兼長山水、花鳥，亦國初好手。同上

程雲

程雲，字玉林，湖廣黄州人。遭流寇之厄，全生鋒鏑，隱居江右百丈之下，以筆墨謀生。專志大家，披麻劈斧，是其所長。虬松怪石，尤稱逸品。圖繪寶鑑續纂

陸鴻

陸鴻，字叔遠，吴江人。善畫山水。同上

李藩

李藩，字价人，華亭人。善山水、人物。同上

朱　瑛

朱瑛，字君求，嘉興人，肖海之子。善山水，蒼古有本。同上

趙　冏

趙冏，字洞如，松江人，趙文度弟子。所畫山水秀色絶倫。同上

鍾　期

鍾期，字解伯，松江人。喜畫煙雲動蕩、水月空濛之趣。同上

徐啓祚子鼎附

徐啓祚，妙善繪事。明崇禎中，歷官至總鎮。順治九年，同定川侯李古春率所部降，改授永昌府同知。子鼎，亦善畫。東湖縣志

潘訪岳

潘訪岳，字師汝，鄞縣人。前諸生，以薦授國子監學録。丙戌後，放浪山水間，賣畫自給。甬上續耆舊集

陸介祉

陸介祉，字純嘏，鄞縣人。前諸生，國亡後棄之。喜畫老松古栢，以見寄寓。同上

李　莅

李莅，字山顔，鄞縣人。少學於王忠潔家勤，得其經學。忠潔蒙難，周旋橐饘之間甚力。既棄人間事，遂隱於畫。山水、蟲鳥，下筆有神。同上

李文纘

李文纘，字紹武。鄞縣人。[一]前從錢忠介舉兵，以諸生薦授駕部郎。事去，遨游四方以老。詩書畫稱三絕。全祖望鮚埼亭集[二]

楊德偉

楊德偉，字異度。工花卉、翎毛、山水，綴景靈峭，秀善之色浮動楮墨。明州畫史

[一]「鄞」，原作「蘄」，據李駕部墓誌銘改。見清全祖望鮚埼亭集卷十四，清嘉慶姚江借樹山房刻本。

[二] 原作范永祺鮚埼亭集，誤。

國朝畫識卷二

莊冏生

莊冏生，字玉驄，工詩古文兼繪事。順治丁亥進士，授檢討，擢贊善。世祖嘗臨幸弘文院，見壁懸冏生畫山水，稱善，命給筆札，更圖以進。冏生因畫駿馬以寓意，上大悦，撤御前金盌及衣二襲賜之。旋陞右庶子兼侍讀，卒。常州府志

莊澹菴丁亥兄弟同舉禮闈，時年最少，入直史館稱雙璧人。澹菴能自傾下，所至無問識與不識，折節論交。詩文書畫，脱手淋漓，士林争寶惜之。今世説

武進莊澹菴善畫山水小景，乃文章餘技，故筆墨多學堂氣，庸史自不能及。圖繪寶鑑續纂

方咸亨

方咸亨，字邵村，桐城人。順治丁亥進士。善山水，倣黄子久筆意。圖繪寶鑑續纂

桐城方邵村侍御，詹事坦菴拱乾次子。幼而穎慧，父奇愛之，命小名曰姐哥，以嬌女況之也。坦菴寓金陵，余時爲揚州節推，以年家子見，明日語人曰：「王君才美勝吾姐哥。」邵村亦語

予曰：「吾書畫、度曲事事過子，惟作五七字則遠不及。」嘗爲予畫兩扇，其一花樹上作一雀雛；其一子母雞，小者如豆，意態如生，殆入神品。古夫于亭録

方侍御邵村，坦菴太史仲子，少年科第，爲名執法。吏治文章之外，精於八法，旁及繪事。早年不過游戲筆墨，患難後自塞上歸，一借不律舒寫其抑鬱無聊之氣，故其畫益進。海内士大夫以畫名家者，程青溪、顧見山及侍御可稱鼎足。讀畫録

邵村侍御爲予畫百尺梧桐卷子，留京師阮亭先生所且一年。一日，題詩見寄，并得李湘北、葉子吉、陳子端三學士題句。汪懋麟百尺梧桐閣集

趙嗣美

趙嗣美，澤州人。順治丙戌進士。善山水，筆墨淋漓，士夫逸致。圖繪寶鑑續纂

馬頎

馬頎，字頎公，杞縣人。官推官。善山水、花卉，天資敏妙，提筆即象物。嘗畫紅梅一幀，以秃筆作花榦，點破脂於梢爲疎花，古氣渾穆，有八大山人風骨。畫徵録

墨香按：頎公，順治丙戌進士。

朱虛

朱虛，字介菴，曹州人。擢順治三年進士，官參政。善寫山水，落筆蕭疎，脱略蹊徑。圖繪寶鑑

續纂

法若真

法若真，字黄石，膠州人。順治丙戌進士，官方伯。善山水。同上

顧大申

顧大申，字見山，華亭人。順治壬辰進士。善山水，筆力蒼勁，用墨淋漓，蹊徑大雅，氣韻濃厚。所摹宋之董、巨，元之黄、王，直入堂奥。圖繪寶鑑續纂

顧見山工山水，遠師董、巨，近法思翁，變通處清和圓潤，綽有風情。尺紙寸縑，爲士林珍重。畫徵録

顧大申本名鏞，字震雉，號見山。善丹青，尤工設色。爲詩精深華妙，并有寄德，在松江派中大樽之下、諸人之上。嘗刻詩三百篇及楚詞選詩爲一書，名曰詩原。康熙己酉，以工部郎中奉使榷贛關，作畫别余，自後不復相見。古夫于亭録

墨香按：見山官至工部侍郎，著有鶴巢詩存。

陸　灝

陸灝，字平遠，華亭人。畫山水摹元人諸家，不特淹潤有致，而一種生秀之趣快人心目。圖繪寶鑑續纂

陸平遠爲見山畫友，筆墨亦沖潤，而神氣之完足稍遜見山。畫徵録

李穎

李穎，字箕山，江南泰州人。善山水，墨焦筆健，氣勢大雄。圖繪寶鑑續纂

李穎題畫送顧見山僉憲之洮岷：古人詩畫誰兼妙？右丞南宫擅絶調。曩時莫過董華亭，今見虎頭更狂叫。先生用筆如有神，丹青往往得天真。不然徒與粉本似，極意刻畫何足珍。自慚少小無師學，游戲毫端寫五嶽。縱横霸習媿未除，差勝軟熟與肥濁。何期得受先生知，謂能一一窺藩籬。小兒託祖遽見許，教以潑瀋須淋漓。新持玉節洮岷路，鳴笳行叱涼州馭。索我鵝溪一幅圖，欲攜西去懸清署。憶昔曾登太華顛，高歌搔首同青蓮。秦關百二雖在望，未經隴塞終茫然。想像金城染秋色，旌旗掩映丹楓側。積石摩雲天險開，雕弓盤嶺龍湫黑。玉關從此息邊烽，投壺揮翰共雍容。安得從公戍樓吹笛暇，一寫崑崙之上閬苑層城十二重。羅浮草堂集

笪重光

京口笪侍御入都，王石谷送之，維舟江滸，尊酒話別，討論六法。石谷指隔岸秋林曰：「此參差疎密，丹碧掩映，天然圖畫也。」即爲侍御寫之。翌晨南田亦至，稱歎不已，題詩八章，侍御爲文記之，一時傳爲勝事。侍御名重光，順治壬辰進士，號江上。善山水，著有書筏、畫筌，曲盡精

微。畫徵録

笪重光善山水，得南徐江山氣象。今畫偶録

程　滂

程滂，字箕山，號岸舫，北平人。順治己丑進士。善山水，老筆灑落，布置整而厚。畫徵續録

箕山，廣信人，入順天籍。畫雖無師之學，山水、松石自有别致。圖繪寶鑑續纂

季開生

季開生，字天中，泰興人。順治己丑進士。少年時輒喜臨倣宋元名蹟，後遊蘭溪，覩富春嚴灘之勝，故邱壑深邃，山頭俊拔，大得子久三昧。圖繪寶鑑續纂

天中官都諫，以直言著稱；弟振宜，字滄葦，官御史，好古下士，望重中朝，海内有季氏雙鳳之目。天中詩筆、畫筆均俊爽有奇氣。墨林韻語

周季琬

周侍御季琬，字文夏，尚書在調公季子。舉順治壬辰進士，選庶吉士，出爲御史，巡按湖廣。歸築園亭樓臺，花木甲於吾邑。不三月而成，成未數月侍御即游燕臺，數載不歸，卒於京邸。侍御少與余同學，以文酒相流連。登第後，頗有急流勇退之志，惜乎其不逮也。予嘗哭以詩曰：「予年十八九，猥性喜跳躍。出語每排奡，作人鄙文弱。君時貴公子，交游重然諾。長子四五

齡，矯矯雲中鶴。邑中壇墠盛，間日必飲醵。與君分兩廣，憑軾看犄角。偏師不相避，各自謂騰踔。君才更敏捷，爽氣淬鋒鍔。諸藝無不爲，一往自磅礴。或起煎鼎鐺，或坐吹笙籥。或爲吳聲歌，點拍無差錯。或爲著色畫，濃淡具邱壑。或倣顏柳帖，波畫悉斟酌。擔夫争道勢，屋漏古釵脚。時亦爲投瓊，且從少年博。一子未成盧，繞牀喝令著。」陳維崧湖海集

墨香按：侍御畫山，不喜實皴，嘗用淡墨烘染而成，有空濛浮動之趣。予嘗得其二小幅，筆蹤罨潤可愛。

馮源濟

馮源濟，字胎仙，涿州人。山水學董、黄，布置宏闊，筆墨深厚。畫徵録

墨香按：胎仙係順治乙未進士。

錢黯

錢黯，字長孺，號書樵，嘉善人。順治乙未進士，池州府司理。山水學大癡，不落畫史臨摹習氣，而自具真意。畫徵續録

徐本潤

書樵同里徐白峯，名本潤，號松谿，邑諸生，亦以山水名。同上

本潤初名麟，畫師董、巨，簡淡無縱横氣，書法亦可愛。秋山讀畫録

劉體仁

劉體仁，字公㦷，潁州人。官銓曹。善山水，疎林石迹，寓興天真。工詩文，爲阮亭所厚。畫徵録

公㦷性嗜六法，蕭疎曠遠，思運高妙，乘興寓意亦自天然。圖繪寶鑑續纂

潁川同年劉吏部公㦷，在京師與予輩爲詩社，嘗自詫曰：「吾詩文片段柴窯也。」予笑應之曰：「良然。兄畫乃兔毛褐耳。」座客皆軒渠。唐時宣州以兔毛爲褐亞於錦綺，復有染絲織成者尤妙，時人以爲兔毛褐真不如假。見國史補公㦷喜作畫而不甚工，家常蓄畫師代爲捉刀人。予每索畫，輒柬之云：「勿煩真作。」故以此戲之。居易録

嚴沆

嚴沆，字子餐，號顥亭，杭州人。順治乙未進士，由翰林掌科至太僕。善書畫，瀟灑有致，風標映帶一時。圖繪寶鑑續纂

田凝只索畫久不得報歌以代柬：「我昔平湖弄秋水，酒酣竟愛羣峯青。興來落筆寫山色，泉石出没雲冥冥。一日十紙不厭速，貴取繪意非傳形。三春索米長安陌，馬足涔泥滯行跡。西山玉河在眼前，神昏擘强真意隔。案頭縑素委零亂，貴游尺一相催迫。必逢好友情性諧，吮墨含毫始光澤。首秋暑退風簾開，疎雲細雨滋緑苔。玉盌烹茗泛香雪，十指拂拂神初來。故舒直榦筆一放，試疊層嶺煙齊迴。須臾脱手天窅淼，此事原堪一朝了。不嗔濡滯嗜我真，相遲霜前看

雲嶠。」嚴少司農集

王　庭

王庭，字邁人，嘉興人。順治己丑進士。李光暎云：「吾鄉王邁人先生，以名進士歷任方伯，優游林下，嘗曰：『人皆稱我今古文及詩字，不知吾於寫蘭彈琴獨得妙理也。』蘭不多見，暎家僅藏一幅，果非凡筆。」無聲詩史註

馬世俊

馬世俊，字章民，號甸臣，溧陽人。順治戊戌狀元。善山水，好作巨障，不專師法而自出杼軸，聳拔奪目。畫徵續録

吴　穎

吴穎，字見末，溧陽人。順治壬辰進士，授刑部主事。嘗疏言：「律無正刑，無得刻深。以意傳法，其初詞既具，毋得株連滋蔓。」深被嘉納，遷郎中，出知湖州。所著有蓴羹堂集、湖州志、溧詩、閭史，一時有瀨江文獻之目。兼善繪事。江南通志

甸臣同里吴穎，號長眉，工山水，與甸臣同有聲於時。畫徵續録

周　荃

周荃，字静香，號花谿老人，長洲人。大兵下江南，荃首爲向道，以功授開封府知府，遷觀察

使。善山水、花草，各得大意，小幅及册頁筆趣尤敏妙動人，題句、書法皆有生氣。其圖章有「齊楚觀察」。畫徵續録

周觀察静香荃，畫宗倪、董，大士相尤得古法。李次公題其畫云：「視荆、關稍潤，較董、巨微枯，此真不爲古人所束縛者。」迂翁有云：「非王蒙輩所能夢見。」倪闇公曰：「每歎古人用筆之際，運其神氣於人所不能見之地，故人莫能及。美人之光可以養目，觀静香畫亦然。」讀畫録

劉　源

劉源，字伴阮，祥符人。善人物、山水、寫意、花鳥，尤精龍水。官至部郎。圖繪寶鑑續纂

汴梁劉君伴阮，天才超誼，書畫尤其所長。自鍾、王以下，八分、行、草，橅之無不酷似。山水雅擅諸家，又出新意以繪人物。如所作淩煙閣功臣圖，氣象髣髴，衣裝瓌異，雖立本復生，無以過焉。吴梅村文集

劉伴阮，中州才士。觀其墨妙，豈讓曹將軍哉？伴阮嘗自言曰：「吾圖關夫子之忠義，而後可入於神。吾圖普門大士之慈悲，而後可幾於化。」艮齋集

劉伴阮善山水、人物，超邁古健，有奇氣。寫意、花草及龍水悉佳，名時垂後宜也。畫徵録

朱賓占

朱賓占，字仲立，嘉興人，客游江南三十載不歸。性恬淡，與物無忤。畫工人物。嘗畫淩煙

閣功臣圖，蕪關榷使劉伴阮見之，遂攘其名以付雕。畫徵録

張一鵠

張一鵠，字友鴻，松江人。順治十五年進士，官司李。善寫意、山水。啓南詩云：「樹如飛白石如籀。」似爲先生詠。圖繪寶鑑續纂

友鴻一字忍齋，綜博多才，瀟灑絶俗。吴慶伯曰：「忍齋昔以成均入貢，受知於先子。爾時金陵佳麗之地，與黄石齋、楊機部唱和，倡半山會，作半山圖，一時與之交者得其詩兼得其畫爲快。經十七年而忍齋成進士，司理滇疆，撫殘黎，除宿弊，滇人德之。所著有埜廬三集、河存草若干卷。」雲山酬唱

友鴻歸自雲南，在京江寄余畫卷，自題詩云：「一别山川氣候更，迢迢萬里不勝情。歸來蕭瑟餘詩卷，畫得煙霞記遠行。」覽之慨然。漁洋集

米漢雯

米紫來漢雯，宛平人，明太僕友石之孫也。以順治辛丑登第，多技藝，工書畫。以長葛知縣行取，適有博學鴻詞之舉，改翰林編修，以典試罣誤。久之，遷侍講，賜宅西華門。尋病卒。紫來所交游皆海内名士，與予最相善，頗有唱和。其詩惜爲書畫所掩，亦散佚無傳矣。香祖筆記

米進士紫來，詩畫皆工秀，書法學米南宮，徑寸外尤勁媚。或評之曰：「紫來天才超詣，當在友石先生之上。」汪氏說鈴

毛際可

毛際可，字會侯，浙江遂安人。順治戊戌進士，官秦豫，復以鴻詞見徵。旁精繪事，罨潤有米襄陽風。圖繪寶鑑續纂

鶴舫以制義、詩、古名家，善米家墨戲，又愛寫高彥敬青山白雲之作。今畫偶録

傅山子眉附

傅山，字青主，一字公之。他母夢老比邱而生，生復不啼，一瞽僧至門，云：「既來，何必不啼？」乃啼。六歲食黄精，不樂穀食，强之乃復食。讀十三經諸子史，如宿通者。亂後，夢天帝賜以黄冠衲衣，遂爲道士裝。醫術入神，有司以醫見則見，不然不見也。康熙己未，徵聘至京，以老病辭，與范陽杜越君異俱授中書舍人，歸。工分隸及金石篆刻，畫入逸品。池北偶談

傅青主山，太原明經，徵召不仕，甘居林下，日事筆墨。書法數種，畫出意緒之外，邱壑迥不猶人。圖繪寶鑑續纂

傅青主畫山水，皴擦不多，邱壑磊砢，以骨勝。墨竹亦有氣。子眉，字壽毛，亦工畫，善作古賦。嘗賣藥四方，兒子共挽一車，逆旅篝燈，課讀詰旦，成誦乃行。畫徵録

錢朝鼎

錢朝鼎，字禹九，號黍谷，常熟人。官太常卿。善蘭竹及折枝花，得法於孫克宏。畫徵録

墨香按：禹九係順治丁亥進士。

姚文燮

姚文燮，字羹湖，桐城人。順治辛丑進士，官中書。朱檢討錫鬯題賜金園詩：「橋下松篁檻下池，披圖天末起相思。十年不見羹湖老，畫手前身李伯時。」自註：「謂姚叟文燮也。」曝書亭集

甲子冬，奉使東粵，過桐城，羹湖欲留余竹葉亭度歲，不果，作畫賦詩相送。泳園，羹湖別業，在南郭山上。蠶尾文

龍眠張學士以山水爲性情，雖日供奉御前，而邱壑之志未忘，故自稱曰圃翁。嘗以乞假歸，出所賜水衡錢構園居之，名賜金園，而姚舍人爲之圖畫。西河詩話

李念慈

李念慈，字屺瞻，陝西涇陽人。詩畫皆擅時名。崔懋新城志

王文簡士禛題李屺瞻畫：「君家涇水陽，終南在當面。紫閣與皇陂，宛向圖中見。」漁洋集

墨香按：屺瞻爲順治戊戌進士。

文　枏

文枏，字端文，從簡子。爲諸生，操筆成文，岸然孤異。從父相國震孟最器重之，延至家塾，爲二子師。甲申後，奉親隱居寒山，侍父徜徉山水。父没，徙居陸墓，與韓孝廉沐、方文學夏結茅耕樵以終。當從簡之葬，四方賻贈幾數百金，枏盡函還之，負土成墳，其耿介如此。長洲縣志

從簡子枏，字文端，號慨菴，長洲學生。畫山水一禀祖法，所著有青氊雜志。畫徵續録

墨香按：枏字端文，一字曲轅，號慨菴。康熙六年卒，年七十二。門人私謚曰端文先生。工詩，著有慨菴詩選。

申　浦

申自然名浦，江南華亭人，以畫名於時。黄太沖嘗言自然「好哭似皋羽，無家似思肖」。今世説

申自然仿大癡山水，樹木疎秀，邱壑亦深，但覺碎小而無大概。圖繪寶鑑續纂

陳　曼

陳曼，字長倩，號崖道人。性情孤迥，趣舍亦異。好作畫，受業于沈子居之門，精心冥悟，妙

有神解。遇劉太史允平于金陵，遂延入長安。久之，授以詩學。已而復遊荆楚吴越諸名勝，于廣陵爲最久，名公巨卿咸爲倒屣。申酉以後，杜門寂處，寄饔飧于筆墨，淒風苦雨，雖爨煙不繼，宴如也。老年畫益蒼秀，獨闢蹊徑，自成一家。所著有詠歸堂稿。張青琱集

陳曼年十五六始習句讀，後涉經史，嫺吟詠。畫宗二米，雅秀絶倫。性好潔，有倪高士風。南匯縣志

蕭　詩

蕭詩，字中素，號芷厓。世業匠，居郡城，後移亭林。少穎悟，喜讀書。家貧，復從先業。工吟詠，精音律，善書畫。嘗曰：「吾匠氏也，衣食足以自給，詩酒足以自娱，絲竹丹青足以悦耳目，高賢良友不遠千里而至，人生之樂莫踰于此矣。」所著有南村詩稿。金溶峴南集

予嘗得芷厓扇頭墨菊，自題云：「茅屋南村野老家，竹園閒坐午風斜。中懷忽地生秋思，點染東籬三兩花。」詩與畫均有韻致。百幅菴畫寄

俞時篤

俞時篤，字企延，錢塘諸生。與章士斐諸君砥礪爲古學。同郡許光祚、嚴調御皆工書，時篤盡窮其妙，請乞滿門，至廢七箸，老而貧，頗資之。間學畫，遂與北苑、南宫頡頏。嘗自笑曰：「此中山水清絶，僅供俞生饘粥耳。」詩亦婉麗有法度。錢塘縣志

俞時篤，錢塘庠生，字近蘇、米兩家，畫有石田餘意。圖繪寶鑑續纂

栢　古

栢古，字斯民，一字雪耘，浙江嘉善之白牛涇人。簞瓢屢空，喜作山水遊。寓西湖，冒雨執繖上北高峯頂，曰：「此真米南宫、高房山藍本也。」時至珠街鎮，寓圓津禪院，每當賓客宴集，輒袖其所作，掀髯雒誦，旁若無人。又嘗出遇耕牛，揖之曰：「此真不愧素餐矣。」人以爲癡，不知其胸中介然也。青浦縣志

曾　益

曾益，字鶴岡，山陰人。善梅花。爲人古道，壽近百齡。圖繪寶鑑續纂

鶴岡工畫，嫺風雅。嘗於禹廟後畫梅，自序云：「吾越禹廟經亂頹毁，順治九年壬辰重修，焕然一新。仲冬同朱騰之、張宗子、魏子煌謁祠，適誦杜甫『古屋畫龍蛇』及『梅梁化龍』事，諸君顧予曰：『盍畫梅於壁以代之？』因援筆作二梅，并書『梅龍』二字於上，徑四尺，廣二丈有四，高二丈，遂作歌以紀之。」商盤越風小傳

安廣譽

安廣譽，字无咎，希范少子。不事繩檢，而文采宕逸。家多古蹟，因善山水，無塵俗氣。無錫縣志

安廣譽，無錫人，以茂才爲太學生。寫山水結法出自黄子久，淹靄淋漓，超然谿徑之外。無聲詩史

周榮起

周榮起，字研農，江陰諸生。能詩文，工篆書，尤精繪事，論者以爲得米家精意。江南通志

吴同雲

吴同雲，字雲芝，能文章，詩、畫、書法稱三絶。鄉闈兩次，擬元不遇。孫長吉，孝友醇謹，學殖有年。曾孫元偉，登癸巳科賢書。嘉興府志

孫雲鵬

孫雲鵬，字扶雲，縣學生，居珠谿。少能詩，及長，寄人幕下。南遊粤，北至京師，寓青州，入西安，還登太行，由中州上嵩少，可愕可喜之境，一寓諸詩。又能畫。侯汯、曹爾堪、施閏章、柴紹炳皆與論交，而沈荃受業門下最久。六十五歲敞門不出。青浦縣志

方式玉

方式玉，字玉如，歙縣人。工詩，善畫。順治中，以貢授鹿城訓導。鹿城雅樂盡缺，式玉修舉之，刊爲圖，悉如闕里。著有涉江、醉翁、石照等集。江南通志

式玉性至孝，尤友愛其兄姪。善畫，工詩。順治壬辰，授崑山訓導。見堂前古石，作拜石詩

二章，名人和之成帙。力請祀歸太僕有光、蔡中丞懋德於鄉賢祠。著有集杜律詩一百二十首，妙出天然，爲世所稱。項復陽崑山志稿

黄甲雲

黄甲雲，字唱韓，河南人。有異材，工書善畫。其所寫山水，純以天行，當其合處，機趣横生。順治間以拔貢授樂安知縣，蒞任後相其土田作邱田法，繪邱田圖。若干畝爲一邱，内除川陸墳墓道路若干，餘田若干比邱，以盡一邑之田，庶田無隱而賦可均。上之大府，大府以聞，天子奇之，圖留覽，特設屯田御史，依法盡畫山左地。會世祖晏駕，御史劾以才長性刻，遂罷歸。屏居城東，親督耕桑，暇以筆墨遣興。所作豳風、盛衰循環圖，多依理道。工詩，有楚游草。畫徵續録

襄城黄甲雲，由明經爲樂安令，日以筆墨遣興，所畫皆自立匠心。其人物僅寸許，眉目衣冠精彩生動，不亞唐宋作手。圖繪寶鑑續纂

王武

王先生武，字勤中，明太傅文恪公六世孫，以諸生入太學。少時風流倜儻，不屑意舉子業，自讀書賦詩外，若投壺、蹴踘、彈棋、馬射、技擊之術，與夫藝花種樹、豢魚籠禽之方，無不通究，而尤長於畫，素擅賞鑒。當王氏家門鼎盛，其先世所遺及平時購獲，卒多宋元明諸大家名跡，往

往心摹手追，務得其遺法，故其所寫花鳥動植，信筆渲染，皆有生趣。好事者評先生畫，雖前輩陳山人道復、陸處士叔平不能過也。前太常王翁煙客尤亟稱之，曰：「近代寫生家多畫院氣，獨吾勤中所作神韻生動，應在妙品中。」於是聲譽大噪，四方士大夫走書幣造請無虛日。晚自號忘菴。年五十九卒於家。堯峯文鈔

東禪寺紅豆一本，結爲連理，枝高至三丈。花時，沈啓南、文徵仲、唐子畏、湯子重諸君，恒修文酒之會。後爲疾風所拔。王處士武以水墨渲染作圖，妙奪天真。適有餉東筍者，并畫之樹底。圖今歸張孝廉日容，挂之橋下小軒中。曝書亭集

汪鈍翁之傳忘菴，艷稱其繪事，比諸石田、叔平，顧不稱其詩，不知先生之詩極工，不得舉畫而遺其詩也。先生當姊婿宋文恪秉軸，屢招入都而屢却，故其詩沖融淡漠，蕭寥閒遠，若不經意，有陶、孟之風。黄唐堂集

邵點

邵點，字蘭雪，太學生，爲浙江之餘姚人，隨父遷蘇州。少孤，孝事其母。慕古人刻苦爲文。工書，得虞、褚法。畫似雲林。嘗賣字畫以養母。入都，遊太學，見知於相國栢鄉魏公裔介，由是合肥龔端毅、宣城施大參皆與之遊。試京兆者五，不售。卒於京師。有四可齋燕遊詩三卷，田髴淵、金俊明序之，刻於家。吴縣新志

邵點，字子與，一字初菴，吳縣人。善山水，能詩。畫徵續録

史鑑宗

史鑑宗，金壇人。頎而長，美鬚髯，高顴濃眉，睛光射人。心靈敏，多藝能，能詩善奕，工字學，兼精丹碧。凡智巧事人不解者，一見輒悟，悉無疑。辛卯舉孝廉，慷慨有大志。浮沉學舍爲生徒師，鬱鬱不得志而死。今世説

金沙史遠公精繪事，鎮國公延之閣中，屬以縑素。時方初暑，史濡毫，脱冠于案，公來縱觀，戒令勿起，史忘冠坐爲應對，蔣馭鹿從旁笑曰：「山野之士，疎放自然若史某者，真所謂脱帽露頂王公前矣。」公笑應曰：「君不見揮毫落紙如雲煙耶？」同上

申涵煜

廣平申端愍公，子三人。長涵光，高尚其志，著書纂言，以學行聞天下，人稱聰山先生。次涵煜，舉孝廉。次涵盼，順治辛丑進士，官檢討。孝廉君字觀仲，學詩於聰山，名亞其兄。書法大令。時游戲寫蘭竹，似趙子固。所著有敏菴、江杭諸集若干卷。蠶尾續文

沈永令

沈聞人工繪事，兼善音律，間爲小詞，直窺稼軒之奧。其穠情逸韻，周勒山謂蕙草雪消不足方也。今世説

沈永令，字聞人，順治戊子舉人，官韓城令，調高陵。善畫葡萄、松鼠。畫徵録

王　撰

王撰，字異公，太倉人。畫倣大癡，筆法古秀，邱壑深厚而饒士氣。圖繪寶鑑續纂

煙客子撰，傳其大癡法，亦古秀。畫徵録

何　遠

何遠，字履方，華亭人。善臨摹山水、人物，即自運之筆亦蒼古。圖繪寶鑑續纂

何遠，性誠慤，有至行。工山水，以其藝知名於時。母曹氏病劇，遠割右股爲羹以進。中書李雯有何孝子詩紀其事。婁縣志

孫汧如

孫汧如，字阿匯，江南六合人。善文詞，精畫理。黄仙裳雲題其所贈畫箑云：「何處天地寬，一壑常棲止。拄杖去難尋，煙昏山後寺。」墨林韻語

墨香按：惲向有畫旨四卷，孫汧如爲之序。

曹爾坊

曹爾坊，字子閑，勳子。聰穎，力學，工書畫。髫年應試，宿儒不能及。與兄學士爾堪有元方季方譽。子鑒倫，康熙己未進士，官至少宰。嘉興府志

王崇節

王筠侶，名崇節，宛平人，大宗伯敬哉公弟。工繪事，不屑屑師古，所畫山水、樓觀、人物、草木、蟲魚，蕭遠閒曠，人争貴之。性任誕不羈，非其所悦，雖權貴人迫之不輕作。筠侶生五歲而孤，多疾病，習懶慢，不喜爲章句學。學擊劍走馬，舉武科，爲興州衛千總。久之，不樂，棄去，放宕家居，益肆力爲畫。朝廷聞其名，召見中和殿。筠侶偉丰儀，鬚長數尺，上命起立，視良久，令供奉畫院，時年六十餘矣。以足疾引退，從子司空公爲築室娱老。未幾以病卒。畫甚貴。百尺梧桐閣集

五弟筠侶與文學青蚓友善，崔工於繪事，久而得其筆法，長於花鳥、人物，善設色，雖一羽一葉，卒渲染數四始成。筆墨之妙，與年俱進。徵求者多不應，縉紳先生雅尚之，而并不一至其門。尤爲大司寇梁公所激賞，自賣畫之外，他無毫髮干請。青箱堂集

王筠侶生於闤闠，而任誕不羈，視富貴蔑如也。畫學青蚓，京師貴之。故相國梁公玉立常以筠侶草蟲索題，余爲賦二絶云：「髯翁任誕如忠恕，脱屣朱門傲五侯。肯爲尚書寫幽興，碧花紅穗草堂秋。」「一幅丹青顧野王，草根纖意曲籬旁。風懷磊落如公少，便注蟲魚也不妨。」分甘餘話

黄應諶

黄應諶，字敬一，號創菴，世居京邸。官上元二尹。人物、鬼判、嬰孩，傳染一遵古法。世祖見其畫，召見供事。今上亦召見，命創閱武圖稿，賜官中書，養老榮之。圖繪寶鑑續纂

嚴　宏

嚴宏，字公偉，常熟人。官大總戎。善山水，近董文敏一派。同上

申奇猷

申奇猷，字秩公，三韓人，官縣令，善山水。同上

陸　原

陸原，字伯原，華亭人。畫山水、人物學小李將軍，雖近文弱，不落甜俗。同上

王徐錫

王徐錫，字孝伯，王季重孫。落筆天趣盎然。同上

趙廷璧

趙廷璧，字連城，善山水，係子居傳派。同上

墨香按：廷璧，華亭人，亦工人物。

馮俞昌

馮俞昌，字曰俞，湖廣漢陽人。孝廉，官縣令。工山水。同上

顧天植

顧天植，字東廬，松江庠生。學乃叔寄園之山水，蒼秀可嘉。同上

吴孟琦

吴孟琦，字伯藴，山陰人，武舉，善墨竹。同上

童　塏〔一〕

童塏，字西爽，華亭人。善花卉、翎毛，鈎勒著色，俱從宋人得來。同上

西爽工寫生，少時爲董文敏作小像，文敏書「精一樓」額贈之。子銓錦，亦以畫知名三吴。婁縣志

章　詔

章詔，字廷綸，爲洪承疇幕中士。工畫竹，長於大幅，整而不匀，密而不結，能品也。畫徵録

〔一〕卷前目録原作「章塏」，誤。參見婁縣志卷二十七本傳，清謝庭薫修，清陸錫熊纂，清乾隆五十三年刻本。

國朝畫識卷三

蕭雲從

蕭雲從，字尺木，蕪湖人。崇禎己卯副榜，不赴銓選，專以詩文自娱，有梅花堂遺稿。兼工畫，得倪、黄筆法。江南通志

胡瀛季守太平日，慕蕪湖蕭尺木能畫，三訪俱辭不見，胡怒。時新修采石磯太白樓成，遂於案牘中插入尺木名，攝之至，送至樓中，令白壁間若圖成，即當開釋。尺木年已七十餘，方卧病，不得已畫匡廬、峨嵋、泰岱、衡嶽四大名山，凡七日而就，遂絶筆。至今登樓者，歎賞不置。畫與斯樓俱傳矣。事與沈啓南絶相類。陳琰曠園雜志

蕭尺木，號無悶道人。善山水，不專宗法，自成一家。筆亦清快可喜，與孫逸齊名。兼長人物。生平所畫太平景、離騷圖，好事者鏤板以傳。畫徵録

蕭尺木明經不仕，筆墨娱情，不宋不元，自成一格。圖繪寶鑑續纂

蕭尺木以畫擅名江左，嘗作杜律細一卷，以爲杜律無拗體者穿鑿可笑，而援據甚博。池北偶談

世知蕭尺木以畫顯，而不知其六書、六律更精也。嘗手札規予讀書甚切，直諒哉。此豈可以今人求之者。梅磊響山人集

孫　逸

孫逸，字無逸，號疎林，海陽人，流寓蕪湖。山水兼法南北宗各家，人以爲文待詔後身。前與查士標、汪之瑞、釋漸江稱四大家，其後復與蕭雲從稱孫蕭云。畫徵録

孫無逸山水得子久衣鉢，閒雅軒暢，蔚然天成。圖繪寶鑑續纂

查士標

查士標，字二瞻，號梅壑，海陽人。前諸生，尋棄舉子業，專事書畫。家多鼎彝及宋元人真跡，遂精鑒别。畫初學倪高士，後參以梅華道人、董文敏筆法，用筆不多，惜墨如金，風神嬾散，氣韻荒寒，逸品也。晚年畫益超邁，直窺元人之奥。畫徵録

查二瞻書法得董宗伯神髓，作畫能以疎散淹潤之筆發倪、黄意態，四方爭購之。宋漫堂不輕許可人，獨以得二瞻所畫獅子林册爲快。暮年不遠姬侍，曉起最遲，凡應酬臨池揮灑，必於深夜，不以爲苦。靳治荆思舊録

查士標書法精妙，人謂米、董再出，畫亦超誼。求者填門，或終歲不可得。遇困乏之時，揮灑尺幅，人爭購之。年八十餘，卒於江都。江南通志

查二瞻博雅好古，其畫以天真幽淡爲宗，無一點縱橫習氣。圖繪寶鑑續纂

查二瞻以書法名世，畫尤工，然不肯輕下筆。家人告罄無粟，乃握管，計一紙可易數日糧，輒又閣筆。二女年將三十，未嘗及嫁事，客詰其所以，曰：「余幾忘之矣。」今八十，尚童顔。徐釚嘯虹筆記

汪之瑞

汪之瑞，字無瑞，休寧人。氣宇軒昂，豪邁自喜，土苴軒冕，有不可一世之概。善山水，以縣肘中鋒運渴筆焦墨，多麻皮、荷葉等皴。愛作背面山，酒酣興發，落筆如風雨驟至，終日可得數十幅。興盡偃卧，或屢日不起。非其人，望望然去之，雖多金，不屑也。嘗言：「畫能疎能密，有奇有正，方稱好手。」又曰：「厚不因多，薄不因少。」皆畫家名言。字學李北海，生勁可喜。畫徵録

陳　延

陳延，字遐伯，灊山人。幼而多慧，凡技之善者，見即摹倣，尤精篆刻。折右手，一切書畫皆用左腕。遷鳩茲，與蕭雲從稱畫院二妙。著有孤竹集行世。江南通志

趙　澄子申孫建附

趙雪江澄，一字湛之，潁州人。嘗移家東萊，又移膠西，移大梁，晚移濠上，所至人争重之。君畫善臨摹，常入長安從王孟津遊，多見大内舊藏，皆縮爲小幅，無一筆不肖。君爲余倣舊二十

幅，余歸之王逸菴侍御，後爲流球國王所得，永爲海外之珍矣。雪江又作四十幅，皆有孟津滿幅小楷，真尤物也。君擬歸余，後君卒，爲濠梁人得去，余至今思之。讀畫録

雪江博學能詩，工山水，潑墨細謹，兩擅其長。王孟津云：「雪江，布衣老畫師也。學宗范寬、李唐、董北苑諸家，尤善臨摹。」王阮亭詩云：「雪江老筆妙入神，臨摹古本幾亂真。縱教唐宋多能手，未必常逢如此人。」晚年得漢銅章，文曰「趙澂」，凡得意之作皆用此章。子申，字坦公；孫建，俱以畫名。畫徵録

龔　賢

龔賢，字半千，江寧人。有隱操，能詩章，尤工畫。江南通志

龔賢山水，沉鬱渾莽，元氣淋漓，獨邁羣品，人鮮能窺其奥，今之范華原也。江寧志

龔半千賢，又名豈賢，字野遺。性孤僻，與人落落難合。其畫掃除谿徑，獨出幽異，自謂「前無古人，後無來者」。程青溪論畫，〔一〕於近人少所許可，獨題半千畫云：「畫有繁減，乃論筆墨，非論境界也。北宋人千邱萬壑，無一筆不減；元人枯枝瘦石，無一筆不繁。通此解者，其半千乎？」半千早年厭白門雜遝，移家廣陵。已復厭之，仍返而結廬於清涼山下，葺半畝園，栽花種

〔一〕「論」，原作「能」，據讀畫録改。

竹，悠然自得。足不履市井，惟與方盦山、湯巖夫諸遺老過從甚歡。筆墨之外，賦詩自適。讀畫録

半千畫初從北宋築基，一變古法，沉鬱深厚，自成一家。圖繪寶鑑續纂

半千用筆，如龍馭風，如雲行空，隱現變幻，渺乎其不可窮。蓋以韻勝，不以力雄者也。程青溪集

龔柴丈隱居清涼山，有園半畒，種名花異卉，水週堂下〔一〕，鳥弄林端。日長無事，讀書寫山水之餘，高枕而已。今世説

半千畫愛倣梅花道人筆意。嘗自寫小照，作掃落葉僧，因名所居爲掃葉樓。感舊録注

吴宏

吴宏，字遠度，與予同家雲林白馬間，生長於秦淮。幼好繪事，自闢一徑，不肯寄人籬下。癸巳、甲午間，渡黄河，遊雪苑，歸而筆墨一變，縱横森秀，盡諸家之長，而運以己意。予目遠度曰：「推倒一世之智勇，開拓萬古之心胸，君殆畫中之陳同父歟？」范中立以其大度，得名曰寬。遠度偉然丈夫，人與筆俱闊然有餘，無世人一毫瑣屑態。宏與寬俱傳矣。讀畫録

今人作畫皆宗北苑、大癡，規摹逾肖，去之愈遠，譬如太倉、歷下擬古詩十九首，不免爲後人

〔一〕「水」，原脱，據今世説補。

口實。蓋借面弔喪，終非本色，何如直舉胸臆，落落然孤行一意耶？櫟園先生以遠度此圖示余，未謀面也，即有以得其爲人。及與定交白下，見其襟期浩渺，瀟灑出塵，乃知圖畫中固有真性情焉。遠度爲予言，曾策蹇驢過大梁之墟，訪信陵公子、侯嬴、朱亥之遺跡，歸而若有得焉。太白詩云：「黄河落天走東海，萬里寫入胸懷間。」若遠度者，斯足以當之矣。宋琬安雅堂集

遠度山水入能品，華亭錢栢齡題其畫，有「吳君潑墨雄江東，氣格不落丹青中。得名海内三十載，素顔欲改朱顔紅」之句，其見稱於士人如此。畫徵録

吳宏畫自闢一徑，於縱横放逸中見步伍嚴整之法。江寧志

楊補

楊補，字無補。父潤，由江西清江徙長洲。補少好讀書，工詩畫，性孝謹，重然諾。游京師，館閣諸公皆與定交。後交金陵顧夢麟、高淳邢昉，刻意爲古淡之學。甲申聞變，歸隱鄧尉山。南都再建，柄國者屢招之，不出。素善徐詹事汧。馬、阮用事，修復社怨，購汧急，補慷慨如金陵，詣楊文驄，責以大義，得解。欲予以官，堅辭歸。汧盡節，哭之極哀，鬱鬱數年卒。子照，字明遠，髫歲能詩，乙酉後棄諸生，奉親以隱，更字潛夫。長洲縣志

楊補，號古農，又字白補，吳門人。嘗畫小幅，大不盈掌，自題云：「永嘉郭外山川，點點皆倪、黄粉本也。」金俊明題：「此幅是龍友令永嘉時，古農游經其地，憶寫所見，秀淡潔朗，擅元人

之勝。龍友曾爲古農作小幅，轉以相贈，筆致亦絶類此，可知良友氣味相入也。兩君曾與予習，古農契好尤篤。龍友既没，古農亦墓有宿草，對此可勝於邑！」王阮亭一絶云：「布衣曾説楊無補，筆墨風流又一時。留得永嘉遺跡在，殘山賸水也堪思。」讀畫録

金俊明

金俊明，字孝章，吴縣人。初爲諸生，一日筮焦氏易，得蠱之艮，先生愀然太息曰：「天將欲我高尚其志乎？」遂謝去。先生初以善書著名吴中，兼工詩古文詞，四方士大夫以書若詩來請者，相次不絶，先生欣然應之，以是三吴牌版旁及僧坊酒肆率多先生筆。間喜畫樹石，皆蕭疎有致。其墨梅最工，吴人尤傳寶之。年七十，徧乞常所往來者賦生挽詩，引陶明自祭文爲説，其風流雅趣如此。汪琬堯峯文鈔

金俊明天性孝友，修行純潔。其學自經史子傳以至天文、水利諸書，靡不精究。補邑諸生，數舉於鄉，不售。益勵清操，多所著述。精書法，畫墨梅及詩歌古文詞，無不臻妙。甲申後，棄諸生，傭書自給。年七十四，吟詩而瞑。所著有闡幽録、康濟譜、春草閒房詩文集若干卷。吴縣志

金俊明棄諸生，混迹詩人詞客。間工書。善畫墨梅，論者儗之鄭思肖之蘭云。江南通志

孝章於辛亥歲曾親寫陶詩見寄，畫梅則壬子寄余兄弟，比至西樵已殁，聞孝章旋亦捐賓客矣。故予有詩云：「維摩丈室幾黄昏，春草閒房日閉門。成佛生天兩何處，暗香疎影爲招魂。」

「當年五字寄柴桑，又寄孤山世外香。一幅生綃千載意，也應配食水仙王。」居易録

潘　澂

潘澂，字弱水，畫師黄大癡、沈石田。酒酣放筆，高巖古榦，盤鬱淋灕，見者撟舌。崇禎末，與歸文休昌世、許滄溟夢龍、沈開之宏先、張士美樌、桂孟華琳、沈子柳樫、張炳南宿、徐孟碩開晉、顧伯厚宏、許瑞玉瑔、龔慧生定、姚元暉曦十三人結畫社，各肖其像，題曰「玉山高隱」，然負氣誼，不以畫求利。順治十一年，赴給諫季開生招。開生言事徙遼左，澂襆被隨之，歲餘始旋，畫益奇放。自言：「我從冰山雪窖中來，筆底殆有神助。」明年，以經紀邑令郭貞惠文雄葬事，感疾卒。世所傳者，澂之外，歸昌世竹，張樌、桂琳山水，徐開晉人物，沈宏、張樫、姚曦僅有見者，餘則莫舉其名。澂業授蔣聚及子東，畫並入古。崑新合志

潘若水性狂，善畫。時吴中張宏、陳遵之流，以山水擅名，澂後起，遂駕其上。唐德宜崑山志稿

潘澂山水學沈石田，氣勢雄偉。圖繪寶鑑續纂

葉有年

葉有年字君山，嗜畫山水，足跡半天下，得名山大川之助。肅藩聞其名，禮聘至秦。有年爲繪圖築苑，名勝甲於八郡。後歸隱石筍里，卒。上海縣志

葉君山畫宗孫雪居。册中皆陳偕六同年爲余索得者。今年八十餘，尚吮筆不倦。張友鴻

曰：「君山爲雪居之首座，而又斟酌於文度、竹嶼之間，故出奇無窮，遂成作手。」讀畫録

張穆

張穆，字穆之，號鐵橋，東莞布衣也。善詩，著鐵橋山人藁。畫馬爲嶺表好手。嘗讀書於羅浮山石洞，得其山嵐隱見，故畫山水亦有生氣。善擊劍，身長三尺，年八十餘，步履如飛。畫徵録

韓純玉題張鐵橋畫馬：「鐵橋年已七十五，醉裏蹁躚拔劍舞。餘勇猶令筆墨飛，迅掃驊騮力如虎。維縶蕭蕭古白楊，四蹄卓立明秋霜。昂然顧盼氣深穩，風鬉霧鬣非尋常。用之疆埸一敵萬，如何閒置荒坰畔？壯心烈士悲暮年，永日披圖發長歎。」蘧廬集

朱檢討錫鬯贈張山人詩：「鐵橋老人逸興長，草堂卜築東溪旁。彈棋擊劍有奇術，飲酒賦詩多樂方。逢人豈憚霸陵尉，畫馬不數江都王。莫道雄心今老去，猶能結客少年場。」曝書亭集

高儼

高儼，字望公，新會人。博學，工詩、畫、草書，時稱三絶。尚藩入粵，聞其名，屢辟不就。以禮帛求畫者踵相接，意稍不合，即麾去。暮年畫益精，能於月下作畫，視畫時爲尤工。嘗以赭石染布爲野人服，冠履俱與時異，見者無不知其爲先輩高望公也。時又因其姓稱爲高士望公云。年七十有二卒。廖燕七十二松堂集

高儼詩文筆墨甲於嶺南。圖繪寶鑑續纂

翁　陵

翁陵字壽如，自號磊石山樵，福建建安人。善畫山水、人物，尤善篆、隸、小楷。圖繪寶鑑續纂

翁壽如陵，工畫，能詩，小楷、圖章、分書皆有意致。君畫初多閩氣，游秣陵，從程少司空游，畫乃一變。已又移家公路浦，時彭城萬年少孝廉亦移此，晨夕過從，畫又一變。壽如畫屢變，遂臻極境，江以南翕然稱翁陵、翁陵云。讀畫録

徐　枋子文止附

徐枋，字昭法，號俟齋，明詹事徐文靖汧子。崇禎壬午舉人。乙酉文靖殉難於家，枋廬墓不出，自號秦餘山人。居上沙澗上，非力不食，賣畫以自給。工山水，筆意在荆、關、董、巨間。嘗藜藿不繼，而莫能强以一錢之饋。其往來者，崑山朱用純、吴門楊无咎爲同志，萊陽姜實節爲世好，吴江潘耒其門弟子也。其餘罕得見其面者。卒年七十有三，葬於邑之青芝山。子文止，字觀成，詩文翰墨酷似其父，年二十四以痘卒。吴縣志

枋父汧殉節後，避地上沙之澗，羹藜飯糗，每至下舂不糝，晏如也。字仿孫過庭，畫師董、巨，詩文出入韓、柳間。讀書外，竟日不出一語。長洲縣志

俟齋隱居上沙土室，邈與世隔。湯文正公撫吴日，重慕其人，兩屏騶從來訪，不得一面，時並高之。山水有巨然法，亦間作倪、黄邱壑，布置穩妥，不事奇異。書法十七帖，俱爲世所重。

所著有俟齋集。畫徵録

孝廉高蹈者，吴越居多。始終裹足不入城市者，吾郡李潛夫、巢端明及吴中徐昭法，此外不概見。昭法殁最晚，故其名尤重江左。得其詩畫，不啻珊瑚鉤也。静志居詩話

徐昭法隱支硎，不入城市。好畫芝蘭，亦不苟作。居易録

程　邃

程穆倩邃，自號垢道人，新安人，家廣陵。楊孟載評黄子久畫：如老將用兵，不立隊伍，而頤指氣使，無不如意。近人惟道人能之。道人詩字圖章，頭頭第一，獨於畫深自斂晦，惟予能知其妙，道人亦自喜爲予作。讀畫録

穆倩自號江東布衣，博學工詩文，山水純用枯筆，寫巨然法别具神氣。邃品行端慤，敦崇氣節，從漳浦黄公道周、清江楊公廷麟遊，名公卿多折節交之。善鑒别古書畫及銅玉之器，家藏亦夥。畫徵録

穆倩與予爲石交，自言不肯多畫。張藻有生枯筆，潤含春澤，乾裂秋風，惟穆倩得之。王昊廬集

程邃爲人學博思奇，詩文書畫皆工，篆刻尤稱絶技。江南通志

程穆倩能詩善畫，尤工篆刻，蕭森老蒼，超然有異。今世説

宗　灝

宗開先灝，晴雪小幅自題云：「晴雪滿竹，隔溪漁舟，如月之曙，如氣之秋。」落欵處止題一灝字。王宗伯見之，誤以爲沈朗倩，題云：「仿吾家摩詰雪圖，朗倩自是老到。」北海夫子争之曰：「此開先筆也，朗倩如對開先。」〔一〕予笑曰：「此開先丁亥在高郵舟中爲予作也。幸老櫟猶在，不然又開後人幾許辨端矣。」王阮亭曰：「此是畫苑中一則佳話也。」讀畫録

查繼佐

敬修堂伊璜先生，初名佑，以試誤今名，仍之。號與齋。申酉之後，更名省。入粵後，或隱姓名爲左尹。及己亥以後，凡有大書，率用「樝」，以「查」古篆缺也。先生書本顔魯公，畫從黄一峯入。嘗謂：「畫家不善畫空，千古缺處。畫是醒時作夢，夢或無理却有情。畫不可無理，正妙有情，非多讀書、負上慧、能作奇夢者，莫望涯涘。」東山外紀

查繼佐，海寧人，舉孝廉不仕。能摹大癡山水，但皴法太減耳。圖繪寶鑑續纂

顧　知

顧知，字爾昭，號野漁，錢塘人。善山水，鈎斫拂曳如作草書，縱恣横逸，不拘繩墨，六長所謂麁鹵

〔一〕「朗」，原作「冷」，據前文改。讀畫録原本無誤。

求筆者也。余於友人處見其所倣米氏雲山小幅，筆情墨趣瀟灑天真，氣味極清古。梅竹亦佳妙。〈畫徵録〉

「野漁生不見山水，畫却百變，豈是前生帶來？」蓋野漁近視，又不好游，眉目常局促無蕭散，與山水絶遠，而落筆粗枝亂石，正自秀媚。中堂縣得，宜十尺之外觀之。先生曰：「直待野漁五指不能作畫時，畫價自壓倫輩。」或問故，曰：「野漁袖畫逢人，人故輕之。又見貌弱寡威儀，好作寒語，無可致恭，久之不見野漁。而野漁所畫山水、人物，無不野漁者，在人則易忽，在畫則可思。行見衆譽寂而野漁孤行也。」〈東山外紀〉

野漁性格牢騷，故畫狂放不矩，多於僊紙作之。〈圖繪寶鑑續纂〉

姚若翼

姚若翼，字伯右，一字寒玉。爲人疎宕豪爽，大有晉賢風致。不多爲詩，而出語自雋。工畫梅，得法於秋澗先生及允吉公家傳，而以意變化之，縱橫曲折，疎密大小，意匠經營，絶無重複。當其濡筆肆應，兔起鶻落，目之所見，手之所觸，謦欬舉止，無非梅者。〈讀畫録〉

姚伯右工畫梅，又取鍾山梅瓣粘於便面，而以筆添枝榦其上，極有生韻，時號姚梅。人多效爲之，渠邱張杞園貞孔目仿作甚工。〈香祖筆記〉

姜廷幹

姜綺季廷幹，山陰大宗伯子。風流倜儻，詩畫文章無不登峯造極。繪事山水外，猶精寫生。

龔半千題其所臨崔白花卉云：「綺季名家子，所藏佳蹟甚富，如崔白、艾宣、丁貺之流，皆極力摹寫，非今人隨意所到，不事章程也。綺季能世其家學，可出而撤鹽和梅，而故效兒女子施朱調粉，此非吾黨所能測也。」讀畫録

姜廷幹，浙之餘姚人，翩翩佳公子也。詼諧謔笑，飲酒賦詩，游覽博雅，更善畫花鳥。則其思致奇妙，下筆不專取形似，而動植生生之趣，淺深映發之巧，蓋可知矣。圖繪寶鑑續纂

施大參閏章贈姜綺季詩：「見君廣陵城，憶别白門日。江海雖倦游，老氣獨横溢。年來山水間，頗得荆關筆。造次遺數紙，觸手見超逸。」施愚山集

許　容

許容，字默公，如皋人。深究六書，熟寫小篆，鎸勒圖章，不讓秦漢。善寫山水及著色芭蕉，諱而不作，知者甚少，蓋爲篆所掩故。圖繪寶鑑續纂

如皋許默公，工書畫，精篆刻。曾官閩中，受知於合肥龔尚書，贈以詩，有「寄語揚州程穆倩，中原旗鼓正相當」之句。墨林韻語

張　習

張習，字力臣，號亟齋，江南山陽人。少有才望，高尚不仕，以賣書畫爲生。真草隸篆均入妙品，花鳥有天池白陽風。與玉峯顧亭林先生交好，同著廣韻、音學五書傳世。圖繪寶鑑續纂

陳原舒

陳舒，字原舒，一字道山。從松江之朱家閣移居金陵，構小園於雨花臺下，吟詩作畫，怡然自得。所作花鳥草蟲，在陳道復、徐青藤之間，而設色淺深，更饒氣韻。南中人士，得其片紙，皆知珍重。凡畫必自題，信手疾書，不由思索，而皆有韻致。〔讀畫録〕

葉榮

葉榮，字澹生，號樗叟，徽之祁門人。好遊山水，自言於匡廬得畫法，故其峯巒石骨多似之。晚歲漸造平淡，矜貴處幾不欲落筆，真逸品也。〔圖繪寶鑑續纂〕

周鼒

周鼒，字公調，金陵人。畫山水師李營邱，蘭竹尤妙。〔同上〕

周公調山水師李營邱及董北苑，多濕潤之筆。有高秋玩月圖，宋漫堂題詩云：「古來貌月色，妙手推克恭。卓哉秣陵叟，走筆追前蹤。」余嘗見其山水小幅，和暈可觀。〔畫徵録〕

李根

李雲谷根，侯官人。工詩，精篆籀之學。嘗註廣金石韻府，余爲梓之，以行於世。雲谷圖章逼秦漢，畫有遠致，佛像極静穆之致，見之使人增道念。閉户食貧，蕭然高詠，甚不可耐，則吮筆爲江上數峯，以自娱悦而已。〔讀畫録〕

徐　邦子琰附

徐邦，字彦膺，杭人。書法宗顔、米，花鳥摹吕、黄。所居硯廬，有薜蘿亭，名花滿砌，故寫生益工，士大夫争重之。老年目力如童，筆法更佳。子琰，工花鳥、人物，自有别致。圖繪寶鑑續纂

曹　代子枚附

曹代，字淮月，號嘯雲。其先代郡人，祖官通，因家焉。博學能詩，尤工書畫，不肯輕授人。或求之經年，不應。子枚，亦工畫。北通州志

彭叔子持嘯雲老人曹代畫扇索題，别曹未久，欣然命筆：「倪瓚畫無敵，排空起峭粤。有時造平淡，心跡雙寂寞。嘯雲老解事，胸自具邱壑。想其追舊法，實能運冥索。潞河昨相見，孤懷崇淡泊。豈期彭郎來，重復見新作。天寒遥悵望，飛下白翎雀。」吴雯蓮洋集

何友晏

何友晏，字九陛，李匠橋人。起自孤童，而能篤志問學，多所貫穿。爲文鎔經鑄史，有典有則，一時罕儷。兼嫻吟詠，工書畫，精醫術。以通才爲世推重，京師貴人争延致幕下。其詩有南北游草。康熙初歸里，又與宋轅文、周釜山同修郡志云。奉賢縣志

王元慧

王元慧，字無穎，崑山人。善畫竹，朱檢討錫鬯贈别王山人元慧詩，有「王猷原愛竹，圖畫本

天真。老去貧尤甚，年來妙入神」之句。曝書亭集

錢塘有孔魯孫，崑山有王無穎，並以畫竹名吴越間。李良年墨竹册記

沈陛

沈陛，字左臣，別字小休，青門六世孫，茂才舞襄子也。愛寫墨竹，意在筆先，偃息疎濃，動合矩度。或與蘭合圖，參差可愛，若眺青廬於緑玉之叢，挹其佩紉而芬風習習者。圖繪寶鑑續纂

陳申

陳申，字蠖菴，泰興人。博覽多材，故藝無不精妙。畫山水，筆法古秀，蹊徑不凡。蓋從悟處取法，兼以慘淡經營而成，或因覽物得意，或因寫意創物，運思高妙，乃能如此。同上

夏森

夏森，字茂林，善山水、人物、花卉。同上

黄鑰

黄鑰，字北門，金陵人。畫山水師李繩之。同上

伊天麐

伊天麐，字魯菴，杭州人。善花卉、草蟲，惟蝴蝶爲最。同上

陳　卓

陳卓，字中立，北京人，善山水、花卉、人物，久家金陵。同上

謝　模

謝模，字宏微，華亭人。善山水，筆墨大雅，得子久之神。與兄楨齊名，以詩文、字學重於世。同上

陳醇儒

陳醇儒，字蔚宗，當塗庠生。工漢隸八分，尤長於山水。江南通志

俞　文

俞文，字武先，繁昌人。善行草書，畫亦入能品。同上

顧鼎銓

顧鼎銓，字逢伯，杭州人。孝廉，官縣令。寫山水，結構在六法之中，點染游三昧之外，氣韻生動，自不可及。圖繪寶鑑續纂

黄衍相

黄衍相，字六治，福建人，寄籍永平，官内閣典籍，善寫蘭。同上

趙　龍

趙龍，字雲門，湘南之子。善畫蘭竹，竿枝俏動，葉葉飄舉，雨晴風月，從不移彼非此，反正欹斜，各有態度。圖繪寶鑑續纂

項　悰

項悰，字屺雲，徽州人，流寓嘉定。山水仿董思白、李長蘅兩家，互參入室，筆墨淋灕，自成一種。同上

顧　彝

顧彝，字名六，仁和人。善水墨蘭菊，寫意生動，得天然趣。其詩詞、小篆尤爲佳絶。同上

張　坦子篆附

張坦，號青蘿，善山水。同上

張怡度坦，從雲間沈士充游，盡得其法。有豳風、桃源諸圖，爲時所珍。子篆，亦工花鳥。平湖縣志

陳應麟

陳應麟，字璧山，江陵人。父死明難，應麟入國朝孑然終身，賣畫以給。專工蘆雁，遂成絶

藝。畫徵續録

邱天民弟半醒附

獨醒，邱姓，名天民，曲江諸生。工畫，善翎毛、枯木、野仙，人物皆用臃腫怪筆，尤善畫虎。嘗結屋深山中，觀生虎形狀，得其神，蒼茫返舍，取筆就粉壁圖之，犬一見，皆驚仆，爲之遺矢。一日訪友人於任所，贈之金，盡市奇書怪石以歸，自是畫益進。曲江以畫得名者，莫不首推焉。其弟半醒，亦善畫。予猶及見之。又傳獨醒畫虎，嘗燈下伏地作虎跳躍狀，取影圖之，如活虎云。廖燕七十二松堂集

董維

董維，字四明，號遯菴，黄山人。畫法宋元，敏捷雄渾，時所莫及。圖繪寶鑑續纂

曹垣

曹垣，字星子，仁和人。善人物、山水、花鳥，每欲舉筆輒酣飲，腕指有意外之趣。同上

汪智

汪智，字睿生，古歙人也。筆墨秀潤，自成一家。同上

趙徵

趙徵，字徵遠，畫佛像師贛州劉慢亭。同上

康　浤

康浤，字澹澄，松江人。善蘆雁。同上

郁　倩

郁倩，字儀臣，華亭人。善花卉。同上

葉鼎奇

葉鼎奇，字奇胥，杭人。工花卉。同上

陸坦　韓曠　朱琛

雲間陸坦，字周行；韓曠，字野株；朱琛，字雲璧，皆工山水。同上

李玉品

李玉品，湖廣江夏諸生。工墨竹，生動有致。同上

俞衷一

俞衷一，字雪朗，四明人。工山水。同上

楊　津

楊津，號巨源，莆田人。善山水、人物、花鳥。同上

魯　介

魯介，字南宫，金陵人。善蘭竹、花卉。同上

程　勝

程勝，字六無，休寧人。善畫蕉石、蘭花。同上

董鴻先

董鴻先，仁常之子。善花卉。同上

周　玟

周玟，字紫瑶，公遠之子。亦善畫。同上

許　縵

許縵，字曼若，號安絃，華亭人。畫學倪雲林，詩宗陸放翁。與兄令則名經者，詩文爲一時冠。同上

王子元

王子元，字台宇，吴縣人。善花卉。同上

倪　端

倪端，字文初，嘉興人。工寫生，善山水。同上

程　宗

程宗，字伯甫，華亭人。善畫山水、花卉。同上

周嗣憲

周嗣憲，字西仲，邑諸生，畫法董北苑。鄞志

林　樾

林樾，字素菴，所畫迥出筆墨之外。同上

聞　音

聞音，字即山，山水、小翎毛澹雅生動。同上

董守正

董守正，字澹子，工花石，年九十執筆不衰，自號百拙道人。同上

國朝畫識卷四

王翬

王翬，字石谷，號耕煙外史，常熟人。幼嗜畫，運筆構思，天機迅露，迥出時流。太倉王廉州遊虞山，翬以畫扇呈廉州，廉州大驚異，即索見。翬遂以弟子禮見，與談，益異之，曰：「子學當造古人。」即載之歸，先命學古法書數月，乃親指授古人名蹟稾本，遂大進。既而廉州將遠宦，念非奉常勿能卒此子業，即引謁奉常。奉常叩其學，歎曰：「此煙客師也，乃師煙客耶？」挈之遊江南北，盡得觀檇收藏家秘本。石谷既神悟力學，又親受二王教，遂爲一代作家。畫徵錄

石谷倣臨宋元，無微不肖，吴下人多倩其作裝潢爲僞，以愚好古者。予所見摹古者，趙雪江與石谷兩人耳。雪江太拘繩墨，無自得之趣。石谷天資高，年力富，下筆便可與古人齊驅，百年以來第一人也。己酉顧予於白下，時予已謝督糈，石谷寓績燈菴，爲予作大小十六幅，老年患難，頗藉以自遣。予收畫册五十帙，前後幾四十年，得石谷最晚，而蒐羅之役亦畢於此，庶可以壓多寶船也。讀畫録

石谷與太常、廉州齊名江左，稱「三王」。辛未來京師，頗自貴重。其畫不苟爲人作，獨欲得予一詩爲贈，屬諸公通意於予，又特作長幅并册子八幅相遺，其意濃至可感。蠶尾續文

王山人翬，神襟妙遠，道風秀世，邱壑在胸，落于楮素，特兼六法，足舉二宗。東宫殿下聞其名，召見，許之野服，待以不臣，賜坐於旁。捧領便面，吮毫潑墨，趣同磅礴，亟蒙睿賞，書「山水清暉」四大字以賜，蓋節靈運句以寵之也。後遂自號清暉老人。韓菼有懷堂文集

王翬嘗奉詔作南巡圖，一時公卿題贈卷軸如牛腰。年逾八十，猶盤礴不衰。江南通志

惲壽平

惲壽平，以字行，武進人，名格，一字正叔，號南田，又號白雲外史。工詩文，好畫山水。及見虞山王石谷，自以材質不能出其右，則謂石谷曰：「是道讓兄獨步矣，格妄，耻爲天下第二手。」於是舍山水而學花卉，斟酌古今，以北宋徐崇嗣爲歸，一洗時習，獨開生面，爲寫生正派，由是海内宗之。正叔雖專寫生，山水亦間爲之，如丹邱小景、趙承旨水村圖、細柳枯楊圖，皆超逸名貴，深得元人冷淡幽雋之致。然其虚懷，終不敢多作也。正叔寫生簡潔精確，賦色明麗，天機物趣畢集毫端，大家風度於是乎在。石谷推重不置，故正叔懷石谷詩云：「墨花飛處起雲煙，逸興縱横玳瑁筵。自有雄談傾四座，諸侯席上説南田。」正叔性落托雅尚，遇知己，或匝月爲之點染；非其人，視百金如土芥，不市一花片葉也。以故遨游數十年而貧如故。所居有甌香館，唱酬皆一

時名士。年六十餘，卒於家。畫徵録

惲壽平生而敏慧，八歲詠蓮花，驚其長老。尤工繪畫，花卉禽魚，意態飛動，而題語、書法兼工，故世稱「南田三絶」。爲人孝友敦篤，不謁當事，有古君子風。江南通志

吾鄉惲正叔，工没骨寫生，不用筆墨鉤勒而渲染生動，濃淡淺深間妙極自然。邵長蘅青門簏稾

余訪惲子正叔，登其堂，門庭閴寂，叢菊盈堦，真不媿名士風流也。正叔爲予畫瀟湘夜雨圖，復賦詩二首送余，其一曰：「霜滿芙蓉此送君，手搴秋草怨離羣。輕帆九月湘江冷，一路青山入楚雲。」其二云：「渚宫黄葉雁聲低，故國浮雲野戍迷。我向毘陵城上望，月明人隔洞庭西。」復爲余畫瀟湘白雲圖，送家兄駿男。諸匡鼎説詩堂集

惲正叔抗志養親，工詩畫。每至杭，必寓東園高雲閣上，又嘗自號東園客。有在東園柬毛稚黄詩，風致俊逸，可奪昌谷、玉溪之席。杭州府志

吴　歷

吴歷，字漁山，文恪公訥之後。爲人簡遠不羣，彈琴、詠詩、寫山水皆有高韻，王煙客亟稱之。晚年絶人逃世，不知所之。琴川志

漁山所居，有言子墨井，晚號墨井道人。其於書法好東坡。嘗游吴興，謁其郡守，未入，信

步至一僧舍，見東坡真筆醉翁亭記，喜甚，即蹴其寮，貿紙筆，布席展卷，臨摹三四日。太守遍索不得，摹竟徑去矣。後棄家浮海至西洋，經數萬里，盡生平奇絶之觀。歸而隱于上海，或往來嘉定，不復他出。畫益奇逸，不可以學力到。少與石谷同學于王太常之門。石谷名滿天下，持縑素而請者無虚日，然高官大賈皆得飽所欲以去。道人跧伏海濱，名隱隱與之埒，求其寸紙尺幅莫能致也。樸菴文鈔

漁山鼓琴作書，潔修自好，尤善畫山水。吾婁王煙客奉常，畫法冠江南，家藏宋元真跡。漁山學于奉常，隨臨俶縮作小本，渲染皵皴，得其神髓。奉常撫卷歎息，以爲刻刺神技，劉輪妙手，冥心默契，不可思議。蓋奉常之賞其畫如此。陳瑚確菴集

漁山山水宗法元人，尤長大癡法。疊嶂層巒，心思獨運，而氣暈厚重沈鬱，深得王奉常之傳。畫徵録

金造士

金造士，字民譽，嘉定人。與漁山交厚。工山水，講究極精，長於小幅。畫囊

金民譽山水渾厚，與漁山若出一手。能詩，兼工寫意、花鳥。予得其墨荷便面，旁綴蘋葉葦枝，蜻蜓翔集其上，筆甚雅秀，有自題一絶云：「一瓣真能蓋一鴛，西風捲地僅能掀。花枝力大爭獅子，丈六如來踏不翻。」墨林韻語

顧文淵　徐方

我邑顧雪坡文淵、徐鐵山方，少時與石谷同畫山水，後石谷從太倉煙客、元照兩王公游，得見宋元真跡，學問日進。雪坡、鐵山度不能勝之〔一〕，遂一去而畫竹，一去而畫馬，兩人亦臻絶詣。雪坡寫竹，尤妙在水口與石。蓋此二端，專長畫竹者多不能工，雪坡從山水入手，故獨擅場耳。柳南隨筆

姚匡

虞山姚子石邨匡，曾赴粤中觀察蔣君之招，一歲還吴。道塗往返，所經必有詩，詩先以小敘指次分明，詳略有體，名爲南游日記，以投余於京師。余纔一開卷，而萬里江山恍然入目，此豈摩詰所稱詩中有畫者耶？石邨故善畫，余過慈仁寺海棠院，見其畫壁老松，排空偃蓋，蚴蟉奇突。趙恒夫黄門書側，謂：「石邨與王石谷同師指授，畫格故不相下。今石谷名重天下，而石邨旅況寥落如故，故特令其畫壁以當子昂之琴。」其爲名流愛重如此。姜宸英西溟文鈔

文點

文君點，長洲縣人。翰林院待詔徵明子、國子監博士彭，海内所稱「三橋先生」者，是爲君高

〔一〕「鐵」，原作「雪」，據前文改。柳南隨筆無誤。

祖。祖震孟，東閣大學士，謚文肅。考秉，承蔭，經亂不仕。君依墓田以居，盡屏時文，肆力詩古文詞，兼縱筆爲山水、人物，善鑒者以爲不失高、曾規矩也。年四十，遊京師，貴人欲以國子博士薦君，君不可，引去。嘗舍蓮涇慧慶僧寺，賣書畫自給。巡撫湯公斌屏車騎入寺，問爲政之要。君曰：「愛民先在去害。如虎邱採茶，府縣吏絡繹徵辦，積弊有年，公能除之，即善政矣。」湯公乃伐其樹。君外和而内嚴，口不道人過。其爲學孜孜若不及。晚修文氏譜，本温州守之訓，不附丞相信公以爲重。譜甫成，而君逝矣。君字與也，晚號南雲山樵。所著文集四卷，詩集十卷。曝書亭集

文秉三子，惟點能繼父志，終老山中。詩字畫皆得徵明法，時人擬之鄭虔三絶。性沖淡，不求聞譽，亦不過立崖岸。吴縣志

點以叔父乘殉難，依丙舍以居，無意華膴，肆力古歌詩文詞。善畫山水，得待詔家法。饘粥不繼，怡然自得。湯公斌撫吴，就見之，問何以自苦若是。曰：「菜羹蔬食，足以安人性情，堅人操行。少或有餘，將移所守。」公爲歎息。初，文肅字以「與也」，以沂水舞雩望之，點能不負先志云。長洲縣志

文與也山水用筆細秀，多點染，暈潤迷離，蓋以墨勝也。兼善人物，尤長松竹小品，筆墨極文雅，松身好點苔，故時人戲曰：「文點松，文也文，點也點。」畫徵録

墨香按：點生崇禎六年，卒於康熙四十三年，年七十二。

顧　樵

顧樵字樵水，志尚沖素，於世無營。詩雋永，有錢、劉風味。畫入能品。每槖筆遊山水間，圖而詠之，流連忘返。（松陵文獻）

樵水詩篇秀絶，畫亦入能品。嘗作秋林圖贈吴婁東，吴歎曰：「對此尺幅，令人幽思頓生。」（今世説）

余門人宗梅岑，嘗題吴江顧樵小畫，寄余京師云：「青山野寺紅楓樹，黄草人家白酒篘。日暮江南堪畫處，數聲漁笛起汀洲。」余報之云：「東原佳句紅楓樹，付與丹青顧愷之。把玩居然成兩絶，詩中有畫畫中詩。」顧字樵水，亦名士。（分甘餘話）

姜實節

姜實節，字學在，號鶴澗，萊陽人，前明禮科給事中埰子。埰崇禎末建言得罪，廷杖，謫戍宣城衛。鼎革，南都再建，弟行人垓亦奔赴。馬、阮羅織，必欲殺其兄弟。亡命浙東，後寄居於吴，遂爲吴人。學在工詩，善書畫。山水橅法雲林，涉筆超雋，爲時所重。晚年建二姜先生祠於虎邱，又築諫草樓於祠後，爲棲息所，足不入城市，人稱鶴澗先生。（畫徵續録）

仲子所居曰藝圃，清流演漾，古木叢茂，隔岸巖石列峙，狀若層嶺，蓋相國文文肅公之故居，所謂清瑶嶼者也。仲子以攻詩工畫聞於吴中，求仲子之畫，必得其題句以爲重。雖不識仲子者，見其畫與詩，意其遺世獨立，不讓古之遺民焉。樸菴文集

厲徵君鶚題鶴澗畫松：「萊陽姜仲子，矯矯清節後。獨持滄海身，畫松只畫瘦。矮紙氣屈蟠，疎影滿巖竇。勿矜干霄意，乃爲般爾宥。題字不滿百，筆勢如篆籀。對之神魄驚，慘淡見寒秀。裝堂没骨花，遠笑荃熙陋。」樊榭山房集

黄向堅

黄向堅，字端木，吴人。父孔昭，以孝廉作宰滇中姚江，道梗不得歸，向堅徒步往尋，涉歷艱險，周徧於猺獞之地，趼足黧面，至白鹽井始遇二親。蓋自順治八年十二月出門，至十年六月歸里。承歡凡二十年，父母殁，負土營葬，不再期得疾以殉，世稱完孝。好事者譜黄孝子尋親傳奇，至今世多演之。孝子善畫，所寫皆其所歷滇中山水。余於汪念翼收藏見其鶴慶府鳴鳳山圖，乾筆蒼秀，略得黄鶴山人意。畫筆既可賞，又出自至性人之手，尤當珍重矣。畫徵續録

馮肇杞

馮幼將肇杞，越之會稽人，爲予總角交。少時間作山水、人物、花鳥，極奇秀，每出人意表。三十後遂棄去一切，惟寫梅竹蘭石，有求者輒應之，取適己意，初不計工拙也。幼將竹宗湖州、眉山派，知之者絶少。嘗爲友人畫徑丈壁，盤礴揮毫，頃刻就，如身入茂林中，清風拂拂。又寫

數枝於友人齋，燕雀見之，羣飛停宿至墜地。友人捧長幅數丈，乞爲寫蘭，幼將潑墨甫就，香氣滿室，賓客以下無弗聞者。性沖融，深理解，偶爲賞音標舉，觸引不窮，至衆賓雜坐，喧填紛遝，默如也。爲詩文及詞曲、雜文，有當世知名之士不能望其階阤者，而往往爲其所掩，幼將亦不與之競。書學南宫。通内經素問家言，醫藥多所奇驗。讀畫録

文　掞

文掞，字賓日，柟子，徵明五世孫。志尚高潔，不交當世。初隨父隱北郭，後居小停雲館。老屋數楹，纖埃不入，庭植古松一枝，日哦詩其下，几陳先世彝鼎。性尤好研，蓄古研十二，其一爲陶隱居物，日洗滌以爲樂。著有十二研齋詩集。長洲縣志

文點從弟掞，和州教授嘉之曾孫。清修古行，閉門不輕與世接，哦詩染翰，自娱以老。江南通志

文掞號古香，山水法倪、黄兩家，不多作。畫徵續録

墨香按：掞生崇禎十四年，卒於康熙四十年，年六十一，門人私謚貞慤。

胡玉昆

金陵畫學秀絕江左，近代以來，獨胡長白先生時出高古淡遠之筆，不入嫵媚一流，最得南宗之深。長白羣從皆有家法，我元潤尤爲傑出，每一落墨，矜貴如金。所謂逸品，在神品之上者

也。賴古堂集

金陵胡宗仁彭舉，以畫名。其子玉昆，字元潤，亦工畫。嘗寫杭州宋宮古梅，予題絶句云：「風雨厓山事渺然，故宮疎影自年年。何人寄恨丹青裏，留伴冬青哭杜鵑。」故友合肥李文定容齋極愛此詩。昔人謂沈石田相城喬木，代禪吟寫，此後惟金陵胡氏足以繼之。香祖筆記

墨香按：「其子」，應作「其姪」。

李君實嘗言：「作畫惟空境最難。以余所見，善於用空者，其惟胡三褐公歟！」褐公一字元潤，即長白之猶子玉昆也。君性孤僻，作畫如之。用筆設色，好作縹緲虚無態，故咫尺間覺千萬里爲遥。余蓄畫册自君始，入手便得摩尼珠，散璣碎璧不足辱我目矣。讀畫録

程端伯與元潤書：「作畫不解筆墨，徒事染刻，正如拈絲作繡，五彩爛然，終屬兒女子裙膝間物耳。足下筆墨各有別趣，在蹊徑之外，油然自得，蓋能超凡脱俗者，恐未免下士之誚也。」青溪遺稾

胡士昆

胡玉昆有弟士昆，字元清，善蘭花。圖繪寶鑑續纂

胡耀昆起昆

胡彭舉畫，筆意古拙，有五代以前氣象。二子耀昆、起昆，奕奕皆有父風。江寧志

長白與伯敬札子云：「公詢寒門諸子弟，敬以名字相聞：弟宗信，字可復，以字行；世所稱雪村者，名宗智；耀昆、起昆，僕之子；玉昆、士昆，雪村子也。綿學畫。華門畫掩，茗椀爐香間，閣筆盈案，妄擬堆笏滿床。昔人一門五貴，七葉蟬聯，想如是耶？公聞之，得無噴飯！」觀此札，可想見其家庭之樂。讀畫録

程端伯題胡元韻畫：「胡氏畫有家學，惟元韻更爲精進。此幅尤脱灑無金陵氣。」青溪遺稾

墨香按：元韻，耀昆字也。

盛丹

盛丹，字伯含，金陵人。山水、花卉、蘭竹，能集諸家之長。無聲詩史

伯含，茂開子。畫本家學，而蕭疎有林下風致。每過友人處，見几案潔浄，筆墨和適，輒取案上紙隨意揮灑，不自矜慎，人更以此重之。嘗作秋山蕭寺圖，杜子漣題云：「争見時人貌大癡，總然貌得止膚皮。何如竟向空山坐，笑岸秋風白接䍦。」宋玉叔題云：「空山多雨雪，獨立君始悟。」王龍標句也。不觀此畫，不知古人立言之妙。讀畫録

程端伯題盛丹畫卷：「盛伯含與予交甚久，其人篤實近古，筆墨亦復灑然可喜。偶於嵞公禪室見此卷，爲之慨歎良久。求虎賁似中郎，引爲同調，不可得矣。」青溪遺稾

盛丹善山水，其筆墨蓋得法於黄子久。巖隈林麓，頗及深遠；柯枝點葉，亦極老榦，差覺欠

舒暢耳。圖繪寶鑑續纂

盛　琳

伯含弟林玉琳，有美才，畫能自寫己意，極爲楊龍友諸人所重。嘗以十幅贈予。張厕筏二嚴題其空山冒雨圖云：「幽人空山，冒雨而出，尋花耶？訪友耶？大似黄子久筆意。」題二絶：「擬訪高人上翠峯，籃輿清興逐松風。子規唤醒英雄夢，白葛花開細雨中。」「孤舟傍岸借煙霞，松裹藤蘿映月華。曉起不知風露冷，南村有客伴尋花。」董文友以寧題：「幽人冒雨出空山，且挈婦偕往，似非尋花訪友，如老衲所題也。因賦一絶：『山山風雨合幽棲，何似藍輿逐遠谿。多恐姓名人漸識，移家更向白雲西。』」毛大可甡題：「攜家出郭剪蒿萊，雲薄初看日影回。纔上笥輿山雨下，午橋莊上晚歸來。」讀畫録

盛懋開應昌，作畫頗拘尺幅，而持身高潔，綽有古風。子丹、子琳皆以畫名，伯仲恂恂，交遊無不愛敬之。江寧志

章　谷子采聲附

章言在谷，虎林人。蕭然食貧，閉門作畫，人恒重其品。子子鶴、子真，皆以畫名。同時父子兄弟均以畫名者，推秣陵盛氏。虎林之章、秣陵之盛，人恒並稱之。讀畫録

墨香按：子真名采，言在長子；子鶴名聲，言在次子，皆能紹父藝。

章谷十餘歲從塾師學，師出，有友訪之，羣兒忘其姓氏，師怒，谷即以筆畫其顴頟鬚眉，栩栩然也。師笑曰某也，叩之果然。及長，善八分，其烘染尤工絶。有至性，母遘奇疾，割股療之。（杭州府志）

章古愚少時瞳神如秋水，膚色如玉，人多比之爲衛洗馬。善八分隸體，畫尤工絶。（今世説）

黄　經

黄經，字維之，如臯人。善山水，清藴師大癡。博通六書，字學尤著。（圖繪寶鑑續纂）

黄濟叔經，別字山松。書法、圖章之外，尤精繪事。在若廬時，惟日以篆籀詩詞自娱，間亦遊戲筆墨，未知其如此之工也。與予先後返江南，顧予白下，始放筆爲予作數小幅，蒼古淡遠，全倣黄、吴。未幾，予赴青齊，濟叔乃死。於友人酒間展閲此册，爲之愴然。黄俞邰題云：「長松落落來高士，瀑布遥遥下遠岑。想見吾宗黄叔度，高寒命筆此時心。」張瑶星題：「取境不高，則雲霞之氣不鮮；肆眺不遠，則林壑之懷不暢。崇岡絶壁，以謝煩喧；曲徑平臺，以供嘯詠。若有知者，吾必過而問之。」（讀畫録）

張　修

張損之修，其先吴門人，家秣陵。性狷介，自闢三徑于鷲峯寺側，籬落幽然，花竹静好，偶然欲畫，伸紙爲數筆，倦則棄去，最不耐促逼也。工山水、花草、蟲鳥，更好繪藕花，人争購之。君常獨坐鷲峯鐘樓，反扃其户，不聞聲息，遐想雲外，肅然吮筆，宜其落紙皆非凡近也。周鹿峯曰：「于清言工畫荷花，獨步一郡。宋寧宗時進荷花幛，其名益重。損之此幅，別有風味，反恐清言未必臻此。」損之畫春燈謎甚工，至今人多藏之者，重損之畫也。同上

胡　慥

胡石公慥，秣陵人。石公善啖，腹便便，負大力拳勇，而最工畫菊。菊，冷花，經石公手，洗盡鉛華，獨存冰雪，始稱真冷。然筆畫外，備極香艷之致，此則非石公不能爲也。惜哉，未六十而殁！子清、濂，皆能畫。同上

胡石公善山水、人物，至于菊花，能畫百種，且極神妙。圖繪寶鑑續纂

郭鼎京

郭去問鼎京，福清之縣亭人。著有縣亭詩集，余爲序而行之。君詩芊綿可愛，畫如之。册中一頁，爲余作數千竿竹，藏一團瓢老居士，趺坐古先生前。方樓岡題其右曰：「懶瓚耶？拾得耶？人生何福，顧克至此？但恐櫟居士未必能共此老煨芋團瓢中耳。」山陰祁文載題一絶：「石邊流水響珊珊，翠滴蒼崖灑面寒。白雀館中文與可，墨林淡掃五千竿。」去問精小楷，爲予於此册前寫楚辭全部，又一册寫陶詩全部，紙皆高不踰尺，横不過二尺許，筆筆倣歐率更，無少局促態，真神技也。讀畫録

郭鼎京書法最工，兼擅繪事。宋去損嘗云：「每展郭畫，便思放杖投足。」今世説
郭鼎京山水師子久，設色花草尤佳。圖繪寶鑑續纂

樊　圻

樊圻，字會公，江寧人。工山水、花卉、人物，無不極其妙境。予庚寅北上，遇王孟津先生於旅次，閱所攜册子，孟津最賞會公小幅，時年六旬，燈下作蠅頭小楷，題其上云：「洽公吾不知爲誰。此幅全橅趙松雪、趙大年，穆然恬静，若坖德淳儒，敦龐湛凝，無忒無恌。燈下睇觀，覺小雷大雷、紫溪白嶽一段，忽移於尺幅間矣。」又云：「是古人筆，不是時派。」時派，即鍾譚詩也。小印糢餬，誤視會公爲洽公。會公後即以洽公行，感知己也。讀畫録

柳村在恒山之間，梁冶湄使君讀書其中，屬金陵樊圻畫柳村漁樂圖，余有絶句云：「鴉啼屋角柳藏煙，一帶人家住水邊。最愛春晴三月暮，夕陽斜繫釣魚船。」池北偶談

樊　沂

會公兄沂，字浴沂，筆墨與會公有雙丁、二陸之名。居迴光寺畔，疎籬板屋，二老吮筆其中，蕭蕭如神仙中人。予贈之詩云：「兄弟東園户自封，不教人世見全龍。疎燈夢穩長橋雨，破硯欹磨近寺鐘。白墮荒唐胸五岳，青來迢遞筆三峯。北山雲樹蕭條盡，老去朝朝拜廢松。」可以見其高致矣。讀畫録

高岑

高岑，字蔚生，金陵人。善山水及水墨花卉，寫意入神。〈圖繪寶鑑續纂〉

高蔚生岑，康生弟，同有時譽。予與阜交最久，晚乃交岑。岑鬚髯如戟，望之如錦裘駿馬中人，然喜佞佛，早年即厭棄舉子業，學爲詩，恒多雋句。從法門道昕游伏臘寺，居茹蔬淡，雖年少，訥然静默，鬚眉間無浮氣。幼時學同里朱翰之畫，晚乃以己意行之。册中諸幅，皆在南郊山寺松影泉聲中所成，浮囂既盡，肅肅引人入静地。信夫筆墨一道，不當向十丈軟紅塵相購也。昕公筆墨妙天下，又收藏最富。予常在松風閣見岑與公永夜静談，商量位置。兩人舌本間，即具一佳畫，蠕蠕欲見之素壁。岑每以舌本所得，急落于紙，然甫落紙，或半竟，兩人舌本觸觸相生，别多幽緒。迨成時，乃無初商一筆。以此鏤精刻骨，益入微妙。潘君之筆，樂君之舌，宜稱岑者，恒多昕公云。昕公，吾友侍御陳渉江也。〈讀畫録〉

高阜

康生有聲藝苑，豫章艾天傭，負人倫鑒，言秣陵以古法行之制舉業者，高阜一人而已。阜，康生名也。阜與弟岑皆至性過人，所居多薜蘿，閒緑冷翠中，兩高士在焉。奉孀母備極色養。往阜與岑送余至大江，予别以詩，有「晨昏蔬筍饌，兄弟薜蘿居」之句，可想見其怡怡之致。阜畫水仙，爲魏考叔所歎絶。同上

鄒　喆

鄒滿字仲子喆，字方魯。畫宗其父，圖松尤奇秀。守節霞閣，敬事父友，謹慎保其家。予北還，贈以詩：「板橋花隙種桑麻，織屨先生恅㤜家。只識前修真寂寞，應知後美賤繁華。關心明月人千里，過眼雲煙畫一叉。肯羨東鄰釜底熱，寒門久已節松霞。」母没，能盡禮，會葬多名士。同上

墨香按：滿字名典，吴縣人，客遊金陵，遂家焉。友人胡念約爲構小閣，顔曰「節霞」。鄒滿字，蕭疎秀爽，足高人之致。其子喆，得其畫法，推一時能品。江寧志

方魯山水工穩而有古氣，兼長花草，鈎勒傳染有王若水風格。畫徵録

葉　欣

榮木畫善結構，能就目前所見，一一運之紙，一經其筆，雖極無意物，亦有如許靈異，故往往引入勝地。常爲予摘陶詩作小幅滿百，用筆楚楚，覺陶公培增幽淡。余作百陶舫於閩署藏之，時攜以自怡。人傳榮木出姚簡叔之門，但師其意耳，實未執贄攝土也。相傳簡叔見榮木畫，如魏夫人見鍾太傅筆畫，有「此子必蔽我名」之歎。世人之傳，或簡叔一歎所致歟？榮木名欣，雲間人，流寓白門。無子女。貌類閹、媪，宜其性與人殊歟。讀畫録

葉欣，華亭人。山水學趙令穰，復以姚簡叔參之。圖繪寶鑑續纂

竟陵詩，淡遠又淡遠，淡遠以至於無。葉榮木畫似之。每見其所作，斷章荒煙，孤城古渡，

輒令人動作秦月漢關之思。青溪遺稿

江念祖

江遥止處士念祖，歙人，時家虎林。字畫皆極力摹古，然頗有自得之致。嘗作畫與予，自題云：「黄子久没，北苑樹基，而老筆縱横，饒有荆、關遺意。今人以虞山片石畫子久，以荆、關詡雲林老人，未爲得二家宗法。」即此可知遥止自命矣。晚年隱金、衢間，閉門深山，罕與人接。范文白題遥止畫曰：「顧、陸而下，倪、黄而上，風流未墜，不特氣韻高，亦緣本領大耳。昔人欲以五百卷益趙令穰畫心，便是此意。」讀畫録

郜璉

郜璉字方壺，官台州府參軍，解綬歸，舉鄉飲賓。嗜山水，五嶽親歷其三。雅善鼓琴，時稱廣陵散復在人間。尤精繪事，嘗寫芭蕉傳至日本，海外珍之。如臯縣志

錢封

錢封，字軼秦，號松崖，杭郡庠生。年十三執母徐喪，里中稱爲小孝子。父士璋，凡三娶，封事後母一如所生。父殁時，封年六十有一，哀號擗踴，宛若嬰孩。浙江通志

松崖隱西湖，遊情翰墨，興至寫山水，得煙雲出没、峯巒隱見之態。老年尤寄趣平淡，落筆高古，品格絶塵，一時名人多從遊焉。子彦雋，孫昶，亦能得其家法。圖繪寶鑑續纂

黄玢

黄玢，字憲尹，號怡谷。有學行，工山水，著聲於吴。（畫徵録）

文處士掞題黄憲尹畫顧俠君秀野草堂圖：「層疊峯巒水一灣，板橋竹屋隔塵寰。愛他江夏無雙筆，收拾輕綃尺幅間。」（十二研齋集）

史顔節

史顔節，字膚子，紹興人。善畫墨竹，風晴雨露無一不妙。尤好作萬竿叢細，山頭水口，煙雲烘鎖，人争購之。（圖繪寶鑑續纂）

高簡

高簡，號一雲山人。能詩，工山水，撫法元人，務爲簡淡，而布置深穩，筆墨矜惜，風味清耀可愛。余從伯木威先生曰：「高君胸有書卷，故腕下露此静韻，不然亦薄而厭玩也。」卒年七十餘。（畫徵録）

盤山拙菴和尚自江南還山，以滄浪高唱畫册索題。蓋師訪宋牧仲開府於吴，適朱竹垞太史自禾中來，會於滄浪亭，共賦詩見懷，而畫史高簡圖之者也。（香祖筆記）

朱軒

朱軒，字雪田，華亭人，乃雲來先生次子。初師董玄宰。家多收藏宋元諸家，莫不私淑。論者謂其有石田之筆力，董玄宰之名貴，趙文度之天趣，然以鐵門限之，煩率多應酬。有窺見其富美者，方知雪田畫爲士大夫冠冕。圖繪寶鑑續纂

朱軒少學書於董其昌，學畫於趙左。嘗謂古人以畫爲寫，必以書入畫始佳。郡中得其片紙咸寶之。江南通志

朱韶九善山水，學高彦敬筆法。百幅菴畫寄

孫杕子淵附

孫杕，字子周，號竹癡，錢塘人。能書善畫，爲人清癖而風雅。書寫行草八分，畫作花卉竹石，筆墨遒勁，設色濃艷，得古人之正派，其鈎勒及飛白作更佳。子淵，字曰明，能紹父藝。圖繪寶鑑續纂

陳尹

陳尹，字莘野，號雲樵。少從學於上海李藩，所畫人物、山水、花鳥，初甚工細，後入疎老，有青出於藍之目。王原嘗評其畫云：「前無十洲，後無章侯，可入神品。」青浦縣志

吴慶孫　陳穀

吴慶孫，字綬紫，張堰人，府庠生。工山水，爲士林所重。兼能詩詞。同里有陳穀者，字戬生，號山民，亦以山水名，下筆有煙雲之氣。金山縣志

文定

文定，一名止，字子豹，善花鳥。文氏族譜
文定字子敬，後名止，字止菴。善花鳥，與王勤中齊名。畫徵續録
墨香按：定，係熙光子，三橋曾孫也。

吴安

吴安，字定山，雲間人，隱居泖濱，號泖湖釣者。寫山水氣韻娟秀，人以爲摩詰後身。圖繪寶鑑續纂

周蜓〔一〕

周珽，字無瑕，號青羊，居峽川。工吟詠，善畫。以葡萄擅名，蜿蜒生動，尺寸有尋丈之勢。舊海寧志

謝爲憲

謝爲憲，字孝定，一字恕齋，鄞縣人。康熙癸卯舉人，知蓬萊縣。不諳吏事，罷歸。工書，又工畫。甬上前輩畫者，多師文、董二家，爲憲隨意潑墨，或散漫數筆，生意迴出。詩亦有自然之

〔一〕周珽，卷前目録原闕，增修本未載。文中篇目作「周蜓」，正文作「周珽」，據王又曾纂海寧縣志，當作「周珽」。

韻。甬上續耆舊集

范菊翁題墨池二逸畫册云：「恕齋先生以名孝廉宰蓬萊，與時不合，即賦遂初歸。而太僕遺貲尚厚，先生揮灑自如，不數年摒擋殆盡。晚歲益落寞，怡然自得，絶不介於懷。其胸襟如是，宜其畫之蕭疏淡遠，脱去塵俗也。高涼太守畫，朱竹垞太史極所稱道，海内重之。獨先生罕有知者，顧其筆墨，實不相亞。莪亭合爲一册，披覽數過，幾無能辨其伯仲。」袁鈞四明畫記

盧宜

盧宜，字公弼，鄞人。康熙丙午舉人，知鎮遠縣。旁通繪事，以墨蘭著。甬上續耆舊集

余澑

余澑，字鮫巽，鄞人。作水墨山水，題詩其上，寄興超然。晚以明經任宣平訓導。同上

張起宗

張起宗，字元友，鄞人。康熙辛未進士，知河内縣。善書，閒以其餘作山水，皆超逸有致。雍正寧波志

國朝畫識卷五

錢瑞徵

錢瑞徵，字鶴菴，海鹽人。康熙癸卯舉人，仕西安儒學教諭。好畫松石，不事規仿，獨抒性靈，而興趣雅合，筆意圓厚，風致散朗。書得趙吴興兼顔平原意，雅雋古樸。皆可珍也。〔畫徵録〕

錢君之官六年，僦舍以居，不以苛禮責問業之弟子。饎爨不繼，而君充然自得。蒔百卉於庭，種松於盆，暇輒賦詩畫松石。〔曝書亭集〕

曹有光

曹有光，字子夜，吴縣人。善書能畫，筆墨雅秀，邱壑深邃。又善花卉草蟲，傳染恬潔。〔圖繪寶鑑續纂〕

「寄將一幅剡溪藤，江面青山畫幾層。筆到斷厓泉落處，石邊添箇看雲僧。」此石田翁爲越僧題畫作也。子夜册中亦有仿其意者，因識二十字：「師古得古意，何須粉墨仍。青山樵一角，别有看雲僧。」〔百幅庵畫寄〕

墨香按：子夜一字西畸，康熙甲辰進士，績溪縣人，寄寓西湖。

王原祁

王原祁，字茂京，號麓臺，太倉人，奉常公孫。康熙庚戌進士，由知縣擢給諫，改翰林，補春坊。天子嘉其畫，供奉内廷，鑒定古今名人書畫。晉少司農，充書畫譜總裁，「萬壽盛典」總裁官。卒年七十。公童時偶作山水小幅，黏書齋壁，奉常詢知，大奇曰：「此子業必出我右。」間與講求六法之要〔一〕、古今異同之辨。及南宫獲雋，奉常曰：「汝幸成進士，宜專心畫理，以繼吾學。」於是筆法遂大進。而於大癡淺絳尤爲獨絶，熟不恬，生不澁，淡而厚，實而清，書卷之氣盎然楮墨外。是時，虞山王翬以清麗之筆名傾中外，公以高曠之品突過之。世推大家，非虛也。瑯琊元照見公畫，謂奉常曰：「吾兩人當讓一頭地。」奉常曰：「元季四家，首推子久。得其神者惟董宗伯，得其形者予不敢讓，若形神俱得，吾孫其庶乎？」元照深然之。畫徵録

宗姪茂京，庚戌進士，今爲禮科都給事中。太常煙客孫，同年端士揆長子也。畫品與其祖太常頡頏。爲予雜仿荆、關、董、巨、倪、黄諸大家山水十幅，真元人得意之筆，又自題絶句多工。居易録

〔一〕「求」，畫徵録作「析」，皆可通。

王原祁襟懷高曠，工詩善文，兼精六法，寸縑尺素流傳禁中，時稱「藝林三絶」。性廉潔，不治生産，通籍後家居十年，猶蕭然如寒素。江南通志

高層雲

高層雲，字二鮑，明檢討承祚孫。康熙丙辰進士，授大理寺評事，擢吏科給事中。秉禮執法，多所彈正。遷通政司右參議，歷太常寺少卿。卒於官。層雲工詩文，善書畫，得者寶藏之。江南通志

高文恪公士奇韻竹軒侍直詩：「畫橋西望水中亭，疑有魚龍出北溟。領略瀛洲舊蹤跡，十年墨瀋在雲屏。」自註：「歲戊辰，層雲兄奉敕畫屏風四幅，今尚在淡寧居御座側。」清吟堂集

朱檢討彝尊爲高太學不騫題其尊人山水軸：「太常三絶畫書詩，尺幅溪山付虎兒。斷紙零縑何處覓，秋風怊悵卷還時。」曝書亭集

高層雲，華亭人，畫山水仿董文敏。圖繪寶鑑續纂

宋犖

宋犖，字牧仲，號漫堂，商邱人。相國文康公權子，以廕入仕，官至大冢宰。博學工詩古文，有西陂類稾行世。嗜古，精鑒賞，自言暗中摸索可别真贋。收藏甚富，一時以畫名家者悉羅致於家，出其所藏屬橅副本，極爲盛事。耳濡目染，遂得畫法。嘗寫水墨蘭竹小幅，疎逸絶倫，非

丹青家所能窺也。湯西崖題詩云：「竹箭美必採，澤蘭香宜紉。公平鎮東南，空谷無幽人。偶然託墨妙，寫此平生親。咨嗟魏公儔，小筆乃爾神。」公前撫豫章，後撫江蘇，拭拔名士，禮遇而資之。湯詩假圖頌德，洵實録也。畫徵續録

賈鉝

賈鉝，字玉萬，號可齋，臨汾人。精蘭竹，風晴雨露，無不各肖。兼擅荷花，名噪都下。圖繪寶鑑續纂

賈鉝工竹石及折枝花，喜用瘦筆乾墨，風味澹逸，若不火食者。出守黄州，嘗畫竹題識，命工人鐫諸石，置赤壁人所遊歷必經之地，其汲汲於名如此。所畫百石圖，奇詭盡變，見稱藝林。畫徵録

朱檢討彝尊寄賈黄州詩：「近聞南紀賈黄州，到日題詩滿竹樓。晝永清香凝列戟，月明赤壁愛停舟。棘針花鳥真無敵，水墨雲山不易求。别後相思意何限，可能尺幅寄輕郵。」曝書亭集

羅牧

羅牧，字飯牛，寧都人，僑居南昌。工山水，筆意在董、黄之間。林壑森秀，墨氣滃然，誠爲妙品。江淮間亦有祖之者，世所稱江西派是也。牧敦古道，重友誼，與徐徵君世溥善。徵君贈詩云：「彩筆常懸夢裏思，十年古道見鬚眉。雲山本是無常主，更寫雲山賣與誰？」巡撫宋牧仲

高其人，作二牧説贈之。牧能詩善飲，楷法亦工，又善製茶。卒年八十餘。畫徵録

羅牧善山水，筆墨空靈，饒有士氣。圖繪寶鑑續纂

羅飯牛畫，得法於魏石牀。江西志

王無忝

王無忝，字夙夜，孟津人。善山水。官金華太守。圖繪寶鑑續纂

墨香按：無忝，係康熙庚戌進士。

梅 清

梅清，字遠公，銷之兄也。宣城人。舉孝廉。畫山水有別趣。圖繪寶鑑續纂

淵公生長閥閲，姿儀朗秀，有叔寶當年之目。詠歌之餘，間作墨畫，下筆槃礴多奇氣。施愚山文集

宣城孝廉梅淵公，別字瞿山，以詩名江左。畫山水入妙品，松入神品。數年來罷公車，輯梅氏詩略十二卷，始唐迄明，凡百有八人，寄予請序。又寫黄山十二幅，自題其首云：「漁洋山人十年前曾訊黄海之勝，索予作圖，久而未報。康熙壬申正月，春雪初晴，拈毫灑墨，偶爾成雲，此則天都第一峯也。」又寄畫梅一卷，煙雲歷落，枝榦奇古，似過王孟端。古夫于亭雜録

梅淵公畫松爲天下第一，數寄予賦詩，予爲作七古長句，又題二絶贈之，忽忽已二十年矣。

康熙丁丑，聞淵公化去，妙畫通靈從此永絶。戊寅初度，友人以瞿山十二松見壽，披對之下，如與故人捉松枝麈尾坐譚於磊砢千尺之間，不勝感歎。蠶尾續文

崔　華

予門人崔不凋，太倉之直塘人。性孤潔寡合，畫翎毛、花卉甚工，詩清迥自異，吴梅村嘗目爲「直塘一崔」。其佳句云：「此中枕簟客初到，半夜梧桐風起時。」又：「丹楓江冷人初去，黄葉聲多酒不辭。」吴人目爲「崔黄葉」。池北偶談

毛遠公

毛遠公，字驥聯，蕭山人。孝廉。下筆清新俊逸，著有菽畹集。喜繪設色及水墨牡丹，一花半葉，淡墨欹豪而疎斜歷亂，偏其反而咄咄逼真。圖繪寶鑑續纂

侯思炳

侯思炳，字嗣宗，樂清人。性疎放，詩、畫、書法秀出一時。游三吴歸，卜築漁村以居，顔曰「漁村小隱」。劉撫軍嘗欲禮聘幕中，不答。殁後，韓令君則愈梓其遺詩傳於世。子英，出繼薛氏，康熙甲子領鄉薦。温州府志

張雍敬

張雍敬，字珩佩，號簡菴，秀水布衣，家新塍鎮。善草蟲，布置花草本宋人勾染法，工細多

致。工制舉文，不遇。精究天文律曆之學，著定曆玉衡十八卷，始與吴江王寅旭相稽考，繼證之宣城梅定九，竹垞朱氏序之。其宣城遊學記，稼堂潘氏序，皆極推重。詩有環愁草、靈鵲軒等集。畫筆其餘技也，然猶工細若是，可知其學之專者矣。畫徵續録

邱園

邱園，字嶼雪，東海侯岳之後。隱居塢邱，跌宕不羈，縱浪詩酒。善度曲，被新聲，歲寒松、蜀鵑啼諸樂府，有元人之風。琴川志

黄遵古少時學畫從邱高士嶼雪，入都後師麓臺侍郎。然每與人言淵源所自，曰：「吾邱先生弟子也。」歸愚文鈔

沈白

沈白，字濤思，號賁園，又號天庸子。父鳴求，棄諸生，隱於諸翟鎮之梅花原，故王圻别業也。殁後，學者私謚貞愍。白以布衣躭高尚，闢所居而廣之，有蕭閑堂、海棠徑諸勝。工書，真、行、草皆入妙。亦善山水，縱横疎快，有别趣。青浦縣志

張道岸

張間鶴，性簡傲，嗜飲多，少進輒醉，醉輒喜畫蘭，勃勃有生氣。陸子黄嘗得所畫蘭，懸之齋壁，忽發香滿室中。陸異之，因額其處曰「蘭堂」。張名道岸，浙江湖州人。苕南四隱，張其一

也。今世説

李琪枝

李琪枝，字雲連，號奇峯，嘉興人。邑庠生。太僕君實孫，珂雪子。畫傳家學，尤工墨梅、墨竹。畫徵録

朱檢討彝尊題李秀才墨竹詩：「小閣爐香洗研初，數竿墨竹最清疎。前身定是梅花衲，仍占春波門外居。」又題畫梅云：「生平冷笑林君復，活剥江爲兩句詩。畫到影疎香暗處，始知一字可稱師。」曝書亭集

于琳

于琳，字貞瑕，性好綜覽，膺歲薦不赴，教授生徒。兼通六壬數及地理、醫術，善行楷，妙繪事。晚年習禪理，庚申冬翛然揮手而逝。平湖縣志

項玉筍

秀水項聖謨從子玉筍，字嵋雪，知竟陵縣事，工墨蘭。畫徵録

王戩

王戩，字孟穀，漢陽人。爲諸生，年甚少，工畫。圖繪寶鑑續纂

崇禎中，楚名士首漢陽二王。二王者，士乾、懷人，世顯亦世。懷人有才子，曰：「戩弱冠遊

長沙，賦詩云：『不借直踏寒煙裏，麝香獨遊亭午時。』」予讀之歎異。在江南寄予一編，尤怪奇詼詭。池陽山行之作，馳騁筆力，過歐陽永叔廬山高遠甚。漁洋文

李　嶧

李嶧，字孔巖，山陰人。工畫蘭竹，巨幅小景，瀟灑生動，直駕何元長、魯孔孫而上之。兼善花鳥、山水，筆意高妙，深得宋元諸名家神境。圖繪寶鑑續纂

夏　基

夏基，字樂只，江南徽州人，僑寓湖濱。能詩，工畫，曠然有高世之志。今世說

張　湑

張湑，字子晉，松江人。畫宗董文敏，具體而微。單瓢陋巷，技以人傳者也。子孝昌，能文善畫。同上

湑，諸生，工翰墨，能詩。家貧，狷介自守。當歲除，有貴人贈以脫粟，不受。與同郡林貞父相友善，間有饋遺則受之，曰：「林君固知我者。」畫山水氣韻生動，論者謂得北苑之神。婁縣志

項　奎

項奎，字子聚，秀水人，諸生，自稱墻東居士。工詩，精繪事。年七十，屬友人葉燮爲生壙

志。有晚盥堂詩集。嘉興府志

項聖謨兄徽謨，亦善畫。子奎，字子聚，號東井。山水學元人，好用禿筆，多水墨，亦長蘭竹。畫徵録

朱檢討彝尊題項秀才奎水墨小山叢桂：「少年席硯項生同，每到秋行桂樹叢。今日天涯展圖畫，忽驚身是白頭翁。」曝書亭集

高文恪公士奇寄項東井詩：「我住東湖曲，芳鄰有項斯。常懷天籟閣，遠寄歲寒詩。白髮仍多興，烏衣更有誰？疎慵今太甚，載酒會何時？」自註：「東井爲墨林曾孫，年八十，善畫，畫必題詩其上。」苑西集

程鵠

程鵠，字昭黃，徽州人。初年家裕，酷愛筆墨，凡遇一技一能之士，無不延攬。既壯，徧遊襄楚，復及晉燕。所摹宋人諸家，不特山水絶倫，即人物、花鳥悉俱精妙。丁未歲，今上召入南薰殿，揮染稱旨，不時宣召焉。圖繪寶鑑續纂

沈樹玉

沈樹玉，號蘧夫，杭州人。善花鳥，鉤勒極細軟，設色極鮮麗，翎毛不特得飛翔之態，而且曲盡飲啄神情。今上於丁未歲召入南熏殿，寫鶉鴿百隻，宛然如生。同上

沈蘧夫樹玉，虎林人。善寫生，無近人娬媚氣。兼工篆籀。在都門作寒梅一枝相贈，頗極幽韻。益都孫道相先生題其上：「蘧夫向于京師爲余作芙蓉枝竹，視此爲疎。蓋春葩欲艷，秋意欲疎；艷如艶妝好女，疎如野服高僧也。」讀畫録

吴期遠

吴子遠期遠，丹徒人。與予交最晚。偶過雲門，匆匆同玉髭孝廉北上，燈下作二幅留贈余，居然一峯老人。近日作者紛出，當以子遠爲巨擘。戊申秋，在都門寄余一册，尤韶秀可貴。同上

丹陽吴子遠，以食貧賣畫都會，沖和夷猶，與貴人貧士雜處，無不自得。魏叔子文鈔

丁飛濤澎戲效宋人句題吴子遠畫：「丹楓遥映白蘋洲，影入溪橋萬樹秋。啼鳥數聲山葉下，晚風吹到讀書樓。」扶荔堂集

王穉

王穉，字東皋，金陵人。周侍郎亮工題其畫云：「古之得趣山水者，多以筆墨自寄，蓋幽清孤曠之蹟，非世緣之所能勝。故昔人作畫，有登百尺樓猶輟其梯級者，期於絶遠囂繁，始能經營盡意。而東皋精活人之術，求者在門，迎者在道，炎蒸凍雪中濟人無寧轍，而其用筆之妙，有子久、雲林所不能絜勝者。始信胸有静力，正不以離事自全耳。蓋從籃輿僕僕中無異掩關蕭寺之致，此東皋所以別字輿菴者乎？」賴古堂集

屠　遠

屠遠，字帆輕，武進人。博學能詩，尤工畫山水、蘭竹。江南通志

陳　儀

陳儀，字象彩，遠同邑人，詩詞筆墨與遠伯仲。同上

萬　个

西江萬先生名个，能作一筆石，而石之凹凸淺深、曲折肥瘦，無不畢具，八大山人之高弟子也。燮偶一學之，一晨得十二幅，何其易乎！然運筆之妙，却在平時打點，閒中試弄，非率意爲也。石中亦須作數筆皴，或在石頭，或在石腰，或在石足。鄭板橋集

楊　涵

楊涵，字水心，山東益都人。性簡傲，狂放不羈。善畫，尤長於墨竹。常坐卧竹下，會其偃仰欹斜之態，久之忽然有所得，故其所作，往往縱手而成。雨葉風枝，千層萬疊，而尋其脈絡，絲毫不爽，當時以爲神品。與某僧善，每爲作畫，然遇得意之筆，輒挼爲紙團，匿之裈中，僧知而搜得之，乃相與大笑。其不羈如此。感舊録詩傳

曹　重

曹爾垓，更名重，字十經，婁縣人。與顧菴學士爲從兄弟。十經年少才華溢發，其詩文絢爛

如赤城霞，或堅潔如藍田玉。又善丹青，與雪田諸子起墨林詩畫社。雲山酬唱

曹重，干巷人。博學能詩，善繪事，而尤長於詞，著濯錦詞十卷。母吴氏，名朏，號冰蟾子，妻李氏，女鑑冰，並能詩善畫，合編集曰三秀。金山縣志

張僧繇畫花，遠視作凹凸狀，近看却平。曹子十經頗得是意。笛漁小稾

卞三畏

卞三畏，字仲華，蓋州人。孝廉。宦轍所至，兩袖清風。政事餘暇，怡情翰墨，寫山水得湍瀨潺湲、煙霞縹緲之致。圖繪寶鑑續纂

金　史

山陰金古良名史，以字行，人物名手也。有雕本無雙譜行世。子可久、可大，世其業。畫徵録

金史善人物，師陳章侯。圖繪寶鑑續纂

張振岳

張振岳，字崧高，蕭山人。詩宗李、杜，書法二王，尤工小楷，雅善鼓琴。性剛介，人莫能屈。畫山水，晴嵐絶澗，深谷危巖，葦村桃洞，柳岸漁溪，皆詞人難狀之景，不惟得之手腕，而氣韻生動，超軼往昔，非學古何能至此！圖繪寶鑑續纂

陸　定

陸定，字文祥，華亭人。善山水，喜著青緑重色。同上

吴女史冰仙贈畫家陸文祥詩：「老翁遠過平千中，雪髯金骨氣如虹。機雲世胄有古風，潑墨絹素誇神工。樹石瀟灑插高穹，荆、關、董、巨堪争雄。十日一山能精通，高堂冬月寒曈曚。白雲半束山腰斷，天外青蒼落數峯。石根老榦眼未識，小山蘐桂秦皇松。霜鱗半脱衷衣裂，拳枝拏攫真虬龍。回溪窈窕濺珠沫，此間合得容梵宫。煙嵐隱映迷處所，耳邊似忽聞晨鐘。老翁高逸謝人事，一生學佛悟真空。偶然餘習存畫事，下筆不與凡夫同。人生遊處自有限，惟有意匠常無窮。」嘯雪菴集

欽　楫

欽楫，字遠猷，吴縣人。洞徹經史，寓居僧舍，終身不娶。山水饒秀韻。江南通志

張大緒題欽楫畫離騷圖：「欽子古逸民，結交半緇流。清詩誦賈島，小楷師鍾繇。忽摹楚離騷，神鬼供冥搜。經營在象外，畦徑迥不侔。疑其落筆時，默與靈均游。忽攜近江滸，蛟龍懼見收。」畫筍題詞

陳　岷

陳岷，字山民，常熟人。山水師程孟陽，蕭蕭數筆，有林下風味。每喜作寫意人物，不施眉

目而意態天然。琴得虞山正派，名噪江浙間。爲小詩，亦有別趣。圖繪寶鑑續纂

吴　賓

吴賓，字魯公，華亭人。畫山水初宗董思翁，復以宋元諸家合而參之，遂自成一局。其極細者，界劃樓閣内具寸，人鬚髮畢具。其縱筆者，荒山窮谷，蕭索之狀，寒氣襲人。又善人物、花鳥及寫照。同上

吴賓人物學小李將軍，山水學董文敏。婁縣志

朱　璘

吾郡閥閲之家，推朱氏爲最盛，一爲相國金庭公裔，一爲中憲越峥公裔，而朱子文玉即中憲公之孫也。中憲有大節盛德，工畫，其所畫山水，獨絶一時。中憲歿後數十餘年，家事日益落，而文玉能學中憲之學，自食於畫者，六十餘年矣。倚玉堂文集

陳洪綬以畫耳熱海内者幾十年，人得尺幅輒售數金。先是，洪綬畫大椿、巨石、三神仙，濡墨甫完，具冠佩衣帶，僅形稾耳，未點染，罷去。後十餘年，有嚴湛者，點染未竟，又罷去。又數年，朱璘成焉。朱璘者，山陰越峥公之孫也。點訖，遂覺神氣暢朗，栩栩欲動，若從蓬瀛中來，人或指爲福禄壽三星云。同上

顧　殷

顧殷，字禹功，長洲人。張大緒題其山水云：「雲根磥砢無圭角，古樹欹斜却渾圓。細看筆端諸法備，分明指點十年前。」自註：「禹功嘗爲余談古人用筆之妙。」畫筍題詞

王復禮

王復禮，號草堂，仁和人，陽明先生後裔。性孝友，富著述。康親王南征，重其文行，賜袍褒美。康熙壬戌，遊雁蕩，見龍湫五色水，意欲築室其側。客甌，日與諸名流酬唱傾洽，興至輒寫蘭竹，深得與可法。嘗作江心雅集，賦仙巖流觴詩，人謂有蘭亭遺風。温州府志

李希喬

石鹿山人，名希喬，字遷于，姓李氏。世爲徽之歙人，以善書客四方。從余游十年。其人貌頎樸，然沈静多藝能。嘗畫石竹，摹勒人物，工篆刻、雙鉤法帖。又斵竹爲臂閣及界尺，鏤刻燦然如寫生，捫之無毫髮跡。雖近世濮陽仲謙號竹工絶，技不是過也。施愚山文集

田　賦

田賦，字公甫，山陰人。善山水，師關九思，筆力蒼古而有致，邱壑深遠而不繁。圖繪寶鑑續纂

邵錫榮

邵錫榮，字景桓，仁和戒三學士仲子。性任達自喜，工詩古詞賦。隨父宦游，偏閲名山大

川，見即有紀，紀即有圖，靡不窮其勝概，點染蒼雅，有天然之趣。同上

周洽

周洽，字載熙，號竹岡，居郟店。六歲母亡，能執禮盡哀。年十六，貧甚，欲就一藝爲菽水資，遂學畫于趙伊。不數月，盡其技。遊揚州，縱觀前人名跡。而泰興季氏所藏尤富，洽日夜臨摹，學益進。山水、人物、蟲魚、花鳥，無不力追古人。遠近諸名公貴人争延致之，在河道總督靳輔、都統胡丕元幕下最久。諸人知洽有才，不敢目以藝士。年七十五卒。有攤書閣詩文集藏于家。青浦縣志

周洽以畫知名于時。靳文襄輔治河時，延洽繪黄河圖。踰年成，文襄以圖恭進，欲薦於朝，洽辭之。嘗游嵩山嶽廟，方士言廟多火患，屢新屢燬，洽爲寫中流砥柱圖於北壁，自此火患遂熄。洽性孝友，詩文亦爲時所重。孫熊，亦以畫名。婁縣志

華亭周洽，善丹青，凡山水、人物、草蟲、花鳥，兼臻神品，貌真尤推獨步。康熙甲辰，寓戍上澄江蘭若，閲數月而去。烏青文獻

周載熙，華亭人。善山水，世稱能品。畫徵録

李含渼含淑含澤含涎附

李含渼，字南溟，山水穠郁豐潤，兼長花卉、草蟲。壯遊南北，最知名，而於祖法則變矣。嘗與周載熙同應靳文襄聘，畫黄河圖，進呈稱旨，靳厚禮之。兄含淑、含澤、含涎，皆善畫。同上

墨香按：含渼，係太僕日華之曾孫。

程　功

程功，字幼鴻，號柯亭，休寧人。舉孝廉，屢困南宫，遂不仕。善山水，有奇氣，非近日之新安派比也。嘗作白嶽圖卷，峯巒林壑，寺觀村塢，徑術迂迴，橋渡往來，井井有致，而筆墨復能脱去時習，故足貴耳。能詩，有千竿草堂集。同上

棟外大父柯亭先生，世爲休寧人，讀書好吟詠，兼好作畫。每惡世人不善學黄子久、吴仲圭，以筆墨填染臃腫爲深厚，悉屏去。作懸崖絶壑、奇峯古木，神韻獨出，使人望之有淩雲之思。汪棟澹慮堂集

程幼鴻名功，康熙乙卯科武舉人，長于詩畫。常坐黄山蓮花峯寫山水，又客陜西、甘肅累年。李果詠歸亭集

孫　獻

孫獻，字郁林，雄縣人。深心六法，山水得郭熙三昧，人物追蹤李唐、馬遠。至于取物傳形，翎毛、鵝鴨、花卉、蟲蝶，莫不酷似。同上

栢立本

栢立本，字嶷山，江南華亭人。年未及冠，畫理精妙，已入宋元之室。嘗過涉園，魏青城稱

其高風秀骨，英采惠姿，照耀泉石。今世說

栢古子立本，畫理精妙。父子偕隱，泊如也。青浦縣志

高元美

高元美，字長人，幼即工文章。年十三，學使彭而述三試三補博士弟子員。兩中副車，不售。年四十，遂絕意進取，力學嗜古，不近勢利，以琴酒自娱。詩宗陶、柳，書法趙文敏，畫仿倪雲林。著有寄山堂集。沔陽州志

高山

高山，字子仁，元美弟也。生有儁才，早歲作鶴樓秋曉賦，爲楚撫慕公所賞。能詩，畫山水尤爲擅名。蒼崖古樹，近形遠勢，老筆紛披，峭拔突兀，有元人筆意。同上

郭士瓊

郭士瓊，字非赤，江陵人。善山水，筆力蒼勁，長于巨幅長卷。爲人閒静寡營。卒年九十餘。畫徵續録

李華國

士瓊同里李華國，字西池，號竹溪老人。康熙初年武探花及第，不能挽强，放歸。善山水，名于時。性情樂易。卒年亦九十餘。同上

王　鼎

王鼎，字贊元，順天人。善山水，尤工臨摹，所寫董、巨一派，精妙亂真，人争購之。圖繪寶鑑續纂

吴彦國

吴彦國，字長文，徽州人。善畫山水，尤精堪輿之學，故其足蹟半天下，名山勝景莫不入其阿堵中。况披閲宋元墨蹟更多，既豐于胸，又富于目，落筆靈妙，置佈得宜，名重當時。同上

胡崇道

胡崇道，字仲醇，金溪人。舉孝廉，官令尹。畫花鳥雖從周少谷入門，其飛舞飃颺之致，出諸錦心繡腕。同上

陸二龍

陸二龍，字伯驤，少工舉子業，後舍去，從武林秦心卿游。精於墨妙，懸壁間煙雲滃起，題跋皆信手揮灑，自然入妙。平湖縣志

平湖陸二龍畫山水，意在筆墨之外。圖繪寶鑑續纂

黄中理

黄中理，字苕隱，八十居貧，老于諸生。日用之物以匏充者九，自號九匏道人。一兄一弟，

白首同居。工畫牡丹，求者甚衆，中年後藉以餬口。南匯縣志

月相主人云：「道人畫蘭及雜卉俱佳，牡丹乃其技之下者。」百幅菴畫寄

楊維聰

楊維聰，字海石，海鹽人。工畫魚，噞喁泳躍，無不入神，渲染鱗翅，數四不厭，故能渾滑活脱，隱見於水光荇藻間，筵筵如生也。片鱗半甲，人争寶之。其臨橅託名者，幾徧吴下，今什不得一矣。畫徵録

楊維聰善畫魚，人以絹素相乞者，拒之；以佳茗餉者，即糊墨摇筆如飛。至今人皆寶之。嘉興府志

湯豹處

盛澤湯豹處，字雨七，特善畫水，窮盡變態。鈕玉樵極稱之。同上

我邑盛澤鎮，牙儈所集，然往往有畸人才士挺生其間。自卜舜年、湯三俊後，三俊之孫豹處，號雨七，沈思好古，散其素封之業，徧購法書名畫，日夕摩玩，故所作行草，得枝山筆意，而畫尤入神。嘗謂古今繪事，唯於林巖、樓閣、花鳥求工，至若寫無形而爲有形，寫無聲而似有聲，則未能也。乃獨創意繪水。余家藏有百幅，靈幻恢奇，殆難名狀。東坡所云「活水非死水也」。觚賸

雨七初名孫振，嘗遊虎林，自古蕩西行三十里，投江氏園，夜宿聞豹啼，晝見豹眠古松下，更

今名。山人世父三俊，與潘一桂同爲梁園上客。會大司馬陳奇瑜討寇過宛，延三俊掌書記，山人從焉。亡何三俊没於秦，乃歸，隱居不出。好琴，善畫，詩淡沲清曠如其爲人。周廷諤續吴江文粹

墨香按：袁樸村云：「山人爲俊民猶子，當以笠川説爲是。」

牛樞暐

牛樞暐，字孝標，順天人。山水師董、巨，用筆運墨最爲得法。圖繪寶鑑續纂

牛樞暐品行高潔，不事趨謁，業醫賣藥自給。善山水，有柴門竹深圖，漁洋山人有詩。畫徵録

楊　芝

楊芝，錢塘人。善人物、仙佛、鬼判，筆力雄健縱恣，不假思慮，援筆立成。特長於尋丈大體，愈大愈妙。嘗自言曰：「安得三十丈大壁，磨墨一缸，以田家除場大帚蘸之，乘快馬以掃數筆，庶幾手臂方舒而心胸以暢也。」第不善作小幅，故流傳絶少。同上

墨香按：吴中圓妙觀毘羅寶閣所畫劉海蟾像，上題「雲間楊芝寫」，至今尚完好。

徐人龍

芝同里有徐人龍者，亦長仙佛、鬼判，力雖遜於楊，然一時罕匹矣。同上

諸　昇

諸昇，字日如，仁和人。善蘭花竹石，得舊人之正傳。圖繪寶鑑續纂

諸昇善畫竹，横斜曲直，無一不可人意，而雪竹尤佳，遂稱獨步。仁和縣志

鈕　貞

鈕貞，字元錫，幼習舉子業。酉戌間，游兵至，執其父欲戮之，貞銜哀求以身代，于是得釋。後棄去舉業，而以丹青自娱。奇峯怪石，援筆以摹，曲盡其態。復工琴，受業者甚衆。震澤縣志

羅曰琮

羅曰琮，字宗玉，號梅溪。善彈琴，人品高澹，書法得晉人之遺，尤長於丹青。金陵樊圻謂其所畫山水直接關、荆、董、巨，非溢美也。子克應，邑庠生，亦工畫。高郵州志

徐宗泌

徐宗泌，字鄴侯，主政三重裔孫。善水墨花草。超果僧達真擅盛名，曾師事之。金山縣志

汪　喬

汪喬，字宗晉，吴門洞庭人。善人物，所畫慈悲者，流水行雲，寂滅枯槁；而威嚴者，雄傑奇偉，激昂頓挫，見者莫不駭慄。又善寫意花卉。圖繪寶鑑續纂

俞　齡

俞齡，字大年，杭人。善畫馬，得曹將軍幹之心傳。至于圖寫凡獸，精神、骨相無不各盡其妙。同上

翟　善

翟善，字從之，徽州人。善山水，仿宋人筆法，柯枝夾葉，山頭皴染，各得其當。同上

戚　著

戚著，字白雲，畫山水學惲道生，書法亦妙。同上

包爾庶

包爾庶，字虞尹，善花卉。同上

魯　鼒

魯鼒，字式和，山陰人。工花卉、草蟲，有宋人之風致。同上

童昌齡

童昌齡，字鹿游，如皐人。藉甚成均。嘗作古木竹石，風味淡遠。同上

侯艮暘

侯艮暘，字石菴，上海人。工書法。善畫驢，以草書法任意揮灑，遠觀形態逼肖。山水亦甚蒼老。今畫偶録

張　琳

張琳，鄞人，康熙間官廣文。全祖望有題張琳前輩萬梅圖上有王靖遠詩云：「枝南枝北無算

枝，想見下筆淋灕時。花光醉倒王靖遠，筆力俯視楊補之。寒碧亭前風信動，龍城夢裏美人思。四明畫史增遺佚，題詩爲報邱郎知。」自註：「張廣文之繪事，吾鄉莫有知者，邱玉册四明畫史亦失之。」——結埼亭集

國朝畫識卷六

毛奇齡

毛奇齡，字大可，蕭山世族。於書無所不窺，下筆千言立就，擅不世之名。經史諸大文外，旁及禮樂經曲、鐘呂書畫，悉臻其奧。康熙己未，試制科，授翰林院檢討，充史館纂修官。請沐在籍，卜居西湖側。著西河集行世。工書法，尤善畫，妙得天趣，意到筆隨。但稍自矜惜，不多作，得者爭寶之。圖繪寶鑑續纂

蕭山毛檢討大可，善畫，嘗爲姚士重作梅，又爲駱明府作麻姑。畫徵録

嚴繩孫

嚴繩孫，字蓀友，崑山人，應作無錫。自號勾吴嚴。四舉鴻詞科，以布衣授翰林院檢討，遷春坊。善書法，工繪事，山水、人物、花木、蟲魚，靡所不能，尤好畫鳳。歸田後，號濛蕩漁人，杜門不出。有堂曰雨青草堂，亭曰佚亭，布以窠石、小梅、方竹，逍遥宴坐以爲樂。所著有秋水集。同上

康熙十有七年春，天子法古，制科取士。詔下，五十人齊入翰苑。布衣與選者四人，除檢討富平李君因篤、吴江潘君耒，其二予及君也。君文未盈卷，特爲天子所簡，尤異數云。君爲文無定格，不屑蹈襲前人，適如其意而止。詩篇沖融恬易，無矯激之言。慢詞小令，雅而不艷。工書法，入晉唐之室。善繪事，尤精畫鳳，翔舞竦峙，五色射目，觀者太息，以爲古畫手所無。曝書亭集

嚴繩孫文宗范、史，詳雅有度；詩詞婉約深秀，獨標神韻。工楷書、小畫，片紙寸縑，爲時珍賞。才名之重，至達禁廷，而不自表暴。清襟雅量，瀖然不可滓也。無錫縣志

嚴蓀友山水、人物靡不盡美，爲畫家翹楚。蔡裔周畫史

王右丞畫孟襄陽吟詩圖，至今流傳，以爲佳話，不知宣和所藏，又有厲歸真所畫常建冒雪入京圖。梁溪嚴中允蓀友，以布衣游京師，見先兄西樵泊余，遂欣然爲之寫真，亦古人之誼也。古夫于亭雜録

徐釚

徐釚，字電發，號虹亭。幼穎敏，年十三賦詩有驚人句。長益工詩古文詞，又善畫山水，入慎交社，聲譽日起。康熙己未，與同邑潘耒同授檢討，纂修明史。會有翰林外轉事，釚亦在遺中，遂拂衣歸。年七十三卒。錢霑吴江續志

王文簡公士禎題徐電發畫蝌：「仄行與外骨，并入考工記。何如紈扇上，善寫招潮勢。草泥

擁郭索，兩鉗亦何利。便欲左手持，奚勞門下議。」漁洋集

高詠

高詠，字阮懷，宣城人。幼有神童之目。其學無所不窺，書畫與詩，世稱三絶。康熙己未，以鴻博特授翰林院檢討，充明史館纂修，所撰史稾皆詳慎不苟。著有若巖堂集。江南通志

蔡琳

蔡子佩具絶人之姿，不恃攻苦，輒能爲文章、詞賦、詩歌、議論，下及書數、繪畫、博塞游娱之事，無不意之所至，手目畢達。蔡名琳，蕭山人。今世説

周之恒

周之恒，字月如，臨清人，官至江西參政，後移家江浦。工八分書，竹垞詩稱其委曲得宜者也。能詩，善山水，曹侍郎潔躬倦圃十二景是其所圖。之恒，侍郎門下士也。畫徵録

朱檢討彝尊贈周參政之恒詩：「春晴風日官齋迥，翰墨於今數公等。畫品真同顧愷工，隸書遠見鍾繇並。貽我梅邊索句圖，江南春思到平蕪。蒼苔濁酒尋常得，冷蕋疎枝何處無。」曝書亭集

曹岳

曹岳，字次岳，號秋崖，泰興人。山水師董文敏，疎秀淹潤，峯頂多嵐氣。北遊最邀聲譽，王阮亭、朱竹垞皆稱之。畫徵録

曹岳善山水，筆墨遒勁，邱壑冷然，其一種秀致，人莫能及。圖繪寶鑑續纂

曹秋崖曾爲先生寫竹垞圖，蕭疎冷遠，頗有幽致。名流皆題百字令一闋。今藏余兄漢籌水北樓。楊謙曝書亭集註

馮行貞

馮仲子服之名行貞，常熟人。父班，兄行賢，皆以詩文著名。君長於弓馬，詩畫其餘事也。當滇逆叛時，曾佐某將軍幕府，出師有功。去之，又爲客報讐。槍法爲海内第一。後僑居婁門村落，與余爲隣比。庚辰年，重遇臯橋，方以經書教授。年七十餘卒。李果詠歸亭感舊詩序

劉石齡

劉石齡，字介于，號瓠容，長洲人。工寫花卉。鄭鉽題其畫云：「瓠容詩似白石叟，寫生學之無俗心。想得拈毫坐池上，半簾花影語幽禽。」石田茆屋詩

茅鴻儒

茅子鴻鴻儒，一字雪鴻。孤介自持，情深一往。詩詞書畫，涉筆輒工。今世説

茅鴻儒，字子鴻，杭州人。善山水、花鳥，落筆士氣爲妙。圖繪寶鑑續纂

安璿

安璿，字孟公，希范孫，廣居子。坐卧罨畫樓，藏書萬卷，略皆穿穴。詩衝口贍逸，所至皆有

留題。旁工巉壑平遠。無錫縣志

張　慥

安廣譽門人張慥，字无技，晚年畫筆意象蕭散，時突過其師。每畫輒題詩，詩尤工。同上

吴　醇

吴醇，號艾菴，長洲縣人。工畫。文處士掞有艾菴贈山水歌：「新年積雪天氣寒，文子愁坐慘不歡。吴生憐我久寂寞，衝寒踏雪來相看。入門相見即歡呼，贈我一幅山水圖。瑣屑不肯學黄鶴，淡遠直可追倪迂。對之恍疑身在深山裏，石上潺潺聽流水。晴窗展卷恒卧游，頓覺沈疴陡然起。」十二研齋集

陳　治

陳治，字山農，諸生。工詩，出語率驚座人。生平交游足跡徧天下，晚歲隱居泖濱，與二三知己飲酒賦詩爲樂。喜丹青，兼善岐黄術。有貞白堂稿行世。金山縣志

鄭處士鉽贈陳山農詩：「泖南莊上陳高士，曾聽楓橋半夜鐘。今日湖城乞君畫，料應不厭舊吴儂。嗅香小閣風信冷，拈筆還否臨西窗。只消尺許鵞溪絹，分我吴淞水半江。」石田茅屋詩

沈　卷

沈卷，字焕曾，簡栖從子也。善畫山水，工寫照。蕭然高寄，以詩自娱，與簡栖有竹林大小

阮之目。松陵詩徵小傳

馮仙湜

馮仙湜，字沚鑑，山陰人。山水學郭河陽，輕淡細秀，亦有雅趣。畫徵録

鄒顯吉

鄒顯吉，字黎眉，七歲能詩，十三補諸生。掉鞅詞壇，與秦松齡、嚴繩孫、顧貞觀輩相推致。博綜羣言，益昌于詩。甄録漢魏六朝三唐人集，情寄深遠，成一家之作。善山水、人物，落墨盡妙。藏名人縑素最富，規橅絶出。世但傳鄒氏菊，非真賞也。顯吉與兄卿森皆愷悌樂易，子孫羣從相次取科第，家門鼎貴。而竹素丹青，風流宏長，禀承尤自顯吉云。無錫縣志

黎眉先生兄弟子姪皆工畫，新年各畫小品一二種成卷，雲瞻秀才屬予題此：「逸情雲上風疎疎，游心遥在物之初。偶然游戲入三昧，黄筌徐熙笑相對。笑相對，淡無語。蕭然禪榻倚城南，山犬當門吠寒雨。」顧觀察光旭響泉集

鄒卿森

鄒忠倚字于度，順治壬辰廷對第一，授翰林院修撰。詩古文皆沖和静細。子卿森，字衡湘，與從兄顯吉字黎眉，並以詩文、繪畫名於時。江南通志

吴嘉枚

吴嘉枚，字个臣，號介菴。補錢塘弟子員，文譽噪一時。貢入太學，名駸駸日上。卒落拓不偶，乃益發藏畫，晨夕蒐討，寄興吟詠。君雅好臨池，兼工點染，筆精墨妙，居然米家書畫，又善别古人欵識。絹素尊彝，羅列佐右，見者謂有雲林清閟之遺焉。（艮齋集）

介菴先生生長西湖，兩峰蒼雅之氣盤結于心胸手腕，形諸吟詠，沖夷淡宕；間染煙墨，亦復生趣盎然。晚年慕延陵季子之風，僦居吴門濠上，中構壺山草堂，左圖右史，嘯歌自得。（釋宗渭紺池小草）

沈岸登

沈岸登，字覃九，性恬淡，屢空晏如。生平著述半在游屐，詩詞書畫皆雋妙，有黑蝶齋詞行世。（嘉興府志）

覃九工山水、蘭竹，瀟灑淡遠，無塵俗氣；書宗二王，詩法三唐，有三絶之目。鐵筆亦精妙。（平湖縣志）

華　坡

華坡，字子山，少與顧貞觀、杜詔等爲詩社，亦善畫。晚隱居坊前之鄒莊，流水孤村，柴門一曲，興至則吟小詩，或解衣盤礴。終歲閒甚，除夜獨孑孑。有事或問之，曰：「古人祭詩，吾兼祭

畫。」取一歲所作詩稿、畫本，享以乾脯，酹以苦酒，聚而焚之。著詩集十二卷，華氏文獻集五卷。無錫縣志

汪文柏

汪文柏，字季青，號柯庭，休寧人，占籍桐鄉。工詩，善墨蘭，雅秀絶俗，點綴坡石亦落落大方，洵士夫逸致。〔一〕官司城，頗著循聲，然性好習静，三載即致政歸里。晚年手定詩題曰柯庭餘習，蓋所學崇本也。朱竹垞太史序之。畫徵續録

文處士掞題汪柯庭畫蘭册：「春風拂幽蘭，清香滿空谷。珍重愛花人，剪裁入尺幅。柯庭擅高才，寫蘭餘事耳。意在筆墨先，此中有妙理。」十二研齋詩集

朱彝鑒

朱彝鑒，字千里，予同懷弟也。精篆法，善畫，兼工藝事。嘗聽經師講小戎章，詣其昧于車制，乃削木爲小戎，市絹作人馬御輪執轡，欲觀者出示之。詩長于送別，有笏在堂遺稾。曝書亭集

謝國章

謝國章，字雲倬，號西村，山陽人。由太學授州丞。精繪事，山水、魚蟲各極風致。圖繪寶鑑

〔一〕「致」，原作「至」，據畫徵續録改。

續纂

王文簡公士禛爲李公凱學士題謝西村雜畫：「一帶青山罨畫長，半篙春水即滄浪。凫翁濯濯蒲芽短，楊柳千絲亂夕陽。崦隔雲林石磴危，林端紺宇露參差。分明倚杖開先寺，雙劍峯頭看瀑時。」漁洋後集

沈湄

沈湄，字伊在，長洲縣人。工畫。吴官詹偉業序其詩云：「今年秋，避客獅林寺中，金閶沈生伊在，持所作詩若畫來見。生頎而秀，精警有機辨，一時傾其座人。畫學趙承旨，布景設色，超詣獨絶。詩亦沈錬有法度。問之，則固石田孫也。自來儒雅，詩與丹青爲兩家，惟石田之畫擅名當代，而一時諸公推挹其詩，以爲舒寫性情、牢籠物態，仿佛少陵、香山之間。今伊在親其子孫，閲數世踰百年，一旦起而修明祖業，其詩若畫深造而日新者，家法具在，又何俟乎他求哉！」吴梅村文集

曾明新

曾明新，字錫侯，江寧人。閉户讀書，兼精詩畫，同人交推之。庚申，予客白門，乃通縞紵，尊酒之外，別有會心。詩固蒼妍，獨特風格。慎墨堂詩話

曾錫侯善畫山水，畫輒有題，猶記其一首云：「溪頭茅屋西風冷，日日看山山不省。薄暮攜

尊坐野航，月明獨釣水中影。」墨林韻語

柳埼

柳埼，字公韓，號愚谷。畫山水遒逸蒼茫，最得董、巨遺法。書法亦本北海，而出以己意。江寧縣志

柳愚谷家居長干，門巷清絶，詩畫皆臻佳妙。與曾楠陂友善。六朝風調，令我移情。慎墨堂詩話

陳鵠

陳鵠，字菊常，南通州人。善人物、花卉，設色絢麗，鈎勒者亦工。圖繪寶鑑續纂

陳檢討維崧贈陳菊常詩：「藥闌鸜鵒睡銀屏，斷續茶煙裊夢醒。欲識南朝真處士，緑楊門巷賣丹青。」湖海樓集

王概著臯附

方盋山之石交，嘗稱有二王：東則王南陔演，西則王左車輔公之壻概，即輔之子也。輔先浙西人，後卜居于江寧莫愁湖東，以讀書取友、樂善好義、振人之危難爲急務。嘗自呼曰宋、曰琴狂、曰楚囚，其命諸子名曰匂、曰尸、曰孽，其孤奇獨行類如此。盋山請改其子名，匂曰概，尸曰蓍，孽曰臯，皆篤行嗜古，旁及詩畫，擅名于時。江寧志

金陵王概，字安節，善畫山水。其兄蓍，字伏草，工花卉、翎毛。兄弟皆能詩，往往可誦。蓋見概兩篇云：「虛窗吮筆臨秋水，葭菼蒼蒼冷到天。爲愛芙蓉秋月好，小亭長伴鷺鷥眠。」又：「潯陽江水抱城流，庾亮曾經此地游。亦是涼秋當八月，遂教高會擅千秋。風騷接席無今古，喬梓凌雲富唱酬。傑閣共傳詩句好，飛揚興不減南樓。」蠶尾文

王安節工山水，學龔半千筆意，善作大幅及松石等，雄快以取勢，蒼健或過，而沖和不足也。善詩文，有澄心堂紙賦，稱于時。畫徵録

梅庚

梅庚，字耦長，號雪坪，又號聽山翁，宣城人。康熙辛酉舉人，爲竹垞所得士。工詩，善八分書，寫山水、花卉皆雅韻，然不多作，惟遇知名士贈之。晚年知泰順縣事，尋以老乞歸，有「兒童失學田園廢，也算從官一度回」之句。所著有吴市吟、山陽笛、漫興集。畫徵録

宣城諸梅號多才，瞿山輯梅氏詩略，余序之。今惟耦長在。耦長工詩畫，有詠落梅句云：「背城花塢得春遲，凍雀啣殘尚未知。聞說緑珠堪絕世，我來偏見墜樓時。」蠶尾文

許遇

許遇，字不棄，侯官人。官陳留縣。善畫松石，其祖、父皆以畫松石，不棄尤勝，所畫多巨障。畫徵録

王文簡公士禛題門人許不棄遇石林山居圖：「石林卜築此幽棲，浩劫重來路不迷。仿佛憑闌見千里，野航人遠雁聲低。」自註：「遇，有介子。周櫟園侍郎昔示余畫册，有有介題句云，予深愛之，今四十年往矣。」蠶尾續文

宗元鼎

余門人廣陵宗梅岑，名元鼎，居東原。其詩本才調集，風華婉媚，自成一家。分甘餘話

宗梅岑畫紅橋小景見寄賦懷二首：「辛夷花照明寒食，一醉紅橋便六年。好景匆匆逐流水，江城幾度沈郎錢。」「紅橋秋柳最多情，露葉煙條遠恨生。好在東原舊居士，雨窗著意寫蕪城。」漁洋集

徐處士夜和東臯題宗梅岑畫册：「此際難爲懷，氣候晚秋裏。時有林風過，遠山淡如水。」徐詩

徐蘭

門人徐蘭字芝仙，能詩，工繪事。從安郡王出塞，嘗見祈連山中花數十種，皆艷絶，不知名，中土所未有也，曾畫便面貽余。又有出塞詩數十篇，聞見詭異，足備塞外風物考證。居易録

沈碻士嘗語予云：「芬若工畫，可繼惲正叔，而白描人物一時無對，不特工於詩也。」予所見

芬若詩，已付梓者，有芝仙書屋集一卷。其出居庸關詩有「馬後桃花馬前雪，出關争得不回頭」之句，爲世傳誦。柳南隨筆

程鳴

程鳴，字友聲，號松門，歙人，占籍儀真，補庠員。善山水，學于苦瓜和尚。乾筆枯墨，運以中鋒，純以書法成之，不加渲染，蒼雅可賞。蓋所學在和尚，又參以程穆倩也。著名江淮間。詩出漁洋山人之門，漁洋嘗云：「松門詩名爲丹青所掩。」畫徵續録

新安畫派多以漸江爲宗，門人程友聲獨遠宗董、巨。嘗爲余作古夫于亭圖，及「緑楊城郭是揚州」之句，皆得古人六法三昧。漁洋集

王磊

己丑歲，自春夏至秋八月多雨，書屋後叢竹甚茂，雨後鵞兒鴨雛拍浮其間，頗似畫本。余賦絶句云：「紫竹林中水滿塘，鵞兒得意弄輕黄。轆材賸有鵞溪絹，合付邊鸞與趙昌。」從姪磊，字石丈，善丹青，當令補作一圖。分甘餘話

顧卓

顧卓，字爾立，吴江人。花草得白陽法。康熙初遊京師，爲宗室紅蘭主人所賞，引置賓榻，即從主人學詩，詩情淡逸。主人梓玉池生詩稾，附卓詩一卷，以布衣而與賢王同集，時人榮之。

畫徵録

曹鈖

曹鈖，字賓及，豐潤人，冠五先生次子，諸生。工輒好書畫，興到寫梅花道人，頗得淋漓淡宕之趣。官中翰。圖繪寶鑑續纂

張純修

張純修，字子敏，號見陽，古緶陽人，豫大中丞元翁長公子也。筮仕邑令，性温厚博雅。畫得北苑、南宫之沈鬱，兼雲林之逸淡，尤妙臨摹，蓋其收藏頗多，故能得前人筆意。書法晉唐，更善圖章。同上

高文恪公士奇懷見陽并寄端石舊硯索之作畫：「旅泊江干日，三山霽雪時。扁舟寒載酒，小閣夜論詩。别緒春兼夏，閒身灌與耔。寄君端石硯，醉墨任淋灕。」歸田集

高遇

蔚生姪雨吉，名遇，康生子也。予愛其俊爽有逸氣，以從兄子恭女妻之。喜作畫，棄舉子業從事，即師其叔蔚生，而邁上之致，自不可掩。嘗爲予作落霞晚眺一册，光景直超然天半，正如青蓮妙句出自天才，非郊島寒瘦可比也。吴門王石谷見而歎異之，謂此道後來之彦，能空羣輩者，當推雨吉。讀畫録

方維　凌畹

方維，字爾張，學畫于鄭千里，故其佛像、山水皆似千里，而稍加流動。凌又蕙畹，學畫于爾張，其佛像、山水亦似爾張，而有出藍之譽。其道乃大行于維揚。同上

蕭　晨

蕭晨，字靈曦，江南揚州人。善詩賦，精繪事。山水、人物師法唐宋，名重江淮。圖繪寶鑑續纂

王文簡公士禛雪中寄宗定九詩：「故人昔寄東原圖，[一]漁灣窈窕橋梁通。駃雪固佳霽亦好，草堂正與圖中同。蕭晨畫雪亦好手，能以粉墨摹虛空。前年幽州大風雪，馬毛如蝟鳴雕弓。白檀山高鷹隼疾，狐兔殺伐無留蹤。故人再寄蕭郎畫，寒江釣雪推煙篷。」漁洋集

顧符禎

顧符禎，字瑟如，號小癡，興化人。能詩，善書畫。少從父宦遊，父卒，家貧，賣畫以食。山水、人物學小李將軍，工細入毫髮。阮亭贈詩所謂「丹青金碧妙銖黍，近形遠勢窮毫芒」是也。臨摹託古者俱多。畫徵録

往予在淮南，好觀棧道圖。有興化李生符禎，工此技，妙入毫髮。予令畫絹素屏扇，凡十

[一]「故人」下原有「東原居」三字，衍，據帶經堂集卷二十二漁洋詩二十二雪中寄宗定九東原兼呈司勳先生删。

數，自爲長歌題之。池北偶談

汪檢討懋麟題顧符禎畫：「昭陽顧生畫樓觀，絳闕瑶房生白雲。如螘官人三百六，丰神都似李將軍。」百尺梧桐閣集

桑豸　宋瑜

桑豸，江都人，早歲能文，兼工書畫篆籀。既餼於庠，力學篤行，推重鄉里。丙寅膺歲貢。著有編年詩存四十卷，文集二十卷，廣陵紀事四卷。揚州府志

桑豸善山水，見之者寡。惟與程穆倩共刻畫法年紀，想定醉心六法。圖繪寶鑑續纂

阮亭詩名重天下，人思得其篇章。揚州桑楚執豸、宋不撩瑜，皆摘其詩句爲圖以贈，故阮亭答顧樵詩有「江淮好事多，圖畫煩好手」，蓋謂桑、宋也。畫徵録

徐之麟

徐之麟，字白峯，品格清雅，譚笑風生，人謂坐無白峯即不樂。書法仿二王。少工畫，及遊粤西歸，覩湘南山水奇勝，筆法益進。詩亦瀟灑絶俗。嘉興府志

墨香按：白峯係嘉善縣人。

林　元

林元，字蓮山，號阮林，海寧人。父世俊，官永昌府。元葬于黄鶴峯下，以墓近杭州，遷家會

城。詩清深有理致，拔奇于韓。性通侻，不問人生産事。素、難向所熟習，非甚危急之症不肯妄詣人。時俗工林列，元所切究者皆唐以前之書，處方量藥爲羣醫所側目。兼工寫山水、花鳥，皆入逸品。杭州府志

耿　邁

耿邁，字子行，號止菴，副使啓仲子。髫年補郡博士，資質警敏，博學强記，不濫交。制義根據理要，居然大家。書法董華亭，畫本宋元諸家，一時求書畫者户外屨常滿。詩類何景明，尤善鼓琴。所著有響山堂集，藏於家。東鹿縣志

陶　窳

陶窳，字甄夫，巴陵人。父泓，没于滇之教化長官師地，窳攜幼弟徒步六千里歸楚，經營塋域，復隻身奉母，扶父柩歸。工詩文，又精書畫，能篆刻。晚居金陵。江南通志

陶甄夫名者，楚之湘潭人。考某，于磨盤山兵敗戰死。甄夫既長，買一漁舟往來吴楚間。工畫，尤長花卉，淮陽人獨重之。丁酉歲，予相見於金陵，古貌古心，年已八十餘矣。未幾没。生平見山陰布衣楊賓傳，文中目以逸民云。歸愚文鈔

馬　眉

馬眉，字子白，善寫生，蘆雁入神品。琴川新志

王　略

王略，字禹功，青浦人。工山水，得董、巨之意。今畫偶録

呂　律

呂律，字賡六，石門人，徙居吴江之湖墓村。善畫，工隸書，能詩詞，著有天涯草。其畫用粗筆，寫鬼神狀尤工。嘗爲無量禪院寫羅漢十八幅，奇崛生動，尤爲識者所賞歎。震澤縣志

黄　埜

黄埜，字日林，松江人。性情狂怪。凡見禽蟲草木，描寫逼真，又善畫馬。圖繪寶鑑續纂

黄埜，李匠橋人。善畫馬，有曹將軍之風。朱廣文霞爲作兩馬滚塵圖歌，頗能道其經營慘淡處也。初，埜畫馬少骨多肉，後遊邊塞，遇一畫師，見埜所作，謂之曰：「子之技佳矣，奈何使驊騮喪氣如唐之韓幹耶？」埜聞言頓悟，自此其技大進，遂改其名曰河，以别于前云。婁縣志

黄日林以畫馬得名，而馬非逸品。嘗見其一花半莛，儘多别致。百幅菴畫寄

魏向　濮陽誠身

魏向，字向日，善山水。濮陽誠身，字應侯，工羅漢。高淳縣志

嚴　湛

嚴湛，字水子，山陰人。及門於陳章侯，不讓其師。圖繪寶鑑續纂

施侍講閏昌觀嚴水子畫人物引：「山陰高士陳章侯，開闢畫院無虎頭。左手持杯右執筆，十指酒氣生十洲。尤工人物作殊態，雕鏤瑣屑窮纖芥。詭形奇狀人盡驚，素壁中宵走光怪。興闌箕踞時捫蝨，尺幅千金不可得。晚傳二子早升堂，吮墨含毫同侍側。山子過從憶鑑湖，淋灕染翰多歡娛。五年以後水子至，筆勢不與章侯殊。冥搜慘淡追精妙，欹側江臯連海嶠。芙蓉薜荔雜連蜷，帝子嬋媛山鬼笑。名高薄俗復何益，能事傷心爭促迫。乞畫如山乏酒錢，仰視高天岸赤幘。」愚山集

陸　柴

陸柴，字山子，善人物、花鳥，不越章侯故轍。圖繪寶鑑續纂

來呂禧

來呂禧，字西老，蕭山人。善花鳥，師陳洪綬。同上

劉　度

劉度，字叔憲，錢塘人。山水師藍瑛，人譽之謂「真能過藍者」。無聲詩史

劉度深得瑛筆，後更變其法，師大小李將軍。界劃樓臺，約縮人物，細入毫髮，而形像宛然。然亦間及他家。没後，遺墨即寸縑片紙，人皆奉以爲寶。錢塘縣志

劉度山水摹北宋，得法於李營邱居多。圖繪寶鑑續纂

藍　深

藍深，字謝青，錢塘庠生。爲人倜儻，時文宗匠，餘參六法，亦極精妙。雖得祖父之傳，至於錯綜變化，自得其巧。同上

高文恪公士奇柬謝青索畫：「我家溪畔柳如煙，社雨花風布穀天。顦悴年年歸未得，煩君添寫上江船。」城北集

藍　濤

藍濤，字雪萍，謝青弟，亦善細緻小景。圖繪寶鑑續纂

畫之有浙派，自戴進始，至藍瑛爲極，故識者不貴。子濤，世其業。余嘗見其衰梧叢菊圖，頗有舊法，而樹石則仍父習也。畫徵録

藍　孟

藍孟，字次公，錢塘庠生。善山水，摹仿宋元無不精妙，運筆雖不甚遒勁，而邱壑鬆脆如冰梨雪藕，見之唇吻俱爽。圖繪寶鑑續纂

藍　洄

藍洄，字青文，畫山水師田叔先生晚年之筆。同上

吴　球

吴球，字禹锡，秀水人，画师蓝田叔。同上

童　原

童原，字原山，西爽长子。善花鸟、草虫，笔法秀雅。图绘宝鉴续纂

童原，华亭人，工花鸟。画征录

童铨　童锦

童铨，字枚吉；锦，字天孙，皆原山弟，善花卉，极苍秀，雅重吴下。图绘宝鉴续纂

童素文锦，善钩勒花鸟，设色妍丽，神致生动；墨花亦佳。书画纪略

童日铭

童日铭，西爽侄，精草虫。图绘宝鉴续纂

童日鉴

童日鉴，亦西爽侄，画法乃叔，能绍其艺。同上

墨香按：童氏诸人皆称能手，惟原山笔尤超迈。

國朝畫識卷七

沈宗敬

沈宗敬，字恪庭，號獅峯，華亭人，文恪公荃子。康熙戊辰進士，官至太僕卿。山水師倪、黄，兼巨然法，筆力古健，名重士林。水墨居多，青緑亦偶爲之，小幅及册頁尤佳。性情瀟灑，無達官氣，而風裁頗峻。明音律，善吹洞簫。雍正三年卒於官。畫徵録

沈文恪公荃，學行醇潔，名重館閣，書法尤推獨步。士以一長來謁者，輒爲嘘植。子宗敬，字南季，兼工書畫，仕至四驛館卿。江南通志

沈南季寫山水，思致高遠，谿徑妙絶，超然楮墨，綽有古人之風。圖繪寶鑑續纂

畫如禪，亦有南北二宗。吾鄉董文敏爲南宗之慧能，得其傳者，若趙文度、宋石門諸君，皆一時之秀。族叔祖獅峯館卿，遠承法乳，每作山水用秃穎乾皴，遺貌而取神，洵逸品也。沈大成學福齋集

鄭　梁

鄭梁，字禹梅，又字寒村，慈谿人。康熙戊辰進士，選庶吉士，改户部主事，歷陞郎中，出知

高州府。時議開硇川，梁謂此爲鯨鯢出没導之路也，持不可。嘗學於黄宗羲，聞戢山劉先生緒論，寓意於藝文。詩類江門定山，文近震川，宗羲亟稱之。復善畫。既歸里，旋得末疾，右體不隨，遂以左筆驅染如平時。跌宕文史，人目爲仙吏云。寧波府志

鄭禹楣善山水，暮年右臂不仁，以左手畫，更饒别致。工詩，有曉行詩最佳，人呼爲「鄭曉行」。畫徵録

翁嵩年

翁嵩年，字康飴，錢塘人。康熙戊辰進士，官廣東學道。善山水，以枯瘦之筆作林巒峯岫，氣質古雅疎拙，畫家習氣毫髪不能犯其筆端，洵士人之高致，藝苑之别調也。畫徵録

蘿軒以文章名東南，督學廣東，矢心謹恪，務得真才。先是，學使者以瓊州在海外，檄生童赴雷州考試。嵩年曰：「吾豈以一人易千萬人命乎？出入忠信，何畏焉！」竟渡海。後著爲令甲。事竣歸里，有别業在西湖，退休其中，以詩酒書畫自娱。壽八十二終。所著有天香書屋藁、白雲山房集、友石居集。浙江通志

翁嵩年博學好古，寫山水超軼冲淡，瀟灑秀潤，時露筆端。圖繪寶鑑續纂

湯右曾

湯右曾，字西厓，仁和人。康熙戊辰進士，官至吏部侍郎，兼掌院學士。詩高超名貴，不落

一語凡近。工行楷，書尺牘華贍流麗，人争貴之。浙江通志又善山水，查慎行題沈房仲所藏湯少宰畫卷云：「淋灕五株樹，墨氣互盤薄。試問輞川翁，何須著邱壑。人人讀公詩，惜未見公畫。我今領其趣，妙豈在詩外。」敬業堂集

薛　英

薛英，字雪涵，樂清人，本姓侯。少孤，聰穎勤學。工詩古文詞，書畫一宗董文敏。康熙甲子領鄉薦，任蕭山教諭。新文廟，崇聖祠，教育有方，多士懷之。所著有春曉園雪堂詩文集。温州府志

墨香按：英係侯思炳子。思炳亦工畫，見五卷。

錢以垍

錢以垍，煐次子，康熙庚午科舉人。質敏學裕，兼工書畫。嘉興府志

李　昌

李昌，字爾熾，號謹菴，仁和人。康熙庚午科孝廉。善花鳥草蟲，寫來生生欲動。圖繪寶鑑續纂

王　銓

王銓，字東發，長洲人。康熙庚午副榜，累官禮科給事中。敦氣誼，重然諾，善繪事、書法。

江南通志

蔣元洽子綸附

蔣元洽，字焕俞，寫山水氣韻高遠。遊虞山，爲秋林平遠、吾谷踏葉二圖，石谷王翬見之，嗟賞爲合作。子綸，少即工畫，早卒。無錫縣志

許永

虞山許南交，其家世多顯者，顧獨沉酣詩畫中。歌行近體蓋宗晚唐，而畫則出入北宋諸家，與文、沈異派而同源。堯峯文鈔

許永字南交，青浮之子也。精繪事，色澤鮮妍，神采飛動。琴川志

戴思望

戴思望，字懷古，休寧人。能詩詞，工書法。畫宗元人，峯巒林壑，清疎淡宕，秀逸膏潤，寢入其室矣。每一藝成，輒自矜爲希世之寶。性狂介，有潔癖，妻死不再娶。扁舟往來三吴兩浙間，遇佳山水輒留戀不能去，聞畫家輒訪友之，然不肯輕許可。能鼓琴，善諧笑，或有時旬日不語，人謂癡絶類虎頭。卒構風疾而卒。畫徵録

周起辛贈戴懷古詩：「戴子超羣士，丹青天下無。山川開絶異，草木使榮枯。詩律自應細，書名慎作奴。長安何日到？好與辨時趨。」倚玉堂詩録

虞沅

虞沅，字畹之，江都人。善花草、翎毛，勾染工整，賦色妍雅，得古人遺法，至今賞鑒家争重之。《畫徵續録》

高翔

高翔，字鳳崗，號西唐，甘泉人。善山水，橅法漸江，又參石濤之縱恣，亦善於折衷者。工繆篆，刀法師程穆倩。諸藝均可觀，惜皆於近人問途徑，不若畹之之肯橅古耳。同上

華胥

華胥，字羲逸，無錫人。工畫人物、士女，密緻而不傷於刻畫，冶而清，艷而逸，古意猶存。其水墨者，直參龍眠之座。《畫徵録》

華胥善畫人物，與惲壽平花卉、王翬山水，並稱秀麗艷逸。所畫《老子出關圖》最工。《無錫縣志》

祝昌

祝昌，字山嘲，廬州舒城人，久居新安，晚客漢上。於元季諸家真跡，莫不臨仿，故畫多逸致。《圖繪寶鑑續纂》

祝昌，廣德州人。山水學漸江，後擴於元季諸家。性孤介，遇之不以禮，雖餅金購尺幅，不

許也。畫徵録

賴鏡

賴鏡，字孟容，城西人。少讀書增城白水山，亦號白水山人。逃禪丁壽寺，性雅淡。工點染山水，筆力遒勁，氣格高凝，有沈石田風致，一時聲噪五羊。吴越人官粤者，往往欲求其一箋一箑而不可得。作詩清削幽異，自成一家。字近仿文衡山，遠則蘇長公。時共稱其「三絶」云。廣東通志

黑壽

滿洲黑壽，高尚不仕，樂與江浙文士遊，人稱滿洲高士。善畫山水，學董文敏。畫徵録

赫頤

赫頤，一作奕。號澹士。山水宗法元人，而獨開生面，峯巒渾厚，草木華滋，迥異時流，豪傑士也。官大司空。同上

龍鯤

龍鯤，字圖南，號天池。少習舉子業，長而棄去。工詩，善畫，尤力摹右軍書法。高郵州志

沈屺瞻

沈屺瞻，字樹奇，吴江人。以畫竹得名，技實不止於竹也。葉岐翁贈予雙松大幅，筆極高

古，非時輩所能及。（百幅菴畫寄）

樹奇爲人清介絶俗，求其畫不易得，惟煮狗肉餉之，醉以酒，則揮灑不倦。晚年棄家，卒於三高祠。（墨林韻語）

陸　瞺

陸癡，名瞺，字日爲，華亭人。性狷癖，故人以癡呼之。善山水，自成一局。其法用挑筆密點，由淡及濃，不惜百遍。林巒崖石間，煙雲糺縵，墨氣絪緼，亦可喜也。其布置務求奇癖，不屑作常蹊，能爲尋丈大幅。浙江巡撫屠公館之西湖，踰年而卒。屠公爲歸其喪。（畫徵續録）

陸瞺，浙江遂昌人，僑居於松，故自號遂山樵。畫初學二米、房山，後參以己意，自成一家。所居在超果寺南，欲得其畫者，每登寺一覽樓，望其家炊煙至午後不起，乃持銀米往易之，否則終不可得，故人以癡目之。（婁縣志）

嚴　載

瞺同里有嚴怪者，名載，字滄醅，山水亦好立奇境。嘗畫一古藤，蔓延糾結蟠兩山頭，一人崎嶇攀援而下。凡畫多類此。人亦癡絶。家極貧，不能以多金眩之，勢亦不可屈也。人目爲怪，怪聞之喜，遂自名怪焉。（畫徵續録）

墨香按：嚴怪畫粗硬不入格，遠遜陸癡。

藍漣

閩中藍漣公漪，吾友也。精篆隸之學，以山人自署，而詩情畫筆蕭疏高寄，雖間與名公卿相酬接，然意所不可不能屈也。梁佩蘭六瑩堂文集

梁文煊題藍公漪水仙小幅：「穿苔倚石影疎疎，清潤仙姿玉不如。筆底化工成逸品，香薰長與伴圖書。」清容堂詩集

江聲

吾邑有江飛濤聲者，詩文之外，兼工墨竹，雪坡亦極稱之。柳南隨筆

孫浪

孫浪，字白閒，善畫，得雲林、大癡之神，而性疎放，不宜於俗。購其畫者，不輕應。或招之寘密室，具紙筆，爲鍵户使不出，久之興會漸動，則潑墨揮灑，風度更爲横絶。其圖章則古鏡紐也，較異他篆，人取爲信。高淳縣志

湯光啓

湯光啓，字式九，高士王武弟子也。武爲明太傅鏊裔孫，讀書避俗，寫花卉、翎毛遠師趙昌、邊鸞，近法陳淳、陸治，而生平慷慨赴義，家中落，卒爲清門。光啓寫生盡得其傳，而好義亦復相似。遇友朋急難，幾欲忘身。晚歲家蕩然，藉筆墨餬其口，幾于三旬九食，亦略無悔心也。嘗論

寫生，以生動有書卷者爲上；工緻而乏天趣，雖貴重，不脱匠氣。深此藝者韙其言。長洲縣志

湯處士葯房精畫花鳥，年七十九卒于黄埭。詠歸亭集

張晝　周禮

王武工畫花鳥，多逸筆。弟子張晝，字文始，號研山，長洲人；周禮，字令邑，同里人。畫徵録

何文煌

查士標弟子何文煌，字昭夏，號竹坡。畫筆超老，趾及踵矣。書亦得其法焉。同上

何子昭夏探梅鄧尉，著詩四章，意遠詞鍊，讀之彷彿穿雲渡水、登萬峯之顛，使人神往。昭夏好游，復精繪事。嘗歷南衡、永寶諸處，又嘗登黄山天都峯絶頂。作畫吟詠頗多，皆可傳誦。而余尤愛其舊作「香國梅爲海，人家花作田」之句。在亭叢稿

顧峻

顧峻，字大巖，吴人。李布衣果題其畫龍云：「顧子長於山水，心師古人而不泥其跡，有黄子久浮嵐暖翠之風。偶爲旅堂寫龍舉圖，絶壁摩天，海水飛立，一龍蜿蜒乘雲欲起，煙霧隨之。化工之筆，雖僧繇何讓！」在亭叢稿

顧子大巖，世其家學，寫山水直以悟入。嘗從老友高簡澹游遊，精研有年。又愛玩宋元明人真跡，久而神韻生動，自抒天趣。遠方士大夫走縑素造請者日益夥，而大巖處之淡如。同上

墨香按：大巖尊人漢音、世父舜音，俱善畫山水。

馬元馭

馬處士元馭，字扶羲，常熟人。少聰敏，長於畫，其點筆信手皆有生趣。好讀書，嗜酒。間從里人錢孝廉、陸燦嚴、高士熊遊，學益博。老屋數椽，雜樹竹木，琴尊碁矢，與諸名流日觴詠其中。有田數十畝，在尚湖之濱，困於徭役，率不計值售以去，家由是日落，而畫益工。王石谷翬以畫名，嘗稱之曰：「扶羲神韻飛動，不泥陳迹，高於陳道復、陸叔平矣。」繼又師惲南田壽平，盡得其傳。相國蔣文肅公，處士同里也，嘗與處士講論六法。其時若汪殿撰繹、楊處士晉，無一日不聚青桐軒。及蔣公官禁近，以書招處士入都，數以疾辭。處士爲人孝友，與人交誠信而負意氣。嘗曰：「盈天地間隨遇可以移情，惟山水入人最深。俯仰往事，如空花流水。此心不拘于物而游乎物之外，棲遲林谷，可自娱矣。」遂自號「棲霞」。年五十四卒。在亭叢稿

馬元馭作没骨法最工，蒼秀生動，久而不脱，一時與王翬山水並馳名遠近。子逸，女荃，皆能傳其業。琴川新志

惲壽平弟子馬扶羲，得其傳授，名于時。余薄遊太倉，於居停處見其畫册，自題謂得包山、石田遺意。觀其超縱處，誠有陸氏風規，而老健遠遜石田，蓋能品也。世人誇重，未免過情。畫徵録

張子畏

張子畏，武進人，惲南田甥。工花草，得舅氏法。宋漫堂撫吴，得黄筌全樹杜鵑花圖，花約數伯餘，神彩焕發，望若火樹插空，氣蒸蒸欲動，異寶也。思摹一副本，念非子畏不能，延至署，屬以圖。圖成，漫堂賞之，以爲亂真。同上

邵曾復

邵曾復，無錫人。畫花鳥師惲壽平，人耿介亦似之。江南通志

邵曾詔 孫珣附

邵曾詔，字衷綸。兄曾訓善書，曾詔善畫，時稱雙絶。其畫花鳥，秀麗軼倫。游京師，公卿交推重之，謂可嗣惲南田。孫珣，紹其學。無錫縣志

宋駿業

宋駿業，字聲求，爲文恪公得宜長子，由副榜官至兵部侍郎，善書畫。長洲縣志

聲求篤好山水，受業于王石谷。作宋元人小品，清韻可挹。畫徵録

徐　溶

徐溶，字雲蒼，號杉亭，更號白洋散人。家居吴江。工山水，初亦泛學無宗，中歲得師石谷，遂大變其積習。筆墨蒼秀，小幅及淺絳尤妙。好爲斷句，亦秀韻。同上

楊　晉

楊晉，字子鶴，常熟人。山水清秀，爲王石谷高弟。兼工人物、寫真、花草，悉精妙，洵足名家。尤長畫牛，多寫意，或降或飲，或寢或訛〔一〕，夕陽芳草，郊牧之風宛然。常從石谷出遊，石谷作圖，凡有人物、輿轎、駝馬、牛羊等，皆命晉寫之。畫徵録

楊晉嘗受筆法于翬，亦與翬同繪南巡圖。江南通志

楊子鶴學畫于石谷，煙林清曠，毫鋒穎脱，尤工村莊景物。琴川新志

楊晉受筆法于王翬，尤工畫牛，晚年兼能寫生傳神。昭文縣志

王石谷作畫，一落筆便思傳世，故即其八十以後之作，亦無一懈筆。識者謂其能密而不能疏，固然。然其氣韻亦非凡手可及也。其門人楊野鶴晉，晚年每多率筆。沈啓南論畫，嘗持「蒼潤」二字，蓋蒼而不潤，神氣便少。野鶴晚年却未免此病。柳南隨筆

顧　昉

顧昉，字若周，上海人。初至京，宋駿業集名手繪南巡圖，令王翬總其事，昉得其秘，遂以擅稱。江南通志

〔一〕「訛」，掃葉山房本畫徵録作「臥」，是。

顧昉工山水，師董、巨及元四家，骨氣清雋而高厚，所謂有筆有墨者也，洵爲畫學正宗嫡派。嘗寫徐凝廬山詩意圖，王石谷跋云：「若周畫道，深入古人之室，而筆無纖塵，墨具五色，別有逸致。蓋自骨中帶來，非學習功力可及。此圖高古莽蒼，氣韻溢于紙外，尤近來不多見之傑作也。」可謂知言。畫徵録

顧昉幼時讀書能文，性獨好畫。見人家壁間畫，輒求而學之，舉示嚴滄醅，嚴請於其父，爲之徒。一二年，心甚不然其師。吾巢雲府君性亦喜畫，攜之入都。見石谷子畫，請于府君曰：「是昉師也。」石谷子亦謂昉可造，留之門下，與楊子鶴左右隨侍。比藝成，石谷子棄世。後隨府君于粤，當事大僚俱願與交，聲價日重。適粤西陳文簡公亦以客禮待之。後王滋來爲贛南道，延之去，遂終于王署。余嘗論其畫：「用筆太鋭，取勢太疾，故少渟蓄渾厚之氣，使人一覽易盡。又臨橅之功太過，舍舊本即不能自運；率筆自運，即千首雷同。此其短也。至于摹仿古人，則曲盡其致，于大年、子昂、唐寅、仇英尤工，此又其長也。」東村先生嘗曰：「若周畫工矣，惜爲衣食之故，而成之以速。使其十日一水，五日一山，寧不造石谷耶？」說學齋文集

墨香按：若周號晚皐，其畫當以此跋爲確，浦山未免過譽。

朱　易

吾友溪南朱易，以名家子善書畫，縱浪詩酒。予與實君招之，偕遊東山。嘗據案作山水寫

生，數紙立就。間賦小詩，亦饒理致。實君爲取唐書朱桃椎語，字之曰「織屩翁」。吴暻西齋集

邢原邠

邢原邠，字渡波，諸生。工指畫。張自超嘗挾數幅遊京師，公卿多寶愛之。高淳縣志

曾　奭弟奕附

曾奭，字西堂，張堰人，工花卉、翎毛。其弟奕，字禹甸，亦得其法。金山縣志

唐𤲅　姚世仲

奭同時工花卉者，唐𤲅字去非；工草蟲、翎毛者，姚世仲字素履，並有聲，而𤲅水墨牡丹尤爲世所重。同上

陸道淮

陸道淮，字上游，嘉定人。工山水，爲墨井道人高弟，亦善花卉。墨井有與陸子論元季畫詩：「誰言南宋前，未若元季後？淡淡荒荒間，絢爛前代手。一曲晴雨山，幾株古松柳。筆到豁厓處，白雲帶泉走。當其弄化機，欲洗町畦醜。知者有幾人，畫手一何有。我初濫從事，敗合常八九。晚年惟好道，閣筆真如帚。之子良苦辛，窮搜方寸久。茲與論超逸，冥然夙契厚。」墨井詩鈔

朱徵君厚章題陸上游臨白石翁芭蕉：「甘蕉莫道無堅厚，三百年來此一株。恍憶題詩清夢裡，雨香風翠未糢糊。」多師集

王者佐

王者佐，字師尹，工山水，墨井之徒也。〈畫囊〉

胡　節

石谷弟子最多，有胡竹君極有名，惜未見其筆墨。〈畫徵録〉

墨香按：竹君名節，婁東人，工山水，兼長雜卉。

楊　謙

楊謙，字六生，山陰人。善白描人物，仿李龍眠筆法。并寫花卉，偏反有致。〈圖繪寶鑑續纂〉

姚　珩

姚珩，字白菴，吴人。善點染花鳥、蔬果。同上

沈　益

沈益，字友三，苕溪人。性滑稽，所向傾倒。工人物、山水，運筆如風，人皆曰「小石田」。同上

徐　蘭

徐蘭，字篤培，衢州人，居順天。善山水判子。同上

許宏環

許宏環，字眉叔，華亭人。畫山水得士夫一種趣味。同上

吴肅雲

吴肅雲，字竹蓀，號盟鷗，徽州人。工山水。同上

金　章

金章，字仲玉，江寧人。工翎毛、花卉，素性高曠樸誠。同上

鄭　嵩

鄭嵩，字息中，新安人。善花鳥、草蟲。同上

朱佳會

朱佳會，字曰可，海寧人。善山水，有别致。同上

吴　良

吴良，字熙臣，淮安人。善人物。同上

周愷　劉元稷

周愷字晉卿，劉元稷字子穀，吴縣人，皆工山水。同上

高岑　干旌　金璐

高岑字善長，干旌字文昭，工山水；金璐字公在，善花卉，皆杭人。同上

王基永

王基永，字濟美，山陰人。善山水，兼工書。同上

相楷

相楷，字允模，杭人。善蘭竹，兼山水、人物。同上

金侃

金俊明，善書畫，長於梅竹。子侃，字亦陶，傳其學，兼青緑山水，得同里黄玢法。畫徵録

陳鳳翥

陳鳳翥，字聖章，予友均寧次子。少不好舉子業，好唐宋以來大家之文，又好爲小詩，旁攻書畫，運筆皆有法度。予見其所寫牡丹，頗得前輩筆意。早没，均寧刻遺稿一卷行世。堯峯文鈔

梅南

亡友梅杓司嘗浮家白門，生子南，爲今善畫。作詩與之：「響山宿草痛多時，玉樹亭亭又一枝。年少丹青看爛漫，風流何減阿翁詩。」「青箱零落倦論文，老蚌生珠自出羣。莫是故鄉情太劇，扇頭長畫敬亭雲。」「朗三詩畫舊聲名，二妙瞿山又雪坪。添汝不妨成後勁，梅花樹樹照江城。」愚山先生集

黄泰來

黄泰來，字交三，泰州人，乃吾友仙裳令嗣，宗子定九之快壻也。年方韶秀，雅嫻詞賦，兼工

隸篆、繪畫諸技，與阿兄月航稱二難。（脊墨堂詩傳）

顧正陽

顧正陽，字啓東，樵子。工畫。費開岐云：「若邪先生以詩傳，以畫傳，以字傳，人稱『三絶』。啓東亦能詩，能畫。詩宗大曆以上，畫則守其家法。但若邪之畫以淡遠勝，啓東以嫵媚勝，此又異曲同工，雖父子不相襲也。」（松陵詩徵傳）

邑中畫家，若湯雨七之水，呂賡六之神鬼，毛康叔之遠山枯木，沈樹奇之竹，顧周望冏臨、周楚揆之寫真，顧雲臣之人物，顧爾立之花鳥，若耶之山水，其子啓東之花鳥，皆有名於時。（袁質中樸菴稾）

姚世翰

姚世翰，字素行，善草書，工畫，尤長于草蟲、蘆雁。（金山縣志）

徐元房

徐元房，工草蟲。子應時，字方煥，諸生，亦工草蟲，而人物更爲勝絶。（高淳縣志）

鄭　淮

鄭淮，字桐源，金陵人。善山水、花卉、人物，師樊浴沂。（圖繪寶鑑續纂）

鄭桐源畫山水，筆意展拓，氣宇軒爽，即尺幅便面，谿徑自別。雖淵源樊氏，而去其枯冷之

致。墨林韻語

張　璠

張璠，字魯毓，仁和諸生。得舅氏錢松崖六法真諦，興酣潑墨，煙雲變幻。圖繪寶鑑續纂

佟毓秀

佟毓秀，字鍾山，滿洲人，甘肅巡撫。山水法元人率筆。畫徵續録

佟毓秀，襄平人，皖撫吉臣子也。遊錢松崖之門，得其畫法，名噪一時。圖繪寶鑑續纂

趙　尹

趙尹，字莘子，徽州人，劉叔憲首弟也。善仿北宋人山水，筆墨遒勁，蹊徑縝密，有出藍之譽。同上

何亢宗

何亢，字聿修，金陵人，高蔚生弟子，工山水。同上

滕　芳

滕芳，字公遠，武林人。善山水，師劉叔憲。同上

張　渭

張渭，字且湜，錢塘人。遊錢松崖之門，遂得其筆法，花卉、人物俱妙。同上

俞　俊

俞俊，字秀登，杭人。善墨竹。初師諸日如，後摹趙雲門。同上

阮　年

阮年，字遐生，杭人。善墨竹，師諸昇。同上

張　昉

張昉，字叔昭，錢塘人，孫竹癡門弟也。善鈎勒花卉，反側飛動，含噴有情，更得內史爲之傳襯。同上

項　松

項松，字林士，屺雲子也。亦善山水，人以小米目之。同上

張　城

張城，字大宗，星子門徒也，肄業亦妙。同上

吴　訥

吴訥，字仲言，杭州人。山水學藍派，花卉學孫竹癡。同上

史喻義

史喻義，字子曉，紹興人，睿子之子。善墨竹，能紹父藝。同上

張錫璜

張錫璜，字志吕，一字漁溪，鄞人。康熙甲午舉人。於詩文外，善琴，善奕，善書畫，且以母病善醫，顧不以一長自衒。甬上續耆舊集

陳履斌

陳履斌，字兼齋，鄞人。年踰六旬，索寒村畫松補祝，應之，且系以詩：「吾年七十君畫竹，君年六十吾畫松。君竹已入湘南室，吾松未隨行甫蹤。兩人聞名四十年，相慕竟不覿音容。一朝投贈俱片紙，古人稱號俱以龍。但願從此四十年，雙龍無恙常相從。」鄭梁寒村息尚編

李能白

李能白，字紅友，寫山水，兼畫士女。鄞志

黄　堅

黄堅，字幼直，李麟弟子，得寫人物之法。同上

俞　笙

俞笙，字君賓，鄞人。工翎毛、花卉，得楊治卿筆法。嘗潑墨紙上，隨意寫生，便拂拂欲動也。晚年尤超脱入化，人競寶之。雍正寧波志

史榮

史榮，字漢桓，一字雪汀。熟于十七史，尤精小學，工詩，工擘窠書及篆刻。鄞志

史雪汀先生善寫花卉。袁鈞陶軒寓目

國朝畫識卷八

馮景夏

馮景夏，字樹臣，桐鄉人，徙居秀水。康熙癸酉舉人。好畫山水，得董宗伯墨意，疎曠淡雋之致邈然以遠。頗自矜重，不輕作也。官至刑部侍郎。年七十餘，猶能作蠅頭小楷。畫徵録

司寇伯陽馮先生，予忘年友也。善山水，雅不欲以畫名其家。予官翰林時，曾修公瑾禮，見先慈於子舍。先慈問神品、逸品之分，先生曰：「就天分學力，興會所到，無差等也。」先慈深然之。予侍側，不甚了了。後予入直禁廷，恭閲寶笈所弆，經上鑒定神品、逸品，俱列上等；餘雖工妙，皆入次等。而先慈平時所作畫，經先生歎賞者，半入内府，皆歸上等，益信先生所論深得宗旨。先生居恒，每見名筆，輒流連不能去，數日猶默然思之。其或信紙至得意處，雖拂心事，未嘗足擾其中也。是册爲先生晚年所作，幅小，而形勢闊遠閒適，殆以煙雲爲供養，直與造物者游。雲林有其高潔，遜其精采；孟端有其氣韻，少其恬澹。平時不輕落筆，珍藏家得之者少，宜令嗣咸六中丞、令孫孟亭侍御各敬識而世寶之。香樹齋文集

墨香按：公年五十，初令長安，量移膠州牧，七歲四遷，至刑部侍郎。其督糈江蘇時，漕政肅清，至今士民思念不置。七十致仕，壽至八旬。

許維嶔

許維嶔，字蒼嵐，太康人。以事隸于旗下，康熙己卯即以旗籍舉孝廉，官樂昌縣知縣。天資穎敏，詩文書畫俱可觀，畫山水宗董、巨法。〈畫徵録〉

吕猶龍

吕猶龍，字雨村，三韓人。福建巡撫，調撫浙江，三日卒於任。善山水，得元人倪、黄兩家法，而師少司農麓臺之氣韻，邱壑峻邃，有意趣。每接筆墨之士，輒談論忘倦，其所好者深也。同上

杜曙

杜曙，字旭初，杞縣人，鄉飲大賓。善水墨花草，灑落自適，有徐天池風，名聞梁宋間。兼長山水，偶寫白衣大士，亦雅秀。性孤高狷癖，善飲，醉後落墨不肯休。遇他客則趨避掩面卧，一顧不可得，客率索然去。年八十餘，飲啖如少壯，所養有得矣。同上

丁錫

丁錫，字佑之，號西鳴。其先西域人，卜居仁和百幅菴南。自幼慧巧，喜爲畫，遇紙輒揮灑。

初不經意，既成，遠出羣工上。始學戴進，後無常師。翎毛、花卉無不盡善，尤精于山水，臨摹古畫宛然神肖。仁和縣志

陳　涵

陳涵，字尊淵，犍爲太守鏞裔孫。足跡遍燕齊楚粵，所至摹其山川景物，兼詩與畫，天趣橫生。又善度曲，古調新聲，揮絃拍板，聞者心醉。所著有擊壤詩集。崧南志稿

張　培

張培，字抱一，諸生，有文譽。中年無子，以醫自顯。〔一〕善山水，自號畫禪。疾革前，取書畫古玩分贈良友，罄橐中金散諸蘭若，翛然而逝。平湖縣志

沈廷瑞

宣城布衣沈廷瑞，字樗崖，號頑仙，眉山先生孫。山水筆意疎落，其大致取法於石田者。畫松尤工，詩亦豪放。年八十餘，猶能遊。畫徵續録

吾宗樗崖先生，喜遊歷，嘗之三吴、之兩浙、之金陵淮陽、之豫章荆楚夔門巴巫之間，登山臨水，輒寄吟詠，而於往古廢興存亡、是非得失之跡，欷歔悲歌，若欲呼泠魄而問之。抑樗崖長於

〔一〕「顯」，原作「頭」，據增修本改。

作畫，每逢絕境，託取點筆以寫胸中磊落奇偉之概，山水粉本互相雄長，次又補前人之闕略者。歸愚文鈔餘集

厲徵君鶚送沈文槜崖游漢陽：「長歌行色健，頭白次揚舲。江落小孤秀，天寒大別青。囊中名畫録，槐上老人星。歸去書能寄，餐松對敬亭。」樊榭山房集

費而奇

費而奇，字葛坡，杭人。善花鳥，法徐熙。山水亦佳。圖繪寶鑑續纂

查編修慎行題葛坡小影：「費生客京華，氣帶秋山爽。學詩兼學畫，離俗寄幽賞。」敬業堂集

高士年

高斯億爲余畫竹，以三絕句報之：「故人有才子，爲我掃叢篘。長貌眉山老，看來足亂真。」「細似楊旡咎，疎於顧定之。清風愛相對，赤日最高時。」「舊種南垞竹，圖中勝百分。歸裝無長物，即此是封君。」首章自註：「斯億爲老友雲客之子。」曝書亭集

斯億名士年，侯官人。此册計十幅，今藏余兄漢籌。水北樓先生題詩四絕，其三云：「無心插篸竹，隨意間蘭芝。�得螺江水，都教上墨池。」楊謙曝書亭集注

徐晟雅

徐晟雅，字穉雲，昂發之弟也。畫山水宗元人，湖村沙渚，煙雲竹樹，得江湖蕭散之致。玉峯

新志

吳振武

吳振武，字威中，秀水人，朱竹垞之姊之子。善花卉、草蟲，筆意雅秀，識者重之。官寶坻令，賣畫以給。間作山水，自謂嘗受麓臺指授。兼長指頭墨。畫徵録

吳甥振武，用指頭作畫，花竹、翎毛、草蟲、山水畢肖，異而賦長歌。曝書亭集

上官周

上官周，字竹莊，福建人。善山水，煙嵐瀰漫可觀。晚游粵東。嘗畫羅浮一峯，自題云：「割得天南峯一角，請君展卷看羅浮。」畫徵録

查編修慎行題竹莊羅浮山圖：「大瀛海外有十洲，巨鰲不上龍伯鈎。何年背負蓬島至，兩山合一成羅浮。奇峯三百三十二，一一豈易窮冥搜。眼中豈是好奇者，上官山人今虎頭。山人欲爲山寫照，直上崔巍走䰲𧆞。朱明古洞華首臺，佳處直能領其要。歸來畫作指掌圖，萬象攝入摩尼珠。緑毛鳳挂佛子髻，五色蝶化仙人襦。我方神遊力不足，爲爾題詩展横幅。正緣身不在山中，識得羅浮真面目。」敬業堂集

馬　昂子衡附

馬昂，字雲上，工畫山水、花鳥、人物，曲盡其致。吳縣新志

馬退山昂，吴人，以山水名家，青緑尤工。子衡，字右襄，世其業。畫徵録

汪溥　胡奕灴

汪溥、胡奕灴皆不知何許人。溥山水清潤冷雋。溥字永思，號芝田，又號問政山樵。奕灴花草賦色仿北宋法，明艷可愛，字覲光。適見二人畫扇，録之。畫徵續録

墨香按：芝田翁，太倉州人，甲戌探花廷璵之祖。

范　纘

范纘，字武功，婁縣太學生。博學强記，於書無所不窺。工書法，善畫。乞畫者例酬一綿衣，每歲積數十襲，以待冬月施貧者。詩文與周稚廉齊名，所至傾座。江南通志

范武功纘，號笏溪，詩詞最工，兼善山水。余嘗見其畫册八幅，幅有題句，猶記其二律云：「年年消夏閉柴門，攬筆聊爲劈斧皴。重水重山千曲路，閒花閒草四時春。挑雲出岫含生意，引鶴歸巢遠俗塵。多謝竹陰留半日，此君原是箇中人。」「三分涼思雨絲絲，老去翻書覺眼遲。懶畫多留題畫處，尋花先訂醉花期。月隨人夢清閒境，秋到蛩吟得意時。兒輩别無看待我，朝朝滌硯换瓶枝。」墨林韻語

黄宫允之雋題笏溪先生水樓玩月便面云：「水千煙鎖家家夢，樹杪涼飄夜夜秋。寫得湖天太蕭瑟，更無人爲月登樓。」黄唐堂集

墨香按：笏溪翁，壬申榜眼棫士之祖。

李巒

李巒，字亦山。兒時僅讀論語，善病，遂輟誦。冠而彌甚。異人授以吐納導引之訣，始愈。乃折節讀書，敬禮諸名宿，有疑必問，人亦嘉其虚懷而樂告之。尤喜誦詩，有會心處輒謂得畫家三昧，因復學畫，遂以畫名。高安朱可亭先生撫浙時，曾以其畫進呈御覽，喜動天顔。客維揚，王樓村、顧俠君輩相與酬唱，爲之梓其詩行世。亦山孝友篤摯。鄉邦久推長者，長白偉公守郢廉得其實，將以賢良方正薦，亦山以老病固辭。卒年八十七。所著有晚秋書屋、快雨山房、邗上、豫章諸集。鍾祥縣志

亦山善山水，多水墨，邱壑作意，而筆墨工整，氣韻淹漬，蓋以墨勝也。畫徵録

秋池老人畫，當在石谷之下、顧昉之上。庚子書畫評

戴峻

戴古巖，吴縣人。山水專橅唐六如筆，而未嘗自題其名，一生之畫皆託六如，以專厚直。余曾於友人齋見所藏六如手卷，小大計三卷，其兄亦藏有兩卷，形色頗類，甚異真蹟太多，乃知有戴氏臨摹。收藏家當具慧眼辨之。然古人於法書有「買王得羊，不失所望」之謡，則買唐得戴，亦未爲大失也。畫徵續録

墨香按：古巖名峻，予見其畫其自署名者甚多，未嘗盡托六如。

吴 求子正附

吴求，初名俅，字彦侶，休寧人。能詩。善畫人物，學仇英，似之。所作豳風等圖，思致雋異，並堪垂久。子正，字項臣，能世其學，兼長花鳥。惜早世，未大就耳。畫徵録[一]

鄭 蘭

鄭蘭，字國芳，芷江人。善畫竹，埒名於鐵笛翁劉珩，而别有心得。横枝側葉，以秃管揮之，若不經意，睇視生氣盎然。間作山水，出入於叔明、子久之間。書亦有腕法。晚號鹿溪居士。沅州府志

吕 斈

吕斈，字文厚，吴人。工畫竹。李布衣果云：「吕子文厚，以曠遠之姿居城西白蓮涇，石橋流水，蕭然自得。平生愛竹，精思二十餘年，至廢寢食。嘗過僧寺隣園，見竹枝之有致者，解衣磅礴，坐卧其下，縱筆凝神，頃刻數十紙，俱盡風晴煙雨，各得其韻。余客館湫溢，文厚爲寫疎竹四五竿，點以苔石，觀者颯然，皆恐風雨之至。其墨妙可知也。」在亭叢稾

[一] 原作畫徵續録。

鄒　溶

鄒溶，字可遠，以字行。喜畫山水，學吴仲圭。《無錫縣志》

周　復

周復，字文生，善畫竹石，筆墨森秀。同上

許宗渾

柏古父子之後，有許宗渾者，字箕山，居白鶴江。好吟詠，工繪事，與任演交最深。性情疏曠，其所棲止往往在琳宫佛院間，與柏氏父子名相埒焉。《青浦縣志》

箕山，青浦布衣。工詩，善書。山水法王叔明，雖未臻純熟，喜無塵俗氣。《今畫偶録》

朱　鈐

朱鈐，字正夫，號鹿門。幼嗜畫，每遇專門，委贄師焉。遨遊江湖，凡遇陰險高深之處，恒不憚搜索；而於雲林雪竹、徑卉巖花、樵夫釣叟稍有關於景趣者，必凝神默識。積習久之，得意忘象，每一揮毫，丰神直逼吴、戴，臨古畫往往能亂真焉。《仁和縣志》

韓李思

韓李思，號蝶齋，芷江人。狀貌豐偉，類湖朔間士。性骯髒，睥睨一切，負氣輕諾，不可逼視。尤嗜酒，無時不醉，衣履多質酒庫中。長於畫，潑墨作游龍，煙雲拿攫，滿紙具生動狀。偶

寫山水樹石，則皴染工緻，平遠穠秀，各有其致。沅州府志

張　竹

陸大癡與同里張雲蓀竹友善。竹，諸生，能詩善畫，五十後棄舉業。嘗除夕造大癡，大癡方擁爐高吟，卒歲之需無一辦也，竹爲寫除夕擁爐圖，人兩高之。金山縣志

王　石子琨附

王石，字曰堅。祖斌，字五寅，工繪事，有黄筌、邊鸞筆意。叔父雲，尤以畫馳名江淮間，大中丞商邱宋公薦於朝，聖祖獎賚逾等，爲一時榮遇。石傳其家法，凡人物、山水無不入妙，零縑斷册，世争購之。子琨，亦以畫名。高郵州志

孫西顥

孫西顥，字焕文，工畫竹石，水墨明秀，瀟然有出塵之致。陽湖縣志

夏　維

夏維，字四只，邑庠生。工詩詞，一時名碩多所倡和，著有湖上集、北牕瑣言。更善書畫，其寫山水仿摹董源、子久筆。高淳縣志

朱　軾

朱軾，字棠陰，庠生。工詩文，書畫俱得米襄陽、董華亭筆意。平湖縣志

董公慶

董公慶，字宣詒，文敏曾孫。工山水，能不失家法。金山縣志

方　乾

方乾，字又乾，天都人。工山水、花鳥，超妙入神，與宋人並轡。圖繪寶鑑續纂

又乾一字希仙，爲歙之巖鎮人，乃余族聞桂堂宅相。寫生得古人遺法，予髫齡在里中猶及見之。秋山讀畫録

周　度弟復附

周度，字思玉，仁和人。善畫花卉、翎毛，或點或鈎，俱純熟老幹，但乏逸趣。弟復，字吉生，善畫山水、人物，運筆設色，秀麗而雅。圖繪寶鑑續纂

姚　節

姚節，字竹友，嘉興人。工詩文。爲人脱略，性嗜酒。醉後作小竹、泉石，有逸致，雖醒時不及也。同上

成　兖

成兖，字魯公，大名人，鄉貢，參軍。游藝翰墨，山水、花鳥無所不能，乃天雄之首望也。同上

王　遐

王遐，字公遠，吴人，流寓金陵。畫學陳青溪。同上

墨香按：陳當作程。

黄　鼎

黄鼎，字尊古，常熟人。寫山水蒼古秀潤，自稱獨往客。江南通志

黄鼎山水受學于王少司農，兼得石谷意，筆墨蒼勁。其臨摹古人，咄咄逼真，而于黄鶴山樵法爲尤長。嘗客漫堂第，故梁宋間其遺蹟獨多。畫徵録

獨往山人與予同客武林幕府，朝夕觀其作畫，其正處精神多于側處，渲染近處位置又從遠處襯貼，濃不傷癡，淡不嫌寂，氣韻蓬勃，百世一時。薛雪一瓢齋詩話

當代以畫名者五人，武進得惲壽平格，太倉得吴漁山歷、王麓臺原祁，常熟得王石谷翬，最後得吾友黄尊古鼎。五人中，麓臺第進士，官侍郎，顯名最易，四人逸老布衣而名與之齊，覺四人較難。壽平、漁山、石谷，得王司寇、阮亭諸公前後道揚，宜其名流播遠近，而尊古當諸公徂謝，推挽無人，尤爲難中之難也。生平好遊覽，杖履所到，凡詭奇殊絶之狀，一一寄之于畫，前人粉本中未嘗有也。吴中評畫者謂，石谷看盡古今名畫，下筆俱有成處，得稱大家；尊古看盡天下山水，下筆俱有生趣，竝稱大家。兩人皆虞山人，故同論云。尊古晚號浄垢老人，以雍正八年

卒，春秋七十有一。（歸愚文鈔）

温儀

温儀，字可象，號紀堂，三原人。康熙壬辰進士。儀少嗜畫，每恨西陲無宗法，竊慕司農而未得其因。後以計偕入都，乃謁司農，以畫學請。司農命進几席，俾觀用筆起止、濃淡、先後，又授以古圖縮本，于是遂大進。嘗述其師訓曰：「勾勒處，筆鋒須若觸透紙背者，則骨榦堅凝。皴擦處，須多用乾筆，然後以墨水暈之，則厚而有神。」又曰：「用墨如設色，則姿態生；設色如用筆，則古韻出。畫家習不掃自除矣。」署中潔小齋爲畫室，絹素縱横，筆墨淋漓，公暇入室，點染不輟，曰：「吾非好勞，恐荆棘生手耳。」初仕進賢縣，卓異，入都授保定府，遷昌霸道。（畫徵録）

王敬銘

王敬銘，字丹思，號味閒，嘉定人。康熙癸巳臚唱第一，官修撰。山水師王少司農。生平有硯癖，畫不可以貨取，投以片石，無不立應。余嘗有句云：「墨寶出燕京，餅金得者寡。不易端溪雲，便易鄴臺瓦。」（百幅菴畫寄）

味閒與麓臺同譜山水，即受其筆法，清腴閑遠，書卷之氣溢于楮墨外。爲舉子時，即供奉内廷。時蔣西谷花卉，馬文湘墨竹，王麓臺及僧人成衡、覆千山水，皆爲聖祖所賞，而兩僧之筆亦

取法於麓臺。學庵類稾

李爲憲

李爲憲，字匡吉，同芳六世孫。補諸生，列入北雍，謁選授旌德教諭，歷兩考，舉卓異第一，擢通許知縣。在職三年，盜息囹虚，號曰神君。丁内艱歸，卒。爲憲，婁東少司農王麓臺甥，性喜潑墨。麓臺染翰禁庭，上詢代筆者，以爲憲對，獎賞不置。後之官，公餘揮灑，得者如片璧云。崑新合志

匡吉爲王少司農麓臺甥，方丱角，作樹石粘壁，麓臺見而歎曰：「昔松雪與山樵甥舅相傳，俱成大家，兹其踵美乎？」攜之邸舍，幾二十年。麓臺追蹤古人，名傾當代，匡吉亦得此中三昧，一時有王、李、金、曹四大弟子之目。玉峯新志

金永熙

金永熙，字明吉，蘇州人。山水得王少司農法，所謂具體而微。圖繪寶鑑續纂

曹培源

浩修曹公，婁東贅壻也。工山水，得麓臺之傳最真。公作畫之地曰「同蘭館」，予與公之甥唐建封嘗游息其中。建封畫筆亦酷似其舅。百幅菴畫寄

墨香按：浩修，上海人。建封，名城。

華鯤

華鯤，字子千，孤苦力學，工詩善畫。至都中，持所業謁太倉王原祁，賞其瀟淡，由是知名。繼以太傅明珠薦，受知聖祖，授光禄典簿。鯤奉母孝。有弟五人，皆教育之，爲畢婚娶。百口同居，内外無間言，及鯤子龍皋猶未析爨。人稱其孝義，謂不減補菴先生。鯤蓋補菴七世孫也。無錫縣志

華鯤，無錫人，由太學授州佐。精山水，饒有黄鶴、雲林之意。圖繪寶鑑續纂

趙曉

趙曉，字堯日，太倉人。善山水，受王司農法。虚懷好學，每作一圖，稍不愜意，輒中止；即已成幅，亦不署名，曰：「再需三十年，或可題欵。」時年已四十矣，其刻苦猶如此。畫多小幅，平淡古雅，設色亦渾樸沖潤，第力量稍歉，故不能副其心志耳。兼善墨竹，風神蕭爽，迥拔時流。畫徵録

唐岱

唐岱，字静巖，滿洲人，内務府總管。工山水，用筆沈厚，布置深穩，得力于宋人居多。祗候内廷，今上賞之，蒙恩品題最多，詩載樂善堂集。恭録題千山落照圖一章：「我愛唐生畫，屢索意未已。昨從街市中，購得澄心紙。好趁静室閒，爲我圖山水。著墨濃淡間，萬壑秋風起。水亭

跨明波，磴道延步履。斜陽映天末，咫尺有萬里。暝對意彌遥，煙浮暮山紫。位置倪、黄中，誰能别彼此？」恭讀一過，可以得其畫之佳致矣。而「暝對」兩言，神味清杳，更可想是圖落照之妙。畫徵續録〔二〕

王　昱

王昱，字日初，自號東莊老人。畫山水得司農公神髓，而于古渾中時露秀潤之致，更爲雅俗共賞。書畫紀略

日初爲麓臺族弟，工山水，疎而不薄，淡而有致，筆意在雲林、方壺之間。今畫偶録

王東莊致書吳湘陰向予索詩賦此寄贈：「梅花高士東莊老，傳得司農一脈真。萬壑千巖窮變化，片雲尺水亦精神。常將畫境翻詩境，好取今人證古人。何日扁舟叩清閟，墨池沿溯指迷津。」煙霞閣詩稾

日初居東莊讀書，喜作山水畫。既遊京師，學於其兄侍郎麓臺公，三年得宋元諸家之奥，乞畫者争幣致之。又嘗至秦中，歷華嶽關河之險。歸，其婦勸之力田，謂：「農者雖勞，粗可自給；

〔二〕原作畫徵録。

若畫，牽率酬應，不可待以舉火。學者貴藏其文采，何如秉耒之爲得乎？」人多笑其妻之迂〔一〕，吾友沈憲副敬亭獨高其志，賦長篇稱其賢。《在亭叢稾》

李又紘

李又紘，字雪叟，邑諸生。性高雅，書法懷素，畫師營邱。每乘雪，自攜餅餌，步至江干，望西山摹儗，竟日忘歸。《鍾祥縣志》

杜亮采

杜亮采，字嚴六，松江人。工山水，善臨摹舊跡，故氣運濃厚，意致斐然。《圖繪寶鑑續纂》

杜亮采善山水，有董文敏、趙文度兩家法，沖和潤澤，爲時所稱。《畫徵録》

周霽

周霽，字止願，居邑西北之趫嶺。喜聚書，凡陰陽醫卜諸家，靡不通曉。晚喜作畫，多自寫其蕭疏閒淡之意。《昌化縣志》

許慧

許慧，字念因，號笑仙，秀水人。業醫，善寫意花卉。其用筆合山泉、舜舉而自成一家者，疏

〔一〕據文意，「妻之」二字疑衍。

老可嘉。每寫長草葉，好作一轉若結者，頗有別致。點綴草蟲亦生動。畫徵續録

黄　彭

黄彭，字丹麓，嘉定人。張雲章題其山水卷云：「丹麓吾邑産也，近年都客門，以繪事聲名藉甚。今展此幅，深喜邑乘中添一傳人矣。」樸邨文鈔

丹麓深明畫理，此圖林壑幽邃，氣運靈活，骨法高老，已得北苑神髓，不徒以學一峯老人見長也。寶華居士畫跋

墨香按：沈館卿畫多丹麓捉刀，或自作三五松樹，餘屬丹麓續成者尤夥。予聞之張明經甄山云。

王　雋

王略山水法董、巨。子雋，字禮石，宗黄子久，尤有名。青浦縣志

秋山無盡圖，乃文度先生原本，東臯師臨藏，已久不輕示人，後蒙見贈，云：「此我生平極得意筆，當細心摹仿。」余故什襲藏之。其筆墨淋漓、天真活潑，已入神化，豈後學所能仿佛。東谷子題跋

吕　佐

休寧吕佐，字西崙，號卓亭。工畫金魚，燦燦欲活。每自珍，不輕與人，然久之遂多。其跋

語數卷，題曰在藻集。畫徵録

黄　松

黄松，字天其，號黄石，太平人。善花鳥，師周少谷，臨摹舊跡無不精妙。圖繪寶鑑續纂

墨香按：予所見黄石畫，其署名多作「大松」。

沈　治

沈治，字約菴，秀水人，庠生。山水有同里項氏家風，小幅册頁爲長。造詣雖未超拔，然亦吾鄉前輩之卓卓者。畫徵録

龔　振

龔振，字又園，芰荷潭人，山水學馬遠。子御，亦能畫。婁縣志

龔振居郡城之西闕橋下，賣卜自給。嘗乘興作山水，筆甚蒼老。書畫紀略

葉自堯

葉自堯，字階萊，上海之石筍里人，寫山水有真率之致。同上

張　然

張然工詩畫，康熙己巳供奉内廷，三十餘載恩寵甚渥，賜宸翰聯額頗多。父璉，子元瑋，並醇恪高雅，海内名流俱樂與之交。嘉興府志

董建中

董建中，字正度，文敏公裔孫，以國學考授州同。畫花卉得黄荃法。聖祖南巡，以所畫蟠桃圖進呈，蒙恩獎賞。旋命畫扇，稱旨，特授湖廣荆門州知州。婁縣志

焦秉貞

焦秉貞，濟寧人，欽天監五官正。工人物，其位置之自近而遠、自大而小，不爽毫髮，蓋西洋法也。康熙中，祗候内廷，奉詔作耕織圖四十六幅，村落風景，田家作苦，曲盡其致，深契聖衷，錫賚甚厚，旋鏤板印賜臣工。畫徵録

葉　洮

葉洮，字金城，青浦人。善山水，喜作大斧劈。康熙中，祗候内廷，詔作暢春苑圖本，圖呈稱旨，即命監造。既成，以病賜金乘傳歸。尋復召入，以勞卒于途。同上

墨香按：葉名「洮」，畫徵録誤作「陶」，今改正。

鮑　濟姪蘭附

鮑濟，字汝舟，性恬雅，以畫名。杜宗伯臻巡視閩粤海疆，延繪輿圖，世人推重之。嘉興府志

秀水鮑濟，工花鳥、山水，筆既雋秀靈變，又能刻苦力學，駸駸直追前人。浙派習氣陶汰已净，深爲新安戴懷古所賞，惜早世未得大成。姪蘭，字楚來，世其業。畫徵録

姚敏修

濟同里姚敏修，字遜公，亦善山水，而亞于濟。同上

茅瀚

茅瀚，號竹村，仁和人。工山水及白描人物，詩亦蒼秀，與畫相稱。杭州府志

茅瀚字静遠，本姓陳。性慈和，勇於爲善。好觀書作畫，畫入能品。江淮燕趙間，得其尺幅，珍若夜光。梁文浤竹村傳略

陸榮

陸榮，字桓右，能詩，工寫人物，其工細處尤勝于前人。上海縣志

墨香按：榮父懋蓮，字香遠，亦工寫人物，而榮爲勝。

蒲穀

蒲穀，字敬存，工山水，寫花草如生。其子璧，亦能寫生。青浦縣志

陳炳

陳炳，字星若，寫神像最佳。同上

金曜

金曜，字朗西，工金碧山水，秀麗别成一家。同上

朗西善人物、山水，工細秀麗，院體能手。今畫偶録

馬驤

馬驤，江西人，工山水，有元人矩矱。用筆細秀，氣味古逸，不可没也。驤曾爲揚州司馬，故邗上猶有遺跡。畫徵續録

程琳

程琳，字雲來，歙人，徙居嘉興。善花草，尤工水墨牡丹。今遺跡甚少，前大中丞程元章購之甚切，僅得三四幅。同上

許允中

許允中，字公立，工翎毛，尤善鬬鷄。高淳縣志

國朝畫識卷九

蔣廷錫

蔣廷錫，字揚孫，江南常熟人。康熙癸未進士，官至大學士，謚文肅。著有青桐軒、秋風、片雲諸集。工畫花卉，品與惲南田埒。成進士後，其畫宫中極貴重之，流傳世間者，真跡絶少，馬扶羲父子代作者即可亂真也。竹嘯軒詩傳

蔣揚孫，號西谷，又號南沙。以逸筆寫生，或奇或正，或率或工，或賦色或暈墨，一幅中恒間出之，而自然洽和，風神生動，意度堂堂。點綴坡石水口，無不超脱，擬其所至，直奪元人之席矣。士大夫雅尚筆墨者，多奉爲模楷焉。嘗于海昌查氏見扇上畫拒霜一枝，以率筆勾花及跗，渲以淡色，而以工筆點心，纍纍明析。葉用墨染，亦工緻。旁發一穉枝，以焦墨染三蓝于上，蒂用雙勾，筆筆名貴，非識超膽大而筆有仙韻者，烏能辨之？其流傳有設色極工者，皆其客代作也。性恬雅愛士，凡才藝可觀者，即羅致門下，指授以成其材，而公之畫遂多贋本矣。雍正十年，薨于位，年六十餘。畫徵録

馬　豫

馬豫，字觀我，綏德人，家于金陵。康熙丙戌進士，官至侍讀學士。善墨竹，脱去時習，枯竿新筍各有風致，坡石水澗亦佳。爲人天懷高雅，謙和下士。督學浙江時，屬員士子慕墨妙者，無不厭其意云。間作白衣大士、文昌像，清寂而莊。同上

俞兆晟

觀我同年生俞兆晟，字叔穎，號穎園，海鹽人，官至内閣學士。好畫水墨花草，兼白陽、胥山樵兩家之勝，得其筆者無不珍之。同上

俞公視學江左時，諸生晉謁相接，如先生弟子。論文行外，兼及詩品畫理，以二者皆公所長也。清風和氣，至今猶想慕之。竹嘯軒詩傳

高其佩

高其佩，字韋之，號且園，遼陽人。善指頭畫，人物、花木、魚龍、鳥獸，天姿超邁，奇情異趣，信手而得，四方重之。余曾見扇上筆畫散仙數種尤妙，有如王初平叱石成羊，作亂石一攢，或已成羊而起立者，或將成而未起者，或半成而未離爲石者，神采熠熠，風趣横生。他如龍虎等，亦各極其態。世人秪稱其指墨，而不知筆畫之佳也。人既重其指墨，加以年老，便于揮灑，遂不復筆，故流傳者少。官刑部侍郎。畫徵録

高少司寇工指頭畫，凡花木、鳥獸、人物、山水，靡不精妙；雨中煙樹，簑笠野翁，雲氣拂拂，更爲奇絶。陸閣亭養痾閒記

王樹穀

王樹穀，字原豐，號無我，又號鹿公，又自號文外布衣，仁和人。題其所居曰「粟園」。工人物，筆法出於陳洪綬，而得其清穩，所謂善學柳下惠也。衣紋秀勁，設色古雅，一時工人物者無能出其右。其圖章有「慈竹君」、「笨凷」、「一笑先生」。畫徵續録

鹿公人物精妙，而山水亦佳。菴中所藏清溪垂釣圖，筆墨痕俱化。百幅菴畫寄

柳　遇

柳遇，字仙期，吴人。工人物，精密生動，布置樹石欄廊，點綴幽花細草，以及玩物器皿，色色佳妙，亞于仇英。漫堂撫吴，屬員某某謀製屏障獻壽，以漫堂鑒賞名家，乃面請於漫堂。出南唐顧宏中所畫韓熙載夜宴圖卷曰：「須屬柳仙期展拓之。」某某即備聘具，供饌延仙期，送漫堂署。圖成，漫堂邀某某共賞以晏樂之，一時傳爲韻事。畫徵録

蘇文忠與辨才、參寥、了元爲禪友，而與了元尤契，風流調笑，别有超誼。了元即佛印也。吴人柳遇，工人物，寫公巾服坐石磴，磴後石几置書一册，佛印則袈裟相對若談禪者，溪山深秀，流雲過樹，筆頗閒適。在亭叢稾

徐玟

遇同里徐玟，字采若，亦工人物，與遇並挾盛名。兩人凡臨摹古本偪真處，亦可謂之翻身鳳凰也。畫徵録

墨香按：玟，號華塢。

朱霞

朱霞，字耕方，廩貢生。學問淵博，嘗應鄂爾泰聘，訂定南邦黎獻集。後選高郵州訓導，以老乞歸。豪興不減，與諸名士倡和無虛日，主壇坫者前後四十年。善書，尤工繪事，著色寫生得徐熙筆意。著有一拂樓集。婁縣志

昔朱子跋東坡枯木竹石有云：「蘇公此紙出於滑稽詼笑之餘，初不經意，而其傲風霆、閲今古之氣，猶足以想見其人。」今觀老晴墨戲，其清幽歷落、不能諧俗之致，亦可於筆墨外得之矣。朱之璞東村文略

墨香按：耕方一字初晴，其畫鷄爲最工。

顧靄吉

顧靄吉，字天山，號南原，長洲人。山水宗法元人。遊京師，爲宋駿業、王原祁兩侍郎所稱賞，以貢生纂修得官，終于儀徵學博。精繆篆、分書，著隸辨行世。畫徵續録

勞澂

南原同里勞澂，字在茲，亦善山水，與靄吉同稱于時。同上

查編修慎行題在茲畫册：「自題佳句寫雲煙，不獨詩仙畫亦仙。筆墨我緣人品重，聲名天許布衣傳。家留林壑藏書卷，春在江湖採藥船。老覺塵埃真少味，相逢猶話住山年。」遂初堂集

予藏在茲倣北苑水墨圖，下方有「家在第九洞天」印。百幅菴畫寄

蔣深

蔣深，字樹存，號蘇齋，吴人。工詩文，有集。由太學生入武英殿纂修，議叙授餘慶令，陞朔州牧。善蘭竹，花草學陳白陽，而用筆稍放。畫徵録

李棟

李棟，字吉士，號松嵐，兵部侍郎喬孫。少穎異，孝友性成。八歲失怙，弱冠與弟栻先後補弟子員，横經講授者三十年。壬午中順天鄉試，謁座主果亭徐公，徐舉手曰：「子所謂文行卓絶、爍然稱今之曾、閔者，非耶？」爲延譽公卿間。居無何，卒於京邸。棟爲人豐頤厚體，粹品兼才，所著詩文甚富，又工繪事及篆隸。高郵州志

李棟精繪事，尤工小李將軍，聲振江淮間。圖繪寶鑑續纂

李　栻

李栻，字楷士，號嬾真，邑庠生。七歲而孤，與兄棟奉孀母教，克自樹立，恂恂鄉鄙，有長者風。爲文含古茹今，名噪一時。性恬淡，不慕榮利。工繪事，精隸書，人服其高致。高郵州志

張澤棨

張起麟子澤棨，字道復，號文五。康熙壬午舉人，授鹽城學博。負不羈才，縱情詩酒。工繪事，尤不輕作，爲時所珍。有芳草齋集。金山縣志

壬午孝廉張澤棨，翰林起麐長子，負才雋異，晚得鹽城教諭。商人出重資購其畫，或浼其題跋，故污損擲還。上官以其酒狂解職。畫工花鳥，詩酷摹皮、陸。說學齋集

張文五畫墨荷野鳧貽予，題詩云：「好對玉堂翁，亭亭水鏡中。一泓涵未盡，鳧藻夕陽風。」寄意遥深。賦九韻報之：「菡萏吟國風，鳧鷖歌大雅。葩經敷物華，絡繹出腕下。墨瀋一何活，潑潑一痕寫。著筆如化工，奚争多與寡。淡遠香欲生，斯意宜静者。造物費渲染，粉白燕支赭。榮落在須臾，翻疑是虚假。此雖萬夕陽，風塵不能惹。玉堂亦何爲，秋水妙荒野。」黄居堂集

李觀曾

同年李基塙之父竹逸老人，諱觀曾，字泰巖，世爲景州人。候補主事，赴選北上，抵任邱，忽心動，返則王恭人方疾作，自是無四方志。居常工翰墨，書畫皆宗米氏。晚年構一堂顏曰「墨

霞」，繪名嶽圖于壁，記以詩曰：「老來潑墨氣淋灕，爲愛南宮七字詩。一抹斜陽孤鶩遠，草堂初署墨霞時。」時屬和者甚衆。老人之文采風流概可想矣。己山先生文集

劉文煊

劉文煊，字紫仙，號雪柯，山陰諸生。商太守盤云：「舅氏雪柯先生，工詩善畫，筆墨絶塵，兼倪、黄之勝。年登大耋，神明不衰。昔人謂畫家得山水煙雲供養，如沈石田、文衡山輩，多享遐齡。晚歲居津門，與查澹宜、萬柘枝、汪師李爲文酒之交。有題襟集行世。」越風小傳

朱因

朱因，字泊翁，錢塘人，官至太守。書似沈石田，善墨荷，題畫詩别具風致。武林耆舊續編

施心傳

施心傳，字結如，寧化人。好學，工文詞。善山水，得雲林筆法。頗自矜重，不妄與人作。若富貴人往求，尤嚴謝之。當蒼松白雲、清風皓月之時，僧人飲以佳茗，出素紙案上，不自覺其興發，吮筆點拂，亹亹不倦。同里雷翠庭副憲云：「施先生性狷潔，與家君交最善。每同構文，日當亭午，市豆餠充饑而已。」畫徵續録

周兼

周兼，海寧人。工畫士女，衣紋清古，設色淡雅，布置俱有來歷，識者賞之。畫徵録

查編修慎行題周兼畫南唐小周后真：「人間姊妹工相妒，遺恨茫茫豈有涯。怊悵瑶光梅信晚，一枝潛進未開花。」「不須更減一分肌，周昉由來善貌肥。如此丰姿如此畫，當時猶道未勝衣。」「垂鬟分綹髮初長，想是南朝時世裝。指與俗工渾未識，可憐絶筆付周郎。」敬業堂集

厲徵君鶚題：「未合雙鬟最小身，秦淮明月白門春。漢宫莫話昭陽事，更有人問返卧人。」「已識君王尚待年，新詞側艷外邊傳。銷魂貌出提鞵樣，壓倒南朝步步蓮。」樊榭山房集

文命時

文命時，江都人。工墨蘭，以瘦筆乾墨運以中鋒，秀勁拔俗。花蘂疎朗，別具神韻，展玩時令人有世外之思，洵士人之高致也。畫徵續録

吴秋聲

命時同里吴秋聲，號同柏。工墨竹，得梅道人法，一遵成範而不流於板，當與命時伯仲。同上

朱繡

朱繡，字綵章，號篔村，休寧人，家濡須。山水傳其家學，兼善花草，得南田生法。好游覽，所至佳山水輒有圖。嘗獨遊黄山，挾策踞蓮花峯頂作黄山全圖，亦韻事也。每入深山，見異花輒貌之，故所畫花卉人多不識。畫徵録

李布衣果題朱繡黄山圖：「黄山之高高插天，三十六峯横雲煙。陰晴朝夕欻變化，畫師無數誰能傳？須江朱子本奇士，爲愛黄山入山住。興來拂素一寫生，筆底如有山靈助。蓮花天都何崔嵬，咫尺之間萬象開。傾崖疊石盡奇狀，飛泉細灑青莓苔。此外奇峯三十四，高低隱見無倫次。朱砂紫石峯色殊，指點丹青恣游戲。」詠歸亭詩鈔

張御乘

張御乘，字駕六，號適園，烏程人。工花鳥，筆有異致。嘗入都作河清海晏圖，公卿有欲薦之者，謝去，歸老于家。畫徵續録

嚴　英

張御乘同里嚴英，字卧山，山水得小米法，尤工松竹。爲人性癖，終身不娶。晚歲倦遊，結廬依墓田以老。同上

周士標

周士標，字豈凡，宜興人。工花鳥，有法度。同上

姚宏度

姚宏度，字宗裴，以貢生授中書，爲詩文超俊不凡，兼工書畫。扶危濟困，力行善事，爲鄉里所推重。平湖縣志

瞿　潛

瞿潛，字文陶，華亭人。工花鳥，雅飾幽艷，風神韶亮。其水墨者，望之亦若五采，泠雋清永，有元人易元吉規範。（畫徵録〔一〕）

徐　令

徐令，字序仔，海鹽人。能詩，兼工繪事。詩格似薛能，畫品似唐寅。（嘉興府志）

羅滄來

羅滄來善詩畫，舊傳其題句云：「悠然曳杖橋東去，知是神仙不識名。」蓋賢而隱于潞水之上者。（北通州志）

陳　政

陳政，字在衡，或曰陵川人，或曰沁水人，久居於黎。雅善繪事，寫竹石尤工。其書仿米元章、王覺斯，而爲畫所掩。頗自矜重，非晨炊不給，不肯爲人操筆也。（靳榮藩緑溪初稾）

楊　溥

楊溥，字偉濤，號鑑山。家貧失學，長而自憤，書史之外兼通畫事。嘗學畫於沙在孟兆泰，

〔一〕原作畫徵續録。

得其指授。寫生入佳品，晚尤以山水擅長。東湖縣志

李恒修

李恒修，邑諸生。能詩工畫，摹描點染，迥異時流。筆有煙霞，胸無塵濁。鍾祥縣志

張　照子應田附

張照，字得天，華亭人。康熙己丑進士，選庶吉士，歷官至刑部尚書，謚文敏。文敏性地高明，學問淹博，尤通釋典，所作詩多禪語。書法初從董香光入手，繼乃出入顔、米，天骨開張，氣魄渾厚，雄跨當代，深被宸賞。善寫梅，其從孫鑑進呈御覽，賜詩中所謂「幀詠梅花逸以神」者也。間作白描大士像，寥寥數筆，而法相自佳。子應田，字伯耕，廕户部員外郎，歷湖南衡永郴桂道，亦能畫大士。書畫紀略

張興載題文敏畫大士像：「吾家從父筆奇矯，書畫出手天然好。御評八法繼羲之，十萬麻箋流布早。臨池餘技及梅花，鐵榦斜斜萼皎皎。吾生已晚不識公，媿乏囊錢收法寶。一朝忽瞻滿月容，凝雲居士舊祈禱。瑞像知仿十洲仇，心經兼摹松雪趙。莊嚴瓔珞藍鬖髻，衣摺無多淡墨掃。得未曾有珍重看，歡喜贊歎爇龍腦。底須更圖紫竹林，恍疑身在普陀島。吾聞從父悟三乘，慈雲妙相由心造。是幀臨寫更絶倫，人書到此俱已老。想見明窗下筆時，海波無聲佛日杲。留傳宛有神護持，篋衍適逢我探討。敢啞故友葛蓀田，贋鼎示人太草草。」寶楔軒詩文集

墨香按：葛蓀田，名泳，能僞作文敏書畫者。

繆謨

繆謨，字虞皐，幼貧廢書，焦徵君、袁熹見其詩，勸之學，遂從徵君游。補諸生。晚年張文敏公薦入律吕館，旋告歸。詩文清麗，尤工樂府，論者比之姜白石。婁縣志

雪莊工詩詞，亦善山水，有自題畫扇滿庭芳一闋云：「雨滚荷珠，煙籠竹翠，蕭齋无計排悶。玉蜍銅雀，戲潑墨雲寒。不用蟬紗鵞絹，隨意展，摺扇彎環。元人派，斟量損益，窺豹管中斑。自憐，匏繫處，區區峯泖，未暢奇觀。縱林巒點綴，想像之間。那得輕帆快馬，從今去，航海梯山。齊游徧，蓬瀛閬苑，然後寫君看。」雪莊詞

李崧

李崧，字静山，不樂仕進，與其妻聯德高蹈。工爲詩，而妻吴氏及繼配薛氏並工詩，伉儷間自相倡和，於名利泊然。其詩簡遠淡泊，至有真味。間畫花蓠、蘆雁，時露天倪。年八十餘，兩目盡盲，猶口占詩令其幼孫書之。無錫縣志

静山别號芥軒，居梁溪之嘯傲涇，相傳漢梁鴻棲隱地也。余屢過經宿，琴書静閒，林木蓊密，有深山空林氣象。性躭詩，生平體凡三變，壯年才氣奔軼，五十餘就唐賢格，晚年皮毛脱落，漸近于道。又善畫花蓠，以蘆雁名。然聊寫天趣，匪與詩同注力也。歸愚文鈔

張道浚

張道浚，字廷先，新安人，從其父鉞寓居虞山。有來鶴堂。學晉人書，鼓琴畫竹，翛然修潔之士。琴川志

胡毓奇

胡毓奇，字二韓，石門庠生。慧悟夙成，藻思層出，著有即山居集。兼精繪事，得林良、吕紀之神。嘉興府志

汪樸

汪樸，字素公，休寧人。善山水，得元人疎散之致。能鑒别古尊罍彝鼎、金石古文及名人書畫。性至孝，父失明，樸舌舐三年復明，至行同古人矣。畫徵録

金質

金質，太和人。初字某，性簡樸不飾，或戲之，呼爲「野君」，質喜曰：「若乃能知我。」遂改字野君。善山水，筆意樸穆，好爲層巒疊嶂。詩專學少陵五言律句，所著甚富。六安楊希洛擇其尤者三百篇，雕板行之。同上

陳麐

陳麐，字機來，號十峯，青浦人，府庠生，善山水。今畫偶録

麐父功，邑名士。麐少承父學，才氣卓越，善詩畫。以諸生高等應試南闈，輒報罷，病卒。〈青浦縣志〉

姚　揆

姚揆，字聖符，嘉邑庠生。善臨池，精繪事。年八十餘，猶能作蠅頭小楷，并枝葉爪觜如生，一時求書畫者屨滿户外。〈嘉興府志〉

唐　俊

唐俊，字石耕，畫山水、花竹以鮮妍見稱。〈蘇州府志〉

沈文學進思題石耕春山雨霽圖：「時雨初收濕翠叢，青山半在白雲中。小橋隔斷行人路，寂寞桃花幾樹紅。」〈獅山草〉

墨香按：俊係常熟人，爲石谷晚年得意弟子。

顧　卓

顧卓，字元章，初名棹，爲邑諸生。畫山水學虞山王翬，得其具體。筆墨深秀，翬嘗稱之。其精到處，與翬幾出一手。〈玉峯新志〉

黄日起

黄日起，字伊旦，號桐菴，吴人。工畫。李布衣果題其畫石卷云：「此卷石十五紙，蓋黄桐菴所寫者。其狀不一，皆蒼潤靈峭，尺寸間具有煙雲涵蓄之妙。其子當時掇拾收藏，并以桐菴之尊人聖瑞詠梅諸詩裝潢，彙爲一卷。」在亭叢稾

黄筠菴工畫石，嘗見其小方幅，以淡墨作瘦石，不用渲染而凹凸自具。題云「宋高宗御題石」，蓋有所本也。畫徵續録

墨香按：筠菴，或是桐菴之誤。

陳　景

陳景，字宇文，號借山。其先荆州人，徙居彝陵。少好擊劍，有俠氣，嗜酒自放，忽折節讀書。嘗步章華臺歸，次塔橋，見羣雁飛鳴，悟筆意，字學日進。詩有風致。晚益肆力於畫，得米顛迂生趣。嘗謂：「天地間有真山水，何徒向粉本求生活？」遂縱游洞庭、衡岳，并入蜀，徧探諸名勝，繪事日益。工寫花卉、翎毛，亦入能品。東湖縣志

陳借山善畫牛，人争稱之。畫徵續録

游士鳳

游士鳳，字雲子，少聰警，涉書史，雅工詩，與毘陵毛會建、天門吴驥、孝感高騫相唱和，列名九老會中。善畫，其山水蕭疎古淡，人物精絶，尤善寫照。沔陽州志

游士鳳，沔陽州人。善人物，聲聞楚中，有呂仙像、關夫子像石刻行世。與郭天門交好，蓋

有學行者。（畫徵續録）

徐琮　楊原

徐遴敬，名琮，諸生，畫梅以疎爲佳。楊原畫竹，密者尤勝。俱推翰墨能品。（高淳縣志）

黄本復

黄本復，字來一，號仙源，新安人，太松之子也。工花鳥草蟲，筆意安雅。（百幅菴畫寄）

鹿柴王未央送來一之宛陵詩：「仙源耐巖子，筆底饒雲煙。學書尚骨榦，作畫探淵源。點染脱蹊徑，肖物非俗妍。神奇奪造化，此理豈偶然。」（碌碌生襍詠）

方國圻馬良附

方國圻，字南公，善寫竹，力追夏太常。後有馬良，字天錫，法宋克莊，勁自爲一格。（玉峯新志）

夏官

夏官，字圻父，邑諸生。工詩，善書畫，高風曠致，妙絶一時。（如臯縣志）

謝庭玉

謝庭玉，字雪吟，工篆刻。好以水墨寫生，其倣米氏雲山，世尤珍之，遠近造請者常滿户外。同上

周鯤　余省

周鯤善山水，余省善花鳥，與唐岱同值内庭，其畫皆藏石渠寶笈。（畫徵續録）

墨香按：省，字曾三，常熟人。兄穉，亦工花鳥。

方鈞

方鈞，字範斯，幼孤力學，山水仿倪、黄，尤工墨竹。青浦縣志

方鈞號秋巖，青浦人。山水宗黄鶴山樵、梅道人，筆墨秀潤。今畫偶録

袁湘

鈞同時有袁源者，字湘亭，亦以竹名。青浦縣志

張大木梁題湘亭海天小影調寄釣船笛：「放眼海天空，渺渺蓬萊一掬。人在山腰雲頂，自翛然無俗。生涯幾頃竹田寬，東絹穠材足。兩袖常籠煙雨，掃篔簹千幅。」幻花菴詞鈔

韓咸

韓咸，字無我，會稽人，著有青琳堂詩鈔。青琳以畫負重名，詩亦有唐人風致。商盤越風

郭麟徵

郭麟徵，字景升，孝廉袁采子。以能詩稱，兼擅山水，著有西翠樓集。梅里志詩傳

張同

張同，字揆一，工花鳥。崑新合志

周　覽兄銓況附

周銓，字巨衡，秀水人。工花鳥，尤長荷鷺，人號「周荷」。弟況，字叔黨；覽，字玄覽，皆工畫。而覽天資異羣特起，童時與仲兄況何伯兄出，潛取其所臨古圖藁本日焚之曰：「畫須自出手眼，何蹈襲前人爲？」每畫，必對花寫生，曲盡娟妍秀冶之致，亦復大雅不羣，所以可貴。蓋本超曠之識，而運以精思，故能不受束縛而矯矯自立也。惜年止二十九而夭，使天假以年，加之學力，恐南田氏不能專美藝林矣。今所傳南瓜圖、荷汀白鷺圖、瓶蓮圖、霜倒半池蓮圖、雛雞圖、蘆洲鴻雁圖、果品雜花册，皆絶妙一時。畫徵録

郭崑　王樸

郭崑，字良璧，天津人；王樸，字玉樵，保定人，皆以人物士女名於北方。崑尤長臨摹，寫意亦好。同上

袁　昂

袁昂，字東田，景文後裔，善畫。世居松城，流寓吾邑，歿於雍正壬子海患。生平最愛瓊崖香，死之日，香猶在握也。百幅菴畫寄

文　泰

文泰，字萬通，周舃長子，吴庠生。善詩詞，能畫。卒年三十六，葬竺塢。文氏族譜續集

墨香按：周舄，名赤南，雲之子也。

文永豐

文永豐，字鹿曹，載安嗣子。監生，武英殿纂修，官内邱知縣。工八分書，能畫。同上

墨香按：永豐，周舄次子。載安，周舄胞弟。

顧吴穎　黄石

顧吴穎，字聖林；黄石，字㯤萬，俱工山水，而石尤得二米、高房山意。青浦縣志

沈軾

沈軾，字眉瞻，花卉師吕琮。琮字又周，畫入能品。婁縣志

韓鍔

韓鍔，字劍光，諸生。家有池亭，日與酒人墨客徜徉嘯歌。能詩，善山水，法梅道人。平湖縣志

吴琯

吴琯，居梅里。自幼未冠，稱九蓬頭。善畫人物，瀟灑絶俗。無錫縣志

陳字

陳字，字子實，善畫墨梅，宗徐熙。玉峯新志

陳　逸

陳逸，字翰文，亦善畫梅，放筆淋漓，縱橫盡致。同上

陸張淑

陸張淑，字文漪，縣學生。工繪事，長於花鳥。青浦縣志

龔雲鵬〔一〕

龔雲鵬，字扶搖，號二癡道人。山水師曹雲西。同上

〔一〕此則增修本移至卷十「鮑鑑」條下。

國朝畫識卷十

王世琛

王世琛，字寶傳，鏊八世孫，銓之子也。康熙壬辰殿試第一人，授翰林院修撰，累遷至少詹事。工詩古文，兼善書畫，得父筆法。江南通志

汪文瑞公由敦題艮甫歷下亭圖：「此前輩王艮甫先生畫，吴門沈君潁谷所贈也。先生在翰林，深自閟匿，不肯爲人畫，人亦無知先生善畫者。潁谷同里厚契，公子叙揆嘗從受業，故所得獨多。此幅畫于丁未除夕，先生督學山左，歲聿云暮，使院寂寥，主人潑墨娱賓，用當餽歲，風致概可想見。潁谷知予篤愛此畫，遂舉以相贈。裝成，距先生捐館已一歲。片羽僅存，其當愛重何如也！潁谷又嘗出示胥江、采芝二圖。胥江圖者，乙巳秋潁谷南還贈行之作，筆意仿唐六如。采芝圖，則潁谷從先生謁孔林，得紫芝三本，先生以潁谷嗣息未腴，于歲朝寫爲三芝圖，題四詩其上，而王夫人作書寄圖貽潁谷之内，致祝瓜美意。前輩丹鉛冗沓中韻度閒遠如此，迥非後進所及。即其通家厚好，風雅纏綿，亦深可企羨也。先生畫多不書欵，久之且不復知爲先

生筆，因附記所見，詳綴幀末以識所自。若其筆墨之妙，則不待知先生者始能知而愛之。」讓谿題跋

虞景星

虞景星，字東皋，金壇人。康熙壬辰進士，初仕上虞縣知縣，改吴縣教諭。善山水，尤長于松，虬枝密葉，燦然可觀。年八十五六，體氣彌健。爲人古貌古心，士林欽重。兼善法書。畫徵續録

虞教諭東皋，工詩書，畫學米南宫，雅負鄭虔「三絶」之望。竹嘯軒詩傳

汪泰來 子繹辰附

汪泰來，字陛交，新安人，占籍錢塘。聖祖南巡，試詩賦第一，著聲于吴。康熙辛卯舉人，壬辰欽賜進士，授中書，入内廷纂修。善花草，在白陽、青藤之間，尤長松石。子繹辰，字陳也，杭庠生，世其學。畫徵續録

吴應棻

吴應棻，字小眉，號眉菴，又號青靈山人，歸安人。康熙乙未進士，入翰林，今官兵部右侍郎。工詩，好寫墨竹。嘗于扇上作竹石小景贈予，錢銀臺主敬見之，題一絶云：「淡煙濃墨掃雲腴，胎脱東坡鳳尾圖。又見蟹爬沙滿紙，千秋一炷屬菱湖。」菱湖，眉菴所居地也。

畫徵録

吴應枚

吴應枚，字穎菴，眉菴先生之弟也。山水師王少司農。官至大理寺卿。畫囊

馮瀛秀

馮瀛秀，字青掄，康熙丁酉舉人。工書法丹青。三上公車不第，感岱神指示，遂絶意進取。爲人清介越俗，有散仙子稾。嘉興府志

李　鏞

何其仁善畫蘭，有縱横之趣，少清秀之風，識者短之。其能取其長而滌其習者，惟嘉興山濤李先生鏞。先生，余受經師也，兼精金石篆刻。畫徵録

錢元昌

錢元昌，字朝采，號埜堂，又號一翁，海鹽人。天資穎敏，有雋才。工詩，善書畫，弱冠即以三絶名京師。好作折枝花，其法得自南沙而獨行己意，能以拙取媚，以生取致，超脱矜貴，饒書卷氣。嘗爲余作折枝牡丹，題云：「像形者失形，守法者無法。氣静則神凝，意淡則韻到。」誠名言也。埜堂于山水雖不畫，然論六法能入微妙。中康熙壬午乙榜，今官貴州糧道，筆墨應酬多倩手矣。同上

張　欽

埜翁平生少有許可，惟推張石樓爲知畫理者。石樓名欽，初名崟，泰州人。美丰姿，雅好古玩器，名公卿多折節交之。以資爲郎，當授州牧，後竟不仕。畫筆最有聲。同上

湯祖祥

湯祖祥，字充閭，武進人。康熙間，以國子監生充銅版館，纂修古今圖書集成。善畫花卉，得蔣南沙法，賦色妍淨，折枝小幀尤佳。畫徵續録

鄒元斗

鄒元斗，字少微，號春谷，婁縣人。工寫生，受業于南沙。尤長桃花，設色華湛，風致嬋娟，洵爲樂安高弟。康熙中，以畫供奉内廷，拜中書舍人。蔣學使蔚曰：「春谷寫花草，天趣、物趣能兩有之，所以佳也。」畫徵録

賴以邠

賴以邠，字水西，號迂翁。少爲仁和諸生，負儁才。中年棄去，布衣野服，蕭然物外。詩詞書畫，無不擅長。尤工于寫蘭，雨晴風雪，各盡其態。好事者争奉縑素相易，藏若拱璧。武林耆舊續編

朱雝模　王侃

朱雝模，字皋亭，號南廬，錢塘人。善山水。乾隆十九年，年九十有六，猶不倦點染，與王侃

均屬熙朝人瑞。侃字聲侃，秀水人。年九十餘，猶能畫龍水大幀。南廬所著有農政、證治醫書各若干卷。畫徵續録

羅洹

羅洹，號梅仙，又號鋤璞道人，江西人。飯牛後也，山水傳其家法。僑寓金陵，年八十餘，猶操筆買畫以供晨炊。同上

孫均

孫均，邑諸生。少負博雅名，文章詩畫，時稱三絶。平湖縣志

薛宣

薛宣，字辰令，嘉善人。山水摹法廉州，用筆厚重有氣，一時之能品也。嘗自誇於人曰：「我畫可參二王。」謂麓臺、石谷也。有請業者，輒謂曰：「我畫甚不易講。」奈何其自矜重如此。畫徵録

辰令婁東人，僑居武塘，善畫宋元諸家山水。柯庭餘習

顧升　董旭

顧升、董旭，竝以善畫大人物名，而升筆稍不俗。升字隅東，生而掌有文成升字，遂名升。畫徵録

墨香按：二人俱錢塘人，西湖法相寺有升畫壁。

李炳旦

李炳旦，字震男，孝廉棟子。身長玉立，秀爽端凝，爲文章悉有光采。成乙未進士，讀書教習館中，館師獨器重之，薦入高等。是科教習、進士俱留京候御試，炳旦未遇試而殁。炳旦詩宗蘇、陸，書類吳興，作平遠山水直追摩詰，都人稱三絶。高郵州志

戴仁

戴仁，字維容，人品修潔，善畫山水，以雅淡勝。齊撫朱公見其畫，大加嘆賞，且曰：「韻太冷，其無後乎？」後卒如其言。同上

冷梅 沈喻附

焦秉貞弟子冷梅，字吉臣，膠州人，尤工士女。康熙五十年，與畫萬壽盛典圖，總裁則王原祁也。又避暑山莊圖三十六幅，内務府司庫沈喻畫，與盛典圖皆開雕。喻不知何許人，觀山莊圖，似摹法董、巨者。畫徵續録

金鑑

金鑑善畫，張文敏照題金將軍山水畫：「裝刀買馬去狼胥，萬里歸來錐也無。剩得胸中邱壑在，良田廣宅一相於。」得天居士集

沈永年

沈永年，字青原，號息非，華亭人。善山水，得元人意。精醫學，侍内廷，大醫院使倚重之，旋歸里。年六十七，無疾趺坐而逝。畫徵續録

石爲崔

石爲崔，字五遠，性疎曠，喜讀書。以諸生貢入成均，屢困棘闈，鬱鬱不得志。乃束裝出游，足跡所至，山川雲物，形諸歌詠，然猶以未及遍游五嶽爲憾。晚年閉户吟嘯，時拈丹青，有宋元人遺意。如皋縣志

陳謙

陳謙，字自牧，舉戊子武鄉薦，博學工詩文。與高贊兩深、范越山捷友善，嘗寫梅題贈越山云：「春夢婆呼蘇老大，清宵人遇阮狂徒。」一時傳頌。同上

楊振昆

楊振昆，字步青，蓮塘其號，世爲武進人。幼禀殊慧，讀書恥以章句自命。既束修治舉子業，南北十赴棘闈，坐數奇不中，退居謝榮利，惟著述自娱。畫法原本前人，不名一家。尤工設色山水，每作牛腰巨軸，重厓絶壑，丹黄縟縟，彌見古法。有投以零縑斷素，乘興仿米氏父子及管仲姬、倪雲林小景應之，謂：「彼即持襪材至，吾故不苟作也。」劉繩菴外集

李　鱓

李鱓，字宗揚，號復堂，興化人。康熙辛卯舉人，官知縣。花鳥學林良，縱橫馳騁，不拘繩墨，而多得天趣。嘗作五松圖，題云：「予以直者比之大臣，秃者比之名將。一側一卧，似蛟似龍。蒲團之松，或仙或佛。爰作長歌紀之。」畫徵録

復堂孝廉供奉内廷，後爲滕縣令。畫筆工絶，爲蔣相公、高司寇弟子。鄭板橋集

張澤瑊

張澤瑊，字虚受，又字實甫，以誠曾孫。沈静寡默，篤於孝友。弱冠入京師，吴郡何焯、太倉王掞咸以國士目之。康熙五十九年，舉順天鄉試。雍正十三年詔舉鴻博，有司將舉澤瑊送巡撫考試，澤瑊曰：「吾老矣，焉能搦管向人求試耶？」不赴。善詩文，兼工書畫，僉謂得畫禪室遺範也。八十一歲卒。青浦縣志

安茂孫澤瑊，工詩文，畫入逸品。婁縣志

華亭張寶華，善山水，頗秀韻。雍正十年，海水泛溢，室廬盡没。時寶華與其子客歸德，遂無家可歸，漂泊流寓。畫徵録

俞約齋云：「王東莊遊吾松，畫家無一當意者。張東谷投以畫卷，卧而不應，獨賞實甫有書卷氣。」百幅菴畫寄

沈禧昌

沈禧昌，字上錫，邑諸生。善書，兼工蘭竹，有逸致。平湖縣志

徐穎柔

徐宗泌子穎柔，字仲嘉，華庠歲貢生。工詩古文，亦善畫。金山縣志

黄庶子之雋題徐仲嘉畫梅：「寫榦不盈尺，寫枝横丈餘。何由得許影，黄昏月上初。」「色香味何如，攬之欲盈紙。遥疑萬花外，脈脈一痕水。」「畫梅有能事，純用草書訣。千柯走龍蛇，一墨掃冰雪。」唐堂集

李泰 孫增附

李泰，字左民，姿性蕭爽。嘗入玉女山，趺坐鴛鴦松下，有停雲翠然竟日，遂超靈悟。一夕媿白駢青寫七寶瓔珞金粟如來妙相，張護國寺，觀者如堵，一時王公貴人、朱輪翠幰駢填雜遝，咸稽首膜拜，歎息欣悦得未曾有，名遂震都下。王婁東掞歎其「心棲雙樹，顏駐八公」。沈鴛湖曾懋稱其「豪雅亞於稽畢」。孫增，克荷家學，徵參北苑。乾隆庚午修邑乘，延繪圖。如皋縣志

陳帆

陳帆，字秋浦，詩、字、畫稱三絶，人亦狷潔。常熟新志

鮑鑑

鮑鑑，字冰士，工篆刻，而爲梅寫生，尤足赤幟藝林。鍾祥縣志

姚源

姚源，字澄干，師顧卓。摹烏目山人稿本，不踰繩尺，而氣韻生動，別具煙霞之趣。玉峯新志

錢贇

錢贇，字世臣，山水宗范中立、黄公望。好作海上乘槎圖，幾有繪水繪聲之技。同上

馬俊

馬俊，性孤介，不屑曳裾大人之門。官長或逼之作畫，事畢即引身自退，不再誼也。花卉、人物，識者擬徐熙、仇英云。安陸府志

陸棠

陸棠，字湑裳，所畫禽魚花鳥，神韻俱極生動。青浦縣志

畢大啓

畢大生弟大啓，字載積，能畫竹，有名於時。同上

朱之瓚

諸生朱之瓚，字秬一，師馬良畫竹。崑新合志

謝淞洲

謝淞洲，號林邨，長洲人。詩宗西崑，畫學倪、黄，後兼宋人筆意，疎爽有法則。精鑒別古法書、名繪與金玉磁器。雍正初，特旨召入，命其鑒别内府所藏之真贋。因進所畫山水，世宗嘉之，留一載，以疾罷歸。畫徵續録

林邨晚年作畫，專仿一峯老人，苦心孤詣，深造入微，非世之貌似者比也。聞其鍵户抽毫，先拭几，粘紙素於其上，初用淡墨鈎出輪廓，林壑略具，即便洗去，再畫再洗，數番乃已，故非經月不能成一幅。然惟胸中腕底别有錘鑪，故骨力沉摯，而神采仍自焕發。若不善學之，難免畫虎不成之誚矣。廖景班書畫紀略

王邦采

王邦采，字貽六，邑諸生。中年棄諸生業，覃精六經儒先書。所居斗室，一座一几之外，不能容坐，湘囊、筆格、鑪甌、果餌、藥、鑱刀、錐鍼、縷之屬，錯落間置，興發爲古文、爲詩、爲畫，跌宕超逸，皆到妙境。無錫縣志

鄒方鍔題攜鹿先生畫：「疎籬一曲石苔平，溪路無人野水横。白板茆簷深竹裏，是中應有讀書聲。」大雅堂集

墨香按：貽六，亦字攜鹿。

吴楙

吴楙，字朝英，别字逸泉，居無錫閶江。工畫，而世無知之者。同邑王邦采一見欽其人，爲延譽，乃大發聞于時。嘗與客泛舟笠澤湖，四望晴雲晻靄，千景萬態，久之幻作蘢竹狀，枝葉紛披，扶疎偃蓋，楙大異之，遂呼酒大醉，命童子磨墨汁數升，潑墨作竹雲圖，頃刻數紙，淋漓盡變，一座皆驚賞，而楙亦自謂：「天機所到，直奪化工。正如右軍蘭亭，令他日重爲之，則終無以及也。」時金壇王吏部澍在座中，矜重此畫，什襲藏之，而竹雲圖遂傳於世。楙言行淳質，終日渾渾不露圭角。與之遊，久而愈可愛慕。晚得疲軟病，屏絶人事餘十年，獨時時以筆墨自娱。大雅堂續稾

吴豫杰　姚宋

吴豫杰，字次謙，繁昌人，工墨竹。新安姚羽京者，山水家能手也，尤長畫石。一日，蕪湖富室某具盛饌，邀兩人合作竹石屏障。吴素簡傲，漫視姚。姚銜之，作石多用反側之勢，使難措筆。吴持杯談笑勿顧，酒酣提筆，蘸墨横飛，風馳雨驟，頃刻竹成，悉與石勢稱，而枝葉横斜轉輾，愈見奇致。姚顧視愕眙，咋舌歎服，自後每向人稱次謙畫竹爲今時第一手。次謙通音律，善吹洞簫。其先爲富人，家于維揚，好結納，遂至貧困，亦豪士也。有二女，亦能畫。羽京名宋，初名霔，字雨金，寓居蕪湖。山水初學漸江，既而泛濫諸家，自山水、人物、花鳥、蟲魚、蘭竹以及指

頭、木片、西洋紙等靡不工，又能於瓜子上畫十八阿羅漢，誠爲絶人之技云。畫徵録

汪　埜

汪埜，字笠閒，號荔幢，長洲人。寫山水喜用乾筆皴擦，疎古得趣，亦能詩。秋山讀畫録

墨香按：笠閒高弟周石湖，贈予笠閒山水一幅，係與易張有合作。

易祖栻

易祖栻，字張有，湘鄉人。善墨竹，不專師法，頗有瀟灑之趣。館於慎邸，仕爲郡參軍，終於粵西。畫徵續録

易嘯溪祖栻，曾任青溪主簿，畫蘭竹最精。嘗以濃墨揮灑大幅，其筆如飛。書與詩竝妙。萬壽道院有其畫壁，并自題七律一首。書畫紀略

孫山濤

孫山濤臨文衡山待詔畫一卷。衡山手筆蒼秀，脱去畫史谿徑，與石田並重，而各擅勝處。古來畫家皆有所本，董源寫江南山，米元暉寫南徐山，李唐寫中州山，馬遠、夏圭寫錢塘山，趙吴興寫苕霅山，黄子久寫海虞山。此卷大似吾吴天池山，龍池石壁，長林深澗，巖谷幽邃。其村落人家似未寫竟者，蓋就真本摹擬，絶不點苔，其用筆簡淨可見。山濤嘗從王侍郎麓臺遊，討論六法，往往筆墨之外别有天趣。在亭藂稾

張　曦子韶附

張曦，字東扶，常熟人。工山水，得虞山正派。子韶，世其業。畫囊

張東扶，號雪帆子。畫筆在王翬、楊晉間，而名不甚著，窮老以死。秋日過虞山，作詩悼之：「雪帆家在虞山下，畫筆清蒼意瀟灑。遠師石田輒神似，近仿耕煙非貌假。惜哉生平不遇時，數間古屋秋風吹。家貧矻矻老無子，白首菜婦同憂饑。郇知途窮藝益進，自以煙雲養心性。尋常運腕發天機，肯把枯癯矜老硬。我昔遇之西園家，皴染累月神明加。衆工咕筆善妬忌，一時斂手交咨嗟。臨別緘詩索我和，自言歸向虞山卧。寸縑未乞坐我嬾，三載斯人成物化。今年檥楫尚湖頭，接天嵐翠驕清秋。王楊死後雪帆死，好手于今何處求？」朱厚章多師集

薛　雪

吾友薛子一瓢游於横山葉先生之門，自少已工於詩，既長託於醫，得食以養其二人。後母氏年既高，昕夕侍養，有司欲薦之出，不應。而工六法，解繪事。歸愚文鈔

吴門薛徵君雪，字生白。詩出葉已畦，書仿東坡居士，其寫墨蘭亦精妙。嘗見其自題絶句云：「不須憑客問如何，穠亦無聊淡不多。若道幽芳堪鑒賞，比來空谷有誰過？」「我自濡毫寫楚澼，如何人喚作蘭枝。風晴雨露君看徧，一筆何嘗似畫師。」「逢場争説所南翁，向後人文半已

空。不是故將花葉減，怕多筆墨惱春風。」所著有掃葉莊詩稾。墨林韻語

陳　典

陳典，字玉先，邑人也。善畫牡丹，一時推重。生一女，頗能詩。柳南隨筆

姜　漁

姜漁，字松山，畫山水得元人意，最宜小幅及册頁，疎秀可喜。畫徵續録

黄學榮

休寧黄學榮，字文石。家編修增「頁」爲「碩」，著文碩字説。工詩，善書畫。詩極敏捷，有聲北雍。唐堂集

馬　逸

馬元馭子逸、女荃，皆以畫名。逸久客京師，遊蔣文肅公之門。仁皇帝問公弟子工畫者，擬以逸名薦，逸以母老謝。在亭叢稾

黄庶子之雋題馬逸畫魚：「墨瀋蘸成一水，硯池飛出雙魚。只愁活潑潑地，濺濕窗前賜書。」「寒酸別浦罾舍，冷淡空江網船。宵雅詩中魚藻，寫來太液池邊。」「一㡧芳塘圖畫，半篙春水江湖。綸竿恐礙魚戲，不著煙波釣徒。」唐堂集

墨香按：逸，字南坪。

遲　端

遲端，閶陽人。善花鳥草蟲，細鈎淡染，清蒨婉約。惜氣韻稍薄弱，只宜小幅及册葉，施之屏幛，或不稱耳。官辰州太守。其妾亦善畫，筆與端類。〈畫徵録〉

崔　錯

崔錯，字象州，三韓人。工人物、士女，學焦秉貞法。傳染浄麗，風情婉約，雖未能方駕古人，而翩翩足雋一時矣。畫梅亦佳。今官州牧。同上

程林　程泰京

程林，字周卜，號青壑，新安人，占籍丹徒。善山水，不喜設色。宗人泰京，字紫晉，號了鹿山樵，占籍浙江，中乙榜。山水學元人，亦不喜設色，兼善草書。〈畫徵續録〉

張奇　高駿升　秦函

張奇，字正甫，江都人。山水得巨然法，雲峯石迹，滉漾多姿。人物、花草亦工。有高駿升者，不知何許人，山水亦宗巨然，氣韻類於奇。又有秦函者，亦不知何許人，筆法似學漸江，豈新安産歟？〈畫徵録〉

佟世晉

佟世晉，字康侯，襄平人。善山水，多黄大癡、高尚書法。布置鄭重，墨暈淋漓，饒有氣概，

惜秀逸之致未能發于腕底耳。蝦蟹亦佳。同上

孫　緑

孫緑，字亘青，常熟庠生。善花草，氣俊雅，率筆居多。同上

王　士

王士，字子毛，柘城人也，寓居商邱。善花鳥、竹石，多墨筆。余遊梁宋間，見其牡丹桃花圖、竹木睡雅圖，結構不落時蹊，沉厚遒媚，有林以善風格。又見大幅墨竹，勁竿俊葉，戛出風塵，學者所當宗法。常詢其里人，未聞有稱其畫爲佳者，因慨士之湮没不彰者多矣，豈獨一善畫之王士子毛也哉！同上

陳　政

陳政，字香山，工山水，尤長白描，得唐宋遺法。曾寫徑寸西湖五十二幅進御。陽湖縣志

施予厚

施予厚，字貽久，號樵峯，一癡門人也。臨摹宋元諸名家，往往神似。青浦縣志

施予厚工山水，筆墨工整。摹倣宋元諸家，咸不離矩矱，但神氣未足。今畫偶録

胡　鋼

胡鋼，字百鍊，宣城人，儒家子也。生而十指如烏爪，性穎慧特異。善畫山水，秀韻動人。

詩文亦奇古，其填詞數種，深得元人聲韻。惜二十九歲而没，人比之李長吉，且呼爲「烏爪仙人」云。畫徵録

尹小埜

尹小埜，鳳陽人，其先世爲守孝陵官。小埜工畫驢，有運糧圖，曲盡形態。先是，父名埜，以畫驢聞，人呼爲「尹驢」。至小埜能世其業，因名小埜，而人亦以「尹驢」呼之。家極貧，潦倒以歿，可傷也。同上

國朝畫識卷十一

張鵬翀

張鵬翀，字天飛，號南華，嘉定人。雍正丁未進士，官翰林院編修。善山水，師元四家，尤長倪、黄法。嘗曰：「近來畫道，非庸即俗，日就凌澌矣。不極力振刷，安繼前徽？」觀其筆力，足副其言，洵畫苑之後勁也。畫徵録〔一〕

張南華先生嘗官於朝矣，人因其氣之清、品之潔、才之敏，以仙稱之，南華亦自以爲仙勿却也。愛佳山水，裹糧往遊，糧盡而返，無繫戀。喜奕，不求勝人。客至，常設脱粟飯，客辭亦不强留。爲人作畫，十數紙頃刻盡，或終歲不可得。綜其生平，取適而已。與人論畫，謂：「右丞、董、巨蕭散閑逸，全以韻勝。後代精工嚴整，無一筆無成見，然彌近彌遠。」指點畫理，無非詩趣。自道所得，評者不能異辭。歸愚文鈔

〔一〕原作畫徵續録。

施方屏大令屬題張南華詹事山水：「故人張詹事，能詩善山水。木石秀而疎，往往絶塵滓。有時應召至，詩成未移晷，復命作畫事，頃刻盡數紙。天上温語褒，激賞拜文綺。此幅仿孟端，生氣略相似。畫樹樹如隸，畫石石不死。生平善施侯，遺此南金比。施侯實珍之，安篋付包匭。謂予玉局仙，曾領文同旨。題詩證前因，龔隗無二理。」香樹齋續集

鄒一桂

鄒一桂，號小山，無錫人。雍正丁未進士，入翰林，改侍御，今官内閣學士，兼禮部侍郎。工花卉，分枝布葉，條暢自如，設色明净，清古冶艶，南田後僅見也。深邀睿賞，題詩榮之。嘗作百花卷，每種賦詩一首進呈，皇上亦賜題絶句百篇。一桂復寫一卷，恭録御製於每種之前，而書己作於後，藏於家。畫徵續録

少司寇錢香樹，嘗偕小山遊盤山，時杏花盛放，香樹出藏紙索寫盤山杏花圖，小山即於花下點染，屋宇垣墉、山嵐花氣一一入妙。同上

先生世以畫學名，歸老後，用以自娱。鍔以族子而居又近公，屢以絹素請，不厭。然聞公官御史時，上官某索公畫急，公怫然曰：「某爲御史，供上官役耶？」卒不應。鄒方鍔大雅堂續稿

戴瀚

戴瀚，字巨川，號雪村，上元人。雍正癸卯進士，官至侍讀學士。工畫。王侍御峻題其畫馬

云：「先生畫馬如畫牛，不著鞍韉不絡頭。超遥肯與駑駘伍，放曠還同麋鹿遊。先生相馬如相士，德合剛柔比君子。神閒氣静在平時，電激飆馳日千里。拈毫十日又五日，慘淡經營能事畢。恍疑貌出古纖驪，直壓開元卅萬匹。」艮齋集

錢文端公陳羣題戴巨川庶子畫馬：「戴侯畫馬有奇癖，追風躡電神飛揚。五花毛孔深鐵色，絹素頃刻騰龍驤。當其吮吸筆未下，墨池松液凝寒漿。夜深捲簾一仰視，屋角耿耿明天房。始知凡事有天助，乃造神妙稱精良。試觀此馬仡不動，絶類顧盼餘輝光。幾回撫卷矜騕褭，徑欲牽付銀鞍裝。龍堆萬匹有如此，人間何處分驪黄？」香樹齋集

董邦達

董邦達，字孚存，號東山，富陽人。雍正元年選拔貢生，癸丑成進士，改庶吉士，乾隆丁巳授編修。時方修石渠寶笈、秘殿珠林、西清大鑑諸書，以邦達博學精考核，命入内廷襄事，累官禮部尚書。己丑七月卒於京邸，賜謚文恪。生平淡榮利，官翰林，僦屋一廛，閉門集生徒講肆，從之遊者多文章名宿。中年積俸置數椽，朝退則手一編，蒔花洗石，泊如也。善篆隸書，妙得古法。畫出入宋元諸家，畢臻其勝。奉敕所作，皆藏石渠。杭州府志

董東山山水取法元人，善用枯筆勾勒，皴多逸致。近又參之董、巨，天姿既高，而好古復篤，自然超軼，爲今上所深賞。畫徵續録

董尚書東山，善山水，不疎不密，亦秀亦老，雖宗法董、巨、子久，而用筆用墨布置得力於香光居多。今畫偶録

帥念祖

帥念祖，字宗德，奉新人。雍正癸卯進士，以禮科事中署陝西布政使。以指墨作花草，間寫山水。畫徵續録

勵宗萬

勵宗萬，字衣園，直隸静海人。雍正癸卯進士，官至少司寇。工山水。錢文端陳羣有衣園中丞晴嵐銀臺於扇上合作枯木竹石贈延清總憲詩：「誰爲懷袖珍，促筆綴青玉。迂叟倣初成，丹邱肖更酷。寒林葉正飛，幽篠陰猶緑。遠煙滌霏霏，清音鳴簌簌。怪石如佳人，翠袖倚修竹。對之遣煩歊，少焉醫凡俗。嵌空琢雲根，欹厚截嶰谷。靈異苟在腕，所得不盈掬。萬丈神可追，數尺勢已足。希聲悟無絃，奇服矜可欲。淡抹餘蕭疎，古皴孕深曲。豈惟供跋紀，直以資眺矚。連翩臺閣才，管領書畫局。以我厠其間，如牛已厭菽。偶來寶山遊，幾炫窮子目。臨粧驚尹邢，樹壘覩辛陸。申紙請再寫，觸暑未敢瀆。昔避舍已三，今老年近六。勵張力既齊，劉錢韻相續。聲名附驥尾，流傳等寓木。何當叩伯陽，序次標卷軸。」香樹齋詩集

王丕烈

王丕烈，字東麓，華亭人。雍正丁未進士。器識温茂，學問淹雅。爲諸生時，即以文章雄視江左。入詞垣後，御試詩古第一。旋歷臺諫，衡文東粵，秉臬閩豫，皆稱稱職。工六法，不由師授，直逼古人。其煙雲活潑之趣，殆從天分中來。墨林韻語

張若靄

張若靄，字晴嵐，桐城相國令嗣。官翰林院編修，累遷至通政司。工花草。嘗見其折枝荷花，賦色沈穠清艷，而寫葉純用墨染，蓋舊法也。惜早世，未得大成。錢坤一云：「晴嵐畫誠佳，第每幅若有未完者，此其所以不永年歟？」畫徵續録

晴嵐初搦管爲予作折枝桃花，予題詩云：「願咒此花長供養，半晴無雨又無風。」即驚悟云：「余畫信以此詩傳矣。雖然，世安有長供養者哉？」斂容者久之。後晴嵐卒於官，余爲作輓詞云：「由來絶技授天公，世世僧繇在掌中。猶記絳桃題識好，半晴無雨又無風。」香樹齋集

張晴嵐，雍正癸丑進士，官至通政司。寫花卉勾染點葉，落落大方，深得王轂祥遺意。今畫偶録

張若澄

張若澄，字鏡壑，一字鍊雪，晴嵐胞弟也。官至内閣學士。錢文端題鍊雪銀臺爲謹堂大司

寇畫墨梅小景云：「小鳥來東海，國香發南枝。臭味有相契，招尋亦何爲？高棲任所擇，毛羽冰雪姿。君子抱本性，如與嘉樹期。遠回雲壑夢，要使几席隨。笛中吹未落，帳裏開正遲。清標森玉立，淑氣消寒威。餘事付鼎鼐，倚作和羹資。」香樹齋集

蔣溥

蔣溥，字質甫，號恒軒，文肅公廷錫長子。雍正庚戌傳臚。工花卉，得其家法，隨意布置，自多生趣。供奉内廷，畫幅歲時經進。畫徵續録

蔣恒軒官至東閣大學士，工花卉，淵源家學，不求妍媚而姿趣自生。今畫偶録

林令旭

林先生令旭，字豫仲，一字晴江。先世自閩遷吴，遂爲婁縣人。雍正八年進士，官至太常寺卿。擅經濟文學，敦氣誼，所著詩古文醇肆有法，寫花鳥如生，皆可傳。黄唇堂集

林豫仲，景暘五世孫。父企俊，有隱德。豫仲器識宏遠，抱經濟才，官至太常卿。督順天學政，卒于深州試院。生平好經史，長于詩歌，兼善繪事。興至揮毫，得天然神趣。婁縣志

太常林先生善畫墨梅。畫囊

徐焕然

海鹽徐焕然，字晉叔，號桐邨。山水學倪迂。雍正甲辰進士，改翰林院編修。畫徵續録

徐晉叔，海鹽人。工山水，有雲林子筆意。今畫偶録

錢大年

錢大年，字松苓，號半舟。嘗渡海遭颶風，桅傾舟截爲兩，大年棲于後半，遇救得免，因自號半舟。南通州人。雍正壬午舉人。山水筆意軒爽輕快，學兼天文。畫徵續録

鄒士隨

鄒士隨，字景何，無錫人。雍正癸卯科進士。工詩文、繪事。華希閔序其制藝云：「表弟景何與兄聖俞、泰和，弟是駿、原褒，羣從昆季共成一家之文。景何妙於神，一筆揮灑而神味逌然，詞采奕然，如聞妙香，如挹名花，不矜才艷，自足親昵。故景何遇歲科試，必壓其曹，即諸昆季無能出其右。景何之詩歌古文及丹青山水，皆得尊人黎眉之薪傳，有自然之妙，如其舉子業云。」劍光閣文集

吾鄉名族稱多才者，莫如鄒氏，弟兄凡八九人，以殿元之孫、名父之子胚胎前光，風雅秀出。至於應舉文字，復争奇角勝，各擅其長。去年秋，南北兩闈邑中獲售者六人，鄒氏乃居其三。聖俞與泰和並捷北闈，聖俞之子二瞻捷南闈，誠一時之盛事。往予在都，數趣聖俞、泰和入都，信兩兄之才必有遇也。才如景何，足與兩兄方駕，而能詩善畫，奄有衆長，則其所遇又當何如哉？杜詔雲川集

墨香按：士隨弟士騶，亦工寫生。

倪國璉

倪國璉，字穗疇，一字子珍，杭人，工山水。厲徵君鶚云：「穗疇給諫庚申夏日在京師，曾作城東訪友圖，并係以二絶句，寄金江聲副使于上谷，蓋追寫丙申同訪余不值事也。江聲亦題二絶句，裝演成册。穗疇癸亥奉使江南，歿於太和。今春江聲歸里，始得見之，感歎不足，如數題後：『存歿人間感有餘，黄門詩畫最清疎。長貧孺子今猶是，當日偏多長者車。』『流光匆匆去難回，訪友圖成亦可哀。水竹城東無恙在，喜君頭白早歸來。』」樊榭山房集

先生以文學遭際聖時，起翰林著作之選，敭歷臺垣，憲條峻肅。洎乎典試滇中，督學楚南，繡服絳幃，風裁最爲士林畏愛。性儻易。書畫具得玄解，惟不耐爲促迫應酬。尤善絲桐。每居尠歡，亦復邈然孤性。劉繩菴外集

王鼒

王鼒，字苕源，府學歲貢生，工山水。婁縣志

墨香按：苕源號及峯，係東麓胞兄。少時與東麓同習六法，筆意近沈獅峯，亦工詩。

李方膺

李方膺，字虬伸，號晴江，江南通州人。善松竹梅蘭及諸小品，縱横排奡，不守矩矱，筆意在

青藤、竹憨之間。雍正間，以諸生保舉爲合肥令，有惠政。去官後，窮老無依，益肆力於畫，以資衣食。寓金陵最久。畫徵續録

晴江父玉鉉，官福建按察使，受知世宗。雍正七年入覲，上憫其老，問：「有子偕來否？」對曰：「第四子方膺同來。」即召見，交東河總督田文鏡以知縣用。知樂安，調蘭山。當是時，總督王士俊喜言開墾，每一邑中丈量弓尺，承符、手刀之屬麻集，晴江不爲動。王怒，劾以他事，獄繫之。乾隆元年，下詔罪狀王士俊，凡爲開墾罷官者，悉召見。奉旨發安徽，以知縣用。晴江乞養母，家居四年。服闋，補潛山令，調合肥，被劾去官。晴江有士氣，能吏術，岸然露圭角，於民生休戚、國家利病、先臣遺老之嘉言善政，津津言之，若根於天性者。然性好畫，畫松竹蘭菊咸精而能，而尤長于梅。作大幅丈許，蟠塞夭矯，于古法未有。識者謂李公爲自家寫生，晴江微笑而已。小倉山房文集

李晴江善畫，潑墨如飛，且信手留題，不假思索。畫梅最精，其所用印章曰「梅花手段」。亦善松竹，嘗自題畫竹云〔一〕：「畫史從來不畫風，我於難處奪天工。請看尺幅瀟湘竹，滿耳丁東萬玉空。」晴江辛合肥在予前，紳士家藏其墨蹟最多，初不甚重，今亦漸知寶貴矣。廖景文書畫紀略

〔一〕「自」，原作「是」。書畫紀略未見，梧門詩話作「自」，從之。

劉乃大

劉乃大，字有容，山陽人。知郫縣，遷忠州牧，以征苗軍功題陞成都府，莅任數月卒。善山水，率筆圓勁，豪邁可喜。（畫徵續録）

高鳳翰

高鳳翰，字西園，號南邨，晚年自號南阜老人，嘗自稱老阜。雍正間，以生員舉孝友端方，任歙縣丞，被劾去官。後病痺，右臂不仁，書畫遂以左手。感前人鄭元祐尚左，因更號尚左生。其畫山水，縱逸不拘于法，純以氣勝。草書圓勁飛動。性豪邁，不畜一錢。嗜研，收藏至千餘，皆自銘，大半手琢，著有研史。曾遊吾禾，主馮司寇景夏，司寇牧膠時舊識也。乾隆癸亥年六十一，自爲生壙誌，其銘曰：「知其生，何必知死；見其首，何必見尾。嗟爾生事類如此。」（畫徵續録）

南阜究心繆篆印章，全法秦漢，蒼古樸茂，罕與儔匹。山水極縱逸，草書飛動有生趣。以諸生舉賢良一等，分發安徽，歷署歙縣丞、績溪令，均有政聲。及題授儀徵縣，忌者讒之，謂與某運使結黨，挂名彈章，故南阜有詩云：「幾曾連茹茅同拔，却爲鋤蘭蕙并傷。」又云：「不妨李固終成黨，到底曾參未殺人。」對簿日，陳詞慷慨，有戴就風概，事終得白。（飛鴻堂印人傳）

鄭燮詩：「西園左筆壽門書，海内朋交索向予。短札長箋都去盡，老夫贋作亦無餘。」（板

橋集

金　農

金農，字壽門，仁和人。好古力學，工詩文，精鑒賞。好遊，客維揚最久。初寫竹，師石室老人，號稽留山民。繼畫梅，師白玉蟾，號昔邪居士。又畫馬，自謂得曹、韓法。近寫佛像，號心出家盦粥飯僧。其布置花木，奇柯異葉，設色尤異，非復塵世間所覩，蓋皆意爲之。問之則曰：「貝多龍窠之類也。」所著有冬心詩鈔行世。畫徵續録

金君喜爲古詩及銘贊雜文，晚益肆力於書畫，四方争購之。學福齋集

韓雅量

韓雅量，字復雅，韓村人。爲諸生，試輒高等，後以年資入貢。善畫山水，規摹宋元，得其筆意。書工八分，筆法在漢唐之間。奉賢縣志

墨香按：復雅係雍正庚戌歲貢。

圖清格

圖清格，字牧山，滿洲人。以草書法寫菊花，蓋不屑隨人步趨而自闢一徑者也。官大同府太守，親喪廬墓，築丙舍于西山，孝行可風。畫徵續録

鄭燮贈圖牧山詩：「十日不能下一筆，閉門静坐秋蕭瑟。忽然興至風雨來，筆飛墨走精靈

出。小草小蟲意微妙，古石古雲氣奔軼。字作神禹鐘鼎文，雜以蝌蚪點濃漆。怪迂荒幻性所鍾，妥貼細膩學之謐。訪君古樹荒墳邊，葉凋草硬霜凜栗。一醉十日亦不辭，蘆溝歸馬催人疾。揚州老僧文思最念君，一紙寄之勝千鎰。」板橋集

傅雯

傅雯，字凱亭，閭陽布衣。工指頭畫，法高且園先生。鄭板橋詩云：「長作諸王座上賓，依然委巷一窮民。年年賣畫春風冷，凍手胭脂染不匀。」古檀詩話

黄慎

黄山人慎，僑居揚八年矣。余假還，嘗就醫此地，與交焉。詩畫皆有物外趣。慎幼讀父書，長侍母，無以爲生，遂學畫。母含淚語曰：「兒爲是，良非得已。然吾聞此事，非薰習詩書、有士大氣韻，一畫工伎倆耳，詎足親賢達，慰汝父九泉？」慎愈益自愛。方十八九歲，寄蕭寺，晝爲畫，夜無所得燭，從佛光明燈讀書其下。母聞喜。當是時，慎雖少，與游者多聞人。慎畫既擅國能，復工詩，善草書。出游豫章，歷吴越維揚，人争客之。母垂老，不欲遠離，乃偕以來，雍正五年也。又三年，復歸閩。王己山文集

黄慎字恭懋，號癭瓢，七閩老畫師也。詩云：「愛看古廟破苔痕，慣寫荒崖亂樹根。畫到情神飄没處，更無真相有真魂。」鄭板橋集

鄭燮

鄭燮，號板橋，丙辰進士，興化人。工詩詞，善書畫，長於蘭竹。蘭葉尤妙，焦墨揮毫，以草書中之中竪長撇運之，多不亂，少不疎，脱盡時習，秀勁絶倫。書有别致，詞不屑作庸語。爲人慷慨嘯傲。曾知山東濰縣事，以病歸，遂不出。畫徵續録

板橋工畫蘭竹，亦善畫石。其宰朝城時，嘗畫石三幅，一寄膠州高鳳翰西園，一寄燕京圖清格牧山，一寄江南李鱓復堂。此三人者，皆板橋石交也。墨林韻語

陳撰

玉几山人者，錢塘陳撰楞山也。自言鄞人，家世系出句甬，居杭非一世矣。性孤潔，不肯因人以熱。詩有逸才，天然高潔。舉鴻詞，不就。客鑾江項氏。項氏中落，江都江鶴亭迎而館穀之。靈秀鍾于五指，書無師承，畫絶摹仿，每一落紙，人間珍若拱璧。杭世駿道古堂集

厲徵君鶚題陳楞山秋林讀書圖：「橋隱迴谿樹隱樞，人間有此小林坰。西風日日翻書葉，吹得數峯如許青。」樊榭山房集

邊壽民

邊壽民，字頤公，淮安人。善潑墨寫蘆雁，江淮間頗有聲譽。嘗語其友人王孟亭曰：「我以畫爲活，今年六十，老將至矣。爲置一篋，外圓内方，虚其腹，封而竅之。及吾手能爲時，得佳者

入竅而實諸，以備吾老。名弆篋。」孟亭爲文記之。畫徵續録

邊頤公壽民，一名維祺，字漸僧，山陽秀才。工畫雁，鄭板橋詩云：「畫雁分明見雁鳴，縑緗颯颯荻蘆聲。筆頭何限秋風冷，盡是關山離別情。」古檀詩話

邊頤公以蘆雁得名，而筆墨之妙不在此。見小渭川所藏清具册，甚有别趣，用淡墨乾筆皴擦而成，未嘗滲以膏也。余有句云：「頤公譜清具，書畫煙雲幻。相逢耳食人，只説邊蘆雁。」百幅庵畫寄

張　雨

頤公同時有張雨者，亦江北人，亦能潑墨。惜兩人用墨皆滲以膏，不能不減價矣。畫徵續録

墨香按：張雨後改名雨森，經之子也。曾供奉内廷，畫筆甚佳。

沈　鳳

沈鳳，字凡民，江陰人。山水多乾筆，瀟灑縱逸，志在元人。嘗臨倪元鎮小幅，鑒者莫能辨，遂得厚值。畫徵録

王吏部虚舟以書法冠海内，從遊者爲補蘿沈先生。先生年十六，家燬于火，蕩無一椽。十九歲受知虚舟，當是時，虚舟館于淮安程氏。程故豪士，饒于財力，能致天下之桓碑彝器及晉唐真蹟。先生天性好之，縱觀臨摹，虚舟又爲授八法之源流，以故業精而學博。其餘伎刻劃金石，

古麗精峭，如斯冰復生。雍正十三年，以國學生效力南河。乾隆二年署江寧南捕通判，再署徽州同知，凡七攝縣篆。於吏事非所喜，每治行，服餙蕭然，載册籍、圖卷、爐研等物重纍後車外，皂唱衙畢，諸吏抱案侍階下，先生猶伸紙潑墨，含毫邈然。在宣城，訊竊雞者，畫雞賊面以恥之，雞之神色有畏竊欲飛之狀，合邑傳觀，笑以爲神。自言生平篆刻第一，畫次之，字又次之。晚年不肯刻石作畫，而肯書，余以其間得請山中題額。尹文端過隨園，笑曰：「何滿山皆沈鳳書耶？」亡何，先生没，海内之求其書者若金膏水碧之珍，然後歎余見之先焉。小倉山房文集

鮑　楷

鮑楷，字端人，號棠邨，嘉興人，僑居維揚。少工花鳥，師法南田。後客沈凡民署，遂事山水，疎朗秀潤，得古人意。畫徵續録

余得黄山鮑楷山水一幅，上題云：「端人此幅得顧知、石濤輩遺法，所謂鹵莽求者也。至上幅山峯陡立，夾出飛瀑，而以淡墨遠山包裹，此是古人膽識，恐不知者忽之，予特爲表出。」此乾隆癸酉春日彌伽居士張庚所跋也。秋山讀畫録

趙　信

趙昱，字功千，一字谷林，仁和人。貢生。同弟信舉博學鴻詞，報罷歸，讀書自娱。築春草園，疊石灑泉，有池館之勝。異書近數萬卷，藏書之所名小山堂。信字意林，國子生，與昱稱二

林。詩極婉秀，工書畫而不多作，作則清氣樸眉宇。武林耆舊續録

張庚

張庚，字浦山，秀水人。工山水，出入董、巨、子久，沈沈豐蔚，深得用墨之法。今畫偶録

初，余與居士交，不以畫，亦不知其善畫。既而讀其所著畫徵録，其論宗法淵源、造詣深淺，皆確然有據，而評隲不肯輕下一字，非深于是者能乎？居士名庚，原名燾，字溥三，既改今名，易浦山爲號，而字曰公之千，又號瓜田逸史，又號白苧村桑者，近自號彌伽居士。居士幼孤，家酷貧，太夫人節母金鍼黹自活，撫以成立。國家已建坊表，余有張賢母苦節記。雍正十三年，以余再從姪湖北學使者懋原薦，應鴻博詔。今年五十有五，與余同康熙乙丑歲生，而月後余有六也。蔣泰畫徵録序〔一〕

錢文端題瓜田外史秋山策杖畫箋：「鎮日閒遊傍翠微，晚涼秋露已沾衣。小奚猶在雲深處，便返茅簷莫掩扉。」香樹齋續集

沈甲

沈甲，字眷瑤，一字桐岐，仁和諸生。品學深沈，長于書畫。書法衡山，畫宗蝶叟。居委巷

〔一〕原作蔣泰叙畫徵録序，據畫徵録書前序改。

中，四方賢豪咸起式廬之敬。困躓諸生，曾無怨尤，賦詩作文不暫輟。汪維憲遵聞録

李世倬

李世倬，字漢章，號穀齋，三韓人，兩湖總督如龍子，侍郎高其佩甥。善畫山水、人物、花鳥、果品，各臻其妙。少隨父宦游江南，見王石谷，得其講論。後與馬退山游，故宗傳醇正，而筆亦秀整。其人物，官詹士時，得吴道子水陸道場圖而閲之，遂悟其法。其花鳥、果品各種寫意，蓋得諸舅氏之指墨，而易以筆，故能各名一家，亦如王甥之善學趙舅也。今官通政司右通政。畫徵録

朱倫瀚

朱倫瀚，善指頭畫，得其舅氏高且園法。一邱一壑，雖奇自正，設色沖淡而氣厚，喜作巨幛。近日指墨甚衆，要以倫瀚爲優。官御史。畫徵續録

鮑元方

鮑元方，江寧人，寫生亦豪邁自喜。同上

錢　界

錢界，字主恒，號曉邨，香樹錢司寇胞弟。母太夫人陳工寫生，界幼嘗習之，不竟其業。中年見倪雲林細竹怪石，愛而習焉。生硬多逸致，絶無煙火氣，披賞間令人心氣俱静。雍正七年，

以諸生保舉，知醴泉縣，調繁寶鷄，以内艱歸。服闋，補吉安永豐，調廬陵，以最遷歸州牧，晉施南同知，所在有惠政。後以詿誤引見，仍回湖北，以同知用，未及任而殁。無子，貧不能具棺殮。司寇聞訃，遣子赴武昌迎柩歸，以弟六子嗣而經紀其喪焉。畫徵續録

華嵒

華嵒，字秋岳，號新羅山人，閩人，〔一〕僑居杭州。善人物、山水、花鳥、草蟲，皆能脱去時習，而力追古法，不求妍媚，誠爲近日空谷之音。其寫動物尤佳。能詩，人亦古質。畫徵録

華嵒，臨汀人。自少游學，慕西河之勝，遂家錢塘。工畫山水、人物，工詩，善書，世稱三絶。錢塘縣志

陳善

陳善，大興人。山水多焦墨，邱壑亦深邃。畫徵續録

陳善工畫山水、人物。憲廟時，召入内庭，極邀御賞。筠亭、殿掄昆季亦極推重之。書畫紀略

袁江

袁江，字文濤，江都人。善山水、樓閣。中年得無名氏所臨古人畫稾，遂大進。憲廟召入祗

〔一〕「閩」，原作「蜀」，據畫徵録改。

候内廷。畫徵續録

陳枚

陳枚，字殿掄，號載東，晚號枝窩頭陀。其兄名桐，字筠亭，以花卉擅場，游京師，名公卿多延致之。載東因北行，與兄同寓。時有畫院待詔小陳相公名善，本京人，擅名于時。筠亭欲載東師事之，載東唯唯，終不往，欲自成一家。乃掩關不出，焚膏繼晷，凡宋元人名畫極意臨摹，兼精山水、人物、翎毛，經歷寒暑，始取其畫付裝演家。適小陳相公見之，驚出意外，謂相好中無此筆墨，訪知爲筠亭弟，急造廬握手，遂成莫逆。薦於朝，同供奉畫院，官内務府員外郎，屢邀優奬，賜予駢蕃。自是名益振，求畫者日户外屨滿矣。其畫自出機杼，瀟灑名雋，無畫史習。特用筆極細，兩目大傷，遂假回，居郡之清河橋左，焚香煮茗，仍以筆墨自娱。晚年復搆廬於杭之西溪以終，惜無子。弟桓，字岱門，頗工詩畫，多技能而不修邊幅，故時譽不甚彰著。張浦山兼取其昆弟名入畫譜，永不朽矣。特謂岱門是兄，筠亭是弟，微誤耳。陳黄門熼題跋

陳枚畫初學宋人，折衷唐解元寅，參以西洋法。能於寸紙尺縑圖羣山萬壑，以顯微鏡照之，峯巒林木、屋宇橋梁、往來人物，色色俱備，其用筆之妙與巨幅同。雍正四年，以供奉内廷，勞賞給内務府郎中銜，給假歸娶，恩賚優渥，藝林榮之。婁縣志

陳　桐

陳枚兄桐，字筠亭，號菊僧。工畫草蟲、花鳥，點染如生。（婁縣志）

陳　桓

陳枚弟桓，號石鶴，嗜酒，兼好禪説。畫則規橅倪、黄，以天趣勝。（婁縣志）

石鶴畫如其兄，而以詩名。方兄貴時，石鶴不樂爲介弟。既殁而家析，石鶴不善治生，日益貧。衣如懸鶉，聳兩肩行吟風雪中，市人或匿笑之，而石鶴左右顧自若也。居久之，喪偶，攜其子棲委巷，後轉入城西之湛然菴。與客談詩書，間爲人作畫，得錢即沽酒以飲。父子或忍饑竟日，而終不肯乞貸於人，以是人皆高其節。（學福齋集）

袁舜裔

袁舜裔，號石生，祥符人。善書畫，其寫山水、墨竹不事摹仿，自成家法。以孝廉官平原令，廉静愛民，有惠政。以罣誤去，閉户不與外事，詩畫自娱。桑弢甫主大梁書院講席，不妄交一人，惟石生契合。（畫徵續録〔一〕）

〔一〕 原作畫徵録。

蔡宏勳

蔡宏勳，字銘士，永嘉人。善詩，兼工畫，擅名一時。以諸生老，所著有雪齋集。温州府志

沈季白

沈季白，字再枚，工山水、人物、花鳥。家貧，不自愛惜，每畫成，趣署他人名。婁縣志

萬宏衜

萬宏衜，字正思，秀水人。山水摹法董、巨，筆意亦不落浙習，庶幾吾禾近日之秀起者也。惜其少覽古，局于一隅耳。畫徵録

金學堅

正思同里金學堅，字成峯，初宗元人，後參宋法，而私淑王石谷之渲暈。器識較正思稍大，秀韻不及也。學堅極貧而能守，不爲勢豪所眩。同上

龔御

龔振子御，亦能畫。婁縣志

黄中允之雋題龔學凝雲山無盡圖卷：「横覽不知幾千里，縮之僅餘尺有咫。妙手學得吾家癡，畫山即山水即水。作此繪事洵軼羣，造化是師心是君。五指奮騰出巖壑，一墨蕩漾爲煙雲。經營遠近坳突間，位置林屋力已勤。畫成不覺意匠苦，祇覺元氣融結連青雯。却疑非從毫素

寫，欲往從之玩不舍。看盡雲山縱未能，願作卷中負薪者。」黄唐堂集

俞大鴻

俞大鴻，工寫花木，娟秀特甚，然不輕作，故遺世絶少。無錫縣志

墨香按：俞君諱大鴻，志誤作大猷。字軒臣，號蓉汀，吾友瑩之尊甫也。畫師惲正叔，色艷而趣逸，雖折枝小品，不脱書卷氣。同學之張同曾輩，推爲寫生逸品。

王　鑥

王鑥，字魯公，大康人。父輔運，荆南觀察。鑥性聰慧，多藝能，好畫人物、士女，沈穠而雅雋，布置佳妙。其賦色一本諸宋人，時史莫及也。畫徵録

張　翀

張翀，字東谷，號晚翠老人。少壯時，畫多秀色，在能妙之間。至晚年則粗率，不足觀矣。百幅菴畫寄

張天扉爲孝廉時，常往來九峯三泖間，至青浦，主張翀家。天扉善山水，藝林争購之。而翀亦以畫擅場，兩相得也。青浦縣志

國朝畫識卷十二

錢維城

錢維城，字稼軒，武進人。乾隆乙丑狀元，官翰林院修撰，累遷工部侍郎，侍直內廷。山水邱壑幽深，氣暈沈厚，迥不猶人。錢香樹云：「稼軒自幼出筆老幹，秀骨天成，通籍後，猶得力於東山者也。」畫徵續録

錢文敏公稼軒，初從錢太夫人學畫花卉，不甚；寫山水後，一染翰遂成名手。嘗摹大癡筆意爲予作畫册十幅，渾雅疎散，滿紙煙雲，殆由天授。書畫紀略

鄔希文

鄔希文，字亦範，餘姚諸生。工文章，善琴畫，亭亭玉立。贅居吴門。曾爲予寫中泠試茗泉圖，自題其上云：「憑將大落墨，寫出小游仙。」乾隆丙辰應制科，余贈以詩云：「何如豫掃門前雪，看爾新銘克敵弓。」用周必大、洪景伯應鴻博科事。越風小傳

錢　載

錢載，字坤一，號擇石。穎敏好學，工詩，善寫生。游都門，恒軒延主師席，因得親其點綴，筆法益進。畫徵續録

嘉興錢擇石載，號萬松居士，乾隆壬申傳臚入詞垣，累遷至内閣學士，禮部侍郎。學問淵懋，品行修潔。其畫得法於南樓老人而間出新意，筆甚超拔，尤工蘭竹。汪雲壑殿撰有題畫詩云：「靈氣從十指出，妙手固偶得之。何似萬松居士，濡頭醉墨淋灕。」書畫紀略

張宗蒼

張宗蒼，字默存，一字墨岑，號篁村，吴縣人。善山水，出黄尊古之門。用筆沈着，山石皴法多以乾筆積累，林木間亦用淡墨乾擦，凑合神氣，頗覺葱蔚可觀。以主簿銜理河工事，乾隆十六年恭遇聖駕南巡，宗蒼以畫册進呈，蒙恩賞録，即命入都祇候内廷。十九年，特授户部主事，時年將七十，以老告歸。卒于家。畫徵續録

吴人張宗蒼工繪事，乾隆十六年南巡，以吴十六景畫册進呈，每一幅御題詩一首。十六景者：萬笏朝天，寒山晚鐘，支硎翠岫，千尺飛泉，法螺曲徑，華山鳥道，天池石壁，石湖霽景，靈巖積翠，海湧一峯，鄧尉香雪，光福山橋，穹窿仙觀，包山奇石，莫釐縹緲，蘇臺春景。甦叟養痾閒記

程嗣立汪南鳴附

程嗣立，字風衣，號篁村，淮安明經。少負異禀，喜讀書，精制義。既未能有所表見於當世，則戴黄冠，揮玉麈，棄一切如噓唾。惟生平翰墨緣芟除未盡，或吟小詩一二章，或據梧作山水數筆，以破其岑寂之況。墨林韻語

方貞觀觀汪南鳴江山煙雨圖卷題寄程風衣宗姪士庶：「一山十日水五日，國初以來誰第一？青谿不作石濤死，此道應推程嗣立。」「生瑜生亮造物奇，吾宗阿庶欲過之。一時論者互位置，兩人旗鼓終相持。」「英雄惟使君與孤，豈知更有孫伯符。咫尺煙雲見衡霍，無邊風雨愁江湖。」「東帝西帝須自力，潁川小兒瞻視疾。他時鞭弭遇中原，留意斯人莫輕敵。」方南塘集

墨香按：南鳴，新安人，僑寓維揚，能詩善畫。

方士庶

方士庶，字循遠，號小獅道人，新安籍，家於維揚。能詩，工畫山水，受學于王遵古。用筆靈敏，氣暈駘宕，早有出藍之目，誠爲近日所僅見。畫徵續録

湯　然

湯然，字屺南，睢州人，文正公嫡元孫，明經雲麓公之長子也。辛酉舉於鄉，計偕洊列乙榜，

注選教諭。天才奇敏，文筆開朗無纖塵，萬舌嗟賞如一，名動日下。書法秀逸，畫尤蕭閒淡遠，故承雲麓公家學，又座主嘉定張南華宮詹指説六法，直駸駸參駕古人焉。桑敬甫集

朱　山

烏程朱山，工水墨牡丹，用墨朗雋，英英奪目。兼寫山水，亦雅韻。乾隆辛未睢州蔣禮部蔚分校南宮所得士也。畫徵續録

墨香按：朱君曾令臺灣，後陞灤州知州，有宦績。事詳袁太史小倉山房文集。

姜恭壽

姜恭壽，字静宰，號香巖，又號東陽外史，如皋人。乾隆丁卯舉人。善花草竹木，縱逸瀟灑，脱去時習。畫徵續録

墨香按：香巖係乾隆辛酉舉人，官縣教諭。

史鳴皋

香巖同里硯友史鳴皋，字荀龍，號歷亭。畫筆與恭壽相上下。以辛未庶常改授昌化縣。同上

姜文載

姜文載，字命車，香巖之弟也。工山水，鄭板橋詩云：「如皋姜七無畫名，予獨愛其堅秀明。

梧桐夜月仙娥經，如聞太息微微聲。」即此可想見其筆墨之妙。書畫紀略

墨香按：香巖、命車均係自芸先生令嗣。

張彝憲

張彝憲，字丹書，浙江山陰人。父愷昔，司臯獄時俾彝從學郢名宿魏大壑，得聞濂洛關閩之旨。又工書畫，得者咸寶貴之。安陸府志

史嗣彪

史嗣彪，字班如，號霽巖，金壇人。山水暈潤有氣，善書端楷而敏，一日能書萬字。乾隆丁丑，欽取內閣中書，卒于官。畫徵續録

朱雲爊

朱雲爊，號尋源，家江陵。善山水，師同里郭士瓊，用筆爽邁勍健。又善畫馬，古來畫馬尚鉤勒，次渲染，尋源以逸筆灑墨，頃刻成十數疋，而神駿之姿各具，藝苑之獨闢也。尤工畫魚，亦以逸筆灑墨，稀微隱現，與波光荇藻相動蕩，令觀者有濠梁之樂。生平好遊，凡名山必圖之。於泰山作全圖一、分圖十六并記，梓行之。於黃山每景作一圖，凡四十八圖，爲二册。於西湖作長卷，起雲林，終昭慶，後以意綴天台石梁、錢塘江潮，以寄其興。所著有畫境一卷行世。畫徵續録

尋源居士善畫馬，工山水。將遊京師，以畫餉予，竝識以詩，次韻爲答：「權奇骨骼盡超羣，一匹千金自不貧。寄語燕昭臺畔客，九方甄已作閒人。」香樹齋續集

朱雲熚

尋源從兄雲熚，字天霞，號曙園。善花鳥、山水，名聞荊楚。性傲岸，不合時趣，老於布衣。畫徵續録

朱雲熚，江陵句曲山人，工翎毛、花卉。荊州府志

袁棟

袁漫恬，名棟，一字國柱。先世姓陶，松江巨族，勝國時有贅袁氏者，遂承其姓，爲吴江人，代有隱德。漫恬雅擅吟詠，高遠閒放，自露天真。長於填詞，好北宋之作，而清新秀雋，自然超逸。他若善隸書，工寫枯木竹石，皆餘事也。歸愚文鈔

王譽昌

王譽昌，字露湑，爲諸生。工詩，善畫，刻骨煅鍊。常熟新志

徐德泰

玉峯徐德泰拙存，爲易州刺史，公餘之暇，畫花卉一册，其兄二磯山人德宗題曰：「拙存弟工繪事，人物直逼唐子畏，花卉頡頏南田，已入窔奥，不特在皮肉間也。」壽良畫史田子相亦跋于後

云：「年來獲侍使君，嘗見案牘之餘，渲染翎毛花卉，直臻神品。從此小巫氣索，〔一〕安敢抱布鼓而過雷門也耶！」（甦叟養痾閒記）

趙成穆

趙成穆，號鹿坪，吳人。李布衣果題其指畫菊云：「以指爲畫，始自康熙中鐵嶺高使君韋之，凡人物、花木、禽獸、草蟲，不假思索，駢指點夥，頃刻數十幅，隨意飛動，無不絶人。繼之者爲其鄉甘同知士調、宣城劉期侃湛園、江都吴宏謨雨山、如皋馬芳不羣，各擅一體，而鹿坪趙子則專寫花草、雨山，題句尤佳。今鹿坪倚裝爲徐春載寫菊花兩枝，清芬高潔，頗得韋之之意。」（在亭叢稿）

周璕

周璕，字崑來，江寧人。善人物、花草、龍馬。其畫龍最有名，嘗以所畫龍張於黄鶴樓，標曰：「價銀一百兩。」有臬司某者登樓見之，賞玩不已，曰：「誠須一百兩。」璕即卷贈之，曰：「璕非必百金也，聊以覘世眼耳。公能識之，是璕知己也。當爲知己贈，璕非必得百金也。」由是遂知名，然惟達官稱之。其畫龍，烘染雲霞幾至百遍，淺深遠近，蒸蒸靄靄，殊足悦目。畫龍以雲勝，得矣。然烘染太過，非大雅也。（畫徵録）

〔一〕「索」，原作「素」，據增修本改。

沈銓

沈銓，字南蘋，吴興之雙林鎮人。工寫花卉、翎毛，設色妍麗可愛。日本國遣使來迎，留海外者三年，歸時所得金帛，悉散給之戚友，槖仍蕭然。畫友録

姚政

姚政，字純夫，一字賁園，平江人。畫工人物，不盡師古，多窈窕之態。同上

錢珍

錢珍，字遇章，善水墨花鳥，落筆生動，得天然奇趣。平湖縣志

章法

章法，字石渠，善畫牛，又善畫菜。〔一〕崑新合志

章鉼圃法常作蘇州竹枝詞九十九首，以與揚州董耻夫相埒，甚傳于時。善畫墨菜，天趣横發，生氣勃勃，無一點塵氛沾染其間。惜筆差弱耳。袁慰祖畫陽秋

俞湜

俞湜，字是齋，海鹽人。寫山水、樹石、人物、花卉，筆墨灑然，動合古法。今畫偶録

〔一〕「菜」，原脱，據增修本補。

王廷魁

王生岡齡遊于吾門，善帖括，工韻語，爲名諸生。兼好繪事，一以待詔文衡山先生爲師。蓋待詔畫遠宗摩詰，近法松雪，又與石田翁上下議論，故其骨相丰采、精神氣韻獨具秀色。岡齡早歲多病，獨坐斗室，縣待詔畫終日静對，心凝神寂，目之所注、手之所摹，欲與待詔追逐。當其興酣落筆，一邱一壑，蔚然蒼然，詣門徵索者往往以文家畫目之。假令生同待詔時，亦當引之入室，而不止于循墻而走也。中歲卜居楓江西塘，蒔花疊石，種竹穿池，皆仿待詔畫意。予嘗顔其讀書處曰「停雲小築」。歸愚文鈔

古之兼工詩畫者，摩詰而外，坡仙、米顛及趙吴興、董華亭其尤也，而吴中則莫如待詔文衡山先生。予觀其甫田集，清真古淡，詩品之高與畫品同，千百年後挹其清芬有餘慕焉。而岡齡生衡山之鄉，私淑最切，顔其讀書處曰「小停雲齋」，即以名其集。岡齡畫品固直逼衡山矣，而詩復峻潔幽秀，沖和妍雅，當更與甫田集並傳也。西莊始存集

張僧乙

張僧乙，字西友，嘉定人。風流落魄，善花卉、禽魚，自得天趣，不循規矩，文士之筆也。工詩，有缺雨樓集。畫囊

張僧乙工花草，取致雅逸，尤長于墨梅。畫徵續録

金　猷

僧乙同時有專工墨梅者休寧金猷，字達三，號雪圃。筆力老榦，脱去時習。以貿遷往來四方，行笈中貯名人筆墨，暇即展玩，興至即畫，遇投契者贈之，非其人不輕與片紙。同上

汪士慎

猷同里汪士慎，字近人，亦善墨梅，筆致疎落，家於維揚。同上

墨香按：士慎號巢林，浙人，流寓揚州。工詩，著有巢林詩集。

湯之昱

湯之昱，字南溪，號實齋，睢州人，善山水。今畫偶録

南溪名之昱，文正公斌孫，監丞公沆子。能詩，好畫山水，出入董源、子久兩家，筆極秀穎。以余爲孤竹老馬，常持業商之，虛懷好學，略可見矣。畫徵録序

王　愫

王愫，字存素，太倉諸生。工詩，善山水。用乾筆皴擦，不加渲染，得元人簡淡法。其室人毛秀惠，字山輝，亦明畫理。今畫偶録

張舍人熙純題王存素黄山雲海障子有「王君潑墨如飛汞，三十六峯雲氣湧。絹素淋灕生面開，谷靈辟易山精恐」之句。華海堂集

許　濱

陳玉几撰兄遺孤女慧而賢，嫁南徐許濱江門。濱亦雅士，畫入神品，與玉几同館江氏。道古堂集

戴子來

戴子來，字文庶，嘉定人，工山水。畫囊

朱厚章題文庶畫：「憶昔曾登縹緲峯，滿山楓桕紛青紅。白雲滃然生足底，令我恍惚迷西東。坐覺三萬六千頃，銀盤吸盡青螺蟲。一聲長嘯振策下，波濤噴嗑蛟龍宮。半晌氤氳衫袖冷，奇景蕩潏開心胸。題詩苦恨筆力弱，未辨元氣通洪濛。朝來見畫驚絶似，觸石而起何蓬蓬。秋水一角妙渲染，兜羅綿裹青芙蓉。雲山得意圖已邈，誰其作者云戴公。」多師集

張　棟

張棟，字鴻勛，號玉川，吴江人，邑諸生，家于鶯脰湖之濱。博學工詩文，畫筆私淑麓臺，專用乾筆，不喜設色。乾隆十六年，兩浙雅中丞聘纂南巡盛典。畫徵續録

張玉川工畫，善詩，其佳句如「白蘋江驛冷，紅樹客帆孤」，頗膾炙人口。玉述菴方伯有寄懷詩云：「桃根渡口匆匆别，聞向樅陽作客游。欲寄生綃煩畫取，白蘋紅樹五湖秋。」古檀詩話

姚　源

姚源，字澄千，師顧卓。摹烏目山人稾本，不踰繩尺，而氣韻生動，别具煙霞之趣。性嗜酒，家貧不能常得，日以畫質酒肆，殁後無子，長縑巨箑多在沽兒手。崑新合志

吕啓哲

源同時有吕啓哲者，嗜酒，酣後寫人物，時得天趣。同上

墨香按：啓哲字厚穎，崑山諸生，亦善書。

朱方華

朱方華，號雪田，錢塘人，官太醫院吏目。亦以率筆寫山水，與佟鍾山各自標其逸趣。畫徵續録

墨香按：雪田字在三，號麓樵，一號南湖漁長。其寫墨花最佳。

吴　棫

吴棫，字偉山，采花涇人。工院體花鳥，游京師，名重於時。供奉内廷，晚以老病告歸。棫父璋，字漢田，畫故有名，棫蓋世其學者。婁縣志

徐　揚

徐揚，號雲亭，吴縣人。獻畫稱旨，入畫院，供奉内廷。欽賜舉人，官内閣中書。隨駕木蘭，

賜貂裘。山水用乾濕筆，畫梅亦蒼雅。書畫紀略

吴人徐揚，欽賜舉人，工雜畫。畫囊

賀金昆

賀金昆，錢塘人，武解元。善人物、花卉，召入供奉内廷。畫徵續録

汪繩煐

汪繩煐，字祖肩，一字静巖，新安人，家桐鄉。工山水，得法于徐白洋，頗似之。筆氣高遠，識力亦超，家富收藏，以資橅法，所至未可量也。于所居構一經堂，鑿池疊石，種竹栽花，居然山林幽致，日哦詩作畫于其中。頗好客，然非素心人不與也。畫徵録

曹源宏子相文附

曹源宏，字天來，號甫田，嘉善人。工花鳥，好合寫天竹水仙，名天仙圖，索之者衆。應酬既多，遂獨擅其長，勾勒賦色得宋人意。子相文繼之。畫徵續録

黄　璧

黄璧，字小癡，潮陽人。善山水，意在梅花和尚也，故題欵亦作草書。同上

潘是稷

昆陵潘是稷，字南田，工花卉。畫囊

潘是稷號劍門山人，善畫大竹，琅玕數尺，墨瀋淋灕，頗得前人筆意。（書畫紀略）

南田寫雜卉，有徐文長筆法。（秋山讀畫録）

楊泰基

楊泰基，字瞻嶽，號海農。工山水，皴法宗馬遠，蒼古簡淡，都用秃筆，尤工指頭畫。（平湖縣志）

王德普

王德普，字長民，秀水人。善指畫，兼長墨竹。（畫徵録）

墨香按：德普係侃子。

張紹祖

張紹祖，字篠田，國學生。性孝友，好行善事。與太倉王昱相友善，畫亦與之齊名。從弟昀，字嵎寅，紹祖撫以成立，亦善畫。（婁縣志）

墨香按：張昀另載墨香居畫識中。

張紹祖，字震園，愛畫山水，得筆法於王東莊昱。家頗饒，能屏去俗緣，以皴染作生活，故畫境日進。（書畫紀略）

項穆之

余金陵接士垂四十年，凡工詩工文工書工伎術者，某某可數，而以畫傳者，惟項君一人。君諱穆之，字莘甫，上元庠生。祖適菴公，丹青馳譽。君繼其業，能精心致思，勤摹而廣徵，儀神奪貌，出聖入智，於古名家六法三昧，靡所不窺。天子南巡，諸大府延入畫局，一切名勝圖繪皆君握管。雖支稟假者尚數十輩，率皆張目拱手睨君所爲，或捧生紙立階下受教敕惟謹。有次子曰思聰，能助父潤色煙墨，君倚之甚力，將婚，染瘵疾亡，君自此孤憤無俚，生意頓盡。小倉山房文集

沈宗維

沈宗維，字朗山，畫多劍拔弩張之勢。善寫人物，遠師石恪，山水亦宗北派，觀之令人雄健。畫友録

墨香按：朗山，吴江人，榮培之尊甫也。

朱九齡

朱九齡，字曲江，頓邱烏江人。山水、花卉俱瓣香白陽，遒逸有氣骨。同上

張　偉

張偉，字赤臣，嘉定人。工畫花卉、翎毛。畫囊

沈全林

沈全林，字榕盤，號西池。工畫蝴蝶。同上

墨香按：西池花卉、禽蟲俱工妙，不徒以蝴蝶見長。

鄭基成

鄭基成，字大集，縣學生。以破墨作花鳥，蕭疎有致，宛乎徐天池之道也。青浦縣志

大集性躭金石文，二十餘年來窮巖絶壁，披荆榛，剥苔蘇，手自摹搨，證以志傳，以故篆刻私印，章有程，刀有法，字字師承秦漢，不苟爲炳炳烺烺者。旁及繪事，山水、花鳥、人物悉能超超塵表。飛鴻堂印人傳

盛燕

盛燕，字翼山，山水師李爲憲，筆亦遒邁。玉峯新志

顧原

顧原，字虎承，會稽人。工詩畫，别開生面而不盡規橅古人，畫竟即題詩其上。終老於湖。平湖縣志

譚燧

譚燧，常熟人，工山水、松石。畫囊

俞璟

俞君璟，工畫。鍔常見其畫山水、樹石、人物、花卉，灑然于筆墨之中，超然有會于筆墨之外，正如登州海市，飄渺疑蕩，忽不知其有無。夫墨之所加而爲山水、樹石、人物、花卉，猶五官

百骸具而爲人也。其灑然於筆墨之中，超然有會於筆墨之外，則其神者爲之也。璟撰論畫三篇，其論元通，蓋不獨爲畫論也。大雅堂續稿

墨香按：璟字企塘〔一〕，無錫人，著有題畫瑣存。

鮑　汀

鮑汀，字南行，一字若洲。工近體詩，兼通畫法。畫杏花春雨江南小幀，題其後云：「江雲漠漠雨霏霏，郭外人家濕翠微。網得銀魚歸去晚，亂紅低壓綠簑衣。」「杏花經雨濕紅稠，料峭輕寒半似秋。燕子未來鶯語澀，有人獨憑小樓頭。」「鴨頭新綠漲初平，魚尾紅霞一抹輕。細雨如塵吹不斷，隔溪先見兩峯晴。」半谷居詩話

墨香按：鮑汀，無錫諸生。

蜀中山水奇勝甲于天下，古今來畫家所到之境無不肖之，以出其峭岈嵚怪處，則時有畫家筆墨所不能到者。吴君峻以歲乙酉遊其地，得川遊草一卷，鮑君摘其句爲圖十幀。古今畫家所不能到之處，峻以詩傳之；峻詩中所到之境，鮑君以畫家筆墨寫之，則信文人思筆所爲，地藏發洩，天不訶也。大雅堂續稾

〔一〕「企塘」，原墨丁，據歷代畫史彙傳補。

朱文震

朱文震，字青雷，號去羡，山東歷城人。早孤，家徒四壁立，然岐嶷好學不倦，尤肆力於六書八分，不屑作科舉文字。獨游曲阜，徧觀孔廟秦漢碑刻，如歐陽率更之見索靖書，布毯坐卧其間者累月。慕太學石鼓，杖策來游京師，爲紫瓊巖主人所賞識，而所見古人法書名畫遂廣。初學寫意花卉、翎毛，繼則擅長山水，幾奪麓臺、石谷之席。初官西隆州州同，服闋候銓，會開四庫全書館，需善校篆隸之員，奏授京員，得詹事府主簿。卒年六十。飛鴻堂印人傳

俞　珽

俞珽，字君儀，號笏齋，婺源人。工制義，不售，留意吏治，講習律例。游江浙當事間，所至争延入幕，聲譽籍籍。暇復肆力於六書古文，師法雪漁、爾宣。有上諭十六條印譜行世。亦游戲作指頭畫，可頡頏且園高公。後僑居姑蘇之胥門。乙亥春，予從蘭溪歸浙，笏齋扁舟過訪，相與扁壺六橋，散策兩峯，極清游之興。次年夏，遽得凶問，年僅五十餘爾。同上

沈映暉弟承煥附

沈映暉，字朗乾，號庚齋，歲貢生，華亭文恪公荃之族姪孫。好古，工詩文。山水傳獅峯一派，清矯拔俗。後博覽宏採，超然别有會心。其内兄助教陳楓厓愛其畫，嘗攜至都，質之東山董少宰，深加奬賞，謂得宋元大家風度。弟承煥，字文陶，號炳若。善花鳥，古雅秀潤。工詩及詩

餘。畫徵續録

墨香按：庚齋先生，一字雅堂，婁縣之楓涇人。以子步垣貴，贈如其官。

汪士通

汪士通，字宇亨，號東湖。乾隆辛酉拔貢，癸酉舉人。官蕭山縣，頗著循聲。卒年五十七，崇祀鄉賢祠，鄉校私謚曰文潔先生。著有書經講義、陶詩宗派、知新録等書，并東湖詩文集十二卷、延青閣詞選一卷。書法真草隸篆皆工，兼善鐵筆，山水以風韻秀逸、神骨蒼老兼諸家之勝，爲時所重。黟縣志

國朝畫識卷十三

孟永光張篤行附

孟永光，字月心，會稽人，孫雪居徒也。後遊遼左，從龍入燕。性高曠，不仕，時稱狂士。寫照作畫，不落故套。世祖最愛重之，月賜廩粟。内侍張篤行，其弟子也。圖繪寶鑑續纂

王國材

王國材，號崐山，大興人。善畫仙釋人物，曾寫世祖御容。同上

謝　彬

謝彬，字文侯，上虞人，家於錢塘。工寫真，受業於閩人曾波臣鯨，筆法大進，爲傳神妙手，名聞南北，價重藝林。畫徵録

謝文侯久居秦淮，善寫小像，一經彼筆，世無俗面。至於數人合幅，或舉家全慶，神情浹洽，眉目照映，海内稱首望焉。圖繪寶鑑續纂

曾波臣弟子甚衆，其拔萃者，文侯而外，莆田郭鞏，山陰徐易，華亭沈韶，汀州劉祥生，嘉

興張琦，海鹽張遠，秀水沈紀，皆不問妍媸老幼，靡不神肖，正如養氏之射，百發而不一失也。畫徵録

沈　韶

沈韶，字爾調，嘉興人，僑寓秀南橋東。與上虞謝彬同爲曾鯨弟子，工寫真。婁縣志

沈韶，華亭人。善畫人物、仕女，秀媚絶俗。又善寫貌，儼然如生。圖繪寶鑑續纂

徐　易

徐易，字象九，杭州人。善山水、花卉，筆墨古秀，傅色雅淡。至於傳寫大像，尤爲藝冠，衣紋身法，大雅不羣。同上

張　遠子泗附

張遠，字子遠，無錫人。少學畫於冥南黄谷，谷攜之至海鹽，遂家焉。又學於曾鯨，寫真無不逼肖。子泗，字德思，能傳其業。嘉興府志

郭　鞏

郭無疆鞏，閩之莆田人，移家會城。無疆作畫，具有天質，山水、翎毛皆工，尤以寫生名。爲予作小照，攜歸江南，見者皆匿笑不禁，咸曰：「得無疆，波臣可以死矣。」波臣曾鯨，亦莆人。閩

臯長長治程公仲玉，〔一〕以白予寃同被逮，病死霞嶺。予北歸寄語高生雲客，請無疆追寫程公。無疆援筆立就，望之如生。寄予曰：「程公義淩霄漢，且辱下交久，聲音笑貌，往來予目未已矣，故落筆輒得肖。」即此可見無疆矣。余作拜玉菴祀之，别有紀。讀畫録

劉祥開

郭鞏，莆田人，善山水、人物及寫像。圖繪寶鑑續纂

劉祥開，字瑞生，汀州人。善寫小像，得曾波臣之傳。同上

張琦

張琦，字玉可，嘉興人。善寫貌，擕里推爲獨立。同上

沈紀子松年附

沈紀，字聿修。庚先大父耿愚公遺像，爲聿修筆，歲時展挂，藹然之致如親接矣。子松年，世其業。畫徵録

劉九德

劉九德，字陽升，順天人。人物、仕女無不精妙，尤工寫貌。今上召寫御容，稱旨，賜官中

〔一〕「治」，原作「冶」，據畫徵録改。

書。凡公侯大像，所寫居多，無不儼然。圖繪寶鑑續纂

楊芝茂

楊芝茂，字子瑞，順天人。善人物，能仿小李將軍，寸人豆馬，設色絢麗。今上召寫御體，取像最工，無出其右。同上

王簡

王簡，字維文，吴縣人。精於吴道子寫生術，下筆鬚眉逼肖。康熙初，召入供奉，恩賞甚渥。江南通志

謝成子靖孫附

謝仲美成，其尊甫彬臺，名道齡，本吴人，移家秦淮，與僕望衡而居。仲美從其尊人學畫，而加以秀潤，山水、花鳥皆擅長，寫照尤逼肖。仲美食貧，而爲人醇雅，了非時流可及。讀畫録

謝仲美山水、花鳥無不精妙，尤工小影。子靖孫，字大令，能紹父藝。圖繪寶鑑續纂

謝成寫真逼肖，有「頰上三毫」之妙。江寧志

顧企

顧企，字漢宗，松江無懷之子。善士女、山水，尤工寫照，受業於曾波臣。圖繪寶鑑續纂

俞　穎

俞穎，字在川，工寫真，大得曾鯨之妙。同上

陳維邦

陳維邦，字子慶，號雲莊山人，閩漳州人。事母至孝，家居四壁，詩畫自怡。善人物、花鳥，尤工寫照。同上

姚　霽

姚霽，字日青，嘉興人。善人物、花鳥，兼寫照。同上

鄭　嵩

鄭嵩，字天峻，號穎溪，天都人。精花鳥，傳神。同上

吴　舫

吴舫，字方舟，維揚人。善白描人物并寫照。同上

廖大受

廖大受，字君可，福建人。寫照精絶，識者謂曾鯨之後當推第一。客宜興，卒於旅次。江南通志

顧　銘

顧銘，字仲書，嘉興人。能詩，善畫，蕭灑不羈，尤精小影。圖繪寶鑑續纂

顧銘工寫真,小像尤精。康熙辛亥,聖祖召寫御容,賜金褒榮之。畫徵録

寫真之肖者,自閩中曾鯨外,吾得四人焉:錢塘謝彬、華亭沈韶、山陰徐易、海鹽張遠。往予盡識之,今此四人者皆已老矣。顧子兼師乎謝氏、沈氏,挾藝以遊于京師,與予相遇於天津,爲予寫影惟肖。今海内畫手,類師曾氏,向之所遊四人者,學曾氏而有得者也。方其未得,若有所膠於中而不釋;及其既得於心,若飛鳥之過目,其形之去我愈疾而神愈全矣。蓋吾之所聞於四人者如此。顧子試由吾説而繹焉,其何必不如曾鯨氏哉。曝書亭集

沈行 濮璜 鮑嘉 王汶 王禧

顧銘同郡沈行字□□、濮璜字成章、鮑嘉字公綏,泰州王汶,丹徒王禧,俱以寫真名。畫徵録

李岸

李岸,字新之,雲間人。善花卉、人物,尤工寫照。圖繪寶鑑續纂

董俞詩:「今日寫真誰第一?李郎年少早知名。更兼學得蘇門嘯,海湧峯頭鸞鳳鳴。」自注:「新之工傳神,兼得嘯旨,高山吐音,巖谷俱響。」樗亭詩集

夏杲

夏杲,字雨亭,紹興之上虞人。寫生有虎頭道子之目,即其游戲點綴,輒皆神似。爲人灑落自在,無一毫鄙吝態。康熙丙寅來戍上,嘗自畫雙輪馭海圖,友人謝玉昆贈以長歌。烏青文獻

禹之鼎

禹之鼎，字尚吉，號慎齋，江南揚州人。幼師藍氏筆墨，後出入宋元諸家，凡臨摹舊本無不亂真。又善寫照，一時稱絶。圖繪寶鑑續纂

江都禹之鼎工人物，有王會圖一卷行世。其寫真多白描，不襲公麟之舊，而用吴生蘭葉法，兩顴微用脂赭暈之，娟媚古雅。曾爲澤州相國寫水亭翫鵝圖，樹石亭榭、雙鵝細草，色色雋永，時莫能兩。康熙中，授鴻臚寺序班，非其好也。嘗愛洞庭山色，欲居之。出都日，朱竹垞作詩送之云：「謫官擬向洞庭居，此意沈吟六載餘。君去西峯先相宅，小樓容駕滿船書。」先是，有戚畹策騎來召，甚急。之鼎南人，既不善騎，加以奔促，固已委頓矣。至府拜謁未起，即傳命寫小照，蒲伏運筆，殊有煎茶博士之辱，遂决歸計。畫徵録

寫真一技，古稱顧虎頭。此藝雖精，終不能與山水、竹石、花鳥、魚龍等埒。近日曾鯨、謝彬輩以此擅名，吾見其晚年筆墨亦草草耳。近有鴻臚寺序班禹之鼎，名重輦下，曾爲吾作放鷴、荷鉏、雲溪詩思數圖，亦時有利鈍。古夫于亭雜録

顧見龍

吴江顧見龍，字雲程，以寫真祗候内廷，名重京師。余見所畫湯文正公像，其子姓皆云酷肖，然筆墨未見拔俗也。畫徵録

曾　鎰

曾鎰，字受伯，莆田曾波臣之孫，寓邑之清風里。其畫人物小照，不媿祖風。桐鄉縣志

戴　蒼

戴蒼，字葭湄，武林人。善寫照，得謝文侯三昧。圖繪寶鑑續纂

寧都魏叔子與予定交江都時，歲在辛亥。明年，予將返秀水，錢塘戴蒼爲畫煙雨歸畊圖，叔子適至，題其卷。於是叔子亦返金精之山，蒼爲傳寫作看竹圖，俾予作記。曝書亭集

顧　維

顧維，字師王，苕溪人。傳神獨絶，大者益妙，不媿虎頭之後。圖繪寶鑑續纂

周　杲

周杲，字楚撲，好讀書。工寫真，得曾波臣之奥妙。其山水、人物氣韻生動，亦入能品。壯歲北遊，有盛名。晚遊粤東，提督殷化行尤愛重之。吴江縣志

陶祖德

陶祖德，字慎先，會稽人。善寫照。圖繪寶鑑續纂

吴　旭

吴旭，字子升，徽州人。善山水、人物、寫照。同上

丁樞

丁樞，字辰所，山陰人。善寫照。同上

韓旻

韓旻，字克章，武林人。善花鳥，後寫照亦佳。惜早世。同上

朱杰

朱杰，字宸章，山陰人。善寫照。同上

馮越

馮越，字世奕，杭人。善人物并寫照。同上

徐泰

徐泰，字階平，亦號枳園。人物、山水皆宗戴静菴，寫照得之世授，故尤神妙。同上

姚霑

姚霑，字雨若，善花鳥、寫照，霽之弟也。同上

李良佐

李良佐，字凝和，閩人。善寫真，又畫蘆雁。同上

祝　筠

祝筠，字松如，海昌人。善寫照，得謝彬三昧。同上

戴　倩

戴倩，字梅崖，蒼之弟也。善寫照。同上

張　永

張永，字子久，本姓凌，璉市人。幼孤，戍上張氏撫之，遂爲鎮人。從禾中張琦游，琦爲閩中曾波臣高弟，子久得琦筆法，寫生酷肖。烏程縣志

馮　檀

馮檀，字載煌，沚鑒姪。寫照法曾波臣，得阿堵之傳，名重京師。山水喜古大家，無時尚習氣。圖繪寶鑑續纂

周　道

周道，字履坦，吳人。善寫照。同上

俞　培

俞培，字體仁，海寧人。工寫照。同上

呂學

呂學，字時敏，苕溪人。善寫照，見之儼然生氣欲動。更精人物、山水，遇興濡毫，度越流品，名噪一時。圖繪寶鑑續纂

呂海岳學，工人物、佛像、天尊及駝馬，名甚盛，學者宗之。李之芳平臺灣，爲作奏凱圖，千軍萬馬，陳師案屯，騈部曲，列校隊，鎧甲光明，旗杖清肅，洋洋大觀也。又嘗於吴江平望鎮之城隍廟畫天尊像四軸，神威蕭爽，赫赫逼人。至其畫校獵圖之罄控縱送、鷹擊犬從，曲盡神致矣。第用筆急於見法，未免赤觔露骨。性豪華，所得潤筆多置艷姬孌童，飲饌豐潔，器具精妍，侈矣。畫徵録

祝新

祝新，字儀文，海昌人，隱西湖。善寫照，舉腕間即曲盡其姿態，徘徊瞻顧，體度如生，熟玩之，不啻相與言笑者。雜工山水諸品，動筆新奇，名下固無虛士。圖繪寶鑑續纂

曹爾坫子鑑式附

曹爾坫，字三賓，干溪人。受業於沈韶，工山水、人物。子鑑式，字漢卜，亦善翎毛、花草。金山縣志

倪鼎

倪鼎，字丹成，號竹村，嘉興人。文初之子。得父傳，而姿學過之。其鈎染衣摺，變化於古，

獨出心裁，烏程呂學見之，推爲國朝第一。圖繪寶鑑續纂

戴　梓

戴梓，字文開，蒼之子。寫照得父傳，兼工山水。同上

吴　旭

吴旭，字皐若，吴人。善山水、人物、寫照。同上

徐大珩

徐大珩，字聲昭，爲錢塘諸生階平之子也，筆墨亦能肖之。同上

黄　楷子燧附

黄楷，字端右，南匯人。筆畫清拔，尤工傳神，時有虎頭之目。江南通志

端右，南橋人也。少有至性，長好讀書，間以筆墨爲遊戲，頗極有致，久之遂成名家。傳神尤曲肖，可呼之欲出也。子燧，字薪傳，亦工寫照，頗得家傳。奉賢縣志

卞祖隨

卞久，字神芝，號大拙，婁縣人。子祖隨，字虞逸，工寫真，神芝爲之補圖。畫徵續録〔一〕

〔一〕原作畫徵録。

吴宗默

吴宗默工寫真，不但形骸容貌之似，風神意致呼之欲語，然不肯爲俗子寫。〈鍾祥縣志〉

莽鵠立金玠附

莽鵠立，字卓然，滿洲人，官長蘆鹽院。工寫真，其法本於西洋，不先墨骨，純以渲染皴擦而成，神情逼肖。弟子金玠，字介玉，諸暨人。〈畫徵續録〔一〕〉

馮翊

馮翊，字漢來，筆墨工妙，又善寫照。〈玉峯新志〉

邱巖

邱巖，字魯瞻，工寫照，用筆恬潔。同上

蔣元令

蔣元令，字嘉俞，元洽弟。山水法倪，尤工寫照。〈無錫縣志〉

張鶚許謙附

張鶚，字淩遠，居倉橋之南。工寫真。其弟子許謙，字在亭，兼工花卉。〈婁縣志〉

〔一〕原作〈畫徵録〉。

王　斌

吾禾梅會里王斌，字師周，曾爲余寫戴笠小照，甚肖，筆意淡遠。子肇基，號鏡香，傳其業。畫徵録

吴　諤

鮑濟弟子吴諤，字青城，兼善士女、寫真，筆亦穎秀，亦早卒。同上

徐　璋

徐璋，字瑶圃，寫真不獨神肖，而筆墨烘染之痕俱化，補圖亦色色可觀，不媿沈韶高弟。遊都門，名甚重。康熙中，祗候内廷。畫徵録

寫真用生紙自璋起，山水、花木、草蟲皆入能品。織造圖拉薦入畫苑，旋告歸。婁縣志

華亭徐璋瑶圃，摹寫雲間往哲像，始於太學士全公思誠，終於陳黄門子龍，共一百十人，蓋勝國二百七十年中，忠孝廉節、文章理學，悉登於册。瑶圃筆意蒼秀，兹册又所加意，英姿颯爽，德容肅穆，仰止之思不覺油然以生。在亭藂稾

瑶圃善山水、花卉、人物。壯年遍覓縉紳家先代畫像，酷意臨摹，遂成傳神名手。乾隆初，薦入畫院，期年假歸，名益噪。予於丁卯冬倩其寫倚馬圖，最爲神似。畫徵録謂在康熙中祗候内廷者，誤也。書畫記略

陸　燦

陸燦，字星山，婁東人，爲滬瀆張賓如高足。乾隆四十五年，奉詔恭寫御容，稱旨，極加獎賞。明年，西域班傳額爾德尼來朝，復奉詔寫其容。花卉可以媲美南田，惜爲寫真所奪。畫友録

墨香按：星山寫竹亦佳。早年曾與張賓如往來投契，實未曾執贄爲師也。

吴省曾

無錫吴省曾，字身三，善貌人。行篋中畫稿如梵夾，皆今之士大夫也。攧之，不相識則已，有相識者，其人紙上可呼。爲予作隨園雅集圖，沈文慤公年九十餘，陳生熙年十七，隨其老少，謦咳宛然。其用筆如勇將追敵，不獲不休；又如神巫招亡，專攝魂魄，踔絶之能，生與性俱。弟子數十，皆莫能及。爲人樸而静，短小，面多瘢，鄉音喃喃，不伐其伎，人多昵之。年未五十卒。小倉山房文集

國朝畫識卷十四　方外一

普荷

普荷，一作通荷，號擔當，雲南普寧州人。唐氏子，名泰，字大來。年十三補弟子員，天啓中以明經入對大廷。嘗執贄於董思白之門。過會稽，參雲門湛然禪師。回滇，未幾聞中原亂，遂薙髮，從無住禪師受戒律，結茅雞足山。工詩，有修園集，儒生時作，撅菴草則出世後詩也。善畫，取法於雲林，其自題云：「大半秋冬識吾心，清霜幾點是寒林。荊關代降無蹤影，幸有倪存空谷音。」又云：「老衲筆尖無墨水，要從白處想鴻濛。」可以得其意矣。畫徵續録〔一〕

自修

江寧孫公無修，名自修。以甲子鄉薦授陽江令，有慈惠聲，遷貳大同。感時亂，忽遣兩愛姬，棄家薙髮，爲罽麟和尚弟子。游跡浙中，自號曰與然。巖棲谷汲，縛茅於人跡罕至地，顔曰

〔一〕原作畫徵録。

懸溪菴。浙人多稱之曰懸溪和尚云。肩薪負重以自給。其子閒關往省敕斷家事，惟以學道讀書相勉而已。甲午示寂菴中。公素精繪事，出世後尚時時點染數峯以自適。予見其所作寒梅册子寄胡君念約者，楚楚有致。黄山漸江上人，繪事爲世所重，然聞上人一水一石皆脱胎於公云。賴古堂集

弘瑜

弘瑜，號月章。善山水，學大癡法，兼長仙佛。書真草俱佳。前明中書舍人，姓王氏，名作霖，會稽人。畫徵録

月章爲明季中書，後有出世之思，皈依雪嶠和尚。畫仿子久，善仙佛諸像。圖繪寶鑑續纂

詮修

詮修，字一勝，自號蒙泉道人。本姓李，名子柴，爲諸生。能詩，工八分，善畫人物、花鳥。居邑之平樂浦，樹園木、蒔藥草、畜禽魚以自娱。奉母至孝。乙酉城破，去髮鬚爲僧。始叩剖石壁，後入牧雲門之室，爲嗣法弟子。喜居深山，初入武康萬山中，繼聞武夷、九鯉之勝，挾一徒以行。有處士黄鈍者，敬而禮之，請主雲門寺。又被靈巖於鳳山，緇素雲集，指以萬計。然務下人，有所興作，則負畚鍤與賤役同功。當機説法，風回電轉，不可嚮邇。乙巳九月，示微疾化去。所著詩文名樹下草。崑新合志

髡殘

石谿和尚名髡殘，一字介邱，楚之武陵人。幼而失恃，便思出家。一日，其弟爲置氊巾禦寒，公取戴於首，覽鏡數四，忽舉剪碎之，并剪其髮，出門徑去，投龍山三家菴中。旋歷諸方，參訪得悟。後來金陵，受衣鉢於浪杖人。杖人深器之，以爲其慧解處莫能及也。公品行、筆墨俱高出人一頭地，所與交者，遺逸數輩而已。繪事高明，然不輕爲人作。予從瑶星張子與交，因乞作册子數幅，公欣然命筆，自題云：「殘山剩水，是吾道人家些子活計。今被櫟園老子奪角争先，老僧衹得分爐頭半箇芋子。且道那半箇聻，他日覿面，再與一頓。」讀畫録

石谿和尚，吾鄉武陵人，俗姓劉。幼有夙根，具奇慧，不讀非道之書，不近女色。父母强婚，不從，乃棄舉子業。卅歲削髮爲僧，參學諸方，皆器重之，報恩覺浪、靈巖繼起兩長老尤契合有年。性直鯁，寡交識，輒終日不語。又善病，居幽棲山絶頂，閉關掩竇，一鐺一几，偃仰寂然，動經歲月。間作書畫自娱，深得元人大家之旨，生辣幽雅，直逼古風。青溪遺稿

石公善病，若不暇息，且又不健飯粒，入口者可數也。每以筆墨作佛事，得無礙三昧，有扛鼎移山之力。與子久、叔明馳驅藝苑，未知孰先。殆維摩以病説不二法門者耶？同上

舉天下言詩，幾人發自性靈？舉天下言畫，幾人師諸天地？舉天下言禪，幾人拋却故紙，摸著自家鼻孔也？介大師箇中龍象，直踞祖席，然絶不作拈椎竪拂惡套，偶然遊戲濡吮，輒擅

第一。此幅自云效顰米家父子，正恐米家父子有未到處。所謂不恨我不見古人，恨古人不見我耳。同上

石谿工山水，奥境奇闢，緬邈幽深，引人入勝。畫徵録

石公爲堂頭，住牛首寺。畫奇創，無煙火氣。圖繪寶鑑續纂

弘　仁

弘仁，號漸江，歙人。俗姓江，名韜，字六奇。少孤貧，性癖，以鉛槧養母。一日，負米行三十里，不逮期，欲赴練江死。母大殯後，不婚不宦。游幔亭，皈報親，古航師圓頂焉。後返新安，歲必數遊黄山。每歎武夷之勝，勝在方舟泳遊，而黄山之奇，海市蜃樓，幻於陸地，殆反過之。師將省墓界口，并詣鳩兹别湯燕生，然後入山研究性命之學，皆不獲如願。臨終擲帽大呼「我佛如來觀世音」而逝。墓在披雲峯下，友人蒔梅花數十本以大招之，從師志也。善畫，初學一峯，晚法雲林，已入清閟三昧。尤好繪黄山松石，人争寶之。黄山志

弘仁，前明諸生，甲申後爲僧，嘗居齊雲。工詩文，山水師倪雲林。新安畫家多宗清閟者，蓋漸師道先路也。余嘗見漸師手蹟，層巒陡壑，偉峻沈厚，非若世之疎林枯樹，自謂高士者比也。畫徵録

漸江畫初師宋人，爲僧後悉變爲元人一派，於倪、黄兩家尤爲擅場。圖繪寶鑑續纂

無可

無可大師，予庚辰同榜方密之也。公名以智，幼稟異慧，生名門，少年舉進士。自詩文詞曲、聲歌書畫、雙鈎填白、五木六博以及吹簫撾鼓、優俳評話之技，無不極其精妙。三十歲前，極備繁華。甲乙後，薙髮受具，䟽嗜枯寂，粗衣糲食，有貧士所不能堪者。於是謝絶一切，惟意興所至，或詩或畫，偶一爲之。然多作禪語，自喻而已，不期人解也。施尚白云：「予昔同無道人自蒼梧抵廬山，見其乘興作畫，多用秃筆，不求甚似。嘗戲示人曰：『若猜此何物？此正無道人得「無」處也。』拈此二語，則道人之禪機畫趣，亦露一斑矣。」讀畫録

僧無可，江南桐城人，吉州青原山堂頭，付嘯峯法。博奥淹雅，著通雅、庖莊，經世出世皆備。字作張草、二王，亦工畫，極文秀逼古。圖繪寶鑑續纂

超揆

輪菴法名超揆，俗姓文氏，名果，中翰震亨子，文肅公姪。父歿家落，走京師，佐總戎桑格定滇逆，得官不仕，旋薙髪。善詩文箋札，工畫。山水多寫生平遊歴之名山異境，故獨開生面，不落時谿。聖祖南巡迎駕，召入京，恩賚優渥。年七十餘示寂，賜塔玉泉山，予謚文覺禪師，異數也。畫徵録

止嵓

豁堂名止嵓，號菽菴，本姓郭，杭人，住西湖浄慈寺。詩畫俱優，善師仿元四大家。圖繪寶鑑續纂

墨香按：豁堂徐姓，名繼恩。國變後爲僧。所著有同凡集二卷，王新城尚書目爲湯惠休、帛道猷之流。

道濟

道濟，字石濤，號清湘老人，又號大滌子，又自號苦瓜和尚，又號瞎尊者，前明楚藩後也。畫兼善山水、蘭竹，筆意縱恣，脱盡窠臼。晚遊江淮，人争重之，一時來學者甚衆。今遺跡維揚尤多。畫徵續録

予不善竺乾氏教，而與石師游以畫以書以詩。而石畫尤著，蓋睥睨古今，横溢矩矱者也。吴肅公街南文集

石濤道行超峻，妙繪絶倫。王麓臺嘗云：「海内丹青家不能盡識，而大江以南當推石濤爲第一。予與石谷皆有所未逮。」觚賸

藥地

藥地，名弘智。〔一〕施侍講閏章云：「藥公拈余『浮雲一洗萬峯出』作畫，并題短歌見貽，依韻報謝：『藥公别具神仙筆，照夜青藜逢太乙。手翻滄海弄白日，興酣筆落如箭疾。千巖萬壑何周

〔一〕藥地，即方以智，弘智亦其號。

密，爲我倒縮蓬萊歸一室。雲蒸霧合天地一，半空風雨泉聲出。』」愚山集

通　證

通證，字超澄，號語石，羅姓。父眉山，從事丹青，有名三吴間。證祝髮於圓津禪院，禪誦外嗜畫，以太倉王鑑爲師。王時敏扁其居曰「墨花禪」。山陰高士戴易贈詩云：「松雪楊林喚鳥頻，雲林老去不逢人。即今留得殘山在，何日圓津一問津。」太倉王撰詩云：「老筆仍將董巨師，蒼茫雲樹墨淋漓。箇中三昧無人識，輸與禪翁獨自知。」王原祁詩云：「初地工夫學巨然，清谿灌木起雲煙。廿年精進頭陀老，可入米家書畫船。」其爲名流推挹如此。青浦縣志

語石初字月江，予爲之更今字焉。其尊人眉山，喜丹青。是時吾邑弱水潘君精於繪事，眉山從遊有年，故其染翰迥出人羣。余曾見語石持示二幀，如黄鶴山樵，如梅花菴主，蒼潤絶倫。今語石以二人見背，祝髮空門。資性穎敏，禪誦之外，究心畫理，亦受業於弱水。弱水亟稱其筆性之妙，與其尊人不相上下，可以稱雄於翰墨之林矣。葉國華薾園集

陸慶臻題語石畫卷：「語公大師禪隱漕溪精舍，妙契宗旨，遂行無上法三昧。禪悦餘閒，間作山水小景，寫其天真。涉筆所之，輒有拈花微笑之趣。弟子碧士侍説法，來日且久，親覩墨妙亦有年，時於此中憬有悟入，大師深加激賞。一日，遂以閒中所作清玩示之，亦微露衣拂心傳也。展對晨夕，見其嶺迴溪轉，雲樹窈深，點染入天，迴絶凡徑，直是一派禪機流演，不當作藝事

觀矣。爲志數言，用章法寶。」薺菴稿

照　初

照初，字貞朗，號雪菴，程姓。父舜龍，新安縣學生，家於崑山。照初年十三來慈門寺出家，旋住圓津禪院，與通證爲法兄弟，亦以畫名。青浦縣志

貞朗薙髪空門，朝夕梵唄，儼如老宿。復以其暇游神書畫，并裒集名人韻士詩文翰墨，盈笥累篋，嗜之甚深，若枕席以之矣。葉國華薌園集

覺　徵

覺徵，字省也，號白漢，嘉興人，居西湖之南高峯。能書，善畫。所作山水，細皴重染，雖一樹一石，過於重巒疊嶂之妙。圖繪寶鑑續纂

覺徵，字省也，又號眉道人。善山水，筆意秀整。庚曾祖荆石先生松泉獨坐小照卷，師所補圖，森蔚之致，足以移情。題曰：「以此松石情，依彼巖壑坐。悠然見素心，靜對松谿悟。」書法亦佳。照爲虞昌寫，精湛有生氣。昌，字大生，不知何許人。畫徵録

半　山

半山，寧國人，俗姓徐。好游覽，善山水，宣池之間多奉爲模楷。同上

僧半山，宣城人，遨游名勝，筆墨娱情。善寫山水，運筆圓勁，布置空濶，出自天資，與作手

迴別。圖繪寶鑑續纂

僧半山俗姓徐，名在柯。寫山水橅雲林、仲圭、石田三家筆意。今畫偶録

宗　泰

宗泰，字古笠，法藏寺僧，受法於費隱和尚。時濡墨作顛草，或作小畫。後復往徑山高菴，自號高菴道人。平湖縣志

墨香按：費隱字通容，石門僧，能詩畫。

楚　琛

釋楚琛，字青璧，從超果寺珂雪瑩公雉髮，隨天童密老人受具，同師住吴興之棲雲山。癸未歲，歸隱超果西來堂，杜門養道。兼遊情翰墨，善畫工詩。徑山雪老人與吏白、珂雪兩兄弟往還三十餘年，青公時於座下領其謦欬。單狷菴曰：「青公方外芝蘭，宗門巢許。其詩清華秀拔，迴出塵表。」雲山酬唱

深　度

僧深度，廣東人，住於佛山。善山水，粤中首望。圖繪寶鑑續纂

雪　个

僧雪个，南昌人。工寫意花卉，奇奇怪怪，巨幅不過朵花片葉，善能用墨點綴。同上

智得

僧智得，住南岳。畫山水層巒疊嶂，皆得古法。同上

止中

止中，號香雪，華亭人。山水學玡雪一派，筆墨秀潤，邱壑冷落。同上

宗渭

釋宗渭，字筠士，號芥山，崑山人，從松江超果寺青璧公剃染。能詩，善畫，瀟灑拔俗，可謂蓮社白眉。張洮侯云：「筠公年雖少，有入世之才，而優出世之慧者是也。其詩節亮而味腴，深得唐人三昧，極爲宋荔裳、周釜山兩先生所稱。」雲山酬唱

宗渭字紺池，少學詩於宋荔裳觀察，中年後遊西堂尤侍講之門，得所傳授。所著有紺池小草。嘗謂門人曰：「詩貴有禪理，勿入禪語。」故其詩無蔬筍氣。兼工山水，筆亦超俊。〔一〕墨林韻語

苽水

吾友王石谷，四十年前往來晉陵，即與苽水大師商榷筆墨，極相友善。己卯秋，師過虞山，

〔一〕後原有「所著有紺池小草」一句，與前文重複，故删去。

因得一見於西林精舍。别去二年，復遇於耕煙草堂，并見所畫長縑小幅，位置點染，直抉宋元人神髓，宜乎石谷有水乳之合也。〔淩竹題跋〕

上睿

上睿，字目存，號蒲室子。工山水，布置深穩，氣暈沖和。嘗與王石谷遊都門，蓋得其指授者，自是能品。詩亦工秀，宗門中工筆墨者，目存其傑矣。〔畫徵續録〕

睿，字目存，吴縣人。工畫山水、花卉、人物，俱師法古人，南宗北宗兼善。當路薦入京師，旋以疾告歸，方外中淡於榮利者。〔歸愚詩傳〕

僧目存，山水得法於清暉老人，花鳥則酷似甌香居士。詩亦工妙，嘗題張憶孃簪花圖云：「笑摘穠香壓髻鴉，懶將時勢鬬鉛華。他年得入維摩室，不許簪花許散花。」卷中題詠幾及百人，當時推目存此詩爲擅場焉。〔墨林韻語〕

覆千

覆千，平湖人，善山水。遊京師，見知於聖祖，詔師王原祁，遂爲司農代筆。後居萬壽寺，御書「棲心樹」三字以賜之。〔畫徵録〕

成衡

成衡善山水，康熙間嘗供事内廷。聖祖賜大臣畫扇，後面多衡畫，欵題「臣僧成衡謹寫」。

筆亦古雅，蓋取法於王少司農。畫徵續録〔一〕

達真

達真，字簡菴，姓楊氏，内閣學士瑄之叔。受度於松江超果寺，居西來堂，尋居廣富林之福城菴。戒律精嚴，通内外典，兼書畫，尤工翎毛、花卉。户部尚書王鴻緒以其畫扇進御聖祖仁皇帝，稱善，於是四方争購之。雍正六年，世壽七十有四，忽諭徒衆曰：「汝等善自護持，明午吾當遊矣。」衆問師何之，曰：「他家自有通霄路，不向他人行處行。」至期檀信雲集，遂沐浴更衣，向衆作禮而化。婁縣志

超瀚

釋超瀚，字瀚海，號墨仙，潘埶人也。爲僧於杏溪静室，喜吟詠，兼工書畫，並有逸趣。嘗自題其焚修之室曰「梅子熟也」，其精於禪悟可知。卒年八十有三。奉賢縣志

懶雲

釋懶雲，善畫花卉，與楊晉、徐玟同時。百幅菴畫寄

〔一〕 原作畫徵録。

本光

于宋，名本光，文肅公家曾孫也。生即茹齋，五歲搦管作大士像，年二十皈依靈巖繼起和尚。後遊京師，卓錫於磐山禪院，前後建精舍數十楹。善畫山水，守家法，設色淡雋，兼工寫真。年八十餘，歸葬其父母。卒於竺塢山堂，即文肅公故廬也。《畫徵續録》〔一〕

自扃

僧自扃，號道開，結廬於吴門山塘。詩字並佳，又善山水，得意外之趣。《圖繪寶鑑續纂》

焉文

僧焉文，山陰人，出家於徑山。書善小楷，畫仿大癡。同上

兆先

僧兆先，字朗如，號虚亭，隱西湖。寫山水初宗北苑，變出己意，好峯巒深邃，幽遠多姿。更善鐫章隸書。同上

居易

僧居易，漢口人。工山水，而水墨花卉、雙鈎並工，詩亦成家。同上

〔一〕原作《畫徵録》。

照　遠

僧照遠，字可一，住會稽之頭陀菴，參宗受戒。文字悉佳，又畫元人山水，筆意差乏流動之趣。同上

戒　聞

僧戒聞，字解三，松江楓涇人。客都下，閱藏二次，胸中自是不凡。詩文短札，精倩入神。又畫元人山水，筆墨沉厚，不亞於惲本初。同上

戒聞，華亭人，客遊於都。善山水，仿元人筆法，風味淡逸。其欵托名姜睿，莫測其意，豈名曰戒聞而懼令聞之彰與？詩文亦佳。畫徵録

浄　憲

浄憲，字匡雪，善詩，畫得法於三宜，住西郊香萃菴。嘉興府志

白　丁

白丁，雲南人，善畫蘭。鄭板橋稱其作畫不令人見，畫畢微乾，用水噴噀，其細如霧，筆墨之痕因茲化去。又云石濤和尚客揚州數十年，見其蘭幅極多，學一半撇一半，未嘗全學也。詩曰：「十分學七要抛三，各有靈苗各自探。當面石濤還不學，何能萬里學雲南？」書畫紀略

目存

目存，不知何許人，號尋濬。工山水，長於臨摹，其仿唐子畏者尤妙，蓋其所得力也。畫徵録

梵林

梵林山水有南宗二家卷，一雲林、一梅華道人，爲時所稱。好雲遊，常在禾中。余嘗求其遺跡，不概見也。畫徵續録〔一〕

未然

未然，金陵人，善山水。圖繪寶鑑續纂

七處

七處，金陵人，善山水。同上

掃葉

掃葉，金陵人，山水精妙。同上

參石

參石，金陵人，山水最精。同上

〔一〕原作畫徵録。

雪　笠

雪笠，金陵人，善蘭竹。同上

山　語

山語，金陵人，善山水。同上

巨　來

巨來，江寧人，善山水。曹通政寅，鑒賞家也，極稱其能。畫徵録

靈　壁[一]

靈壁，號竹憨，吴江人。善山水、蘭竹、花草、果品，多墨筆。自率胸臆，脱略恣肆，逸品之亞也。兼長草書。同上

圓　顯

圓顯，字文海，得法於靈巖。居忍草菴，輯忍草乘略。能詩，亦善畫。無錫縣志

掩　麓

掩麓，字再牧，廣化寺僧。工山水，沈太史宗敬稱之。婁縣志

[一]「壁」，卷前目録作「璧」，未知孰是。畫徵録畫前目亦作「璧」，正文作「壁」。

永　徹 聽竹附

釋永徹，字環照，俗姓吴。幼出家於精嚴寺之清隱房，參香嚴老人。於普明遇一異僧，秘授金針，能開一二十年瞽目。性恬淡，兼善蘭竹，士大夫雅重之。其徒孫聽竹，亦善畫，且能世其業。《嘉興府志》

珂　輪

西林老衲珂輪，能畫，贈之以詩：「寒畦餘凍菜，野渚生荒煙。雪塘何限景，應倩惠崇傳。」《歸田集》

鑒　微

朱昆田題鑒微上人折枝蔬果：「老圃三蔬錢舜舉，豳風七月馬和之。未如釋子彌天秀，淡着鉛黄寫折枝。」《笛漁小藁》

大　振

大振，上元人，工畫。《江南通志》

普　澤

曇上人普澤，住上海鐸菴，工畫山水、花鳥。《百幅菴畫寄》

一　智

一智，字石峯，休寧人，山水用筆亦疎爽可喜。《畫徵録》

元逸

僧元逸，字秋遠，住嘉興祥符寺，後結茅西郊而棲静焉。博雅好古，植本栽花。書學二王之小楷，畫學子久之高曠。圖繪寶鑑續纂

實如

實如，字寄舟，張文敏照嘗稱其書，亦善畫。婁縣志

黄宫允之雋畫蘭歌次韻答僧寄舟：「開士畫蘭眉宇凉，必題佳什三擅長。筆花攜走疲津梁，肩挑日月脚踏霜。白雲蓬蓬來西方，杯渡谷水超崑岡。昔朝閶闔今遠望，人間天上秋茫茫。遊覽不妨三宿桑，相逢令我思雁黄。同此風格生毫光，寫貽一枝王者香。香流水墨吹滿堂，壓倒俗眼皆驚惶。」唐堂集

僧寄舟，平湖人，曾住吾松龍門寺。工寫蘭，師其筆墨者甚多。書畫紀略

實梅

語公徒蕉士，寫墨竹入能品，後有實梅繼之。梅字旭林，遊維揚，住維摩院。盧運使見曾紅橋雜詩云：「足繭千山消未曾，軟塵過眼莫生憎。緑楊城郭紅橋寺，合着雲龕老畫僧。」蓋指實梅也。青浦縣志

王少司寇昶題實梅畫册：「旭公釋者也，以畫爲游戲。予於弱冠時，曾識之，蓋圓津禪院距

予居里許，所謂漕溪草堂墨花禪，時時步屧過焉。自語石、貞朗二公即以書畫名，旭公繼起，挾其藝遊邗溝，一時名士流連傾慕。如册中陸南香、盧雅雨兩文，可想見其高韻已。南香以工詞名，予嘗定交於金閶。及予客雅雨所，知旭公與予同鄉，往往問訊及之。今兩君先後下世，而旭公之化去亦久矣。旭公於語公爲孫，而旭公之後岳菴及今三世下振華、四世下慧照，咸以工書畫、精篆刻見稱。昔吾家元禮謂未有七葉之中，人人有集如吾門者，信乎文字之傳有運會焉。士大夫不能及其子孫，而苾蒭獨能守之，至六七傳而其道勿替。然則覽斯册也，可爲語、貞諸公慶，亦可爲士大夫子孫媿矣。」述菴文集

大岊

山陰詩僧大岊，有偶然作畫戲題二絶云：「愛絶溪山此結廬，苔花青長屐痕疎。桐陰瑟瑟路幽寂，夜静月明聞讀書。」「六村流一帶碧鱗鱗，向晚微風動白蘋。隔岸煙生漁浦静，半船明月載詩人。」越風

通微

通微，字恒徹，杭州人，松江雨花菴僧。工寫意花鳥、禽蟲。書畫紀略

大涵

釋大涵，字雁黄，號喫雪子，既而合雁宕、黄山以自號曰雁黄，俗姓潘，吴江人。九歲爲沙

彌，既長入靈巖，事月涵爲弟子。常遊南岳，繼居黄山之軒轅臺。後陳侍郎元龍巡撫廣西，大涵遂遊粤，從灕江至羊城，縱觀羅浮，歸至肇慶而逝。其學禪一詩二，亦能畫老松怪石。黄唐堂集

性　潔

性潔，字冰壺，秀水人。寫真爲鮑嘉入室弟子。好學嗜古，臨摹舊迹不倦。山水雖非所長，而鑒賞獨精，嘗曰：「吾鄉山水鮮能脱浙習者，近復爲王巘之邪説所誤，非真有志有識者不能振也。」每見石谷畫，輒命同學臨之。薛宣來禾，悉遣諸弟從其學。年五十餘，殁於天寧寺之寶蓮房。畫弟子巢敬經紀其喪。敬字林可，寫真得其傳，山水師薛宣。畫徵録

心　一

心一，太倉人，王氏世僕，後爲僧，棲息於水雲寺。山水善臨摹諸家。畫囊

元　弘

釋元弘，字石庭，會稽人。著有高雲詩集。善畫。越風

實　源

實源，初名三友，居白鶴江，投來青閣出家，自稱梅花舩子。放參之暇，喜寫梅。張大司寇照構别業於横雲山，請其住院，適鑿井有甘泉之應，更名曰一泉。後居蘇州小花山。乾隆十六年，翠華南幸，實源進呈梅花長卷，上嘉之。晚年北遊至京師，尋住保定蓮花寺，久之入滅。青浦

縣志

僧一泉，青浦人。善墨梅，縱横恣肆，不爲前人繩墨所拘。今畫偶録

明中

明中，字大恒，號烎虚，俗姓施，桐鄉人。幼薙髮於禾中楞嚴寺，雍正間遊京師，得法於無礙永覺禪師。歸住杭州聖因寺，兼攝天竺講席。乾隆丁丑春，移主南屏浄慈。今上南巡，蒙賜紫衣。性好畫，嘗謂結習未能除。山水得元人法，信手運綴，氣味清遠。兼善寫生，人不能求也。善詩，與舒明府雲亭最契合，倡和尤多。畫徵續録[一]

明中于雍正十三年參方至京師，世宗于千僧中選留有根器者二十人侍講佛樓中，與焉。特旨住吉祥苑池南，參究禪學。乾隆元年，還本籍。六年，主聖因寺。二十二年，移住浄慈。聖駕南巡，賜紫三次。三十三年，退院，命法嗣實蔭代其事。工詩，善畫山水。道古堂集

師秀而腴，天性沖和，能以儒通佛法。旁及繪事，大癡之縝密，雲林之疎秀，師兼有之。間亦寄意篆刻。尤長於詩，著有烎虚詩鈔。飛鴻堂印人傳

西湖浄慈寺僧明中，字大恒，題姚梅村册云：「風香村路屐雲白，草堂衣氣韻清迴。」近日詩

[一] 原作畫徵録。

僧罕有及者。大恒能書畫，頗亦不俗。《半谷居詩話》

名一

名一，號雪樵，白蓮寺住持，嘗學明中詩畫。《畫徵續録》

國朝畫識卷十五　方外二

王正國

王正國，一名舜國，號桂宫居士，金陵人。國初爲朝天宫道士。善畫，有吴小仙筆意。好飲，求畫者多以酒飲之，醉輒作畫，立盡數十紙。嘗於隣屋白板上就木節作睛畫一龍，去一夕大風雨，板上龍已失所在，木節空洞如鑿。凡所繪龍，一時俱成素幅。後以患痢死，遺矢治痢如神，人謂其仙去矣。蔗塘外集

吴東壁王道士畫龍歌：「朝天宫裏老居士，曾走方壺探弱水。收拾靈怪入筆端，先學小仙後道子。等閒不肯輕揮毫，不稱神畫稱酒豪。求畫定載一石酒，一斟一酌心陶陶。酒酣興發重引滿，左執酒杯右執管。千紙萬紙頃刻成，牛鬼蛇神恣怪誕。」金鰲集

李　樸

李樸，字天木，號雪齋，郡人。幼與施亮生同受異人金丹火候性命宗旨，精熟紫清洞玄秘法，年四十餘辟穀，晝夜不眠。與人語，隨機開示，使之了悟。善詩畫，亦工書法。順治乙未，挂

瓢於用直里之圓白堂。庚戌秋，夢青衣謂曰：「上帝召汝。」遂凝坐而化。學者謚爲沖夷先生。陳惟中甫里志

紫中道人居朝真觀，静修二十年，得徐洞輝之傳。又寄興揮染，妙絶一時。常往來東湖、甫里間，人多築室以居。康熙九年，卒于郡城紫微菴。吴縣志

施 政

道士施政，字正之。初畫蘭竹，後摹黄一峯、吴仲圭兩家山水。圖繪寶鑑續纂

顛道人

顛道人，江寧人，流寓揚州。醉後作畫，任意揮灑，山水、花木皆有奇趣。人問其姓名，不答，因呼爲顛道人。後見乞其作畫者漸多，遂去，不知所終。或曰道人姓胡。畫徵録

榮 漣

榮漣，字三華。少孤多病，母命入明陽觀爲道士。爲人淳古簡直，善畫，亦能詩。偏遊名山，所至以詩筒畫笥自隨，落墨人輒珍之。漣事母至孝，在外得珍玩良藥，悉藏弆持以獻母。倦遊歸養，晨昏依戀，繞膝如嬰兒。母没，廬墓不復出。邑士大夫共往迎漣，築室錫山之顛以居之。漣鑿池其中，繞麓植梅花，名所居亭曰「香雪社」。翰林杜詔與漣及僧妙復結世外交，號「九峯三逸」，而漣尤以孝義見重。無錫縣志

俞　桐 桐，圓妙觀道士。

俞桐，字秋亭，長洲人。秋亭以病入道，隱於畫，餘事成詩，取自然，不求工也。趙秋谷每賞之。歸愚詩傳

魏浮尊〔一〕

魏浮尊，名瓠，住蘇州西道院。沈歸愚詩云：「虞山畫師獨往客，五岳經行一笻屐。歸來潑墨掃煙雲，胸次山川有誰敵？晚年倦作諸侯賓，筆牀茶竈移吴門。升堂弟子有數輩，誰其秀出有浮尊。浮尊道人餐霞子，谷神養就長不死。愛將餘事弄丹青，山是真山水真水。尊前示我海嶽圖，方丈蓬壺乍有無。泰岱松雲落几席，鼇蘐殘雪寒肌膚。恍然坐我煙水窟，獨往精神呼欲出。殷勤爲我寫幽居，酒罷看君重落筆。草堂築近館娃宫，野店山橋處處通。疎鐘杳杳傳雲外，嵐翠重重落鏡中。故園如此不棲宿，馬蹄空踏京塵紅。知君畫意通窈渺，風我還山讀書好。青鞵布襪逐仙翁，林屋相將拾瑶草。」歸愚詩鈔

徐世揚

道士徐世揚，字竹亭，松江人。長水墨人物、花鳥、騾馬，山水亦輕秀。今畫偶録

〔一〕 卷前目録原作「魏瓠」，今統一如正文篇目。

王　彰

王彰，字嘉言，號蘭皐，住吴江純陽道院。貌清癯，不苟言笑。能詩，著有蘭皐詩草。善書，尤工於畫，得石谷山人筆意。松陵詩徵傳

沈乾定

沈乾定，字健石，一字紫沖，號退菴，長洲縣人，中和道院王啓東之曾徒孫也。啓東授以老氏書，了了如夙習。長從杜太史雲川學詩，從聽松山人榮璉學畫，習道法於訪真吴鍊師，並得其傳。時妙正真人婁公近垣在都，啓東同門也，招至京師，隨之值大光明殿。又學法三年告歸，慎郡王重其道行，特書「卧松風」三字額及聯軸贈之。回院後，日惟修真精進，暇則煮茗焚香、書畫而已。晚年廣覓仙佛小像，手製髹漆龕座甚精。年六十三卒。善山水圖畫，工篆隸，鐵筆亦佳，並推于世云。張書勳退菴傳略

國朝畫識卷十六

王端淑

王端淑，字玉暎，號映然子，遂東先生思任女也，適錢塘丁肇聖。博學工詩文，善書畫，長於花草，踈落蒼秀。順治中，欲援曹大家故事延入禁中，教諸妃主，映然力辭之。卒年八十餘。著有吟紅集。畫徵録

蔡潤石

黄石齋先生蔡夫人，名潤石，字玉卿。工書法，與先生逼似。康熙庚辰春，得其楷書律詩一卷，稍雜分隸，題云：「偶寄夏太守，時山中聞警。崇禎丙子秋八月蔡氏玉卿書于石養山中。」時多崇禎中魔道語，蓋先生作也。居易録

李少司馬厚菴説，黄石齋先生蔡夫人今年將九十而無恙，能詩。書法學石齋，造次不能辨。尤精繪事，常作瑶池圖，遺其母太夫人云。香祖筆記

徐　粲

徐粲，吳縣人，海寧陳中堂素菴夫人。善寫大士像及宫粧美人，筆法古秀，衣紋如蓴葉，設色雅淡，大得北宋人傳染意。圖繪寶鑑續纂

徐粲，吳人，海寧相國陳之遴素菴公淑配。善畫士女，工浄有度。晚年專畫水墨觀音，間作花草。畫徵録

湘蘋善屬文，兼精書畫。詩餘真得北宋風格，絶去纖佻之習。其冠冕處，即李易安亦當避席，不獨當代第一也。林下詞選

墨香按：湘蘋，一字明深，號紫箮，著有拙政園詩詞集。

方維儀

桐城閨秀方維儀，同里姚孫棨妻，早寡，大歸，守志。亦善白描大士像，阮亭嘗稱之。畫徵録

桐城姚夫人名維儀，無可大師姑母也。酷精禪藻，其白描大士尤工。所著清芬集，文章宏贍，亞於曹大家矣。陳惟崧婦人集

徐元嘆落木菴集云：「昨訪江城毛休文于竺塢慧文菴，出其母汝太君畫扇十八面，山水、草蟲無不臻妙。三百年中，大方名筆可與頡頏者，不過二三而已。近日閨秀如方維儀之大士，倪

仁吉山水，周禧人物，李因、胡浄鬘草蟲、花鳥，皆入妙品。安邱張杞園曾見邢慈浄髮繡大士，極工。慈浄，子愿之妹。又崔子忠青蚓二女，亦工畫。池北偶談

楊　芬

楊芬，字瑶華，維斗季女也。母本晉人，兼工詩畫，姊妹俱傳其業。沈懋華芝光鼓盆後遊吴中，以詩作合，雅相得也。迨館選數年，别娶燕姬。宜人雖入都，殊有白頭錦字之嘆，頗賴詩畫自給。有花樵集一卷。茅湘客絮吴羹

倪仁吉

吴之葵妻倪氏，名仁吉，浦江人。能詩，善書畫。夫病革，矢以身殉。夫力阻之，且屬以立嗣奉姑。仁吉含泣順承，時年二十。慟絶復蘇，事姑猶母，撫教爲後之子。行不窺堂，衣不易素，間以吟詠自適。有凝香閣稿。義烏縣志

女郎倪仁吉，義烏人也。善寫山水，尤工篇什。予嘗見其宫意圖詩云：「調入蒼梧斑竹枝，瀟湘渺渺水雲思。聽來記得華清夜，疎雨銀釭獨坐時。」先考功曾得其全集。池北偶談

余祖姑素嫺丹青，凡景之足娱人意者，無不入諸繪染，即無不形之嘯歌，擬諸摩詰畫中詩、詩中畫，殆不是過。倪晉驊凝香閣集跋

仁吉工寫山水。嘗種方竹於庭，以自況也。有同志者，斫一竿與之。竹嘯軒詩傳

吴娟

吴娟，字廩仙，石城人。本名家，後裔流落不偶，卜居金陵之蔣園，與林茂之諸詞客相酬和。性好遊覽，曾歷牛首祖堂諸勝，各有題詠。善作畫，工小楷尺牘。著有萍居草。昚墨堂詩傳

范珏

范珏，字雙玉，廉静，寡所嗜好，一切衣飾歌管、艷靡紛華之物，皆屏棄之，惟闔户焚香瀹茗，相對藥爐經卷而已。性好畫山水，摹仿黄大癡、顧寶幢，槎枒老樹，遠山絶磵，筆墨有天然氣韻，婦人中范華原也。青溪雜志

黄媛介

黄媛介，字皆令，嘉禾黄葵陽先生族女也。髫齡即嫺翰墨，好吟詠，工書畫。楷書仿黄庭經，畫似吴仲圭，而簡遠過之。其詩初從選體入，後師杜少陵，清麗高潔，絶去閨閣畦徑。適士人楊世功，蕭然寒素，皆令黽勉同心，怡然自樂也。乙酉鼎革，家被蹂躪，乃跋涉於吴越間，困於檇李，躓於雲間，棲於寒山，羇旅建康，〔二〕轉徙金沙，留滯雲陽。其所紀述，多流離悲慼之辭，而温柔敦厚，怨而不怒，既足觀其性情，且可以考事變，此閨秀而有林下風者也。無聲詩史

〔二〕「康」，原作「寧」，據無聲詩史改。

禾中閨秀黃媛介，字皆令，負詩名數十年。爲予畫一小幅，自題詩云：「懶登高閣望青山，愧我年來學閉關。淡墨遥傳縹緲意，孤峯只在有無間。」皆令作小賦，頗有魏晉風致。池北偶談

黃媛介善古詩詞，著作甚富。楷書摹黄庭經、十三行，畫山水小景有元人筆致。圖繪寶鑑續纂

嘉興黃皆令，詩名噪甚，恒以輕航載筆格詣吴越間。余嘗見其僦居西泠斷橋頭，憑一小閣，賣詩畫自活。稍給，便不肯作。陳維崧婦人集

媛介，秀水文學象山之妹，與姊媛貞俱擅麗才，媛介尤有聲香奩間。書法鍾、王，人以衛夫人目之。畫亦點染有致。適楊元勳，夫婦偕游江湖，爲閨塾師以終。有湖上草。檇李詩繫

陳結璘

陳結璘，字寶月，常熟人，孝廉瞿伯申配。蘭心蕙質，畫工山水，詩有少君風味。圖繪寶鑑續纂

虞山瞿太君陳夫人者，以道藴林下之風邁。少君高世之行，宏覽博物，含英咀華，固已伉儷倡和，嚶鳴悦響矣。旁及繪事，又能力追宋元，出入四大家，一一亂真。而所著詩草，深得三百篇之遺意，有鬚眉才子所不能道者。王時敏西田遺藁

王璐卿

王璐卿，字繡君，一字仙嵋，江南通州人，孝廉馬振飛配。天姿穎異，讀書過目成誦，所繪禽魚花鳥極工。于歸後，勵夫子以讀書，脱釵典衣以佐膏火，有不足則篝燈刺繡以繼之。每遇花

晨月夕，輒貫酒爲歡，間製小詩，則彼此酬和。所著鴛鴦社、錦香堂諸集，珍諸秘笥，人或不得見焉。睿墨堂詩傳

王繡君善丹青，詩亦有名。嘗記一絶云：「青草河頭花正妍，緑莎汀畔水連天。輕舟載得春多少，無數飛紅到槳邊。」筆情波媚，風調更佳。墨林韻語

吴　琪

吴琪，字蕋仙，號佛眉，世居姑蘇之花岸。孝廉康侯女，管勳予嘉室。生而穎悟，髫齡工詩，及笄而能文章，尤精繪事，一時女郎脱簪解珮求其片紙者日相望。于歸後，兩壁人掩映於鏡光奩影間，見者竊嘆爲神仙下世。嗣是，緡書賭煮、掃黛添香，二十年如一日。無何夫死於官，室家了不可問，蕋仙遂薙髮於大張蘭若，名上鑒，號輝宗，蓋不復問人間事云。睿墨堂詩傳

茂苑吴蕋仙，才情新婉，當其得意，居然劉令嫻矣。與飛卿著有比玉新聲集。蕋仙尤好大略，精繪染。飛卿贈詩云：「嶺上白雲朝入室，樽前紅燭夜談兵。」蓋實録也。陳維崧婦人集

墨香按：周瓊，字羽步，一字飛卿，吴江人。工詩，著有比玉新聲集。

夏　沚

無錫閨秀夏湘友名沚，與吴琪爲中表姊妹。琪五十初度，湘友手製水田衣、畫便面以寄之，規勸毋浪遊江北。吴果失意，悁忿以歸。後吴卒，湘友經紀其後事，有女俠風。小粉場雜志

夏沚，字湘友，無錫薛既央之繼室也。工吟詠，間作山水，亦蕭疎有逸致。墨林韻語

姚　淑

姚淑，字仲淑，金陵人，庶吉士連州李長祥納爲繼室。有鍾山秀才海棠居集。静志居詩話李研齋之繼室，曰「鍾山秀才」，浮楦梳頭，凝粧特妙。每一出游，秦淮麗人争相窺仿。其婢墨池，性亦明慧。秀才常畫蘭竹，池輒侍側，宜墨之淡，令以口受筆退其墨。李詩云：「别有香在口，莫畏胭支黑。」吴觚

周慧貞

周慧貞，字挹芬，尚書周用之裔，適嘉興黄某。善畫，工詩，其稿沈宜修爲序。吴江縣志

孫　愫

嚴廷鋏妻孫愫，吴郡人。幼明慧，嫻經史，兼工藻繪。早寡，寒燈敗帷，辛苦四十載。晚課女孫，輯古媛文百餘首，細爲評注，曰古文聲鑑，識者以爲可補中壘列女傳汝南典故之鈌。江南通志

歸淑芬

歸淑芬，字素英，高文學陽室也。初居花村，晚遷香溪北，偕隱聯吟，輯古今名媛百花詩行世。有雲和閣集，同里王方伯庭、曹侍郎溶爲之序。兼工書畫，然筆墨珍惜，購之不可多得也。

秀水縣志

吳　朏

吳朏，字凝真，號冰蟾子，華亭人，適嘉善曹允明。七歲能讀書，長而端静敏慧。女工之隙，靡不綜覽，雖當操作，未嘗釋卷。相夫事姑，内外咸稱其賢，不以吟詠而妨所爲。詩詞皆工。允明居半畝，搆小西閣，梅花繞屋，與冰蟾嘯詠其間。尤善繪事，煙雲花鳥，筆墨生趣，人争寶之。嗣子十經文學、婦李玉燕，俱能詩。一門相繼，可稱盛事。著有忘憂草、採石篇、風蘭獨嘯三集。汪啓淑擷芳集

王　煒

王煒，字功史，又字辰若，太倉人。太原相國之裔，海鹽陳文學光綷室。能詩，善畫，有燕譽樓稿。與光綷偕隱於婁。博學敦古，詩多名句。顧伊人稱爲笄幃中道學宿儒，不當以香奩目之。太倉女子黄若，從父自蜀歸，以奇花珍木圖示之，日夕模寫，致病而殁。檇李詩繫

吳　山 卞德基附

吳山，字嵒子，江南當塗人，適同里卞楚玉琳。工筆墨，嗜詩書。自歸楚玉，頻遭患難，轉徙他鄉。楚玉中道即世，無後。有長女元文，工詩詞；次女德基，善畫，先後嫁劉峻度孝廉。迎嵒子於家，事如母。眘墨堂詩傳

金淑修

金淑修，明隨州牧殉難僧太僕卿徐世淳長子肇森配。善山水，局度軒敞，有丈夫氣。不輕作，故流傳甚少。子嘉炎，舉康熙己未博學鴻詞，入史館，官至閣學。累贈太夫人。畫徵續録

太夫人少習書史，博通典則，知大義，有丈夫識。短章尺牘，淹雅可觀。畫入元人之室，三吴閨閣争傳購之。有合響集行世。徐元文金太夫人傳略

范景姒

吴橋節孝范氏，名景姒，文忠公景文女弟也。好讀書，通經史，尤工書畫。繪大士像，仿李龍眠。有冰玉齋詩若干卷。歸同邑王世德，二十而寡，年三十九卒。文忠撰墓志，見集中。池北偶談

項珮〔一〕

項珮，字吹聆，秀水人，文學吴巨手統持内子。能詩善畫，喜讀書，工詩。本以貴族令淑遭難流離，與其君子偕隱荒村，諷詠自若，可謂安貧樂道、白首相莊者。著有藕花樓集。檇李詩繫

〔一〕「珮」，目録作「佩」。

周　禧姚亦附

周禧，江陰諸生榮起之女也。工詩畫，片紙殘縑，爲人寶貴。江南通志

元人士女惜花圖，叢花片石。予昔藏江上女子周禧惜花春起早一幀，似是臨摹此畫。香祖筆記

寒山趙凡夫子婦文淑，字端容。妙於丹青，自畫本草一部，楚詞九歌、天問等皆有圖，曲臻其妙。江上女子周禧得其本草，臨仿亦入妙品。禧弟子姚，亦江陰人，美而艷，作畫得淑遺意。池北偶談

周　祐

周祐，江陰人，文學周榮起之女，工花卉。圖繪寶鑑續纂

趙　昭

趙昭，字子惠，吴郡寒山隱君女。祖母陸卿子，母文端容，俱擅詞翰之席，子惠能嗣其美。適平湖文學馬仲子班。性好煙霞，嘗葛衫椎髻，自擬道民，仲子强之不克。會仲子父難破家，子惠遂入空門，更號德隱，結菴于洞庭西山中，香林匿影二十餘年，亦吴越間一奇女子也。有侶雲居遺稿。檇李詩繫

吴中閨秀工丹青者，三百年來推文淑爲獨絶。無子，一女名昭，字德隱，適平湖馬氏。寫生

工秀，兼長蘭竹，不愧家學。畫徵續録

秦　朗

秦朗，金沙王彦泓之女。彦泓工爲艷體詩，傳寫滿江左。朗有夙慧，擅家學，歌詩、小詞及畫水墨梅花並稱絶調。無錫縣志

秦德澄妻王氏，無錫人。素承家訓，聰慧善吟詠，兼工繪事。爲没骨花鳥，於前人規格外，自闢畦徑。年二十餘寡居守節，自號羼提道人，又曰無生子。有集三卷，自爲序之。江南通志

堵　霞

堵霞，字綺齋，號蓉湖女士。梁溪進士伊令堵公女，同邑庠生吴元音室。善讀父書，博通經史，游情繪事。凡作花木、禽魚、蟬蜓、疏果之類，不用落墨，并無粉本，隨意點染，皆臻神妙。喜吟詠，兼工蠅頭小楷，遇得意輒信筆題跋其上。一時求詩索畫者，雜沓填閭巷，殆無虚刻。擷芳集

錫山吴子元音之室堵夫人，博學能詩，更工寫生，花卉深得徐熙遺意。余嘗爲詩贈之，有「清才能詠雪，妙筆自生花」句，夫人乃以顔其芝蘭之室。毛際可安序堂集

綺齋之詩，清婉韶秀，高出晚唐，有煙霞想，無脂粉氣。畫法宋人，深造徐、黄，没骨化境，而艷麗閒雅勝之。至其寫生入微處，翩翩韻致，出自天然，非優柔軟媚、鈎描形似者比，真近代所

罕覯。同上

湯尹嫺

湯尹嫺，字洽君，江蘇吴江縣人。善天文曆律、開方立方籌算，工丹青。諸生三俊女，適同邑計來。來卒，絶粒以殉。擷芳集

嫂洽君，吾兄僧來配。善詩歌填詞，畫花卉、翎毛，其父俊民家教也。計東改亭集

吴　綃

吴綃，字冰仙，吴門人，觀察許瑶夫人。善花卉，鈎勒、設色俱佳。圖繪寶鑑續纂

吴夫人名綃，字素公，一字冰仙，家世三讓之苗裔，歸高陽許氏，壬辰進士蘭陵之配。幼敏慧，好書，丹黄不去手。善繪事，每經點綴，靈動如生。所居墳籍塞坐，吟詠清婉。吴中閨秀徐小淑能詩文，端容善畫，一時有盛譽。惟夫人兼此二長，或謂過之也。葉襄嘯雪菴詩序

張學典

楊無咎繼室張學典，字羽仙，吴郡徵君端拱女。工詩詞，十歲作採蓮賦，兼精繪事。與無咎窮居偕隱，日手經史，教二子繼光、繩武皆成名。所著有花樵集十餘卷。江南通志

張氏學典，字羽仙，徵君端拱女。工繪事，經名家王忘菴指授。歸楊無咎爲繼室，撫前室子女如己出。與無咎窮居偕隱，日手經史相辨証，爲閨中良友。吴縣志

楊慧林

楊慧林，字雲友，號林下風，杭州人。工山水諸墨妙。圖繪寶鑑續纂

雲友工詩善畫，有冬月登隨喜菴因寫斷橋小景志喜一絶云：「經年不復見湖山，重到西泠載月還。風日何如今日好，天應爲我也開顔。」墨林韻語

龔静照

龔静照，字冰輪，號鵑紅，無錫人，進士龔廷詳之女也，適同邑陳生。著有永愁人集。擷芳集

鵑紅産名閨，工詩畫，而抱天壤王郎之怨，故詩多懷斷。尤以尊君中翰懷沙之恨，每寓詩歌。遭時轗軻，無若鵑紅者。慎墨齋詩話

錢宛鸞

錢宛鸞，字翔青，蘇州人，工詩善畫。圖繪寶鑑續纂

翔青美姿容，工翰墨，風流儒雅，擅絶三吴。今讀其詩，如「魂迷蛺枕三更夢，腸斷花箋一紙詩」，又「翠屏斜倚思無奈，夢捉飛花過小橋」，豈非自爲寫照耶？翠樓集

錢宛蘭

錢宛蘭，字卉玉，蘇州人，宛鸞胞妹，適翰林吴宏安。能詩，工畫蘭。圖繪寶鑑續纂

吴湘

吴湘，字若耶，江都人，嫁高士范生，居湖上。善鼓琴，作畫爲士林鑒賞。西湖志

王正

王正，字端人，江都人。善花草，布置工穩。能詩，受業于徐少宗伯倬。後入都，馬相國齊延教其女。畫徵録

端人幼攻書史，長嫺詩畫，爲閨閣上流。一時貴游争委禽不得，而歸吾友李子若谷。琴瑟相調，每月白風清，倡酬不輟。其秉性澹泊，婦德尤爲過人。慎墨齋詩畫

習忍

習忍，武進人，寫生師惲南田法。有折枝花册，娟媚雅潔，枝榦花葉均有意致，非貌似其師也。册後有南田跋。畫徵録

嚴曾杼

嚴曾杼，小名蘩，仁和人，顥亭之女。善丹青，工奕棋。適錢塘沈長益。著有素窗遺詠。擷芳集

孺人系出禹航，都諫顥亭愛女也。生而穎慧，女紅之事裁，一經目已能自出機杼。詩書略一上口，輒能背記會悟，嘗拈韻爲小詩。工奕，又嘗侍外父筆研，見作字及花草煙雲，亦工點染。間遺諸姊妹，宛若外父。沈長益嚴孺人傳略

萬夫人

萬夫人，徐州萬年少之女，善書畫，乃華亭章給諫冢婦也。圖繪寶鑑續纂

殳默

殳默，字齋季，小字墨姑。嘉善殳丹生山夫之女，母曰陸少君。生而奇慧，九歲能詩，刺繡、刀尺亦無不入妙，兼工小楷，畫摹李龍眠白描大士。年十六未字，母死，三日亦卒。常愛管夫人畫竹一幅，與同臥起，并玩好文石子十許枚，小白甆罌二器，凡零香斷墨、殘繪剩繡，悉内之棺。著有閨隱集。檇李詩繫

惲冰

惲冰，字清于，南田之女。善花草，得其家法，名於吴中。適同里某，子四人，皆傳其學。畫徵續録

柴貞儀

柴貞儀，字如光，仁和人，茂才黄介眉室。點染花卉以及草蟲、翎毛，無不超神入室。圖繪寶鑑續纂

柴静儀

柴静儀，字季嫻，適同邑沈漢嘉。善鼓琴，工吟詠，著有凝香室詩鈔，亦善丹青。有題自畫

詩云：「香閣閒無事，丹青聊自娛。移將眉黛色，寫出遠山圖。」墨林韻語

徐昭華

徐昭華，字伊璧，上虞縣人。徐仲山之女也，適諸暨駱加采。毛西河先生女弟子，著有徐都講詩一卷，附刻西河集中。亦工畫。同上

毛西河觀昭華畫障：「吾郡閨房秀，昭華迥出羣。書傳王逸少，畫類管夫人。紫水和泥染，青山帶露皴。蝶衣聯繡褶，花片滴朱唇。閣上煙雲曉，階前草木春。秪愁頻對鏡，圖作洛川神。」毛奇齡西河集

吾越閨秀以詩鳴者，湘君雲衣玉暎，後則徐都講爲最。都講者，名昭華，字伊璧，駱君加采之室也。倡隨之暇，雅好蒔蘭，因自號蘭癡。有素蘭詩四首，余嘗和之，而西河集中失載。柳亭詩話

昭華又請試，會昭華畫蝶工甚，遂命題畫蝶五絶，限東韻。昭華立成云云，誦之，一座驚歎。予喜爲和詩云：「滕王有遺譜，描之深閨中。羞殺東園蝶，翾翾滿緑叢。」西河詩話

倪宜子

倪仁吉姪女宜子，天姿穎異，機警靈巧，凡琴棋簫管、詩畫針繡，靡不通曉。因所天留燕久而不歸，彼從之，遂卒于邸寓。擷芳集

卞氏

三韓卞大中丞永譽女，善花草，賞家稱其工。中丞好古精鑒，著有書畫彙考行世，宜其女之工筆墨矣。同上

吴宗愛

吴宗愛，字絳雪，金華人，庠生徐明英室。工畫花卉、翎毛、人物，著色山水亦佳。圖繪寶鑑續纂

郭瑛

郭瑛，字瑧汝，長洲人，適顧氏。畫學趙文淑，花鳥推逸品。同上

瞿雯

瞿雯，字雲子，無錫人，工畫梅。同上

余尊玉

余尊玉，字其人，善詩畫，許字崔氏，亦閩巨族。同上

國朝畫識卷十七

陳書

陳書，號上元弟子，晚號南樓老人。秀水太學生堯勳長女，適海鹽錢上舍綸光。善花鳥、草蟲，筆力老健，風神簡古。翁鶴菴先生嘗嘆曰：「用筆類白陽，而遒逸過之。」間作觀自在、關壯繆、呂洞賓像。上舍家貧好客，夫人典衣鬻飾以供，嘗賣畫以給粟米，雖屢空，晏如也。以長子陳羣貴，誥封太淑人。卒年七十有七。畫徵録

先母陳太夫人善山水、人物、花樹、翎毛，各擅所長，上爲親題神品藏内府者甚夥。布衣張庚，舍弟施南司馬界，從姪元昌觀察、維城學士，從孫編修載，皆受先慈畫法，亦如四家之宗衛夫人也。錢陳羣香樹齋集

姜桂

姜桂，字芳垂，號古硯道人。孝廉本渭季女，行人垓曾孫女也。父母許張氏子，聘未婚。張卒，桂時年十九，聞訃欲自經，父母許其守節，乃不死。未幾，翁姑相繼没，無可歸，矢志於室，貞

女也。通經書，善畫山水，乾筆疏秀。嘗見其小幅，自題云：「暖風晴日值良辰，窗外梅花數點新。更想林泉清淑致，山光樹色寫初春。」又記云：「仿元人惜墨法，惟舊紙得墨，始有氣韻。佳紙難覓，大幅更罕。兹幀細潔，又平拓者再，而紙性猝難融化，淺深濃淡頗費經營，而筆不達意，欲貌似古人而不可得。多愧！多愧！」觀此，足以知其學力有所得矣。畫徵續録

朱柔則

朱柔則，字道珠，浙江錢塘人，詩人沈用濟室。用濟爲紅蘭主人客，道珠遥寄故鄉山水圖，用濟旋歸，一時傳爲佳話。竹嘯軒詩傳

紅蘭主人題閨秀朱柔則寄外畫卷：「柳下柴門傍水隈，天桃樹樹又花開。應憐夫壻無歸信，翻畫家山遠寄來。」玉池生稿

曹鑑冰

曹鑑冰，字葦堅，號月娥，金山縣人，適婁縣張殷六。張貧，鑑冰授學徒經書以自給。能書，善繪，造請者咸稱葦堅先生。著有清閨吟。撷芳集

葦堅曹太君爲茸城十經先生之令嫒，申浦張君殷六之德配。工詩詞，善丹青。惜張君之不遇時，半世青氊，而太君怡怡同賡偕老。其詩詞清新婉轉，媲美古人，雖近世鬚眉宿學，有遜謝不敏者。清詩備采

張似誼

張似誼，字鸞賓，桐城人。兵部尚書僖和公女，主事姚文燕配也。工書善畫，著有保艾閣詩鈔。擷芳集

馬　荃

馬荃，字江香，扶義孫女。工花草，妙得家法。一葉一花，人争珍之。適常熟某，以節重於里。江香曾祖父眉，父南平，皆善寫生，葢四世矣。畫徵續録

龔充和與妻馬荃俱工書畫，求者貴若拱璧。家貧，偕至京師，以繪事給衣食。夫亡歸里，縡纑染翰，飲冰茹茶。當事重其節，爲作節婦傳。江南通志

墨香按：江香係扶義女，逸之妹也。

蔣季錫

蔣季錫，常熟人，南沙相國之女弟，適華亭王圖煒。工書善畫，著有挹清閣集。汪啓淑擷芳集

蔣季錫，字蘋南，文肅公之妹，王興吾之母也。善花卉。今畫偶録

墨香按：蘋南花鳥得馬氏法，亦兼學南田。其姪女淑，字又文，寫生得文肅家傳，亦歸王氏，惜早卒。

陳　氏

陳孺人號爽軒，余齊年黄子岂圃配也。生而穎悟，甫九歲，從學於舅氏顧履菴，授以楚詞，不期月而覆之，不失一字。覆菴奇之，遂教以詩。自繡一大士像懸案頭，無事時則獨坐焚香，臨池作字。又嘗得渲染法，邊鸞之雀、趙昌之花，皆隨意輒工。而最喜畫秋海棠，略施丹粉，吹氣可活。嘗改吟摩詰詩曰：「前身是畫師，今世非詞客。」殘箋剩幅，得者若徑尺珊瑚焉。汪棟傳略

方　静

方静，字畹香，安徽桐城人。工詩，善寫生。嘗寫便面花鳥祝節孝三姊宋夫人，并系以詩曰：「碧玉桃開二月天，盤根錯節自年年。枝頭好鳥青鸞種，應與瑶池一樣傳。何分幽翠與芳紅，都在春風雨露中。階下紫芽開正好，籠人香氣繞簾櫳。」墨林韻語

友蘭方太君，吾友許君容菴之令慈也。爲桐邑明經公默先生女，同懷姊妹有四，太君居幼，皆負詩名，博通今古。太君兼工丹青，蓋夙慧有根。清詩備采

丁　瑜

丁瑜，字懷瑾，錢塘人。父允泰，工寫真，一遵西洋烘染法。懷瑾守其家學，專精人物，俯仰轉側之致極工。適同里張鵬年，亦善畫。畫徵續録

沈彦選

沈彦選，嘉興人，海鹽俞孝廉鴻德配。工花鳥。畫囊

嘉興沈彦選工花鳥，分枝布葉自得異致，筆亦不纖，蓋不以娬媚爲工也。惜早世，未得大成。畫徵録

孔素瑛

孔素瑛，字玉田，聖裔毓楷女，占籍桐鄉，適烏程貢生金某。善寫花鳥，有機趣。能詩，有飛霞閣集、蘭齋題畫詩跋，共十三卷。畫徵續録

素瑛同里金大令尚東寫畷城，娶素瑛爲繼室，親黨以令淑稱。善畫山水、人物，畫已即題佳句，能作晉人小楷，具有三絶。練音初集詩傳

吴應貞

吴應貞，吴江人，趙某妻。工寫生，風神婉約，自是閨房之秀。畫徵録

唐惠淑

唐惠淑，字冰心，金山縣人。唐醇女，許字金峩綬。未嫁而金卒，冰心守貞。能文章，工書畫。年三十一歲。汪啓淑擷芳集

俞光蕙

俞光蕙，字滋蘭，海鹽人。少司農潁園孫女，于殿撰敏中字耐圃淑配。性好畫，年七歲寫折枝花于壁，司農見而異之。長受法於錢太夫人陳書，太夫人子司寇，司農姪女倩也，以親串往來指授，自是益進。筆致清穎古秀，布置亦大雅。乾隆戊辰，耐圃視學浙江。庚午春，宜人卒於官舍。畫徵續録

鮑詩

鮑詩，字令暉，平湖人，別駕怡山次女。怡山有四女，皆知書、善畫、能詩。徽州老諸生程立嵓名之廉者，善山水、花鳥，來游東湖，姊妹從之，專學花草，傳白陽法也。令暉筆尤長。適予族姪徵士雲錦。有鶴舞堂小稿一卷，吾亦愛吾廬詩鈔二卷，造句幽秀，攸縣彭湘南采入國朝詩選。同上

汪亮

汪亮，字暎輝，號采芝山人，柯庭孫女。幼喪父，聰穎好學，多藝能。留心典籍，善詩。尤好六法，私淑清暉老人。輕雋秀潤，設色雅淡，其一種清逸之致，頗覺出塵自得。適吴興費氏，今移家嘉興。同上

毛秀惠

毛秀惠，字山輝，江南太倉人，諸生王愫室。愫娱情畫理，不慕榮禄，閨中人同此素心。讀

其詩，想見其幽居之樂。竹嘯軒詩傳

先外舅鶴汀先生，博洽淹貫，爲藝林祭酒，畢生心力萃於詩。余内子山輝，先生之少女也。幼敏慧，誦習經史過目不忘，先生因欲以詩授。每謂詩本性情，試觀國風所録，半出閨襜之作，苟有得於温柔敦厚之遺，何患不爲淑媛？於是朝披夕諷，得於庭訓者有年。適於余，余家貧，不善治生産，讀書隣寺，晨出暮歸，未嘗一詢家事。凡會計出入及中饋瑣屑務，經營拮据，悉出其力，不辭瘁，故不暇作詩者十有餘年。歲乙卯，余館於城北，次兒將就傅，力不能延師，内子口授句讀，課子之暇，復理舊業，偶有會心，發爲吟詠。兼好六法，興至點染，輒有題句。王愫女紅餘藝跋

許權

宜瑛姓許，井陘令兩峯公之孫女也。父震皇，爲邑諸生，世紹書香。生子晚，勉效中郎故事，以傅愛女，錫名曰權，若曰權爲子也，字宜瑛。生而穎悟，𨙸上授語、孟、孝經等書，一再成誦，又教唐宋人小詩。七歲玩月云：「一種月團圞，照愁復照歡。歡愁兩不著，清影上闌干。」翁嘆曰：「是兒清貴，惜福薄不厚。」因舅曹迪公爲予父母告，遂訂姻焉。予初魯甚，先大父激之曰：「外慚諸父，内媿閨門。」諸父皆有詩名，而煐才華特著，故云。煐勤造作，工針刺，尤善白描法。生三子。著有問花樓集。崔謨許宜人傳

程　瓊

轉華夫人，即安定君，歙西溪吳比部震生之内子程恭人也，名瓊，字飛仙，同郡休寧率溪人。幼見董華亭書畫，眼一編遂能捷悟。及長，書畫、算奕無不精敏。論事評理，微妙獨絶。其神解所徹文字、象數，皆塵秘也。史震林西清散記

周　巽

周巽，字順吉，浙江山陰縣人。分宜令周開緒之女，適仁和諸生沈一心。工書法，精繪事，著有須曼閣小稿。擷芳集

孔麗貞

孔麗貞，字蘊光，博士宏輿之女，太僕卿戴公之兒婦也。精詩畫翰墨。結褵甫一載，夫旋死。未幾，其同産兄亦死。博士公無子，復迎蘊光歸居里第。其兄先聘李氏，未成婚，矢志不他適。蘊先與同事博士翁媪，無間言。時有兩家奇節萃於一門之稱。顔氏恤緯齋集

柏盟鷗

柏盟鷗，字映潭，江蘇揚州人。善丹青，工絲竹，著有柏潭詩鈔。擷芳集

廣陵閨秀柏盟鷗，乃余友沈中垣之甥女。有奇氣，於技藝無所不嫺，而尤工於絃索。點染丹碧爲山水，可以亂董北苑之真。至漁獵家所藏書，自四子五經而外，以及古史綱鑑、左、國、秦

漢諸子史之類，一一皆洞悉其旨，旁及騷雅辭賦，無不窮微詣粹。日漸月積，有詩成帙。頗深自韜晦，不肯輕示人。韓矩柏潭詩鈔序

張季琬

張季琬，字宛玉，別號月鹿侍史，閩縣人。新安懸河廳張洪之女，適江寧府參軍朱文炳。能詩，尤工繪事。香草齋詩話

張宛玉題自畫蛺蝶：「蘧蘧飛出宋東家，春去何心夢落花。描得滕王新粉本，小窗只當寫南華。」擷芳集

廖淑籌

廖淑籌，字壽竹，長洲尹許遇之子婦，禮部郎均妻。工詞翰，間寫花竹，皆極精緻。陳榕門相國以爲不減管道昇、趙文淑風味。福州府志

夫人爲儀曹郎許雪村之配，本林來齋女，繼廖氏者。來齋好古蹟，作金石考，又拓昭陵碑石文字，巍然成集。夫人胚胎前光，所爲詩和以莊，其音亮而婉。又工畫，其寫蘭竹則相國陳文恭以爲不減管道昇、趙文淑風味。其與月鹿夫人張季婉合畫，則中丞潘敏惠以爲冷香寒翠、冶南雙璧〔一〕。

〔一〕「潘」，原作「澹」。潘敏惠，即潘思榘。

夫人名跡爲名賢激賞如此。吉夢熊侍讀琅丹集序略

余與雪村同館閣者三年，其内子廖，則來齋舅氏女也。詩翰、繪事色色精工，魏國仲姬未多讓也。雍正丙子臘月大雪，子過訪雪村，圍爐擁雪，掃梅花大幅，雪村發榦，表姊氏圈花，筆墨清潤，極閨房之韻事。謝道承硯史

姜　宜

姜觀察穎新玉峯遺稿序：女姪宜，字玉峯，予弟自芸女也。生而端麗清淑，六歲讀女論語、毛詩，九歲熟楚詞、漢魏六朝三唐詩，遂工吟詠。自芸善琴，宜盡得其學。又延崇川老友湯入林於家，授以墨蘭竹石，有管夫人遺法。後自芸入翰苑，宜家居，與弟恭壽磨韻拈句無虚日。如題幼弟文載畫云：「古木無巢雲作室，深山有伴鶴爲童。」詠秋海棠云：「剪碎檀心雲片片，抛殘紅線夜叢叢。」自題爲弟壽畫蘭云：「楚珮分嬃女，班香續大家。」其清新密麗類如此。及笄，歸錢生標林甫，七年而宜卒。如皋縣志

閔半霞

亡婦隴西氏，號半霞，舅氏鱸鄉公女。婦未嘗專工六法，承舅氏家學之餘，偶然弄筆，便能一洗畫工脂粉氣。曾寫墨菊袖册贈余，題一截於册末云：「籬脚斜陽淡欲無，墨雲落紙半模糊。繡餘戲借生花筆，爲寫秋山偕隱圖。」百幅菴畫寄

方婉儀

方婉儀，號白蓮居士，歙縣人，聯墅方石村宗伯之孫女也。善畫梅竹蘭花。適江都羅聘。著有學陸集、白蓮半格詩。汪啓淑擷芳集

閨中人方氏婉儀，字曰白蓮。幼承家學，即工半格詩。及歸余室，舉案之暇，一切綺語屏而不爲。梁間燕子、簾額游絲，亦未嘗作緑窗兒女之言寫入毫素也。時觀余畫寒天梅竹，從硯旁指畫，頗通逸趣。一枝半葉，便能點染墨池，有出塵之想。羅聘白蓮半格詩序

杭太史世駿題白蓮女史詩：「每疑詠絮無全什，又怪簪花少畫名。親見夫人擅三絕，居然不櫛一書生。欲賦梅花大欠詩，何圖林下有風期。不知雪椀親濡筆，瘦影疎香寫幾枝。詩參三昧畫通神，玉雪羅郎迥絶塵。不是月泉吟社客，如何修到比肩人！」道古堂集

王珩

王珩，嘉定縣人，王又白之女也，適陸定武。工丹青，著有蕙朖、寫意二稿。擷芳集

方壽

方壽，字篷客，號芝仙，歷城人。善丹青。適長青縣庠生潘可宗。著有芝仙草。擷芳集

閨秀方壽，比部坳堂方君昂之女兒也。能詩，善丹青。頃見其詠海棠一絶云：「含煙泣露小樓東，脈脈無言媚晚風。好似沈香亭畔醉，闌干十二倚嬌紅。」水曹清暇録

陳廣遜

陳廣遜，號静齋，廣東順德縣人。善丹青。適何宰。著有静齋小稿。擷芳集

陳君次文司訓海陽，寄其女静齋詩一卷屬序。其古體縱横有措拄，近體清峭絶不類婦人，讀而異之。既從其里人張君藥房聞静齋事翁姑甚孝，與夫子何君文宰閉户相倡和，有偕隱之風。藥房并見何君詩，氣格與静齋迥異，何其難也。藥房又云：「静齋工畫梅竹，不恒以示人。」其殆惡世俗之名者與？李文藻静齋小稿序

顧瑞麟

焚餘鐫，亦昭夫人詩也。夫人邗東望族，幼能文章，工繪事，女紅稱絶，而尤長於詩。笄年歸任氏，五年而孀。平時吟詠甚富，自爲未亡人，悉取存稿焚之。其尊人與余友善，得未燼數章，爲之付梓云。夫人姓顧氏，諱瑞麟，亦昭其字也，號用里畸人。擷芳集

顧　媚以下姬侍

顧媚，字眉生，又名眉。莊妍靚雅，風度超羣。鬌髮如雲，桃花滿面，弓彎纖小，要支輕亞。通文史，善畫蘭，追步馬守真，而姿容過之，時人推爲南曲第一。家有眉樓，人以迷樓目之。是時江南侈靡，文酒之宴，紅粧與烏巾紫裘相間，座無眉娘不樂，而尤艷顧家厨食品，以故設筵眉樓者無虚日。未幾，歸合肥龔尚書芝麓。尚書雄豪蓋代，視金玉如泥沙糞土，得眉娘佐之，益輕

財好施，憐才下士，名譽盛於往時。客有求尚書詩文及乞畫蘭者，縑箋動盈篋笥。青溪雜志

顧媚，字眉生，號橫波，龔宗伯芝麓妾。工墨蘭，獨出己意，不襲前人法。畫徵録

徐夫人識局明拔，尤擅畫蘭蕙，蕭散樂託，畦徑都絶，固當是神情所寄。陳維崧婦人集

蔡　含

蔡含，字女羅，吴縣人，如皋冒辟疆姬也。生而胎素，性慧順，好畫，兼善山水、花鳥、禽魚，長於臨摹。有竹松圖巨障，辟疆作長歌題其上，一時名人和之。又嘗爲墨鳳圖，題者頗衆。女羅殁，汪懋麟爲之銘墓，而諸名士錫以挽詩，亦可以不殁矣。畫徵續録

蔡含，姑蘇蔡孟昭女。善山水、花鳥、人物，能于擘紙潑墨，喬松、墨鳳尤奇。圖繪寶鑑續纂

金　玥

辟疆姬人又有金曉珠，名玥，崑山人，居染香閣。亦善畫，曾臨高房山小幅，得其氣暈。時稱冒氏兩畫史。畫徵續録

厲太鴻鶚題冒辟疆姬人金圓玉水墨秋葵圖：「辟疆自題云：『余不能飲，日看畫此花，亦飲醇酒意也。』余係以截句云：『金琖横欹醉不勝，墨痕秋暈一奩冰。西園老去佳人子，看畫花枝學信陵。』」樊榭山房集

董　白

辟疆有姬人董白，字小宛，金陵人。善書畫，通詩史。早卒，辟疆作梅影菴憶語悼之。查爲仁

蓮坡詩話

陳素素

陳素素，江都人，自名二分明月女子。萊陽姜學在之姬。美而艷，能畫，又善度曲。名流吴園次、毛西河、余淡心諸公，俱有詩。好事者至有譜其事爲秦樓月傳奇，即此詞也。虎邱綴英志略

王曇影

王曇影，浙江蘭溪縣人，隨父寄居廣陵。工畫蘭，善奕，精曉梵典。許字劉生青夕，爲侍者。將次於歸，倏爾謝世。圖繪寶鑑續纂

郝湘娥

郝湘娥，保定人，鬻于巨室竇眉生家。工畫花草、人物。同上

蔣䕷英

西泠蔣䕷英石岩，係某鉅室小星。幼讀書警悟，凡技藝一一涉獵，而于琴尤得絶調。書法酷摹董文敏，亦時作蘭竹小畫，詩絶似義山、飛卿。後度爲比邱。韓鉅岩詩序略

妙　慧女尼附

妙慧，本姓張，家金陵南市樓，從假母之姓，姓馬，名汝玉，字楚峙。熟精文選、唐詩，善小楷、八分及繪事。心獨厭薄紈綺，品題花月，指點溪山，名流頗企慕之。後受戒于棲霞法師，名

妙慧。擷芳集

卞　賽女冠附

玉京道人，莫詳所自出。或曰秦淮人，姓卞。〔一〕知書，工小楷，能畫蘭，能琴。年十八，僑居虎邱之山塘。所居湘簾棐几，嚴净無塵，雙眸泫然，日與佳墨良紙相映徹。與鹿樵一見，遂欲以身許。尋遇亂別去，歸秦淮者五六年矣。久之，復東下，主於海虞一故人。生偶過焉，尚書某公者，張具請爲生必致之。衆客皆停杯不御。已報曰：「至矣。」有頃，迴車入內宅，屢呼之，不肯出。生怏怏自失，〔二〕不能爲情，已而歎曰：「吾自負之，可奈何！」踰數月，玉京忽至，有婢曰柔柔者隨之，著黃衣作道人裝，呼柔柔取所携琴來，〔三〕爲生鼓一再行，泣然曰：「吾在秦淮，見中山故第有女絶世，名在南內選擇中，未入宮而亂作，軍府以一鞭驅之去。吾儕淪落，分也，又復誰怨乎！」坐客皆爲出涕。柔柔莊且慧。道人畫蘭，喜作風枝婀娜，一落筆盡十餘紙。柔柔承侍研席間，如弟子然。踰兩年，渡浙江，歸於東中一諸侯，不得意，進柔柔奉之。乞身下髮，依良醫保御氏於吴中，凡十餘年而卒。吴梅村集

〔一〕「姓」，原作「性」，據梅村家藏藁改。
〔二〕「生」，原作「身」，據梅村家藏藁改。
〔三〕「携」，原脱，據梅村家藏藁補。

卞　敏附

玉京有妹曰敏，頎而白如玉昉，風情綽約，見之如立水精屏也。亦善畫蘭、鼓琴。對客爲鼓一再行，即推琴斂手，面發赬。乞畫蘭，亦止寫篠竹枝、蘭草二三朵，不似玉京之縱橫枝葉、淋漓墨瀋也。然一以多見長，一以少爲貴，各極其妙，識者竝稱之。青溪雜志

倩扶　吴媛妓女附

倩扶，華亭人。善花鳥，工寫意，工詩。嘗口占一截調善書者張星云：「年少翩翩客，風流弱冠初。能將畫眉意，悟入折釵書。」同時有吴媛和云：「風流京兆勝當初，昨夜娥眉入夢餘。每看晴山渾黛色，倒拈斑管不成書。」媛字文青，無錫人，自號梁谿女史。亦善畫，有墨荷圖、設色菊花扇。兩人並爲吴梅村東山勝侣。畫徵録

豐　質

蘭陽豐質，字花妥，妙音律，善演劇，而性度閒雅。焚香鼓琴，好畫墨蘭，學王覺斯法。花葉舒暢瀟灑，絶無拘滯修飾，不得以風塵筆墨忽也。寓居睢州，名甚重。陳其年東侯六叔岱詩云：「聞説睢州女校書，春愁纔妥上頭初。今朝人卧梁王苑，歌板糟牀只欠渠。」忽了悟，即於睢州從一貧人，勤苦作家。卒年蓋三十云。同上

墨香居畫識

陳旭東　賴文婷　整理

王序〔一〕

清 王昶

馮君墨香工詩文，善畫，常采本朝畫家爲畫識若干卷若干人。予見其書久矣，及予。予告歸方病，馮君冒雪來請爲之序。

予謂今之畫非古之畫也。蓋自書契作而繪畫之事踵興，秦漢以前取於畫者有三〔二〕：三辰旂旗、火龍黼黻，虞帝所以觀象，周官所以畫繢辨等威也；遠方圖物、貢金鑄鼎，如山海經之書，使民知也；聖君賢相、忠臣孝子，鑱於稚子之闕、武梁祠堂之石，教民興行也。然摹其大概，未有刻畫之精。自顧愷之、陸探微、張僧繇輩出，然後極其工焉，亦未及於山水也。山水之畫自唐始，李思訓、王維尤著。其畫山水也，煙嵐雲樹中兼有人物宮室，而宮室界畫又以算學乘除之法行之，蓋畫之久而益工者如此。其後荊、關、董、巨變之，倪、黄、吴、王又變之。歷宋元明三朝，惟趙令穰、劉松年、趙孟頫、文徵仲諸君猶兼其勝，餘則無有能兼者。名爲簡遠超妙，實乃盡失古

〔一〕該序春融堂集卷三十七收録，題馮廣文墨香居畫識序。

〔二〕「三」，原作「之」，據春融堂集改。

法，故曰今之畫非古之畫也。馮君之意，以爲我朝文治光昌，經史詞章之學卓越前代，即以游藝論，精於畫者亦衆，因取而悉識之。記其里居及其生平出處梗概，閨襜釋道靡不畢見，而綴輯尚未有已也。

夫煙嵐雲樹，澄空縹緲，滅没萬狀，境之屬於虚者也，畫者以其瀟灑出塵之致，静觀自得，時有以取之，故工者難，而學之爲易。若夫宫殿人物，刻取情狀，必求其肖，重規疊矩，不爽累黍，境之極於實者也，故精者難，而學之者先不易。且以界畫法入山水中，既無損於澄空縹緲之觀，而益增瀟灑出塵之勝，豈不尤難哉？如是而謂宋元以來之畫勝於古人，其果然否？馮君愛畫，且深於畫理，其必有以審之明矣。故因其請序而并以質焉，以爲何如也？

乾隆甲寅嘉平月，同學弟王昶序。

自序

國家川嶽效靈，人材蔚起，不特詩古文辭作者超越前代，即繪畫一事，亦多登峯造極，藝擅千秋。閒嘗博采志乘，披尋羣集，輯爲國朝畫識十有七卷，又補編二卷，於一百四十餘年之中，計得畫人七百七十餘家。較之讀畫録、續圖繪寶鑒、國朝畫徵録諸書，似覺詳備。然恐固陋寡聞，搜羅未徧，庋閣有年，未敢付梓。是編但就髫年師事父事之人，以及壯歲游歷、萍蹤相值，或友其人而得見其畫，或見其畫而企慕其人，隨所欣賞，輒爲劄記，積有歲月，又已成帙。戊申長夏，養痾雲間寓樓，摒擋藥裹之外，頗有餘閒，因略加詮次，先登棃棗，就正於當代名公韻士。評泊失當，爵里或訛，均希有以教之。其係之「墨香居」者，别於國朝畫識之纂輯羣言也。其仍曰「畫識」者，則猶夫「不賢者識其小者」之意云爾。墨香居士馮金伯書。

例言

一、愚髫年嗜畫，見里黨中有能山水、花鳥者，即具絹素請索。故于壬申、癸酉間其人尚在者，輒多采入，再前則別録。

一、是編自壬申至戊申所載，皆三十餘年中人。其幼時所識，多入首卷，從其朔也。二卷王蓬心以下數人，在楚中相識，則從類敘。三卷吴補齋以下數人，在味琴册中所收，則從類敘。餘皆倣此。既未得以年齒分先後，亦不以先後寓軒輊。

一、愚另纂國朝畫識，如近日名公已登國朝畫識者，兹不複出。

一是編所載，固多筆墨超羣、耳目昭著之人。其有藝不甚高、名不甚著，而或生平舍此無可表見，或資性穎異而早年摧折，均爲載入，略具闡幽表微之意。

一、藝事與年俱進，由能而妙而神，隨候改觀。是編祇就目前所見，謬附品評，其有志切研求、工力日進者，豈得據爲定論？

一、撰著得之傳述，每多舛錯。如畫徵録中，葉金城名洮，而誤作陶；周洽字載熙，誤作熙載，而逸其名；陳桐、陳桓之雁行失序；徐璋于乾隆初供奉内廷，而誤入康熙。吾郡如此，其餘可知。是編大半知交，餘亦頗加詳慎。然名字爵里，必有誤處，儻蒙博雅君子指示改正，不致訛傳，實爲厚幸。

一、繪事莫盛于國朝。從前畫譜，固多遺漏，即名人題詠，亦難徧及。其既未入國朝畫識，而是編又因年遠未載者，現在另輯墨香居畫識前編，如有名工哲匠，淹没未彰，其後賢繫懷梧棬，志切表揚，務希開明爵里、年歲，并寄示遺跡，以便登載。

一、世際文明，人遊熙皞，或林泉養静，或文史餘閒，自多寄情翰墨，寓興丹青。僻處一隅，豈能徧識。是編自可逐年增補，現在續梓，儻或海内羣賢不吝妙墨，用光拙集，是所切望。

墨香居畫識目次

余　崧（五一四）　張　莘（五一四）
殷立杏（五一四）　張燮岑（五一四）
陳一鶴（五一四）　王　溶（五一四）
汪林茎（五一五）　童經正（五一五）
盛匯潢（五一五）　張璇華（五一五）
王　瓖（五一五）　楊　謙（五一六）
周　佐（五一六）　朱逢泰（五一六）
葉元德（五一六）　查振旗（五一六）
高元眉（五一七）　周　綵（五一七）
顧王畿（五一七）　楊安景（五一七）
顧　海（五一七）　陳　源（五一八）
鮑祖雋（五一八）　畢大椿（五一八）
張旋吉（五一八）　周　笠（五一八）
施大烈（五一九）　華　鞋（五一九）
沈　鋑（五一九）　呂　元（五一九）

陳　楝（五一九）　王廷周（五一九）
錢　熙（五二〇）　馬　鋭（五二〇）
戴　炳（五二〇）　唐　棣（五二〇）
胡勳堯勳裕（五二〇）
姚廷本（五二一）　吳　增（五二一）
程坎孚（五二一）　裴　錡（五二一）
宋雲書（五二一）
閨秀錢淵（五二一）
閨秀高煥（五二二）
閨秀閔苧（五二二）
閨秀閔慧（五二二）
閨秀嚴文（五二二）
閨秀吳德韞（五二三）
閨秀虞朗（五二三）
閨秀柳依依（五二三）

卷九……（五二四）

楊天璧（五五七）　周介福（五五七）
裴　鏞（五五七）　張　深（五五八）
王立德（五五八）　程　纘（五五八）
李　馨（五五八）　周　岱（五五九）
釋宣澍（五五九）
道士徐體微（五五九）

道士朱福田（五五九）
道士許仁年　沈春林（五五九）
閨秀沈英（五五九）
閨秀朱新（五六〇）
閨秀顧兆蘭（五六〇）
閨秀席文卿（五六〇）

墨香居畫識卷一

葉鳳毛

恒齋師諱鳳毛，字超宗，號恒齋，忠節公蒼巖之孫。官内閣中書，轉典籍。將出爲同知，以病假歸，時年未四十也。家石筍里。其所讀書處曰「説學齋」，常游息其中，燖繹經史，淹通羣籍。所爲詩古文詞，雋永超妙。真草深得晉人意，畫山水喜倣石谷，花鳥則橅南田。嘗謂予曰：「吾幼好繢畫之事，誦習之隙，竊學寫人物、鳥獸、草木、水石之屬，無師授稿本，求肖而已。稍長知無益，棄之。比居京師，往往見古今人名筆，愛玩之極，心躍然動鈎摹臨仿者久之。慮妨職事，復却去。今林栖養疾，思理故業，消遣閑日。獨念天下事無巨細，非積功力、累歲月、發憤專心，未有能成而可傳、傳而可法者也。鄙末之技，亦何爲哉！」蓋吾師生平學業，其不自滿假類如此。年七十二，忽患痁疾，知不起，自爲墓志而逝。所著有說學齋詩文集。

程佃

同里笠道人程佃，字振飛。早年善吹笛，名聞遠近。既而悔之，遂學畫山水。獨處一小樓中，日則吮飫穎墨，夜則夢寐煙雲，不問家人生計者將五十年。其專且久如是。其畫初從趙、左入手，繼則泛濫於婁水、虞山，上及元明諸大家。每得一佳本，不憚臨摹百遍，必得其神理乃已。六十後，用筆沉着渾厚，力透紙背。惜拙於書，其畫落欵者甚少。當予少時，道人年已八旬，猶見其解衣磅礴，津津講貫不倦也。生平作畫，摹倣多而自運少。其藁本每假之於閻邱藍峰處，故兩人交與亦㝡深。

唐　辰

唐辰，字蘊奇，號際飛。與笠道人居相近，年亦相若。初學畫山水於嚴載，後知其師承之誤，極力脱化，然習染已深，時露本色。生平畫甚多，披沙揀金，亦時有可意處，所謂熟極則巧生也。卒時年亦八十外矣。

王詒燕〔一〕

王詒燕，字翼安，號掞齋，亦號香雪，華亭人。工寫蘭竹。恒齋師嘗跋其畫册云：「窮寫生之能事，而不能爲蘭爲竹者，多矣；窮爲蘭爲竹之功力，而不能造乎其至極者，亦多矣。或以爲天資高則可弗學而能，嗜好篤則熟能生巧，余俱謂不然。夫蘭爲國香，竹爲植物之師，其德比於君

〔一〕卷前目録原作「王貽燕」。

子，以圖寫詠歌而得之者，類非恒人。以恒人而測君子，宜乎？性情之不浹，摹擬而終於勿似也。掞齋先生以清高絶俗之品，寓意於筆墨，寫蒼筤儼然淇澳之在望也，寫猗蘭儼然隱谷之獨香也，静觀物態，結契於冥漠，心手相應，莫知其所以然。是蘭竹於先生非二物也，夫豈可以偏長曲藝稱先生哉。」觀此跋，而其人與畫可知矣。

葉　承

葉承，字子敬，號松亭，恒齋師之姪也。雍正甲辰進士。官常山縣，改教授，不久歸。性地樸懋，學問淹雅。工書，尤善小楷。寫山水極靈秀，然不苟作。畫寄云：「宦情空水雲，筆墨無塵垢。八法得盛名，六法爲之掩。」

黄知彰

秋圃先生居邑之西南隅，俗謂之「黄家閣」，閣之額曰「煙霞」。旁有小室，藏畫爲百幅。菴轉而北，有屋兩楹，爲「得得龕」。花逕松濤，清池怪石，先生婆娑其中，胸無俗慮。工詩詞，間拈筆作小幅山水，自寫性靈，雅具別趣。殁于戊子秋日，年六十有五。所著有煙霞閣集、百幅菴畫寄。生平精鑒古，搜羅甚富，後煙霞閣災，悉爲祝融取去矣。

王　岡

王岡，字南石，號旅雲山人，居邑之航頭鎮。工花卉、人物，并善寫照。其畫初學於新安黄仙源，後則自出己意，隨手寫生，無不入妙。其寫水族草蟲，尤覺生動。戊子春，來舍爲先君寫松鶴圖照，最爲逼肖。庚寅又至，作畫頗多。時年已七十有四，即於是秋去世。

朱　嶠

朱嶠，字巨山，上海人。凡山水、花鳥、人物、指墨、寫照，無不擅妙，而其得名尤在荷花，遠近以厚幣請索者無虚日。予與令嗣凝臺友善，曾見貽一幅，用赭墨染花瓣，而以淡緑襯葉背，氣韻幽静，與尋常酬應、備極絢爛者不同。先生年已八十餘，神完氣健，終日作畫無倦色，尤喜作徑丈大松。其花鳥用「古淡」印，山水用「長留天地間」印者，皆得意筆也。

薛　崑馮茂椿附

同里薛荆山崑，善琴，善醫，尤善寫照。秀氣鍾於五指，人有醜面，羌無俗筆，亦寫生家逸品也。然以琴與醫招者，輒倒屣而行；若以繪事相索，必再四催迫，或經歲不能得。生平抱潔癖，無子嗣。其婿茂椿，予族弟也，頗傳其業。

黄　燧

黄燧，字薪傳，奉賢人。其尊人端又，工傳神，時有虎頭之目。薪傳技雖不逮其父，而用筆渾厚，尚存古法。

魏　成

魏成，字西疇，號耕雲子，無錫人。寫山水出黄尊古之門，而取其神不襲其貌，蒼秀融渾，自成一家。一生窮困，未遇識者。嘗授徒於吴門，旅雲山人適與相晤，因攜其畫以示黄秋圃。黄作詩贈之曰：「梅里高風誰可繼，遺芳遥屬魏先生。不將脂粉污豪素，但借山川寫性情。元氣淋漓詩境潤，塵心陶洗墨波清。十年弄筆慙余拙，願就溪雲作耦耕。」西疇讀之，慨然幾至泣下，旋作畫扇爲謝，生平得意筆也。然是二君者，兩地神交十年，夢想雲山渺渺，終未得晤對一室，余甚惜之。

張　榮

張榮，字采南，號巢雲子，嘉定人。所作山水、人物俱佳，而寫意花鳥尤爲生動超軼。嘗往來於煙霞閣中，後不復至，秋圃因往槎溪訪之，而采南已死。遇其友周芷岩，述采南貧病可憐之狀，秋圃作詩哀之。其前半云：「寫生妙手張采南，潑墨伸紙萬象酣。人如其畫有奇趣，亦多怪僻人難堪。與我本是童年交，彼癡我迂情性諳。二十四年聚復散，重來醉卧得得龕。鳶飛魚躍得妙悟，油然生意流毫尖。楮窮擲筆索酒飲，百川吸盡蛟龍饞。」真爲采南寫照矣。

陳　嵩弟嶽附

陳嵩，字頜堂，繁昌人。辛酉拔貢生，來宰吾邑，頗著能名。挂誤後，寓余族兄家。間爲人作山水松石，殘墨敗筆，頃刻立就，亦灑落有致。旋卒。弟歲貢生嶽，善畫葡萄。

曹湛

曹湛，字石倉，錢塘人。善寫意花卉，用筆奇倔。嘗畫菡萏一枝高出翠蓋上，題云：「精鋭之氣，須讓渠出一頭地。」曾寓漕溪圓津寺，與旭上人相善，有留别詩數律，亦磊落可喜。兹録其一云：「芋田菊圃已荒蕪，八口嗷嗷豈易餬。熱宦猶能飽僮僕，詩人原不利妻孥。落花可瀹常煎茗，秃筆堪焚懶作圖。歸語兒童好消息，吹簫也合勝屠沽。」

趙丕烈

趙丕烈，字奇三，號南塘，爲嘉定名宿。詩文皆苦心烹鍊，湔滌塵秕。從遊者輒成名以去，而君獨未遇而卒。工六法。嘗於梧巢閣中見其山水小册，不特邱壑布置妙于變化，而其淡者真惜墨如金，濃者又皴染滃鬱，雖屬文心之緒餘，已極毫端之狡獪。

陸文鳳

陸文鳳，字秀林，青浦人。其畫山水、花鳥皆妍雅，而筆近弱。困於諸生。曾以藝遊吾邑，恒齋師贈以詩，有云：「丈夫窮達自有時，知君有道不嗟卑。壯心復耗丹青事，往往人稱老畫師。」蓋悲其遇也。

沈仁業

沈眉亭，名仁業，又名壽。始從石筍里遷於青溪，後仍歸筍里。能詩善畫，而隱於醫，一時賢毫皆樂與之交。

周灝

周灝，字晉瞻，號芷岩，嘉定人。山水秀潤，尤長畫竹。余於友人齋見其所畫萬竿煙雨圖，氣含淇澳，夢落瀟湘，真有筆到興隨之妙。早年以竹刻名，後專精繪事，遂不苟作。

周笠

周笠，字牧山，芷岩之姪也。工山水，體韻精妍，氣格融鍊。與芷岩並得盛名，世目爲「槎南二周」。畫寄云：「大周吾曾識，筆墨儘超羣。小周勝大周，目斷江東雲。」

嚴禮

嚴禮，字灘客，石筍里人。幼孤，廢書習丹青。藝成而遊，人多好之。賦命奇蹇，有子女數人相繼夭殁，并喪其偶。踰年客周氏，瘍發於項而卒。爲朱東村先生中表弟，乃作詩弔之曰：「誰能有盡逐無涯，留得丹青向世誇。顧我未諳皴染事，惟君推重品題家。愁看絶筆圖桑旭，憶其斵盃對菊花。塵鎖蓬窗人跡杳，定應尸解化雲霞。」

張昀

張昀，字嵎寅，號友竹，居郡之西關外。與兄篠田名紹祖者極友愛，又同喜寫山水。後婁東王日初來寓清河之飛鴻堂，友竹時與討論筆法，復觀其渲染，遂得超詣。吴門張墨岑見其畫，稱爲「雲間翹楚」，洵不虛也。余初赴郡試時，曾同閻邱藍峯造訪，蒙贈妙墨，至今珍之。屈指已三十餘年事矣。

沈秉霖

沈秉霖，字懷周，獅峯先生之族孫也。家貧，藉筆墨以餬口。寫人物有古法。游金閶，人争售其畫。因勞得疾，遂不起。

唐景

唐景，字静安，號荇溪，一號匏叟，奉賢籍，居郡之西關外。中式庚午舉人，赴大挑，揀發四川，以知縣用，借補資州别駕。尋以病假歸，兩袖風清，依然貧諸生也。早年工畫山水，歸里後，重親筆研，宿痾頓捐。今已七旬外，神明湛若，日事磅礴，殆所謂「煙雲供養」者耶！

吴世賢

吴邑吴古心先生，成戊辰進士，出宰湖南北者二十餘年。才致鍊達，仕塗蹭蹬，人争惜之，而古心不以介意。今知廣東樂昌縣事，年已七十餘，豪情逸興不減曩昔。生平工詩善詞，尤喜作小題文，拈筆立就。其寫蘭不拘古法，亦不落時蹊，隨筆揮灑，雅有别趣。

仲鶴慶

泰州仲解元鶴慶，號松嵐，善畫蘭，而詩與書法亦工雅。嘗客東河，有自題畫蘭絶句云：「春山二月下南蒙，簇簇幽蘭細細風。我摘瑶釵君飲露，憐香曾許兩心同。」「山風山雨本無常，幾日空林改舊粧。不識曲江江上路，可能回首問瀟湘。」廖明府古檀，每對予吟賞不置。

畢懷圖

揚州畢花江懷圖，丁卯孝廉，歷知績溪、安福等縣事。工詩善書，兼精畫梅。有自題畫扇云：「東風何日爲開花，愁絶秋簾夢酒家。晨起忽然思舊稿，月明煙淡一枝斜。」

張錫德

張錫德，字南頌，號南坨。婁邑副貢生，今選青陽教諭。南坨向未知其能畫，近於翁石瓠齋中見其攝山秋色圖，於蒼老中寓秀逸之致，爲把玩者久之。石瓠名春，幼受業於南坨，後又爲沈沃田高足，詩古文詞一時推重。

童鈺

童鈺，字二樹，號借菴子，山陰人。工詩，善山水，尤善寫梅。所著有二樹山房詩略。嘗爲沈泊村畫扇，并題句云：「疎疎堤柳曳殘煙，郁郁汀蘭匝遠天。斜日半邊雲半摺，一竿山影落漁船。」「水濶雲寒日落時，蒹葭采采樹離離。醉來有意無人會，棹向中流讀楚詞。」其寫梅則有「萬幅梅花萬首詩」之句。近卒於河南。生平最喜古銅印章，篋中所存猶纍纍數百顆也。

唐　芬

唐芬，字馴叔，號竹心，紫谿先生之季子也。舉丙子孝廉，以疾未仕。詩宗盛唐。畫不多作，亦仿佛具黄鶴、山樵筆意。

李通理

李通理，字位清，學問深邃，行誼高潔，爲崇邑老宿栢太史藴臯最器重之。工寫蘭竹。

周其永

周其永，字涵千，上海人。真草書學其尊人緯蒼之筆，轉入惡道。間畫水墨花卉、竹石，雖非當行家，而小筆風流，亦自楚楚可愛。

强行健

强行健，字順之，上海人。工篆刻，亦善畫山水。

賀永鴻

杭人賀永鴻，工畫花卉、翎毛，姿態妍麗，色澤鮮華，名噪一時，羣推爲南田後身。然要其氣韻，終隔一塵。則以猶帶畫工本色，而胸中書卷之味少也。

王憲曾

王憲曾，字世綸，號定菴，徵川宫詹之孫，香雪先生之子也。舉己卯北榜。生平善病，遂絶宦情。吟詩作字外，喜寫墨梅以寄其幽寂之致，後亦兼工山水、雜卉。

楊建泰

楊建泰，字軒山，號柳溪，餘姚人，僑寓上海。工山水，尤善用青緑。

李　楠

李楠，字志良，號笏溪生，婁縣人。工山水、人物，并善寫照，爲吾郡老畫家。乙巳秋，爲余作山水小册，又許以花卉見贈，乃不數旬而已遊道山矣。

王　繪

王繪字素如，精於鑒古，并善鼓琴，偶畫山水，亦翛然不俗，洵爲上邑韻士。

汪日賓

汪日賓，字秩東，號静然，青浦人。工寫蘭，瀟灑縱軼，猶存古法。邵明經西樵有金縷曲題其遺册云：「香草沈酣久。寫叢蘭，風晴雨露，毫尖分剖。記得當年持絹素，羣仰汪倫高手。看墨汁、磨來盈斗。妙繪入神渾草聖，笑宛然、張旭三杯後。着紙處，龍虵走。清談亹亹思蘭臭。怪無端，霜饕雪虐，荒殘石甃。此日披圖芳氣襲，九畹湘江争秀。對畫稿、令人懷舊。差喜謝庭生意滿，步階除、花葉經春茂。聊案拍，質亡友。」

諸祖灊

諸祖灊，初名濂，字璞山，號南村，青浦人。工詩，善畫。惜未遇卒。令嗣畝香，出示山水册，後有東橋居士題云：「南村先生以王謝子弟奮志功名，一再試不得志，遂焚筆硯，頹然縱酒，有古人痛飲讀離騷之風。亦寄興寫山水，醉後放筆，墨瀋淋漓，然輒隨手散去。今畝香購得此册，視他作尤爲秀潤。於此見畝香之不忘手澤焉。世有不願讀祖父之書，獨於珊瑚木難斤斤守之不釋者，視畝香爲何如也？」

王之瑜

同里王之瑜，字繹史，號石泉。爲人恬淡雅静。詩工近體，書學聖教序，亦能畫花鳥、竹石。惜皆懶於拈筆，流傳絶少。

閔樂

閔樂，字純如，號篔谷，石筍里人，鱸鄉先生之仲子也。鱸鄉工水墨花卉，而篔谷更善山水。鼓琴作畫，翛然修潔之士。

陳洪疇

陳洪疇，字畦旃，號息巢，所城人。性聰穎，凡真草、八分、篆刻諸技，皆不學而能，能亦即不甚究心。其寫山水，初則自寫胸臆，天真洋溢，殊有逸趣。繼見婁水某畫，愛而倣之，反覺單弱寡味，蓋某畫實不足學也。予購得早年一二幅藏之，後所贈予者悉棄去。喜爲長短句，頃刻可就。予之學填詞，自息巢始。有詞藁數卷，今已散佚矣。

房雍熙

房雍熙，字皞民，江寧籍，居郡城内大吴橋。内廷供奉曹夔音，其外舅也。早年濡染，遂工山水，筆甚韶秀。然性落托，不喜親翰墨。與予交二十餘年，曾以小册八幅見貽，此外未見畫一水一石也。後以醫遊臨安，尋病卒。

徐鎬

徐鎬，字寄峯，婁縣人。瑶圃之子。寫真工妙，不失家學。

康綬

康綬，字鎮卿，寫照亦有名海上，兼工小楷。

朱衍

朱椒林衍，松江北關人，爲雪田後裔。雅善山水。歷游閩、粵、燕、晉間，後幕塞外。嘗自題其畫云：「萍泊天涯久未還，春花秋月總相關。閒來摹寫雲林意，點點江南夢裡山。」吟情殊騷屑矣。

嚴煜

嚴煜，字雲亭，嘉定布衣。其畫山水，工夫甚熟，意味差薄。亦能寫竹石。

鈕　樞

鈕樞，字漢藩，吴縣人。工寫仕女，求者甚衆。

陳以銘

同邑陳層初以銘，予友英嶽之父也。工山水。其先有仲升名兆暉者，始善畫。繼之則有長倩名曼、徵寧名懷玉、瑱侯名懷璽、西渼名雯，皆工山水。無垢名浣，則山水外尤善寫蘭，名甚著。層初兄右平名以宰，亦善畫。何穎川之多藝耶！層初去世時已八旬，未幾英嶽亦卒。

葉本郃

葉本郃，字爾凝，號二益老人，居石筍里。工畫竹。

沈駿坡

沈駿坡，字在山，福泉庠生，後仍歸青浦。工畫菜。

朱龍鑑

郡人朱蒙溪龍鑑，官州判，署望江縣事。工山水。曾寫攝山勝引圖，煙雲蓊鬱，松竹蕭疏。尹望山制府雅重之。

姚廷熙

同里姚廷熙，字文洽，號彦春。工設色花鳥，其白描人物亦有佳者。

吴濤

吴太學濤，字學山，號蒿田，居松江西門外。爲人蘊藉深静，家雖充裕，常服布素。工山水。向與篠田、友竹昆季同筆研，故派别甚正。友竹嘗得董文敏小册七幅，蒿田借摹，神理逼肖。友竹又補寫五幅，裝池成册，可稱爲「張吴合璧」云。

李巖

李巖，字築夫，號南山，青浦人。善寫真，工山水、人物，尤長棧道及騾馬之屬。初師同里張鳴一，近與劉伴霞爲老畫友。

釋淡成

淡成住超果寺之西來堂，達真位下三四輩徒也。善寫意花鳥。

釋爾幾

爾幾亦西來堂僧，畫筆酷似其前輩。

釋曇輝

曇輝，松江西林寺僧。善山水，能鼓琴。

道士劉敏

劉鍊師敏，字伴霞，居青溪之萬壽道院。不特道行超妙，而於詩學、畫法、琴理，均能通習。

今年八十餘，矍鑠如少壯，猶能露頂赤脚、肩挑銅板行烈日中，募修古觀也。

閨秀陳敬

陳敬，字髻儒，千山周亦何之室。能寫花卉、翎毛，并工詩詞。所刻有紉蘭遺集，黄中允之雋爲之序，董均又選入國朝詩備採中。

閨秀李馥玉 韞玉附

李馥玉，字復香，吴門人，歸郡人徐同叔。寫花鳥甚工雅，并善吟詠，著有沁園詩鈔。其姊韞玉，爲亦何次室，亦工畫，而稍遜於妹。

閨秀王毓曾

王毓曾，號紫霞女史，香雪先生之令愛，上海喬檀園淑配也。寫蘭本於家學，瓊枝霞蕋，丰骨珊珊。善吟詠，亦工香筆。

墨香居畫識卷二

王宸王詰附

王宸，字紫凝，號蓬心，少司農麓臺之曾孫。以舉人補内閣中書，轉部曹，出爲湖北宜昌府司馬。予之游楚也，蓬心適在省委督錢局，遂首訪焉。其畫山水，雖稍變家法，而蒼古渾厚之氣自在。爲余作大小數幅，中有仿九龍山人者，自言乃極得意筆。又贈余畫册八幅，其一自識云：「黄鶴翁晚師巨然，一變本家法，識者稱爲冰寒於水。余爲之題曰：『晚來一變本家法，偶落巨師不二門。欲向此中覓三昧，羅紋結角已無痕。』摩也十一見之大笑。」摩也，名詰，與蓬心爲族昆季，亦工山水。蓬心今陞永州知府。

張敔

張敔，字茝園，號雪鴻，又號木者。本籍桐城，後移家金陵。以歷城籍舉人分發湖北，爲知縣。其人聰穎絶世，書則真、草、隸、篆、飛白、左手，畫則山水、人物、花卉、禽蟲、白描、設色，無一不精且敏也。乙未冬月，余主應城之蒲陽書院，雪鴻來攝邑篆，相見歡甚。除夕，衙鼓三通，以畫幅、節物見貽，其灑落如此。後以冒籍不自檢舉故罷官。庚子冬，相遇於清江旅次，又爲余作書畫數幅。自後數年來未得相見。

惲標

惲標，字樞亭，武進人，南田先生之族孫也。寫花卉、禽魚皆有氣韻，不失毘陵正派。與予相遇鄂渚，旋有郢上之役，未能多得其畫。

閔貞

閔貞，江西人，僑寓漢口鎮。工寫意人物、花鳥，兼善寫照，筆甚超軼，不屑拘守常蹊。其畫於知交寒素求則必得，或不求而得；若遇富貴人，非酬以厚資，則經歲不肯下一筆。其獲畫資也，輒散之於歌樓酒肆中。故欲得其畫者，亦往往於歌樓酒肆間購之。

王仲

王仲，字仲愚，河南武解元，官隨州營都司。曾相遇於楚省，邀至勺庭藏書所，觀其作畫，落筆如飛，傾刻盡數十紙。其寫蘭則花葉豐茂，不作纖瓊瘦玉。其畫菊則大如椀，或如盤，絶非尋常籬落間物。抒寫胸臆，縱横自在，真翰墨中精猛之將。

徐傳毓

徐傳毓，崑山人，官湖北武昌府通判。能畫。鈎勒花鳥，筆墨工細，氣韻閑雅，然不肯輕下筆。余在楚五年，衹得其畫水仙一扇而已。

王裕曾

王裕曾，字芝泉，浙江仁和人。丁丑進士，官湖北襄陽縣。工畫梅花，繁枝亂蕋，極疎落蹇傲之致。

董椿

董耕雲椿，初名乾，爲青邑五峯太史令嗣。早工山水，筆甚穎秀。入都後，又得富陽公指授，藝日益進。纂修四庫館書成，議叙得縣尉，分發陝西，旋署某縣事。卒于官。

曹廷棟

曹廷棟，字楷人，號六圃，嘉善人，少宰鑒倫之孫也。少讀書，不汲汲於求遇。中年以後，絶意進取，家築小園，杜門著述。時或彈琴賦詩，寫蘭石、摹篆隸，以抒閒寂之抱。嘗於園中累土高數丈，環植花木，奉母游娱，命曰「慈山」，故晚即取以自號。卒時年八十有七。生平著述甚富，曾進御覽。自言於二十二歲學寫蘭石，至六十七歲始畫墨竹。其畫蘭不拘古法，而墨采華鮮，丰神圓朗，一時罕匹。予於乙巳春奉訪先生，時已病，不能見客，至是秋而遂作古人矣。

沈映輝

沈映輝，字朗乾，號雅堂，婁縣人。山水精妙，予嘗於畢丈石巢齋中見之，遠師董、巨，近得復迎養入都。乙巳仲春，訪先生於楓涇里第，得奉塵教者竟日。和光瑞靄，時令人溯洄不置。

華亭神髓。官内務府司庫，畫避暑山莊圖三十六幅。旋移疾歸里。今哲嗣名步垣者，官部曹，

黄繼祖 朱景星附

黄繼祖，字弓良，號秋山。籍本新安，遷居魏塘。幅巾方履，標格霞舉。予於乙巳仲春及丙午初秋兩次造訪，開罇集清曠之樓，燃燭讀煙雲之録，談霏玉屑，胸絶纖埃，夜雨方滋，晨雞欲唱。此情此景，時縈夢寐。其寫意花鳥，在青藤、白陽間；畫山水則於古人無所不臨仿，而意味淵懋，氣格渾成，尤近梅花菴主。兼精鑒别。與同里朱君得天相契，每得一名蹟，輒互相欣賞，摩挲竟日。得天名景星，收藏甚富，善寫墨竹。

黄　照

秋山叔煦堂，名照，與秋山同善山水。僑寓維揚，未得相見。秋山曾出示畫幅，墨暈融和，神采飛動。蓋秋山畫以沉着爲宗，而煦堂别具疎秀之致。同學異能，真堪競爽。

方　薰

方薰，字蘭坻，石門人。工詩詞，善畫。桐鄉金雲莊先生從都門歸，一見相契，遂邀至里第。雲莊向多收藏，而蘭坻又雅善臨摹，館穀多年，藝益超絶。予曾見其山水一幅，結撰精微，風度閑逸，是非天資高邁而多閱古蹟者不能也。花卉亦佳妙。

奚岡

奚岡，字鐵生，新安人，久寓杭州。其畫山水以瀟灑自得爲宗，而骨法、肉氣二者俱備，洵所謂有筆有墨者也。名噪一時，杭人得其片紙皆珍若拱璧。

馮洽

家秋鶴先生，居秀水，大中丞諱鈐之家嗣也。生平不慕榮利，惟以文墨自娛。工畫山水，宗法其大父司寇伯陽公。丙午八月，相晤於鴛鴦湖畔，極荷欵接，并以所畫喬松野鶴圖見贈，同座者嘖嘖稱異。蓋先生最慎重其畫，凡里中親友以絹素索畫者，每緩言以謝之。而予迺不求而獲，予其何以得此於先生哉！

盧世昌

盧絅齋世昌，湖南桂陽州人。甲戌進士，出宰豐縣。工隸書，善詩，尤愛畫蘭。嘗寫滋蘭樹蕙圖，自題二絶云：「空谷春生憶往時，半簾秋影雨絲絲。芳馨貽贈情何限，淡墨和煙寫一枝。」「擷得孤芳到處栽，寫生還向筆端開。有聲詩句無聲畫，都是心花結撰來。」絅齋嘗至青邑禇望亭署中，廖古檀得其書畫甚多。

陸遵書

陸遵書，字扶遠，號芙苑，嘉定人。舉戊子孝廉。精擅繪事，曾蒙睿賞，命入内廷祇候者有年。歸里後，復遊山左，主聊城講席。門下士載酒問奇之外，以絹素請者，揮灑無倦色。絳座春風，今猶充溢於姑尤、聊攝間也。

董　誥

董誥，字西京，號蔗林，富陽人。癸未成進士，入庶常，今官經筵講官、户部尚書。某向嘗獲觀文恪公真蹟，閎深淵懋，渾厚精微，遠則北苑、巨然，近則華亭、婁水，淵源一脈，神氣吻合，實足繼往開來，宜其深邀宸鑒，騰譽藝林。乃張浦山畫徵録始以南華爲畫苑後勁，繼又轉屬循遠，由其胷無定識，故致語多矛盾。要之，南華天分雖高，循遠功力略到，總未若文恪之元氣淋漓、神完法備也。某非敢輕詆前賢，亦非阿私所好，海内自有公論耳。今大司農稟承家學，不特勳業彪炳，亦復妙繪絶倫。伊陟象賢，元暉繼美，公以一身兼之矣。

汪承霈

汪承霈，字受時，號時齋，休寧人。以孝廉起家，今官户部右侍郎。德暢蟲魚，胸羅星宿，雄文柔翰，繼武文端。尤工山水人物，兼長指墨。畢丈石巢令嗣澗雲名大椿者，向工繪事，今依蓮府，親承指授。嘗以公妙墨寄歸，某得從石巢處時一借觀焉。

馬　咸

馬咸，字嵩洲，號澤山，平湖人。工繆篆，精小楷。山水兼南北兩宗，而其倣小李將軍筆意者，渲染工細，金碧輝煌，尤爲可愛。嘗寓乍浦，凡番舶入市，必購其畫以歸。

王鳴韶

王鳴韶，原名廷諤，字夔律，號鶴谿，西莊光禄之弟也。工詩，著有逸野堂集。兼精繪事。嘗以畫卷寄邵明經西樵，錢宫詹竹汀題其後云：「鶴谿爲西樵作山水長卷，煙波萬里，雲壑千里，雜樹踈篁，流泉曲磴，或平田可耕，或精舍可隱，淺深奥曠，各極其妙。石谷之緻密，墨井之超逸，兼而有之，其在斯乎！西樵蚤讀萬卷書，以磊落英偉之才，慕騷人遠遊，經趙、魏、梁、宋之郊，涉嚴瀨，泝章江，浮洞庭，入瀟湘，所見怪奇幽眇，目不給賞。倦遊歸老，十畝之園，優游自足。所謂納須彌於丈室中，須彌不小，丈室不大也。試展斯圖，仿佛在目，又所謂『華嚴樓閣，彈指涌現』也。予兄事西樵，讀書好游與西樵同。所恨陋巷破椽，無西樵園居之適。而南北經行蹤跡，無慮萬餘里，滇江、贛水、彭蠡、馬當，則與鶴谿同舟者數月，其間風景頗與斯圖相似。鶴谿能爲我更作一卷，以識前遊否乎？貪癡一念，隨觸便生，放筆爲之失笑。」

顧秉智

同里顧文學秉智，字元亞，號若水。學問淹雅，而性不喜榮進，生平只一入棘闈而已。工山水，亦間作花卉、人物。嘗語余曰：「吾於繪事，總打不破二字關：曰窘，曰嫩。」此緣臨摹多、自運少，又乏名山大川之助，故手腕間反似爲前人所束縛，求其天真爛漫、汪洋自喜之致，渺不可得。然氣不甚舒而秀色可餐，筆不甚融而雅韻自在，又豈庸工俗子所能彷彿哉！若水酷嗜前人名蹟，而家無餘貲，輒以前所得者質錢以償，典不及半價，而求售者探所欲得，必索高貲，故每以數幅易一幅。至所典物久不取贖，又往往爲人所干没。是以死之日，家無餘畫。余好游，若水常家居。無論遠近歸，若水必趨問曰：「此番又得佳畫否？」至游橐之盈虛，不計也。故余每出，亦必有所挾而歸，以誇示若水。今若水已矣，即盈箱累篋，有誰共賞哉？自若水死，而余嗜畫之癖亦頓減。

周　靄

周靄，初名詔，字鳳啣，號湘湄。與秋圃先生居相近。其初畫山水也，筆甚繁，景甚碎，近乃得渾厚之氣矣。余每過訪，則烹壺剪韭，讀畫論詩，輒流連竟日。所居矮屋三楹，花樹環匝，即几案間陳設小物，亦皆精雅可愛。乙巳秋造其廬，湘湄已病。初冬再至，則已在彌留際矣。與若水先後去世，年皆未滿六十也。竹垞有云：「去年金侃亡，今年文點逝。」予與若水、湘湄二君，同此悽愴。

王孫耀

王孫耀，字鳳超，號秦樵。向居郡城西關外，今遷張堰。其尊人香谷先生，工於寫生。秦樵濡染家學，早擅畫名，兼及山水、人物，博綜諸家，肆應備足。尤善仿古，若臨摹石田、衡山、道復諸公手蹟，幾欲亂真。

顧　喦

顧喦，字品山，號淞南，婁縣人。初學寫照於笏溪生，有頰上添毫之妙。邇則專精山水，水暈墨彰，神清骨重，深得西廬、廉州兩家滴派正傳。間作設色花卉，雖穠厚而不入俗。

湯懋綱

湯懋綱，號逸原，巢縣人。善詩，工書。山水法董、巨，層巖疊嶂中，自有蕭散之致。

董恒湛

董恒湛，字太原，號鏡泉，華亭文敏公裔孫也。工寫生。曾爲余小册上寫薔薇、蛺蝶，妍雅可愛。

杜夢蘭

杜夢蘭，字玉振，婁縣人。工鈎勒花鳥，設色妍麗，并善寫真。

王志熙

王明經志熙，字維清，號修竹，居嘉善之西塘。品誼端方，詩文雅潔。兼工行楷書，善山水，見者傾倒。邇年忽患右臂振顫，難於拈筆，此事俱廢。世甚惜之。

陳率祖

陳率祖，字怡庭，河南祁陽人，可齋相國之姪。工畫水墨花卉，奇情勃發，機趣橫生，洵稱能手。曾官瞹城令，旋假歸。近聞卜築戴公山下，頗擅林泉之勝，惜未能鼓棹相訪。

季堯堃

如臯季堯堃，以字行，號雪江，隨其尊人任學博來青邑。善繪花卉、翎毛，尤長於畫貓。

馮廣忠

家古堂名廣忠，行五，居郡西之小塔前。早歲游京師，頗有遇合，然性喜豪飲，善揮霍，用財如糞土。繼與原任長蘆運使沈香澧先生友善，遂同至河南、江西，并來湖北。余之相遇於安陸府署也，在癸未春，時年已五十外，而豪興不減。相處三載，最稱莫逆。乙酉四月，别於漢上。今聞猶客楚中也。工畫山水。其酬應之筆，輒草率了事；至遇良辰勝地，興至揮毫，每多合作。

蔡興祖

蔡興祖，號墨村，湖南長沙人。工指頭畫，得高侍郎且園用墨法。

董學熹

嘉善董石松學熹，工寫蘭，畫松尤挺拔。幕遊湖南北，嘗有句云：「楚山雨寫米顛筆，湘水風吟屈子篇。」詩亦工雅可愛。

王之民

旅雲山人長嗣皞如，爲吾邑高才生。其畫山水得法於魏西疇成，近則蒼老爽健，自成一家。

李振揚

李振揚，字少雲，福建泉州人。工畫山水。青溪廖斗齊雲魁，官厦門同知，日與往來，因得其畫，一幅寫「浮雲看富貴，流水淡鬚眉」；一幅寫「雊雉分芳草，垂揚出畫橋」。其布置點綴，有情有景，皆能曲傳古人妙意，非苟作者。

陸　琛

陸琛，字懷玉，號莼鄉，婁邑武庠生。工書，善山水。曾贈余梧竹草堂圖，頗得衡山先生秀逸之致。其寫意花卉，亦饒意趣。惟畫蘭則花葉太豐，并滲以膏，殊失古法。幕游遠出，悊潤多年，近聞已客死閩中矣。

王錫疇

郡人王心畊錫疇，畫兼山水、人物，而指墨尤佳。余嘗見其大幅神像，膽力雄壯，有武洞清、童仁益之風。每月朔望，虔寫觀世音菩薩寶相，施送一切善知識能供養者。整襟運指，略無凝滯，隨手換形，總不相犯。立願寫滿一藏之數。今丙午秋日，以一幅見貽，觀其題識，已一千五百餘尊矣。

于世煒

于世煒，字彤章，號煇山。候補同知。與余里居相望，年亦相若。其處世甚和，其待友甚誠，故無論識與不識，輒皆想望丰采焉。工書，尤善寫蘭，雅韻翩翩，丰神絶世。然稍不愜意，即挼作紙團，置破甕中，曰：「且待數年後，工夫漸熟，方可題欵問世。」蓋其虛心好學又如此。

孔繼泰

孔繼泰，字鶴瞻，號鄂莊，崑山人。己酉拔貢生。騷壇樹幟，早擅時名。文史之餘，兼工翰墨。所居距城數里，溝池環匝，竹樹扶疎。乙巳初春，艤舟小橋下，剥啄而入，主人正據案作畫，縑素填塞，墨瀋飛騰。相見後，即以所作秋山點易圖見贈，骨秀神腴，書卷之味盎然紙上。嗣出所藏書畫見示，累百軸中，絶無贋本，尤服其精鑒。

陸兆鵬

同里陸兆鵬，字天池，號樸齋，與余爲總角交。資性聰穎，幼即洞精音律，凡老師夙優齒喫間微有牴牾，便能作周郎之顧。初寫蘭竹，繼畫山水，布景設色，落筆輒工。生平抱經濟才，尚未得一試，時於毫素發之，故其卓犖英偉之氣，迥不猶人。

高　汾

高汾，字晉原，平湖人，文恪公曾孫也。工設色花卉，妍麗中自饒韻致。

富　灝

富灝，字觀瀾，號禮橋，海鹽人，候補州佐。畫山水學梅花菴主，寫花卉仿白陽山人，并摹仇實甫工細人物。由其資性高敏，故下筆輒能神似古人。古檀云：「禮橋家有餘貲，廣置絹素，揮灑自娱，宜其畫境日臻雋妙也。」

程德璐

程德璐，字佩章，居石筍里。爲人軒爽疎豁，毫無齷齪態。故家亦中落，君恬然不以爲意，杜門却軌，煮茗焚香，日以筆墨自遣。余前在楚時，恒齋師嘗以手札見寄云：「佩章近日移居小屋，有叔孫昭子之風。其畫山水亦日進。」

胡　巖

同里胡巖，字笠山，寫真克肖，亦近日好手。庚寅春日，曾至舍爲予寫丹楓白鷺圖，適旅雲山人亦至，互相點染，殊有可觀。惜傷於酒，僅得中壽，未竟其技。

釋寄塵

長沙僧寄塵，以貿易往來荆襄間，居無定所。吴古心宰湘陰，日引與酬唱，如東坡倅杭之得行童思聰也。後予居勺庭，寄塵適至鄂渚，知予係古心梓里，屬安副車嘉謨，邀至曇雩寺，置酒相酌，極其欵洽。微酣，出素箋寫蘭一枝，并題句以贈，詩畫俱工。後亦不復相見。

釋本曜

本曜字振華，號晴崖，住洙溪之圓津寺，語石之法裔也。工山水，筆甚蒼老。嘗得墨井仿石田翁夜雨止宿圖，晴崖亦臨一幅，上有西樵題云：「揮毫紙墨兩相融，豈但煙巒皴染工？竹逕留賓清氣襲，山齋話雨白雲濛。胸中早斷塵氛擾，腕底能通造化功。墨井墨花參妙諦，後先嗣響石田翁。」語石爲廉州高足，其作畫處曰「墨花禪」，迺西廬所贈隸書額也。

道士陳憬王舒附

陳憬，字會雲，爲千山道士。工畫山水、雜卉。中年後返儒服，補華亭博士弟子員。其徒王舒，字錦雲，住珠溪，亦工畫。

閨秀廖雲錦

廖雲錦，字織雲，號錦香居士，青溪古檀明府之令嬡也。資性慧異。隨父任合肥時，纔數餘齡耳。書史之外，即喜畫花卉、翎毛。後歸泗涇馬氏。家有肯園，錢塘畫史賀永鴻常居停焉，因更得其傅色鈎染之法。古檀歸里後，歲在壬寅，集諸名流於小檀園中，兩修禊事。錦香因以畫呈正於王述菴總憲，述菴深加激賞，旋贈以洋紅、辰砂等物，屬臨所攜南田及清于、江香諸畫册，于是畫日益進，求者甚衆。然余嘗論其畫：「於妍麗中自具秀骨，於粉墨間時露清姿。」則固出自性靈，非尋常學力所能到。錦香所居，有讀畫樓。夫亡後，鍵户焚香，或撫琴懷古，或對物寫生，或吟詠詩篇，以寄其愁寂之致，洵閨閣中雅才也。同時與錦香郵筒唱和者，有莊槃山、金翠峰、張藍生諸女史。汪職方秀峰均採入名媛集中。

閨秀鍾若玉

鍾若玉，字交貞，號元圃女史，崑山周官芝溪之室。工寫墨梅，書法更蒼古，一洗閨閣纖弱柔媚之習。

閨秀陳份娥

份娥，元和人。其父任湖南湘陰縣驛丞，遂家於長沙。桂陽刺史張慧川納爲妾。工寫生，每用淡筆點染，雅韻欲流。

閨秀朱輕雲

朱輕雲，字露香，王觀察梅影之姬人也。畫山水喜用焦墨，并工詩。嘗見其爲錦香居士寫小册，自題一絶云：「繞園春樹影重重，高閣窗涵翠黛濃。借得梅花菴主筆，圖成小樣第三峯。」

墨香居畫識卷三

吴博垕

吴博垕，號補齋，吴江人，僑寓吴門。畫工花鳥、禽魚，而寫水族尤佳。余見蔭松主人册中所畫鱘魚二尾，統喙細鱗，生態可掬；旁插桃花一枝，亦極妍雅，洵爲寫生妙手。南田、忘菴而後，補齋其嗣音矣。

王三錫

王三錫，字邦懷，號竹領，東莊先生之姪也。昔黄秋圃言，曾在金閶相晤，見所畫小册清麗可愛，歎王氏繼起有人。余於味琴册中觀所作探梅圖，筆墨蒼老，想大異秋圃所見時境界矣。

翟大坤

翟大坤，字子厚，號雲屏，近病耳，又自號無聞子。本籍嘉興。其尊人拙存先生諱照庭者，於雍正初保舉賢良方正，初任江西沅州府同知，後知安徽寧國府事，操行廉潔，槖毋餘貲。卒官日，雲屏纔數歲，貧無以歸，與諸兄寄居吳門，今已三十餘年矣。性蕭散，不肯治經生家言。獨工畫山水，早歲即聲名噪甚，求者叢集。其畫初無稿本，亦不喜對臨前蹟，而筆下自能兼綜各家。其胷中邱壑甚富，任意揮灑，皆成妙搆。或偶有滯思，輒默坐慘淡，及其得心應手，有兔起鶻落之勢。寫生亦得古法。余於丙午仲夏訪雲屏於護龍街畔，門巷蕭疎，丰神灑落，把臂定交，歡若舊識。

陳栻

陳栻，字涇南，號斗泉，吳縣楓橋人。以文學翰墨知名於時。丙午四月，於吳門平江書院見斗泉之書，於味琴册中見斗泉之畫。書仿南宮，畫宗北苑。彩毫落紙，秀色欲飛，令人景溯不置。塵悰結轖，遄返里門，扁舟襆被，來聽寒山半夜之鐘，當在秋江楓冷時也。

秦儀

秦儀，字梧園，無錫人。工詩，善山水，而其寫楊柳尤爲擅長，人稱之爲「秦楊柳」。在昔馬遠之松、文同之竹、趙子固之水仙、王元章之梅花，皆能於植物窮其妙。今梧園更與是樹作緣，曲傳其風流跌宕之致，洵可垂芳於藝苑矣。其詩佇興而發，不加雕飾。予見其爲味琴所畫二幅，皆有題句，亦濯濯可愛。其首幅云：「閑園風暖雨初收，晴雪香侵石徑幽。多少春光無着處，拈毫寫作小林邱。」其次幅云：「水漫春堤柳似絲，碧溪雨過夕陽遲。桃花紅綻煙波暖，澤國韶光大半時。」「新緑千條帶晚煙，平沙草色欲連天。漁人把釣垂楊岸，常傍林陰一醉眠。」「春煙淡抹柳條青，嫩緑蒲芽滿遠汀。好向溪南垂釣去，小舟無恙任行停。」

浦　基

浦基，吴縣人，自號懶禪子。見味琴册内寫桃花燕子一幅，天真爛漫，藻采飛翔，無半點庸史習氣。

沈榮培

沈榮培，字壽田。爲味琴畫小册二幅：一山水，自署「倣白豸山人筆」；一寫翠竹湖石，有包山子風味。

張　份

張份，字藻林，吴縣人，爲斗泉高足。韶年妙筆，又得名師指授，其所造殆未有涯涘。

附録蔭松主人集畫册跋：「昔崑山潘弱水澂與歸昌世、許夢龍輩十三人結畫社，各肖其像，題曰『玉山高隱』。吾郡朱雪田軒亦與何友晏、曹重、陳懋和、韓雅量諸同人起墨林書畫社。此事距今纔百有餘年，而兩社中惟一二人昭著耳目，其餘筆墨罕存，并姓名亦湮没而不彰，豈才藝之俱下歟？殆無好事者爲之聯珠綴玉合并而傳之也。今蔭松主人於丙午春月集諸名士於漚碧齋，爲文字飲。酒酣興發，墨瀋淋漓，自吴補齋以下八人，人各有畫，畫各精妙，計得山水、花卉十有四幅，裝潢成册，而古歙李樂泉朝陽又爲題名於册首。此豈但風流文采照耀在一時哉！」吾願蔭松之大會特會，不一會而足也。然此八人者，里居星散，蹤跡萍浮。其未集也，有折簡訂約之勞；其既集也，有治具供給之繁，舟車往來之費，非大有力而高雅如蔭松者，未易得此盛舉也。余在嵾岳吴君齋得觀是册，讀其畫，思友其人。不半日而搜羅羣彦以入畫識，以視藏此册者，其勞逸之相去又何如耶？丙午五月既望墨香居士記。

吴　霽

吴竹堂先生，名霽，杭州人。曾登甲榜，既罷去，悉屏塵緣，專心墳素。所爲詩古文詞，皆足楷模後進。偶一出遊，名卿倒屣。嘗主湖北勺庭、江漢兩書院。及予游楚，寓勺庭，而先生已歸浙，未得相見。其楚中士子曾及門者，每嘖嘖稱念先生不置。今主吾吴平江講席，迺得挹芳規，并獲妙墨。其畫山水喜倣新羅山人，寫竹則倣魯千巖，然其秀穎超拔之致，有爲新羅、千巖所不能到者。昔黄奐言唐子畏畫：「師周臣而雅俗迥别。」或問：「臣畫何以俗？」曰：「祇少唐生數千卷書。」吾於先生之畫亦云。

張　業

張業，字維勤，號味琴。予在嵾岳齋見所畫水仙拳石，筆墨精雅，題句亦工，亟詢其人。嵾岳云：「味琴家餘姚，有典業在吴門，歲或一至，至則索畫者蝟集，勢不能酬應，即遯歸里門。今正值其遯歸時，無從尋訪也。」

余　集王桂山附

余集，字蓉裳，號秋室，仁和人。丙戌進士，官翰林院編修。工畫山水，筆情秀逸，有「山光在掌，雲氣生衣」之致。兼長蘭竹。沔陽州王生湘雲名桂山者，妙擅丰姿，性躭穎墨，從先生學寫蘭未數月，而濃淡踈密皆有法度。間布拳石，亦清雅不俗。始以畫箑貽一二同志，繼則請索者日衆，名公韻士題詠詩詞早已成帙。

吴龍光

吴孝廉龍光，字淵朗，歸安人。寫山水得事外遠致，畫竹有煙飛翠滴之意，不愧眉菴侍郎家學淵源。

關　槐

關槐，號晉軒，仁和人。庚子傳臚，官翰林院編修，今督廣東學政。先生秀骨天成，丰神絶世，讀書一目數行，詞章翰墨脱穎不羣。韶年即工山水，起家後復得董大司農參究源流，發揮旨趣。諦觀近搆，已駸駸入宋元之室矣。

王　顥

王顥，字□□，金匱縣拔貢生，官廬江訓導。行楷書得晉人神韻。畫竹雅秀，有灑然出塵之致。廖古檀亟稱之。

鮑晉高

鮑晉高，字亦陶，常熟明經。善繪事。邵西樵嘗有寄懷詩云：「吮墨淡描千幅絹，焚香閑撥七絃琴。才人能事誇三絶，不特文章重藝林。」

汪鳴珂鳴鳳

汪鳴珂，字瑶圃。弟鳴鳳，字蘭圃。其大父峻堂先生諱棟者，從新安移居吴江之鸎脰湖畔，建淡慮堂，讀書其中。學問行誼，推重一時。所著有淡慮堂遺集行世。瑶圃工書善詩，早年即見器於王西莊、沈雲椒諸巨公。其藉祖父餘蔭，早得致身通顯，而襟期灑落，翛然高尚。惟日與蘭圃校讐秘書，研究畫理，并旁通靈素之學。乙巳、丙午余兩過淡慮堂，蘭圃贈畫山水兩幅，瑶圃代爲題欵，語極撝謙。而瑶圃妙墨至今未獲見投，余又不能無望焉。

金燾

金燾，字保和，號竹莊，嘉定人。庚子孝廉。工詩，善書。山水學西廬、廉州，筆甚渾厚。曾至吾郡，爲翁布衣石瓠寫賞雨茅屋圖，自題絶句云：「雨葉煙條故故斜，秋風一櫂溯蒹葭。三重茅屋荒江上，知是詩翁杜老家。」「玉壺春酒醉瓊巵，依約王官高寄時。吟盡蔫花三月暮，夜遊涇外雨如絲。」

沈宗騫

沈宗騫，字熙遠，號芥舟，居烏程之研山灣，故又號研灣老圃。早歲能書畫，補弟子員後益肆力焉。其畫山水、人物傳神，無不精妙。小楷、章草及盈丈大字，皆具古人神致魄力。嘗見賞于曹地山、錢辛楣諸巨公，名重一時。生平合作如漢宮春曉圖卷，設色工麗，衣紋縹緲，洵屬神品。所著有芥舟學畫編、臨淳北閣石刻。

王玖

王玖，字次峯，號二癡，清暉老人之曾孫也。工山水。

汪日宣

汪日宣，字在三，號有堂，青浦諸生，秩東之弟也。工花卉、翎毛，尤長於畫鷹。

姜葆元

姜葆元，字石天，號蓬萊山人。山東登州府人，幕游吾郡，因得相晤。工水墨花卉、禽蟲。其生平最推重張雪鴻，故其畫筆亦頗近之。

張燕昌

海鹽優貢生張芑堂，名燕昌，浙西名士也。書工篆隸，畫兼山水、人物，皆翛然越俗，别有意趣。

沈忠

沈忠，字德方，號丹崖，居吴江之黎里。畫工山水、人物、花卉，兼通醫理。其于古玉、舊磁、法帖、名畫，務皆苦心剖晰，定其真贋高下，非世之徒事皮毛者。予自丙午後屢次造訪，輒欵留累日，投贈妙墨，不一而足。

陳韶

陳韶，字花南，青浦人。工詩，善山水。性骯髒。好遊，齊秦燕趙楚蔡之郊，足跡幾遍。今署台州別駕。昔王叔明爲泰安知州，有樓三間，正對泰山。叔明圖其勝，三年而成。濟南經歷陳惟允雪中至署讌集，請改爲雪景。因爲小弓，夾粉筆，張滿彈之，粉落絹上，儼如飛舞之勢。世所傳岱宗密雪圖者是也。台州有括蒼桐栢之奇、赤城水簾之勝，花南曉起拄笏，興至揮毫，必有與山樵、小髯争雄鬥勝者。惜未能鼓棹相訪，爲之坐卧食息於其下也。

陳逵

花南弟逵，字吉甫，號東橋，青邑庠生也。才識通敏，氣度冲和。與同里金補山、蔡得研、諸畮香、吴江迮卍川、崇明李小香爲詩畫友。所居水鏡山房，簾捲花香，萍開月朗，蕭然有霞外之致。東橋既精八法，尤善寫蘭。蘭固格韻清絶，而東橋胸無塵滓，宜其披襟領契、落紙皆香。初未嘗以藝事自炫，而見者傾倒，請索無虚日，名公卿歌詠贈貽無間遐邇。蘭生空谷，不言自芳，其東橋之謂矣。

陶之金

陶之金，字載嶽，號東圃。嘉善名諸生，爲謝金圃、梁山舟兩先生所器重。工行楷書，其臨仿吾郡張文敏筆尤爲逼肖。與余相識數年，從未知其能繪事。近於邵明經西樵處見山水小幅，并知邇來更長花卉竹石。甚矣，文人之難測如此。

李三畏

李三畏，字吉六，崇邑位清先生之令嗣也。工寫墨竹，細篠便娟，間以蘭棘，自覺清灑可愛。兼善山水，設色布置，亦復工雅罨潤。

迮朗

迮朗，字卍川，吴江縣學生。以纂修四庫館書議叙得官，居憂未仕。工詩古文詞，尤長四六。其精切新穎處，實有陳其年、章豈績兩家所不能到。出其餘技，點染煙雲，亦已在能妙間。

康愷

康飲和愷，爲上邑名諸生。寫真得其尊人晉卿家傳。畫山水則盡撤藩籬，獨抒靈秀，揮毫落紙，便有雲鶩水飛之勢。詩學坡谷，書仿歐虞，亦復色色可觀。

袁慰祖

袁慰祖，號竹室，長州縣學生。家本有餘，性喜散金結客，遂至困乏。往曾來游吾郡，所挾者詩與畫與琴，宜其枘鑿矣。寄跡禪林，孤蹤岑寂，三年荏苒，絶少知音。余每至郡中，拾其殘箋敗素，輒感慨係之矣。近聞其僑寓維揚，頗有遇合。

陳屺瞻

陳上舍屺瞻，字蘭堂，婁縣人。工詩，精小楷，尤善山水。興酣落筆，煙雨飛騰。其尊公雲端給諫，工漢隸，亦能畫而不苟作，故罕傳，僅以書名世云。

仲　升

仲升，原名光祖，字肇修，號筠亭，居嘉定北郭。性沈静好潔，有倪高士風。工寫仕女、花鳥，傳神阿堵，十不失一。間作寫意人物，得吴小仙、戴文進兩人筆意。僑居茂苑，持縑素請索者履交錯于户。偶過市，見坊家捏相，歸而戲效之，即畢臻其妙。然不輕爲人作。子昭勳，字書常，寫真得家傳，兼工花卉。

黄　圻

黄圻，字文石，秋山之弟也。工鈎染花卉。丙午仲秋，予在清曠樓，文石以畫菊見貽，筆情幽秀，冷香可掬。

馮澍

馮澍，字蔬香，山東歷城人。學畫於張雪鴻。善寫蘭竹，及鈎勒花鳥、白描人物。

陳和

陳和，字非同，一字不流，上海人。畫山水帶濕著色，頗覺融和，惜章法尚少變化。

雷摺

雷摺，字書廷，華亭人。工山水，尤善畫龍，郡人目之曰「雷龍」。

王寶序

王寶序，字璇初，號秋農，華亭人。庚辰孝廉。官福建南靖令，告終養歸里。書法與喆兄條山、同譜定菴齊名。近見山水亦佳，由其胸多卷軸，故落筆自然靈秀。

胡鼎崧

胡鼎崧，字竣峯，爲飴菴中丞令嗣。文筆清腴，性情修潔，平居喜食淡茹素，人擬其品如楚客叢蘭、湘君芳杜。今居吴門，與畫師翟雲屏相契。間寫山水，亦蕭蕭有林壑氣。

王學浩

王學浩，字孟養，號椒畦，崑山人。早中副車，至丙午與鄉薦。乙巳春，曾相晤於鹿城，欲作畫贈余而未果。今見其爲同年生張子白寫梅屋讀書圖，結體精微，傅色妍雅，殊令人傾企不置。

余鵬翀兄鵬飛附

余鵬翀，字少雲，懷寧諸生，係忠宣公後裔。詩古文皆高出儕輩，尤長詞曲。喜作水墨山水，逸情遠韻，不落時蹊。癸卯春，曾至珠溪訪邵明經西樵，爲寫山居圖，數日而成，尤稱傑構。自題金縷曲一闋，亦佳。乃年甫三十遽赴玉樓之召，惜哉！兄孝廉鵬飛，字伯扶，亦精繪事。

吴　晉

吴太學晉，字日三，號進之。本新安望族，殿撰錫齡、庶常蔚光，皆賢阮也。其尊甫衷白先生移居常熟，繼遷吾郡之婁縣，今將四十年矣。進之爲人淵雅樸懋，居恒精研字學，于大小篆、分、隸書皆洞悉源流，故不特脱穎超羣，即篆刻亦深得古趣，無時下杜撰牽搭之病。兼工山水，風格雋雅。

葉滿林

葉滿林，字伯華，恒齋師喆嗣。韶年善畫山水，寫蘭亦妙，惜未婚而卒。恒齋集中題畫詩甚多，兹録其一篇云：「小兒十齡能作畫，問渠何師復何派。答云所見有若斯，聊寫平生意中愛。筆墨居然到老蒼，妙里寘寘亦時會。豈惟老夫歎弗及，亦恐黄翁吒奇怪。從知困勉異生安，曲藝且然況其大。」後又跋云：「適有殘紙，令兒子滿林作畫。時嚴風撼窗，侍者皆寢。觀其執筆，研古墨，飛舞於殘燈明滅之中，既成，相視而笑。因題其端，以贈百幅菴主人。」

葉支大

支大，初名滋大，字仲恢，伯華弟也。工畫梅。恒齋師嘗寄示一幅，并系以句曰：「父子俱畫梅，功力悉相敵。學得王元章，不憂無飯喫。」

王諤

王諤，字一士，號菊莊，青浦庠生。工寫墨竹，亦喜考訂繪事。曾梓今畫偶録四卷，予擇其簡當者採入國朝畫識中。

黄鉞

黄鉞，字左田，當塗人。庚戌進士，入翰林，歷日講起居注官、翰林院侍講。工書，精山水。所畫層巒疊嶂，不使人一覽而盡，深得鄉先生蕭尺木餘韻。

廖安福

廖太學安福，字恩光，號介軒，古檀明府文孫，斗齊司馬哲嗣也。甫弱冠，工寫蘭竹，并善山水。初從學於海鹽張芑堂，繼得其母舅陳蘭堂指授，筆墨大進。寶應喬楓亭嘗題其畫梅云：「縱横筆底帶煙霞，貌得江村竹外斜。清到十分香到骨，更無人似廖梅花。」

蘇廷煜子士墉附

蘇廷煜，號虚谷，安徽蒙城人。由拔貢官巢縣教諭。工指墨，梅蘭菊竹無不精妙。子士墉，工山水。

徐承熙

徐承熙，字笠亭，號復園，華亭人。吾友儒林之子。儒林機敏過人，妙解音律。復園嗣響，既通琴理，而其擅名尤在琵琶，與吾邑鞠士亭頗稱對手。寫花卉極工秀。山水向汨時派，近則專法香光，駸駸日上。

高　寬

高寬，字成裕，吴門人。學寫真于仲紹修，而得其神。學山水于翟雲屏，而明其理。兼工花卉，人亦温雅。

陸企會

陸企會，字希曾，青浦諸生。韶年即善書，寫山水亦骨秀神超。惜早卒。

張文湘

張文湘，字望之，畫筆酷似其尊甫友竹先生。惜蘭摧玉折，未竟其緒。

盛廷璜

盛廷璜，號雲巖，婁縣人。年少工畫，筆墨雅静如其人。

張崇益

張崇益，字自謙，號小鳳山樵，婁縣人，女史崇桂之弟也。工寫花鳥，尤長鈎染牡丹，能得其豐腴之致。并善製硯，更號守田。

釋覺銘

覺銘，字慧照，一字静遠。住持珠溪圓津寺。圓津自語：「公以畫開山，得婁水正傳。其法嗣若蕉士、南林、雪槎、丹崖，咸喜翰墨，工點染。將及數傳，宗風勿替，亦禪門所罕見。」今慧師於禪悦餘閒，特精山水，更善吟詠，爲王藩伯述菴所激賞。戊申四月，余同邵西樵、陳東橋、褚文洲過訪，讀畫論詩，流連竟日。别後，蒙寄畫幅并和余圓津訪畫詩三十二韻，不特押韻工穩，而情詞亦復清麗。東坡所云「語帶煙霞從古少，氣含蔬筍到公無」者，慧師其近之矣。

釋昌顯

慧遠徒昌顯，字洪道，亦能寫山水。戊申荷月，予重遊圓津，洪道寫贈尺幅，倣倪高士疎林遠岫，筆甚清灑。

道士沈心耕

沈心耕，字恂如，號古田。住嶽廟東房，名「石間小築」、「紫房一曲」、「仙藥成窠」。古田嘗偕雅流道侶，鼓琴讀畫於其中。予於戊申初夏過之，適庭前白藤花盛開，因作雙銀藤歌一首以贈之，繼見其所畫蘭竹、雜卉，俱佳。

道士陳士英

陳士英，字玉洲，與古田爲師兄弟。長於寫真，聲價在寄峯、玉振間。兼工花卉。

道士王恒〔一〕

王恒，字健行，住嶽廟西房。工書，能畫山水，并善寫真。其與古田、玉洲皆婁産，皆能鼓琴作畫，道相同，年相若，其風格亦在彷彿間也。

閨秀金淑

金淑，字純一，號慎史。嘉善太學生金澳女，婁邑文學沈錫章室也。幼秉庭訓，明詩習禮，言動靜穆，舉止端莊。喜畫山水、人物。金氏本舊家，多藏名人手蹟。慎史性地明慧，習見臨摹，動多神似。兼工吟詠。嘗見其自題山水一絶云：「尺素煙霞起，孤峯户外斜。隔溪翠微裏，猶有幾人家。」風格甚佳。所著有得樹樓集。

閨秀張崇桂

張崇桂，字秋崖，東海翁裔孫女。少時習女工外，好讀書，解吟詠，善小楷。二十歲歸徐復

〔一〕「恒」，原卷前目録作「衡」。

園，事翁姑極孝。暇則學寫花卉、禽蟲、枯木、竹石，筆意娟秀。生女名妙慧慶，甫六齡，日誦詩數首，愛若掌珠。丙午春，殤於痘。至秋對菊淚下，曰：「我不能見此花之復開矣。」遂對臨數花於箋上，有「留得一枝好收拾，西風無計妒紅顔」之句。後漸羸瘦。適翁卧病，勉進湯藥。翁没後，病日重。至危，大呼「妙慧慶」數聲而逝。始知抱喪女之戚，前有翁在而不敢露也。復園爲予道其詳如此。存年三十有二。有秋崖題畫詩一卷，未刊。

閨秀丁晏

寄生女史丁晏，家在郡西之金沙灘。弱齡即喜文史，親翰墨，聰慧内含，丰神外朗。張上舍且耕慕其名，以禮納之。上舍本名家子，能詩，工書，而裕於貲。東闢舊居軒敞，猶以近城市、雜囂塵，别構耕讀草堂于焦溪之濱，中有晚翠軒，更爲幽雅。寄生於是益得肆力於畫，湘簾棐几，彩筆欲飛。所寫花卉、禽蟲，秀色入紙，氣韻天成，深合北宋人畫法。若再得佳本臨摹，名師指授，不爲庸工俗説所誤，則蒓仙、湘友豈能擅美於前！

墨香居畫識卷四

潘作梅

潘作梅，字肖野，號戒平，安吉籍，烏程人。雍正癸卯選拔，官海寧學博者二十一載。庠員一經陶鑄，皆成大器，庶常鍾鳳翔、閣學鍾蘭枝、中丞楊嗣曾尤著。後人企仰教澤，輒嘖嘖稱戒平先生不置。先生敦内行，有宿根。曾於楓涇遇扶乩者，適呂仙降，叩之則曰：「君前身乃張高士伯雨也。」初不解。及至海寧，入北道宮，見所挂高士書，筆蹤與己酷似，詢之，爲是宮開山祖。前夜，道人夢其祖囑懸此幅於堂：「我欲來看。」呂仙所示，洵不誣矣。先生著作等身，精書法，寫山水得雲林逸致，博學多藝，與高士悉同。且高士苦塵囂隱於黄冠，先生不慕榮進耐冷官廿年，其情性亦無不同云。

潘　煇

潘煇，字照庭，號嵌齋，戒平先生哲嗣也。乾隆辛酉選拔樂清廣文。性磊落，有大度。辭章瑰麗，著有浮玉山人詩集行世。書學歐顔，晚更遒古，自成一家。山水雅秀，在衡山、文水間。

在樂清八年，每於春秋佳日，裹糧遊鴈宕，經旬忘返。繪有龍湫諸勝，爲錢文敏所亟賞。後官越中，又與陸森、唐廷豐、吴澐、李壽朋、姚緗、林商糾諸名士作畫會，一月三集，各集繪一小幅。嘗有句云：「同時會畫十三人，妙手俱從北苑親。我亦座中拈秃筆，稽山鏡水寫天真。」時人稱爲風雅主持。

朱　琰

海鹽朱桐川琰，號笠亭，又號樊桐山人。丙戌進士，官直隸阜城令。工詩古文詞，兼善山水。嘗云：「曩客西湖，與張看雲棟俱。看雲得畫訣於其宗南華先生，落楮有元人意境。澄心觀之，識其用筆用墨法。既又與張瓜田談畫旨，瓜田必盡言，乃能辨宗派、真僞。由是稱心作之，時得天趣。」蓋笠亭於此事深矣。

蔣元龍

蔣元龍，字春雨，嘉興人。工寫生。嘗食楊梅水漬紙上，即以楊梅塗作牡丹，摘階前艸取汁畫葉，生趣盎然。錢司寇香樹書其端曰「天生富貴」，一時題詠甚多。

董　潮

董潮，字東亭，號曜仙，武進人。舉孝廉。後即移家海鹽，與朱笠亭詩文、行誼互相砥礪，其山水亦不讓笠亭。

徐堅

徐堅，字孝先，號友竹，吴縣人。性喜妍窮經史，不屑習科舉業。蚤歲即有詩名。居瀕太湖，七十二峯煙雲滉瀁，時在目前，遂工山水。予嘗於横塘釀酒家見其數幅，筆墨蒼古，絶無柔媚氣。兼善篆刻。

嚴誠

嚴誠，字立菴，號鐵橋，浙江仁和人。乙酉舉人。詩學韋、柳。古隸仿蔡邕、韓擇木。畫山水專摹一峯老人，澄瑩蒼渾，非僅獵皮毛者。惜蚤卒。

曹元植

曹元植，號西堂，青浦人。山水仿李思訓，渲染工細，人物、花鳥亦各擅場。

陳樽

陳樽，字俎行，號酌翁，浙江海鹽人。丙戌進士，官廣西博白令。工畫山水，極有韻致。

查昉

查昉，字日華，浙江海寧州人。工山水。樊桐山人云：「予寓武林，日華爲予扇頭作西泠探春圖，余填柳梢青一闋題其上。夏日同館見之，和者甚衆。復系一絶云：『畫圖留得春風住，湖上風光又一時。莫笑花殘鶯老後，剪燈還唱探春詞。』」

顧　筤子琳附

顧筤，字穎東，青浦庠生。邵明經西樵云：「穎東工詩善畫，兼能豪飲，每吮毫必浮大白。」令嗣琳亦庠生，善繼家學。同袍藏其喬梓筆墨者甚多。

董　洵

董洵，字企泉，號小池，山陰人。韶年在鄉塾，即喜摹習篆刻，揮寫蘭竹。後給事部曹，議叙得四川寶縣主簿。旋以忤上官落職。小池蕭然携琴書徧遊蜀中名勝，詩益鴻放，畫愈雄奇，爲梁大農瑶峯、余太史秋室所激賞。著有小池詩鈔、董氏印式。

范安國

范安國治堂，秀水庠生，居邑之韮溪橋。讀書五官並用，博覽羣籍，高文巨製，名重一黌。歌詩、臨池之外，凡操琴彈棋、風鑒堪輿、方論六微，咸悉意參會，而其擅長尤在寫生與鐵筆焉。

宗觀國

宗觀國，字顒若，號石癡，直隸宛平人。父熙璋，善畫，爲王少司農麓臺高足，供奉啓祥宫，遂寄居北平。石癡生而機巧，通習六藝，工寫蘭竹，兼長篆刻。以學國生給事方略館，議叙得曲靖府屬巡檢，頗爲大中丞裴午橋先生所賞識。

顧雲

顧雲，字鴻野，揚州人。曾官主事。善畫墨菊，古淡可愛。嘗有句云：「更無人處霜鋪徑，微有香時月過墻。」

蔡琴

蔡琴，字桐音，青浦人。長於寫真，兼善花鳥。

張浩

張浩，字學圃，元和人。官廬州府同知。工畫竹。

黄吕

古歙黄吕，字次黄，號六鳳山人，白山先生之令嗣也。白山著作等身，名籍籍大江南北間。六鳳親承家學，工詩文。兼精繪事，凡山水、人物、花鳥、蟲魚，縱筆所如，皆臻妙境。書法晉人，并工篆刻。晚年蓋樸茂，每作畫成，題詩幀首，以自鐫印鈐之，人謂其具四美焉。詩亦謝去雕飾，天真爛漫。惜不自收拾，傳者甚罕。

沈承昆

沈承昆，字硯亭，浙江烏程人。丹青、篆刻皆能深入前人堂奥。

張焕文

張焕文，字斐成，上海縣庠生。書得蘇、米二家意。山水仿黄鶴山樵，其臨墨井者尤佳，然尚微帶痕跡。至于扇頭小景，對客揮毫，隨意抒寫，剪伐町畦，天然朗秀。予每囑其甥朱君清棨爲之搜尋遺墨云。

陳兆侯

陳兆侯，字晉康，號泮西，青浦庠生。工寫意花鳥。

陸榮梓

陸榮梓，字爰琴，與泮西同里。工鈎染花鳥，筆雖弱而氣自雅。

董廷桂

董廷桂，字西酉，上海人。金山衛廩生。善水墨花卉。

顧士俊

顧士俊，字奕千，號逸仙，元和人。性坦率，垢衣敝屨，不喜修飾容儀。精算法，尤長墨菊。其花瓣分用濃淡墨皴擦入妙，淺深向背如具五綵。久寓吾邑，羣呼之爲顧墨菊。

周　熊

周熊，字孚來，號瓊邱，居郡之南關外，竹岡先生之孫也。竹岡以畫知名於時，其山水、人物、草蟲、花鳥，皆入能品。瓊邱克繩祖武，亦各擅長，而於蘆洲雁渚荒寒蕭瑟之景，尤爲摹寫入神。今年八十外，步履如常。屢辱枉顧寓齋，意極懇摯。

劉　燦

劉燦，字南浦，長洲人。工設色花卉，尤長蝴蝶。

王　亮

王亮，字畹香，吴縣人。山水學倪高士。

陸　燿

陸燿，字朗甫，吴縣籍，吴江之蘆區人。其尊公無咎先生，淵雅修潔，分隸書極得古法。朗甫舉壬申孝廉，累官至山東巡撫。家居克敦至行，敭歷宦塗，廉能有守。間作水墨山水，亦落落有大家風格。

西密揚阿

覺羅西密揚阿，字文暉，滿洲正紅旗人。今協鎮杭州，兼統領錢塘水師副將。工指頭畫。山水蒼渾有氣勢，雜卉尤佳，奇情逸趣，信手而得。高且園侍郎後一人而已。

徐觀政

徐觀政，字憲南，號湘浦，如臯人。今官寧紹鹽運副使。工寫意水墨花卉，天真爛漫，不事雕飾，能以拙取媚，以生取致，卓然名貴。督運閩中，往返數月，著有洋程日記。筆意亦新穎可愛。

錢維喬

錢維喬，字竹初，武進人。以孝廉知鄞縣事。竹初爲文敏公稼軒胞弟，早歲即工翰墨，塤篪叶應，藝苑蜚聲。間爲文敏代作，已咄咄逼真。宦遊後，筆尤蒼厚。其畫山水，茂密而不繁，峭秀而不塞，作家、士氣二者俱備。予於戊申秋杪遊浙，寓顧小韓方伯署中，正擬渡江奉訪兼乞揮灑，而竹初以微疾假歸，會晤尚有待也。

王廷勳

王廷勳，號擬園，河南睢州人。工山水，脱略毫素，深造古淡，如琴中賀若、詩中淵明。尤長小幅。曾官定海令，遷杭郡西海防同知，丁艱解任。其爲令時，有惠政。以邑敝虧缺，變産賠補未足，羈跡省垣，饘粥不繼。予力不能佽助，雖愛其畫而不敢請也。其從弟長興主簿名覲光者，著有洋程小草，中過定海一絶云：「去後人思有脚春，定知此地往來頻。家園蕩盡渾閑事，留得清名在海濱。」可稱實録。

莫瞻菉

莫瞻菉，字青友，號菊人，河南盧氏縣人。壬辰進士，與館選，旋擢江南道監察御史。清標雅韻，與翰墨相輝映。戊申秋，奉命典試浙江。曾以畫蘭小册題其端曰「十里聞香」，以贈顧小韓方伯。方伯出以見示，湘沅幽致流溢指腕間，洵無聲之楚騷也。

凌　瑚

凌瑚，字仲華，如皋人，今寓武林之紫陽山。工寫仕女，得北宋人法。尤長花卉、禽蟲，傅色妍冶，風致嬋娟。妙筆天生，脱盡廉纖刻畫之習，宜其雅俗共賞也。近見所畫百花圖大幅，隨手渲染，種種奇麗，尤爲傑構。杭人以梁山舟先生行楷書、錢竹初明府山水與仲華寫生，稱「三絶」焉。

噶辰禄

噶辰禄，字□□，滿洲人。官牛禄。工畫蝴，草泥郭索，備極生趣。尤精律吕，喜古樂，操琴鼓瑟，雅歌投壺，頗有儒將風流。

王興謨

王興謨，字淡宜，號匏如，華亭人，大司空季友先生之孫也。今官湖北鄖陽知府。工寫生，尤善蔬果。

朱　黼

朱黼，字與持，號畫亭，江陰人。乙酉拔貢生，官沭陽縣教諭。工詩，著有畫亭詩鈔。兼工山水，蒼潤朗秀，深得烏目山人風致。乾隆三十年，迎鑾獻賦及畫，均蒙恩奬，賜内緞三端。有紀恩詩，見集中。

畢　瀧

畢瀾飛瀧，號竹癡，秋帆先生胞弟也。風格沖夷，吐棄一切，獨酷嗜書畫，凡遇前賢翰墨，苟洽己趣，不惜重價購之。予於癸卯冬奉訪，出示所藏宋元明人筆墨，皆真蹟中之烜赫者，無論贋鼎矣。其於國朝太常、煙客、南田、墨井、石谷、麓臺諸家，所收尤爲精粹，幾於目不給賞。工詩，喜臨池，寫竹尤蒼渾得古法。

瑛　寶

瑛寶，字夢禪，號問菴，滿洲正白旗人。大學士永公諱貴之長嗣，以足疾辭蔭。曾一官筆帖式，旋罷去。閉門却埽，惟以詩歌、筆墨自娱。工畫山水，尤長指墨。

陳　焯

陳焯，字暎之，號無軒，浙江歸安人。博雅善鑒，工寫山水。有自畫湘管齋圖，名人題詠甚多。所著有湘管齋詩鈔、湘管齋寓賞編。現官定海學博。

徐雲路

徐雲路，字嬾雲，崑山人。工詩文，尤長於倚聲。寫墨梅亦翩翩有逸致。

張　超

張超，字文圃，號樵水，婁縣人。楷書酷似趙吴興，畫學董華亭，亦時時問律婁水。子儼，字幼華，尤工仕女。

孫　衛

孫衛，字虹橋，青浦人。精篆隸，工摹印，能作擘窠大字。近復專意山水，凡有請乞者，長牋短幅，無不滿意而去。久在顧方伯幕中，予於戊申秋方得聚首。開囊讀畫，剪燭談心，輒至夜分，每恨相見之晚。姪炳，字啓後，亦工花卉。

程善慶

程善慶，號桐園，銅山縣廩生。學贍品優，文筆超妙。書法顔平原，一郡碑石咸出其手。尤長畫蘭。

繆　椿

繆椿，字丹林，號東白，吴縣人。善寫花卉、翎毛，竝工山水，名重金閶。其落款即以蝌爪筆作行楷書，亦復妍秀可愛。

施　炎

施炎，字作霖，號牧堂，婁庠生。工詩，善畫山水。

沈應霖

沈應霖，字仁甫，號萱臯，烏程人。現官湖南寶慶府通判。性倜儻，嗜酒，喜吟詠，寫山水尤得鷗波筆意。

陸愚卿

婁水陸太學愚卿，字願吾，號魯亭，聽松山人之子。山人精於鑒别，收藏甚富。魯亭得承庭訓，流覽祕藏，調丹殺粉，渲染花卉、禽蟲，行筆工秀。

陸槐

陸槐，字蔭庭，號愚谷，太倉州學生，魯亭從兄也。讀書之暇，肆力繪事，所寫山水酷摹王少司農，幾欲亂真。

王嵩萬

王太學嵩萬，字翼堂，號憶山，華亭人，東麓觀察之孫，吹和學博之子也。觀察雅善山水，憶山性耽翰墨，胚胎前光，蚤歲即工繪事，落筆穎異。與青溪蔡得研、陳東橋稱至契，詩筒畫稿往返不絶。

周農

周農，字稻孫，號七橋，烏程人。善篆隸、飛白。尤長寫梅，繁枝密蕊，揮灑縱橫。詩亦清麗。嘗見其自題墨梅云:「瘦於修竹澹於蘭,枝北枝南春正寒。昨夜有人横玉笛,白雲飛過碧闌干。」「幾枝老幹逗疎香,殘月無痕鶴夢涼。畢竟林逋風味澹,千秋配食水仙王。」

郎福延

郎福延,字文臺,號蘇門。與七橋同里。嘉慶辛酉選拔,即於是科舉鄉試第二。詩筆清俊,尤長詠物。寫生得青藤、白陽兩家法,而超縱生辣處,更覺别具旨趣也。七橋、蘇門均與潘明府朗齋相厚。乙丑,朗齋官句曲,兩人盤留公署,因得讀其詩兼讀其畫云。

伍思業

伍思業,字恒甫,號巖築,江寧人。弱歲遊粤東,從京口張霞上學畫山水,未竟厥緒。中年歷楚豫,上金臺,又得董雲樵指授,而畫乃進。今慕蜀中山川奇勝,遂往遊焉。其能自得師耶?其從此登峯而造極耶?予將俟其歸以驗之。

陳　森

陳森,字奉璋,號一亭,金壇人。性通敏,喜吟詠,嗜筆墨,尤工寫真。寫真一技,得華亭徐瑶圃、婁東陸星山兩家,幾欲駕曾波臣而上之。星山高足尤柏軒,於乾隆庚戌相聚吴門,爲予寫柏庭銷夏圖,渲染渾融,神氣酷肖。今嘉慶甲子小春,遇一亭於裴氏之襟霞閣,又爲予寫鄰墅借書、春風槐坐二圖,其筆墨之妙與神理之肖,視柏軒不能有所軒輊焉。徐、陸而後,此其繼起歟!

方山

方山，字錫之，號龍眠，桐城籍，居上元冶城山下。六歲時，戲作人物，便有生氣。蓋其先世邵郵、海門兩先生，皆工書畫，錫之得自性靈，又加淬厲，故山水、人物、禽蟲，無不瀟灑有逸趣、縱横多殊致。予於癸亥秋見其筆墨，竊意其老成人。及相見，則固翩翩年少耳。其進殊未可量也。詩文俱佳。弟中，亦善畫。

沈宸

沈宸，字東搏，號商園，烏程人。性落拓，不修邊幅。書法遒勁，山水喜倣大癡，亦時一染指雲林。

陸蓉

陸蓉，號鏡堂，吴縣人。甲午孝廉，官河南寶豐令。工山水，宗法一峯老人，筆甚蒼古，人亦豪爽。

許源

許源，字大泉，江寧人。官河南武安縣尉。善畫梅蘭竹菊。

吴亮

吴亮，字啓明，號既白，長洲人。工山水，疎林勺水，風格自超。

盛　瑩

同邑盛瑩，字維仁，號玉峯。工寫山水、花卉、翎毛，尤長細竹。其作畫必規仿前賢，悉心締構，固不肯撥寘程派，作漭蕩生涯也。

孟毓楷

孟毓楷，號竹心，吴縣人。由館上議叙得浙江衢州府經歷，上游雅重其才，歷署嵩陽等縣篆。公暇以蘭竹自娱，緝素盈几席間，盤礴揮灑，酣歌淋漓。

周　丕

周丕，字□□，長洲人。官永嘉令。雖處繁劇而琴樽翰墨，依然名士風流。善畫山水，筆興閑放，青山白雲殊有遠致。

郎際昌

郎際昌，字廷贊，號芝田，崑山人。性聰穎，讀書寓目成誦，尤躭六法。在髫齡時，即能據桉潑墨，一水一石妙合天趣。其尊人澹如，雅擅賞鑒，并喜結納，掃徑烹茶，座客常滿。芝田因得與吴閶王竹嶺、海門李栢阜、同邑周蓉裳、王椒畦、孔鄂莊、徐嬾雲輩討論研究，染翰無虛日，于是詣力益進，未有涯涘。

郎祚昌

郎祚昌，字耀全，號藥亭，澹如小阮也。與芝田年相若，亦同喜繪事，胙經枕史之餘，時一揮毫，互相欣賞。其寫山水，仿石田翁。尤長花果、翎毛，落筆雋異，似出夙慧。客有從鹿城來者，每艷稱北海一門二妙。今戊申子月，均蒙寄贈妙墨，乃信客言非謬，輒爲之傾倒不置云。

喬協

同里喬協，字瑞山，號玉峯。幼雖未甚讀書，而性巧慧，喜翰墨。其父兄均善裝池，凡以畫幅見投者，玉峯私爲臨摹，輒肖。間遇佳本，則臨摹亦倍佳。遂兼工山水、花卉、人物。後復學寫真於張石林，亦即擅出藍之譽。惜家貧，體又羸弱，年二十外抱病往上海，爲商人寫冠帶大像，因勞病劇，遂不起。具此美質而藝不克底於大成，余爲惋惜者久之。

釋漏雲

漏雲住上海之鐸菴，時往來石筍里，從恒齋先生游。喜談詩，亦能寫梅。

道士蕭文榮

同里蕭文榮，字燿明，號澹齋。其寫意花卉得旅雲山人指授，寫真則南橋王赤霞所傳家世元教，澹齋今爲道會司。

閨秀馮坤生

閨秀馮坤生，山西代州人，觀察廷丞公再姪女也。工寫花鳥。嘗見其扇頭畫白薔薇二朵，佐以虞美人，一花一蕊，綽約多姿。

閨秀葉蘭錫[一]

閨秀葉蘭錫，字蕙芬，吴縣人，上海趙仙槎之配也。工設色花卉，尤善畫荷。精雅妍麗，深得朱巨山先生傅染之法。

[一] 卷前目録原脱。

墨香居畫識卷五

南匯馮金伯治堂撰

徐觀海

徐觀海，字匯川，有袖東、壽石、幼菴諸號。浙江上虞人，僑居錢塘高士湖。博學方聞，鈎深致遠。早年涉筆突過耆宿，有「西湖才子」之稱。庚辰恩科領鄉薦，充景山教習。旋入方略館，議叙授四川定海縣，歷沔縣、安岳，皆有治聲。金川小醜跳梁袖東，從參贊劉公以偏師駐促拉角克。軍書旁午，皆揮毫立就，見者咸服其才。既而金川平，以從戎功晉秩司馬。平居棲情翰墨，籀篆行楷俱工，而於寫生尤極瀟灑之趣。所著有看山偶存、鴻爪集、袖東詩話諸種。

黄掌綸

黄掌綸，字展之，號吟川，福建龍溪人。世有隱德，鄉里稱通德黄家。幼即沉潛篤學，尤酷嗜金石文字，詩學杜樊川、許丁卯，行楷書俱有古致，旁及繪事，師法荆、關，用墨嫣潤，布置寬閒，饒有大家風格。惜數奇，屢躓場屋。所著有吟川詩鈔若干卷。

尤蔭

尤蔭，字實父，號水村，儀徵縣人。寫蘭竹極工。家藏周穜贈東坡石銚一個，曾進内府，因廣寫石銚圖，并書東坡詩句於上以贈人，維揚遠近得者甚多。乾隆三十年，隨和碩禮親王出塞，著有出塞詩鈔。

甘源

甘源，字道淵，號嘯巖，又自稱我道人。籍隸正藍旗漢軍。曾祖文焜，總督雲貴，狥吴逆之變，賜謚「忠果」。祖國基，官河南布政。嘯巖性喜讀書，恂恂儒雅，以騎射爲苦，然忼爽有志節。善詩古文詞，工行楷書，而於模山範水尤出宿慧，落筆便秀逸有致。生平遊歷，幾半天下。再入蜀，留西域者四年。所著有長江萬里集、西域集。母張太夫人，博學工詩。人謂嘯巖之學，其淵源蓋出母氏云。

王順曾

王順曾，字青山，直隸宛平縣人，敬哉相國之曾孫也。幼岐嶷負儁才，讀等身書，詩文倚馬立就。入成均，屢躓棘闈，遂屏棄舉業，放懷於山條水葉間，日飲酒賦詩，以其餘暇棲情篆刻，弋志丹青。中年冀得禄養，以考職得候選州司馬，待久未銓，常自戲鐫一印曰「何州司馬」。然境雖困，而詩益奇，畫益工，飲興亦益豪。每杖策浪遊，有笑語投洽者，不惜揮灑累幅；否即貴顯及賞鑒家，亦唾棄不顧也。

蔣宗海

蔣宗海，字春巖，號春農，丹徒縣人。舉壬申恩科孝廉，是秋成進士，官内閣中書。馴雅該博，聲著日下。工詩，能篆刻。又善丹青，具蕭疎古淡之趣，不屑蹈襲畫家窠臼。尤篤内行。年甫四十，即乞終養歸里，吟詩作畫以自娱，主梅花書院者多年。著有春農吟稾。

黄　塤

黄塤，字振武，號丙塘，安徽歙縣人，胡太史珊高弟也。甫成童，九經、史、漢即能貫串融會。目本明瑩，每以焚膏繼晷，不辭勦剟，視日以近，幾於覿面不見人。其諸父業鹽筴於浙，丙塘遂以商籍入泮。爲人通侻瀟灑，胸無町畦，與人交熱衷耐久。工大小篆、八分書。畫墨菊頗饒幽致，寫墨竹則又雙管交飛，解悟昔人怒喜行筆之旨。復寄興篆刻，宗蘇嘯民、吴亦步章法、刀法。然嗇於遇，省試屢薦屢躓，鬱鬱以卒。

余尚焜

余尚焜，字甡江，號青樵，一號晚多，浙江仁和人。其畫山水，於閒遠中寓沉着痛快之致，非世之貌似雲林者。其族弟松岩學博，曾出畫册見示，予愛玩不能釋，因記其册後自跋云：「凡人中年以往，久坐久立俱非所宜，況勞慮乎？惟作畫則起坐不常而非勞，經營滿幅而非慮，心有所囿而不馳，意有所向而甚適，所謂『煙雲供養』，全是活潑生機，宜其得壽耳。予幕遊多載，投老歸來，一切嗜好俱捐，惟作小畫以自娱。深愧從前浪擲歲月，今耳目昏廢，徒耗紙筆。亡羊補牢，祇堪一笑。」晚多年至八十外，卒於城東草廬。

杜 鰲

杜鰲，字海山，號一齋，浙江金華縣人。選貢生。工詩，善書。尤能以指墨作山水、花卉，極其精雅。畫石亦妙。

滑 樛

滑樛，字履將，浙江湖州人。亦工指頭畫，然不能如一齋之有卷軸氣。

錢球 錢榮

錢球，字石亭；弟榮，字石齋，如臯縣人。石亭工花鳥、人物，石齋善山水。其同里凌君香泉，畫筆超妙，俯視一切，不肯輕許可人，獨向予亟稱石亭昆季筆墨之超軼，爲近日所罕覯。香泉固非妄語也。

陸 飛

陸飛，字筱飲，浙江仁和人。乙酉舉省試第一。文筆踔厲，如風發泉湧。隨意寫山水、雜卉，亦超軼不羣。兼工行楷。惜以一解終其身。其後人甚衰颯，予至武林欲訪求其遺文賸墨，猝不可得。

楊汝諧

楊汝諧，字端揆，號柳汀，華亭人。與汪職方訒菴相厚。訒菴云：「柳汀家素封，以貲授別駕銜。居常遇古搨名畫，不惜用價購蓄。窗明几淨，硬黄臨仿。或行或楷，居然入海嶽、香光之室。游戲丹青，涉筆便秀氣撲人。飲興最豪，大似畢吏部之通倪瀟灑，共杯斝者不必盡鴻儒雅士也。通音律，亦能詩，兼復寄情篆刻。」予雖與柳汀同郡，而蹤跡殊疎，獨心喜其扇頭小行書，爲妙絶一時，餘則不敢妄下雌黄，故述職方之言如此。

周大榜

周大榜，字虎木，號珠上，山陰明經。其曾祖諱□者，曾爲吾郡太守，有惠政，以濬河督工，壩決墮水，至今家頌户祝。珠上性地通敏，淹貫羣籍，下逮稗官野史。生平豪於詩，縱於酒，兼長於揮灑。飲酣耳熱，長牋短幅，落筆如飛。丙申夏日，與予相晤於湖北某撫軍署中，蒙出佳箑見貽。一面作七言古詩，格近元、白；一面寫山水，仿雲林生。時方命童子烹泉水點龍井茶，茶甫熟而詩畫畢矣。别來忽數載有餘，魚沉雁杳，存殁未卜，惟所贈扇尚時時出入予懷袖間也。

吴　坤

吴坤，字皆六，紹興諸生。工畫山水及印章，亦善歌，風流倜儻人也。爲珠上飲中十友之一。

傅珏

傅珏，字雙玉，號石儔，山陰人。工畫花鳥、禽蟲。宗聖垣有題石儔畫蝶歌，中云：「低垂檐索墮來徐，小響花鈴驚不起。」摹寫工妙，又仿佛梨苑煙輕、藥欄風暖時也。

俞榕

俞榕，字範倫，號學禪，嘉定縣諸生。乾隆乙酉南巡召試，範倫以詩畫獻，蒙恩獎賞，諭入内廷供奉。王西莊光禄云：「余居清鏡塘之滸，其水爲練祁之委，自西折而北流，兩橋横亘於上。旁多楓柏之樹，槿籬樊之，風景尤爲幽勝。橋之南，範倫之所居在焉，有園亭池館之娱，樹石竹林之美。承祖父餘蔭，藏書萬卷，彝鼎羅列。暇則臨橅宋元人畫以自娱樂，畫畢輒繫之詩。四方之走求其畫者，日填積於門，以獲其寸楮尺縑爲快。所著有賜綺樓集若干卷。

徐綬

徐綬，字印函，奉天正藍旗人，今官浙江鮑郎場大使。工畫龍。墨瀋淋漓，風雲滃鬱，懸之高堂便欲破壁飛去。至於山水花卉，落筆岸異，饒有奇趣，爲湘浦分司所擊賞。

羅克昭〔一〕

羅克昭，號冶亭，揚州人。寫山水善用焦墨，沉鬱蒼秀，爲吴門張墨岑高足。由方略館議叙，管北城副指揮事，今授湖北興國州知州。

程　奎

程奎，海州人，工山水，冶亭之弟子也。亦由方略館議叙，今官巡檢。

余昂霄

余昂霄，號松岩，浙江仁和人。舉庚辰恩科孝廉，赴大挑得知河南密縣事，廉潔自矢。未兩載，丁内艱歸。服闋，請改授學職，今官湖州府歸安縣教諭。松岩資性樸茂，學問淹雅。吟詠之餘，極喜繪事。予於己酉夏訪松岩於學舍，琳琅滿壁，苜蓿留賓，竹逕杉風，翛然意遠。既出所臨衡山先生扇頭小景，乃生平得意筆也。予不能藏拙，亦爲松岩畫扇云。

嚴　鈺

嚴鈺，字香府，嘉定縣國學生。乙酉聖駕南巡，香府畫山水册十二幅，每幅書自製江南好詞二闋於後，恭進御覽，蒙恩欣賞，賜緞，并諭供奉内廷。香府丰姿韶秀，舉止安詳，雖處下僚，自

〔一〕卷前目録原作「羅光昭」。

有雞羣鶴立之概。其畫山水，筆意挺拔，乘興揮灑，動與古合。今爲揚州府白駒司閘官。

王元勳

王元勳，號湘洲，浙江山陰縣人。工寫花卉、禽蟲，活潑生動，着紙欲飛，爲近日之高手。兼工寫照。

徐體劻

徐體劻，字敬忠，陽湖縣人。工山水及寫意花卉。由三通館議叙，今官直隸正定縣丞。

陳芝圖

陳芝圖，原名德乾，字崑谷，號月泉。浙江諸暨縣諸生。爲章侯族孫。工畫山水、人物，更精八法。壬申歲，受知於彭芝庭學使，欲充選士，與劉鳳崗同爲郡守所抑，坎壈終身。少遊兩粤，後歷游燕趙秦楚豫十餘年，詩滿行篋，品格雋上。

劉鳴玉

劉鳴玉，字封山，號鳳崗，浙江山陰諸生，著有梅芝館詩鈔。鳳崗才質既敏，學殖亦裕，精繪事，尤長梅竹。巨公先達咸以國士器之，乃竟以貧困終。才人命厄，古今同慨。

朱德玶

朱德玶，字叔玉，號藉山，世居江蘇碭山縣之蒲盧里。叔玉賦性暢朗，長身玉立，傲睥當世。

雅好游藝，居恒投壺、擊劍、彈碁、縱博、賭酒、藏鈎，日在歡場。間則控紅叱撥驟金埒，引十石弓左右射無虚發。自喜機巧，見諸眉睫。既而悔之，乃折節讀書，遂工韻語，兼善繪事。以貲得官，曾爲嘉興府司馬，勵志吏治，頗有能聲。

井玉樹

井玉樹，字丹木，號柏亭，順天文安縣人。工八法，精篆隸，又善丹青，其巨幅山水尤妙。然能事不受相逼促，求之者每於几净窗明，挈榼提壺以俟，迨飲至半酣，揮灑淋漓，若有神助。

莘開

莘開，字秀張，浙江烏程縣人。家世武科，少補武學，不稱志棄去，專志讀書。工八分、繆篆，兼善寫真及花卉，尤精墨竹。爲同邑沈茂才宗騫入室弟子。沈有女弟子南潯徐湘生茝，長六法，絶去脂粉習。因爲牽絲作配。倡隨之雅，人争羡之。乃季張貧甚，傭屋以處。繼得其先世叔野先生蓮莊舊業，因徙居焉。求書畫者日踵其門，毫無厭倦。年未五十，鬢髩皓然，竟以勞卒。惜哉！湘生猶以畫自給云。

宋葆淳

宋葆淳，字帥初，號芝山，山西安邑人。祖在詩，爲蜀中方伯。父鑒，爲州牧。芝山幼而穎異，長而能文，以優貢入成均，充八旗教習。丙午北闈登賢書，授隰州學正，旋告歸。素喜六法，初亦率爾弄筆，比至京師，見聞大擴。所作山水，蒼秀嫣潤，幾欲自成一家。性通脱好遊，每一興思，襆被便行。

張慶燾

張慶燾，字裕之，一字拙餘，浙江嘉興縣諸生，實嬾先生之冢孫也。經笥相授，名噪黌宫。居張山之麓，因自號張山樵夫。童時即喜讀書，凡九流百家之説，靡不心遊目覽。工詩古文。爲人倜儻有奇氣。善水墨花卉，而畫蘭爲世所稱，人目爲「張蘭」云。

成 諟

成諟，字伯顧，號省齋，直隸大名縣人。山水學清輝老人，頗得其秀逸之致。

王震旭

王震旭，字麗初，號賓谷，華亭人，横雲山人之孫也。候補郎中。工設色花卉，尤長牡丹。

蔣維勤

蔣維勤，字敏修，號拈華，長洲縣人。曾祖曰檏，刑部四川司員外郎。祖希宗，戊午科舉人，仕至河南歸德府知府。父玉生，吴邑庠生，名譽甚著。拈華承藉嘉蔭，韶年博雅，胸有珠璣，習無紈絝，篤志縹緗，寄興毫素，山水、寫生均稱工妙。兼之法書、寶繪，備極搜羅，見聞既富，鑒别彌精。所著有丹青雜志若干卷，錯綜囊括，爲藝林所欣賞。戊申冬月，介青溪曹君研堂垂示畫幅，筆力融渾，源出荆、關。己酉秋杪，又從玉峯華廣文硯農署中遞到手翰，并惠畫箑，繾綣之情，撝謙之雅，沁入肺腑。鹿鹿依人，塵蹤無定，未審何時鼓棹金閶，登清閟之閣，讀丹青之志，以仲積愫而滌煩襟耶！

趙昺甲

趙昺甲，字古餘，浙江會稽縣諸生。翠色雙眉，瞳神秋水。束髮攻書，即有詩癖，其詩逸宕中具有法度。旁及繪事，擅長花鳥。與同郡童璞山、劉僧麟爲詩畫友，更得切劘之益。乃年踰弱冠即赴修文，埋玉樹於土中，不特庾冰浩歎也。

邱庭澍

邱庭澍，字孟直，號醒蘭，順天宛平縣人。舉壬午孝廉，授内閣中書，陞侍讀，今官兵科給事中。氣骼清華，丰神凝静。與令弟翰林院編修，今督學陜甘名庭瀧者，一時有雙鳳之目。工畫山水，落筆縱横，頃刻立就，然其中脈理層次，仍復井然不亂，踈而密，秀而蒼，獨運靈機，一空倚傍，其爲傳世無疑。

李秉德

李秉德，字□□，號涪江，吴縣人。以諸生獻畫稱旨，得供奉内廷。嗣以丁艱歸里，服闋後充四庫館謄録，議叙鹽場大使，在京候銓。善畫山水，尤工寫意花卉。其同里曾君廷棟，亦以四庫館議叙分發浙江候補主簿，與予相晤，因出示涪江所畫牡丹、石榴各一幅。疎老秀逸，迥非尋常畫工所能仿佛。

胡　直

胡直，字古愚，桐城縣人。工寫鉤染花卉、禽蟲，設色華湛。惜其慣用熟紙。

錢　樹

錢樹，字寶庭，號梅簃，浙江仁和縣人，方伯湘蓴先生冢嗣也。少即志學，長負不羈才，方伯甚鍾愛焉。屢困北闈，寄情韻語，斗室中屏絶纖塵，爐香茗椀，率然而吟，率然而詠。又善畫，終日沉酣於膠山絹海間。後得分司滄洲，方伯勉之曰：「司馬長卿亦由貲郎顯，幸自奮發以報國。」梅簃之官，屏去夙好，頗著勤勞。庚子秋，委解甘肅餉，於船脣馬背復理吟事，得詩一卷，名西陲紀遊草。

雷　蓮

雷蓮，字蓉塘，四川井陘縣人，今吴興太守紹堂先生之胞弟也。工畫鈎勒花卉，尤長畫菜。

姜　岱

姜岱，字仰山，浙江金華縣選貢生，今官臨海教諭。工詩，能書，更善指墨，爲杜海山高弟。

王　蕙

王蕙，字芳谷，與仰山同里。工寫山水、花卉及寫照，尤長指墨，亦受業於海山焉。

沈　荻

沈荻，字殿秋，號瘦沈，華亭人，獅峯先生之曾孫也。其尊人諱堅者，曾官浙江天台、會稽等縣，寬厚慈和，爲上游所推重。其内助尤賢。殿秋幼無紈綺習，長通六書，善篆刻。寫山水筆意挺秀，頗得獅峯先生流風餘韻。性疎冷，不耐治生産，亦不喜通賓客。居恒相識者，或投以尺縑片石，往往庋閣多時，難得其奏刀揮翰。故其藝之精，即在同郡人知之者亦甚罕。

鮑嘉賓

鮑嘉賓，字鹿門，號萍野，杭州人，僑寓維揚。工寫花鳥、禽蟲，尤長蝴蝶，非得厚值不輕以予人。

周厚基

周厚基，字涵中，號閒翁，婁縣人。曾任順天府治中，後降補保定别駕。能詩，善寫蘭竹。雖于役萬里，不廢筆墨。所著有閒翁詩詞草。

孫允中

孫允中，字敬修，號春生，浙江錢塘縣人。爲山東海陽縣典史者七年，以親老歸養。嘗有句云：「前後屋新捐俸薟，東西墻矮典衣加。」又云：「羸騾一疋無庸減，老役三名不用添。」詩雖粗淺，頗善形容署冷官貧景況。春生髯多身短，合參軍、主簿而爲一，里居已將二十年。興甚豪，喜翰墨，間寫蘭竹，老筆紛披。初與江寧張雪鴻相識，繼復締交於如臯程直齋。己酉八月，予與直齋共寓武林，春生邀同曾心栮、張樵水、程笏山、韓補堂、周澄溪諸人，小集松蟠書屋。時天氣乍凉，桂花將放，觀直齋作字，聽樵水高歌，春生磨墨按紙，點茶治具，奔走無勸色。予於席上口占七律二首以贈之。翌日直齋、樵水皆有和作，合書一箑，亦一時快聚也。直齋名元豸，今官嘉興批驗所大使，草書仿孫過庭書譜，幾於入化。

祁介福

祁介福，字錫之，號㟙亭，候補按照廳，予比鄰世好也。工寫墨蘭，筆意矯健，英英自異。其寫竹石亦佳。

姚庭槐

同里姚庭槐，字植三，號培齋。精兒醫，亦喜寫蘭，筆甚秀朗。與㟙亭同在盛年，其藝殆將日進也。

沈　球

沈球，字漢璀，號玉田，又號花隱山人。先世居吴江，後遷於吴門百花西里，遂入吴縣籍，補博士弟子員。其尊人懷祖，舉戊午孝廉，選授上元教諭。玉田自幼侍父讀書，工制藝，精楷法。年二十六始受業於王井東詰之門，更善丹青。惜未遇而卒。近從蔣君拈花處得見其山水遺墨，真不愧井東法乳。

汪喬年子際會附

汪喬年，字修齡，號繡林，安徽壽州人。少孤，習帖括不售，遂不事進取。家居鑿池建亭，構園一所，顔曰「繡園」，名花異卉充牣其中。繡林工草書，善山水，尤長白描人物。後入貲爲郎，以忤上官旋罷去。所著有碧玉壺天題畫詩、繡園詩話、尺牘、金臺紀行、棃花樓詩諸種行世。子際會，字覲臣，號蓮塘，體格傲岸，饒有父風。以諸生議叙得縣佐，現在浙江候補。能詩，善畫，最工鐵筆。

錢世徵

錢世徵，字聘侯，號雲樵，太學生，居郡西之修竹里。博學能文，工篆刻，尤善寫蘭。其爲人行誼清超，胸懷淡遠，游京師者十五年，名公鉅卿而下，無不争先結納。其寫蘭以蕭疎取韻，以高曠傳神，縱横宕逸，深得鄭所南、趙彛齋、文待詔諸人遺意，與世之但以淡墨寫花、焦墨撇葉、專事嫵媚者迥别。其鐵筆之精，所著有含翠軒印存四卷，吴侍講古餘、吴宫允稷堂兩序論之詳矣。

陳學海

陳太學學海，字浩如，號涵村，與雲樵里居相望。能詩，善奕。書倣董文敏。其畫山水，蒼古渾厚，酷似其外舅張友竹先生筆意。惜年未四十而卒。予近從彭用淦、柏梅圃兩君齋中見其遺墨，輒爲之太息不置。

祁子瑞〔一〕

祁子瑞，初名階蓂，字堯瑞，今又字孝先，號虛白。婁縣人，府庠生。工山水及鐵筆。丁卯秋，寄畫册四幅、私印兩顆。畫蒼而秀，印勁且古，工力精進，大異疇昔。

釋　祥

吳興釋主雲，名祥，住荻港之演教禪寺，係歸安古刹。主雲書畫皆宗法吾鄉董文敏香光，而其畫尤有骨力。并工韻語。所居寺內寶像頹壞，院宇傾圮。主雲矢願重新，不辭勞勩，焚膏繼晷，手寫山水千有餘幅，倩工陸續裝池，廣送檀越，每幅募化青蚨一貫。人既念其誠，又愛其畫，求無不應，甫一載而功德完滿。是殆能以筆墨作緣事者。

〔一〕原卷前目録原作「祁階蓂」。

釋毓恒〔一〕

雅南名毓恒，武林觀音寺之住持僧也。其新搆别院爲静居菴，則在南屏、浄慈間。予偕友人玩月湖上，嘗托宿焉。雅南居静居日甚少，故未得相晤。見其所寫墨蘭，頗有秀致。

釋仁惠別禪附〔二〕

吾郡龍門寺僧大詮，初名仁惠，後更名際權，號曰棹旋。道行高潔。工詩，善寫墨蘭，得寄舟筆法。其徒別禪，工山水。

閨秀薛蕙

虞山女史薛蕙，字佩芬，歸吴氏侍御，熊光之叔母，太國生寵光之母夫人也。善山水，宗王石谷一派。寵光號南華，相晤武林，出筆墨見示，其秀逸之致迥然不羣。

閨秀楊瑞雲

楊瑞雲，字麗卿，吴縣人，汪職方訒莽之侍姬也。以其資性嫺静，更字之曰静娥。訒莽僑居雲間，嘗歸歙掃墓，麗卿隨侍。道經佳山水，對林巒幽峭、溪流縈折，或禽鳥弄聲，或野花争笑，

〔一〕原卷前目録原作「釋毓厚」。

〔二〕「仁惠」，卷前目録原作「大千」。

輒低回不忍去，與煙霞泉石若有夙契。平居手抄唐宋詩，分古今體爲數帙，昕夕吟誦，後遂能詩，時與同侶相酬和。并善書疏，矮牋短牘，嫺雅可觀。訒葊歌兒素雲欲習寫生，時有單岳書巖工惲家法，因延致之，俾素雲學，已浹辰，尚茫然，麗卿旁睨皴染之法，會其微旨。壁間適掛虞山蔣文肅宜男花條幅，諦視久之，輒申藤吮翰，點渲合度。訒菴極爲獎借。遂專心臨摹，藝日以進。體素羸弱，又善病，針樓鏡檻間畫幀筆牀與參爐藥裹相錯。因訒葊有印癖，亦瑑石學篆刻，頗秀潤。年二十一，卒於吳門舟次。

墨香居畫識卷六

秦大士

秦大士，號澗泉，又號秋田老人，江寧人。壬申臚唱第一，官至侍講學士。名儒碩德，望重一時。制藝典重高華，爲熊、劉嗣響。書法直逼歐、柳，晚年兼喜繪事。嘗見其爲熊君楚香寫竹，上題絶句云：「三伏風生几簟寒，睡餘長日自盤桓。寫來竟日蕭蕭雨，都在瀟湘竹上看。」詩、字、畫，洵稱「三絶」。

沈栻

沈栻，字欽伯，常熟人。辛未傳臚，授庶常，晉庶子。曾兩充湖北、雲南正考官，皆稱得士。後觀察山西，擢河南鹺使，廉潔自持，處脂不潤。未幾卒於官，所存惟書籍數篋而已。工八法，亦善寫山水。

舒希忠

舒希忠，號蔗堂，順天大興人。戊午舉於鄉，累官至江西督糧道，今官刑部郎中。工山水，學雲林生蕭疎一派，而筆底仍自渾厚。

江　恂

江恂，字蔗田，江都選拔貢生，筮仕湖南青泉令，陞沅州府同知。省中凡有大案，皆派令審辦。嗣因公鐫級，送部引見，後發往安徽以通判補用。又承審疑難命案，虛心鞫訊，多所平反，上游器重，題授亳州知州。是時亳被水災，居民失所，蔗田不俟詳請，先爲開庫放賑。事聞，得優旨，特陞鳳陽知府。工詩，能隸書，復喜寫藕花，筆意華湛可愛。

常　鈞

常鈞，字□□，滿洲鑲黄旗人。歷官至湖南巡撫，解組後優游林下將二十年。精繪事，其畫虎尤妙，世共珍之。壽至八旬外。

顧惇量

新陽顧壽峰師，諱惇量，字萬陶，壽峰其號也。以庚午優貢生充正白旗教習，期滿謁選，得吾邑訓導。甫至署，值興修文廟，邑侯知其才贍而品粹也，一切委任焉。期年告成，而澤宫之軒敞鞏固，遂爲一郡冠。工詩文，兼長書畫。每集生徒於學舍，談藝之餘，輒乘興寫梅蘭菊竹，頃刻盡數十紙，分贈同學，無不滿志。丁艱，服闋，再補甘泉。旋假歸，終于里第。所著有金臺愛日、與時偕鳴等集。

朱孝純

朱孝純，字子穎，奉天正紅旗人，都統諱倫瀚子。壬午孝廉，由太令起家，歷官至兩淮運使。工山水。其知泰安府時，曾作泰岱全圖，蟠鬱蒼渾，不愧家風。

查禮

查禮，字恂叔，號榕巢，順天宛平人。以部郎出守廣西太平府，擢四川松茂道，旋陳臬事。金川平定，叙勞，超授湖南巡撫。至京請訓，得疾，終於里第。寫山水、花鳥，俱極精緻，尤善墨梅。

江昉

江都江橙里昉，其尊人曾官兩浙運使。橙里性伉爽，喜交游，嗜書畫。凡挾藝來邗上者，授餐經年，毫無倦色。工詩，尤善宋元詞曲，著有練溪漁唱。一時知名士如程綿莊、閔玉井、汪對琴、吴梅查、沈沃田、金椶亭、凌叔子諸公，相與酬唱無虚日。更善繪事，而寫秋葵爲最工。予嘗得一挂幅，金苞翠羽，綽有風情。

羅聘

揚州羅兩峯聘，自號花之僧，爲錢塘金壽門高足。壽門工古詩及銘贊雜文，晚益肆力於書畫，四方争購之。兩峯從學有年，盡得秘奥。畫工人物、雜卉，尤精貌鬼，時稱獨絶。壽門之游漢上也，曾致數千金，隨手輒盡。旋病卒，旅殯蕭然，竹素散佚。兩峯既爲招魂歸浙，復徧索常所往來以及酒鑪貨擔，賸稿殘篇搜羅不遺餘力，出資彙刻，爲集有十。於是壽門之撰述得以不朽，而兩峯之高誼尤藉藉大江南北矣。

年王臣

年瘦生王臣，家本勳業，不樂華膴，僦居邗上。時忍饑僵卧，未嘗有所干謁。其作畫亦惟二三知己互相盤礴，尤不可以貨取。生平雅慕雲林子，故落筆輒似之。亦能詩。嘗寫枯木竹石贈黃君煦堂，上題一絶云：「幾度行吟問水濱，西風回首總無因。年來筆墨皆拘束，只寫溪山孏畫人。」山水中不著人，亦雲林家法也。

謝　垣〔一〕

謝垣，字東君，號漫叟，嘉善人。丙戌進士，官刑部員外郎。性凝靜，不汲汲於榮利。年近七旬即致仕歸，鄉里咸敬愛之。善鑒古，工草書，間寫山水、花果，亦雅得蕭散趣。

吴之黼 梁鎔附

吴之黼，號竹屏，江都人。前觀察武黄時，予亦寓鄂渚，未知其善筆墨也。近晤其表弟熊君

〔一〕卷前目録原脱。

楚香，出示所爲蘭竹册及小幅水墨山水，灑脱老到，居然能手。竹屏任江西廉使，挂誤歸里。其青衣梁鎔，號仙源道人，頗善寫生。

袁　樹

袁樹，字豆村，號香亭，錢塘人，簡齋先生之從弟也。癸未進士，官至廣東肇慶府知府。工詩，善寫山水，兼精鑒别。近假歸，卜居青谿之側。閏其鍵户謝客，惟以筆墨、撰述自娱而已。

周位庚

周位庚，字介亭，廣西臨桂人。癸未進士，由部郎出知山西澤州府。山水宗法元人，甚有意趣。

管幹珍

管幹珍，字□□，號松崖，武進人。丙戌進士。官御史時，屢奉命巡視南漕，以廉能上契宸衷。今陞兵部侍郎，總督漕務。庚戌春，鑾輅東巡，趨謁行在，蒙恩錫予優渥。工寫花卉，得甌香真髓，尤善設色牡丹。

汪爲霖

汪爲霖，字春田，如皋人。爲人倜儻權奇，有材勇，多技能。其在郎署時，曾扈蹕至灤河，御前試射，五發五中，天顔大喜，賞戴花翎，亦異數也。今守廣西思恩府。工寫蘭竹，亦復超妙越絶。

陳葆光

陳葆光，字芝田，山西靈石人。歷官至湖南鹽法道。善潑墨山水，筆致雄健。

潘奕雋

潘奕雋，號榕臯，又號水雲漫士，吴縣人。己丑進士，由中書陞任户部主事。丙午，奉命典試貴州。書兼篆隸，畫師一峯。酬應既繁，但寫蘭、梅、水仙，信筆揮灑，不加粉飾，而天趣盎然，迥非凡品。

慶　蘭

慶蘭，字似邨，滿洲鑲黄旗人，相國望山公子，今大司馬丹年公之胞弟也。神姿高澈，性體沖虚。生平躭吟詠，喜禪悦，茗椀鑪香，蕭然霞外，畫筆亦灑落無點塵。宿抱嬴疾，未及四旬溘焉朝露，世共惜之。

榮　柱

榮柱，字鐵齋，滿洲正白旗人，大司寇德公令嗣。以蔭歷官至河南藩司，攝巡撫篆，左遷刑部郎中。工寫花卉。

邱廷溶

邱廷溶，字鴻章，號静堂，吴縣人。能詩，工行楷書。其寫山水，筆意蒼渾，爲張墨岑先生入室弟子。官寧國太守，督糈安徽。今丁艱歸里，讀禮之餘，不廢翰墨。

陸承謙

嘉定陸承謙，字鳴吉，號益齋，爲芙苑從弟。工山水，兼善寫意花卉。中年游歷三秦兩楚，晚歲歸老城南。其畫筆秀潤整密，力追古人，應與芙苑並傳。

周尚文

吴門周尚文，字素堅，忠介公五世孫也。寫山水善用淺絳，得大癡法，尤善繪圖。翠華臨幸江浙，曾與畫江南名勝圖册。二十七年，浙當事又聘往西湖營搆龍井行宫，布置得宜，深蒙睿賞，宸翰輝煌。素堅嘗寫龍浤秋霽圖以紀其勝。有故廬在石湖旁，每當雨晨雪夕，必戴蒻笠，攜酒榼，以挹取空濛蕭森之趣，故年近七旬，而筆底淹潤，絶無枯稿氣。

方勳

桐城方耕堂勳，初官鴻臚寺序班，後出爲廣西柳州府經歷。工寫意人物、雜卉。其之柳州也，與予相晤于武昌國總戎署中。長身玉立，貌莊而氣和。酒半，作畫贈予，揮灑自得，一洗工匠氣。

徐鼎

徐鼎，字峙東，號雪樵，吴縣優貢生。穎敏好學，工鉛槧，敦氣誼。早歲即聲溢里鄙，曹地山宗伯校士玉峯，詩古、制藝、書畫皆第一，名重江左。薩公厚菴撫吴時，延爲西席，甚加敬禮，今嗣騰安、榮安從學多年，今皆貴顯。其寫山水，得真髓於謝林村先生，鬆秀而不薄，沈著而不滯，胚胎一峯，别精締搆，識者珍之。所著有毛詩名物圖説及靄雲館詩文集。予久熟雪樵名而從未識面，庚戌夏五始相晤于柏庭方丈，讀畫論詩，遂成莫逆。

戴陛

戴陛，字六階，號松坨，平湖人。性地高曠，喜佳山水，幕游卌載，足跡幾半天下。年將七旬，游倦思歸，而家庭眷屬罕存矣。吴中舊雨攀留，僑寓於胥闗外之三粟菴。時寫山水以遣興，筆意蒼古，求者頗衆，不至岑寂。

吕光復

吕光復，字雨純，號石農，陽湖人。庚子南巡召試一等，欽賜舉人，補内閣中書，旋假歸，今主吾邑惠南書院。工書，善寫山水。嘗見其自題一幅云：「雲林、雲西兩家，皆能以沖淡勝人繁縟。叔明千態萬狀，一彙諸家之奇。然人品静躁之分，亦於此見。賞鑒家必以予爲知言。」即此數語，可想見其趨向之正，旨趣之高矣。

江德量

江德量，字秋水，江都人，蔗田先生之哲嗣也。庚子第二人及第，入詞垣，今官監察御史。工寫人物、花鳥，有士氣而無俗韻。

繆炳泰

繆炳泰，字象賢，號霽堂，江陰人。甲辰南巡召試一等，欽賜舉人，授内閣中書。工寫照，一時有虎頭之目。

熊之垣

熊之垣，字楚香，自號江湖載酒人。世居南昌，流寓秦淮。爲滌齋太史文孫，蔗泉觀察令嗣。蔗泉居官廉静，家業蕭然。楚香幼依其姑之子江鶴亭于邗上，得觀鶴亭所藏歷朝名蹟。稍壯入都，出入程魚門先生門下，所交皆一時名士。又同表兄吴竹屏游江漢、西秦，學竹屏寫蘭石，通繪事。曾寫梅贈人云：「一枝點就小庭幽，淡絶丰神孰與儔。記得夜闌新月上，暗香浮動爲誰留？」後游吴下，爲金姬寫山水。書學董香光。因修内廷書得官，嘗宦游江浙間。

金瑩子啓附

金瑩，字名時，號鹿田，世居吴門臨頓里。山水得趙大年筆意，尤精花鳥。惟懶於題欵，世人争購其畫，每託名前賢，以獲厚貲，而鹿田亦甘隱其名，不與較也。子啓，字東屏，工山水、人物，兼善寫照。

文元福

鎮洋諸生支元福，字玉山，號菊菴。老屋數椽在市肆中，菊菴居之，翛然若深山。生平不妄交，少與塘南王宜秋善，至老無間。菊菴好畫，仿倪迂而用筆稍枯。宜秋喜篆刻，師王寄亭，亦具體而微。兩人皆能詩，時唱和，然不爲苦吟。舉子業亦皆習之，非所好也。兩人年七十外相繼死，皆無子。

談中行

談中行，字祉元，號芝圃，長洲太學生。少喜潑墨寫蘭竹，後隨尊甫懷莪先生宦遊西秦，旋應試北闈，歷覽關河，遂工山水。晚棲北郭，與吴補齋比鄰，兼學花卉。卒年七十六。補齋有詩云：「廉吏子孫不厭貧，望衡對宇雅相親。嗜痂漫許徐黄法，今後知音少一人。」

徐柱

徐柱，字石滄，新安人。游邗上，館於江橙里家。工詩，善山水。嘗自畫南山樵隱圖，點染精妙，題者甚衆。

汪畬

汪畬，字中也，與江橙里同里相善。畫仿倪高士，尤精金石之學。

黄　增

黄增，字方川，號筠谷，長洲人。工山水及寫真。戊子，被召入都，供奉内廷。時命增臨倣古蹟，深邀睿賞。旋在養心殿敬寫皇上六旬御容，稱旨，賞給八品頂帶。壬辰，告終養歸里。今年六十七。

杜元枝

增同里杜元枝，字友梅，工寫人物。戊子同召入都，在内廷時，曾畫十八學士登瀛洲圖，甚爲工細。旋假歸，卒于家。

章　逸

錫山章逸，字是山。其人直諒多聞，畫則蒼秀入古。至都，蒙皇六子賞識，禮遇甚優。歸里，與錢明府竹初友善。時游寓浙中，予耳熟其名，意爲老成耆舊。近晤其同里秦梧園，知是山年甫半百，已於去歲游道山矣。可勝惋惜。

程貞白

程貞白，字奎光，號顒菴，長洲人。工楷法，爲鄭廷暘高弟。寫山水專摹黄子久，能得其蒼鬱渾厚之致。亦工詩，每畫必有題句，皆新穎可愛。生平嗜好頗與俗殊酸鹹，惟遇騷人墨客則必極意欵接。家既中落，年亦不永，惜哉。所著有顒菴詩稿、畫友録，均未付梓。

潘恭壽唐耀卿附

丹徒潘恭壽，字慎夫，號蓮巢。少學山水，苦無師承。時王夢樓太守自雲南解組歸里，以書家用筆之道授之，其畫日進。既妻水王蓬心宸過訪夢樓，見其畫，歎異之，因受業焉。蓬心授以「宿雨初收，曉煙未泮」八字真言，復取古蹟日夜臨倣，畫遂大進。蓮巢能詩，故所畫皆含詩意。兼工寫生，濯濯如倚風凝露。皈心浄土後，又虔寫佛像數百幅，出入於丁南羽、吴文中之間。與同里唐耀卿友善。唐亦善寫生，酷似潘筆。兩人清齋奉佛，俱有蕭然出塵之思。其畫格清遠，得力於禪悦居多。蓮巢畫又時得夢樓題識，故世尤重之。

黄　震

黄震，字振宇，號竹廬，太倉州人。性躭六法，有鄉先輩風。今兩湖畢制軍弇山當撫秦時，折柬招君。君入關，恣覽形勝，作太華圖，并自寫雲山小像，氣蒼神逸，諸名公競爲題詠。在秦歲餘，乘興揮灑，皆有意趣。旋歸吴，病卒。

莫汝濤

莫汝濤，字南懷，號芷厓，華亭人，爲廷韓先生裔孫。吾郡寫生家，自葉雪漁、童原山、瞿又濤、鄒春谷諸人後，久已絶響。芷厓骨秀思沈，能合包山、白陽兩家法而斟酌出之，可稱後來之儁矣。芷厓由繪圖館議叙，分發廣西候補司首領。

沈 唐

錢塘沈唐，字樹堂，號蓮舟，國學生。工韻語，喜皴染。雖曾得指授於奚鐵生，而筆致蒼渾，尤近婁東一派。與同里袁春圃先生爲至戚。春圃精鑒別，一時乘興，寫山水數筆，蓮舟向在署中，最相契合。今僑寓吴門蘭陵山莊，又時得雪樵散人講究畫理，藝學益進。

吴思忠

吴思忠，字孝侯，江寧貢生。寫山水有前輩高岑意致，亦善寫生。近見其所畫□城古梅一樹，上有七古一首，詩既雄奇，畫亦超佚，洵非凡手。

郁 榕

郁榕，字蔭城，號葯農，嘉善人，吾友朱助月之舅氏也。工寫蘭竹，有揮灑自得之趣。

歐樹德

歐樹德，字培元，號桐山，太倉人，爲虞山金待詔鶴籌高弟。其寫花卉、禽蟲，摹仿南田稾本，可稱酷肖。

朱 棟

朱棟，字東臣，號聽泉，休寧人，僑寓楓橋。善山水、人物，尤工荷花，得朱巨山先生秘傳。性耿介，頗嗜酒。嘗有貴介露金一錠索聽泉畫，聽泉睨視曰：「若殆以我爲賈豎耶？」揮之去。

有載酒至者，則罄其胸臆，淋漓滿幅。與陳斗泉、李樂泉初未相識，一日相遇於王雲谷齋中，則三人並生乾隆丙寅，並號泉，於是甚相契。而吴中厮養隸卒，亦無不知楓橋有「三泉」云。

金　建

金子徵建，號紅鵝，文通公五世孫，居吴縣之修仙巷。詩學承母丁孺人慈訓，寫真爲陸春畦高弟，亦善花卉、人物。其性既凝静，功復綿密，沈思獨往，興到神來，每出意匠之外。

尤　詔

婁水尤詔，字伯宣，今遷居吴門。初與紅鵝同受業於春畦，後遂爲丁孺人愛婿。春畦既没，其寫真遂爲吴中首望。

黄　燦

黄燦，字冠山，號埜亭，嘉善人，今移居楓橋。生平作畫喜倣袁叔明。至贈予秋社圖，則人物、樹石俱秀雅，有卷軸氣，似非叔明之所得囿矣。寫梅亦佳。

陸　海

陸海，字滄洲，嘉定人。工寫照及翎毛、花卉，亦能詩。

彭　進

彭進，字浚凡，號愚谷，吴縣諸生，工山水。

路學宏

路學宏，字慕堂，荆溪人。辛卯孝廉，今官陝西宜川令。工設色花卉。

胡　鍾

江寧胡鍾，字蘭川，號晚晴。丁酉舉人，官至遵義府知府。山水深得大癡法，而篆隸之妙，一時更無出其右。

吕星垣

吕星垣，字叔訥，武進諸生，有才名，錢文敏公之甥也。寫花卉學徐天池。現官新陽訓導。

蔡曾源

蔡曾源，號吕橋，四川進士。寫蘭竹疎快異常。

賴安田 曾異三附

賴安田，江西金谿人，精於蘆雁。其同里曾異三，習儒術，寫有百雁圖，亦極工妙，其淵源實出賴氏云。

倪象占

倪象占，初名承天，後以字行，更字韭山。浙江象山人，優貢生。今官嘉善訓導。詩文行誼，均足爲邑人矜式。間寫蘭竹，亦幾入逸品。近又畫松石巨幅見貽。

王鳳崗

王鳳崗，號竹塘，華亭人。嘗僑寓邗上，後入粤東。能以指墨寫松，極其蒼秀。

羅　絢

羅絢，字華亭，福建寧化人，黄癭瓢之高弟也。工花鳥、人物。

崔　瑶

上元崔瑶，字筠谷，號華林外史。山水得羅梅仙指授，而蒼松百尺，翠竹千竿，尤爲秀挺。年已九十外，精力完固，日事盤礴，未嘗有倦態。

陳一章子鳳翔附

陳一章，字静山，江西崇仁人。工山水、人物。至京師，游裘文達公之門。因修書議叙，官無爲州州同。子鳳翔，字竹香，能繼父業，今官直隸玉田令。

張賜寧

張賜寧，字坤一，直隸滄州人，現官通州管河州判。久聞其山水精妙，辛酉秋在山塘雙清閣始見其設色扇幅，蒼秀渾厚，超然拔俗，殊令人摩挲不置。

項佩魚

項佩魚，號小溪，休寧人，僑寓維揚，嘗館于江鶴亭家。工山水。

顧唐龍

婁東顧唐龍，字禹揚。寫蘭竹雖非古法，而工夫甚熟，隨手披拂，亦自娟秀可愛。

鮑　漣〔一〕

鮑漣，字文石，江寧諸生。善寫山水。予于楚香處見其畫册，得空濛掩冉之趣。亦能書。名方藉藉，遽夭其年，識者惜之。

吴　照〔二〕

吴照，字照南，南城人。貢生。官大庾教諭。通六書，工畫竹，人以爲金錯刀之比。

劉在田

劉在田，江西金谿人。工寫人物。予見其所寫武聖神像，手執春秋一卷，目注神凝，氣宇嚴肅，令人望而敬畏。以視世之塗飾衣裳、裝點威武者，其雅俗之分奚啻天壤。

徐兆伯

徐兆伯，字長公，銅山人。官刑部郎中。工寫蘭竹，意致超雋，深得文衡山先生流風餘韻。

〔一〕卷前目録原作「鮑璉」。

〔二〕卷前目録原脱。原目録「鮑漣」、「劉兆伯」間爲「華點」，然無正文，據以改删。

孔繼榦

孔繼榦，曲阜孝廉，曾官江都知縣。工畫墨梅，尤善寫影，有「横斜」、「浮動」之趣。

彭選

彭選，字芝峯，江西鄱陽人。善白描人物，娟秀之致出於毫端，尤喜寫洛神圖。官直隸開州州判。

孫鎬[一]

孫鎬，昭文縣貢生，曾知潞安府，降補成都通判。旋因西藏用兵，差務勞勩，卒于軍中。工指墨山水。

王振聲

王振聲，字星槎，揚州人，嘗游寓江漢間。善鼓琴，工八法，其所畫花卉亦甚生動。

任兆棠

山陰任兆棠，善寫翎毛、花卉。其得意尤在游魚，活潑生動，觀覽之際恍如身在濠梁。

胡允喬

胡允喬，字亘撝，號静山，金谿孝廉夢龍子。學問淹博，爲邑名諸生。山水、蘭竹皆係擅長，

[一] 卷前目録原作「孫縞」。

所畫有上清仙巖圖，尤爲精妙。畫不署名，只題「静山」二字。

陶　樽

陶樽，字起巖，號雲谷，浙江鄞縣諸生。工寫山水，渾厚秀逸兼而有之。亦能詩。

張　溶

張溶，字鏡心，號石泉，鄞縣人。精篆刻。其鎸銅玉章，恢恢游刃，與鎸石無異，可稱絶技。製紐亦妙。近從徐復園學寫花鳥，亦脱手無俗韻。

郁維垣

嘉善郁太學維垣，字邦藩，號鶴汀。與葯農爲族昆季。書法深得蘇長公筆意。善寫蘭竹，以蕭疎爲能，不以重密爲巧，亦復清挺有致。

潘奕楠

潘奕楠，字檀林，榕皐從弟。工山水、花鳥。隨榕皐至京師，聞見既廣，筆墨日進。惜未永年。

范如寬

范如寬，字小迂，鄞縣人。年未及冠，早得六法津逮。雖係唐明府苻溪之外孫，而骨骼氣韻超雋不羣，似出性生，非關擩染。爲予作大小數幅，皆卓然可觀。若能遜志摹古，兼師造化，積以歲月，游藝日深，定成大家。

蔣煜

蔣煜，號鼎堂，無錫人。善寫古松、大石，頗有石田翁意。

翟繼昌[一]

雲屏之喆嗣繼昌，字念祖，年將弱冠，畫筆工妙。己酉仲冬，相晤于金閶歸硯草堂，贈予山水、花卉各一幅，又見示所臨宋元名家畫册，更覺蒼秀。雲屏與予年相若，趣相合，同有一子三女。今念祖恂恂儒雅，克紹家聲；而予兒是蕙學寫蘭竹，時作時輟，不克有成。聰鈍既殊，静躁亦異，予其有媿于雲屏矣。

張震

張震，字敬修，號省齋，太倉人，吾友香谷之長嗣也。寫山水、花卉、人物，筆意俱輕秀可愛。人亦沈静，髫年嗜學，所造正未可量。

俞鈺

俞鈺，字仲堅，號卓亭，崑山人。學寫山水于孔明經鄂莊，得其筆法。

[一] 卷前目録原作「瞿繼昌」，誤。其父爲翟大坤，見卷三。

秦　寶

秦寶，號漫郎，工寫柳。梧園子也。

宋　霖[一]

宋霖，字六雨，南通州人，以邑廩生司訓淮陰。風神瀟灑，迥異時流。耽山水，所歷處經旬不返。善水墨梅蘭竹菊及花卉數種，有奇趣，而自然入妙。鰲滄來道憲贈句云：「畫兼逸品神品，詩法唐人宋人。」題墨牡丹句云：「花事倘來春色好，筆端揮就墨香留。」鐵梅庵制府題墨牡丹云：「天香國色舍人詩，笑把繁春寫一枝。料得宮齋風味冷，蘸將濃墨代胭脂。」兩先生極欽重之。古歙黄山人心盦刻今詩所見集，選六雨詩十二首，註：「宋六雨好宏獎人，所著詩話搜羅極富，評論精審。寫蘭梅煙烘雨染，皆有奇趣，詩品亦如其畫，今之天池山人也。」

李　岫[二]

李岫，字秀巖，號兩山，南通州人。工山水，深得元人筆意。兼善花卉、寫真，甚爲精妙。

[一] 卷前目録原脱。

[二] 卷前目録原缺。又，卷十「閨秀席文卿」下重收「李岫」一則，内容全同。

釋篠衫

篠衫，揚州老衲，寫竹得鄭板橋法，亦善花卉。

釋侃峯

釋侃峯，住嘉興之蓮花庵，工寫墨蘭，人亦樸懋。

道士金霖

道士金霖，常熟邑廟住持，能以左手寫竹，遂自號左手道人。

道士湯謙

江寧道士湯謙，字松阿，嘗賣畫京師，頗爲貴人所賞識。

閨秀唐素

無錫女史唐素，工鉤染花卉，守貞不字，賣畫養父。

閨秀王玉燕

王玉燕，字玳梁，丹徒王探花夢樓之女孫也。年未笄，能詩。善寫蘭，多漬草緑爲之，婉麗可喜。畢秋帆制府嘗題其畫云：「去年曾作沅湘遊，兩岸寒泉咽不流。染翰欲題香草句，幽情遥寄一江秋。」又嘗寫梅花及水仙，夢樓亦有題女孫水仙詩云：「玉性能支冷，冰姿偶寫真。金徽滄海曲，羅襪洛川神。」

墨香居畫識卷七

袁　鉞子沛附

袁鉞，字震業，號清谿，元和國學生。書法得何義門太史指授，著聲藝林。又惠紅豆學士延之家塾，詩文俱進。晚歲究心六法，宗一峯老人，手染丹黄，朝夕不少懈。惟性拗僻，不諧於俗。卒年八十三。至七十三時，始得一子，名沛，字少迂，亦工書善畫。

胡全禮

胡全禮，字勿崖，桃源人。丙辰孝廉，官江寧府訓導。工畫葡萄，得温日觀筆法。

鄭　岱

鄭岱，字紫城，號澹泉，錢塘人，華秋嶽之弟子也。山水、花鳥俱超雋，不亞於師。書亦秀勁。

吴叔元

吴叔元，字思堂，又字思翁，休寧人，流寓儀徵，終於如皋。寫山水筆力蒼渾，亦能詩。没後，程司馬化鵬爲之立傳，言其性情孤迴，行誼修潔。蓋不獨以藝事著也。

鮑　臯

鮑臯，字步江，號海門，丹徒人。工詩，善書。少孤貧，無以養母，挾詩遊江淮間，所至輒傾其名宿。博陵尹公會一守維揚，一見大奇之，爲延譽，且厚遺其母。會舉宏博，咨明大府，馳檄交徵，疾劇不克赴。尹公深惜之。父彝，字天民，善丹青。臯用其法，爲禽魚、花竹，超玅入神。

岳夢淵

岳夢淵，字水軒，江寧人。爲幕僚，有名，大吏多延致之。工詩，善飲，能寫花鳥。

程觀雲

程在嶸觀雲，號霍岑，進士，知賀縣事。山水善用青緑。

張　琪

張琪，字曉邨，工人物、寫生，得元人小品生趣。

蔣　和

蔣和，字仲叔，金壇拙老人孫，移家梁溪。書學繩其祖武，兼善人物及寫照。初充三通館校録，議叙得候補主簿。復修四庫書，得欽賜舉人。

中書。

張曾獻

張曾獻，字小令，桐城人。嫺唫詠，工分隸書。間作白描人物，亦有小李將軍筆意。官內閣中書。

薛　懷

薛懷，字竹君，山陽人，邊頤公之甥也。寫蘆雁酷似其舅，至於花卉、禽蟲，别具秀逸之致，不落淮北宗派。兼工隸書，法禮器碑。

理昌鳳

理昌鳳，字南橋，興化人，爲鄭板橋弟子。善寫蘭竹，詩詞亦工，多於欵題中見之。使酒佯狂，忽然儒服，忽然黄冠。興化令祈雨，檄取之，即與衆擊鐃伐鼓，隨衆起倒。徐察其儀表非俗，始禮而遣之。或云即李文定公族人。

俞宗禮

俞宗禮，字人儀，號東帆，上海人，僑寓楓橋。工山水及寫真，更善白描人物。其貌十八尊者，人以爲龍眠復生也。嘗畫耕織圖二十四幅，筆墨精細，爲巨公所得，曾進御覽。生平古貌古心，索畫者不計酬，故技雖工而家甚貧。

吴　麐

吴麐，字堯圃，江西人。寫山水出入元四家法，而以疎散簡淡爲主。其用墨乾濕相參，不見痕跡，蓋得熟中熟法。惟長於小幅，若大幅則病其腕弱，亦不多見也。

方元鹿

歙人方元鹿，字竹樓，僑居廣陵之真州。家本饒於貲，聞其少耽翰墨，凡習一藝，必自扃一室，窮年累月，殫精竭力，磨鍊以底於成，其秃毫敗紙填滿几榻，以故家業廢而藝各臻妙。詩學放翁，詞宗夢窗，楷則衡山，行兼蘇、米。其畫山水，工細似李公麟，而墨竹尤妙，能以書法行乎其中，故風晴雨露之外，别具文心，非邯鄲學步者比也。然今老矣，病矣，日攜文奩畫篋遊行於好事家以餬其口，可勝浩歎。

陶　鼎

陶鼎，字立亭，揚州人。其寫青緑設色山水，妙於渲染，筆既淹潤，氣又流暢，洵屬能手。亦善花卉，得俞浣之法，行枝布格，頗有意致。

洪承祖

洪承祖，字靈士，號林士，新安人，家邗上。善花卉，比白陽而點綴却工，較南田而谿徑自别，蓋寓勾染於寫意者也。至其天趣横發，一段幽逸之致拂人眉宇，洵爲士林高品。間作山水，非其所長。

張　洽

張洽，字月川，毘陵人。墨岑族姪，山水得其筆法。王光禄西莊詩云「墨岑山人吾老友，點染煙雲盈素紙。披裘帶索入巖巒，散髪垂竿弄煙水。猶子月川今静者，高秋訪我宣南里。袖中亦有五岳圖，山人遺法依稀是」者是已。袁竹室云：「月川筆意蒼秀，丰骨珊珊。中年遊於藩邸，縱觀珍秘。晚則契於禪悦，一寫性靈。近聞其結廬棲霞山中，不入城市者久矣。」

姚　仔

姚仔，字歷山，無錫人。人物學吴小仙，寫花卉得鄒侍講小山先生法。

金　俊

金俊，字惟一，杭州老醫生。子位育，傳其鍼灸法，爲徐分司湘浦治病，袖其父山水一幅贈湘浦。層巒疊嶂，煙雲滃鬱，銀濤千尺直瀉樹間，淙淙若有聲。湘浦曰：「此洪谷子得意筆也。」急以示余，且言：「惟一幼孤，體羸甚，遇異人授以吐納法，漸至充盈。常欲得度師作出世計，念嗣續事大，中年始議婚得一子，即位育。年至八十三，趺坐合掌而逝。」

周　良

江寧周琫子良，字心田，能畫龍，得其家法。

管希寧

江都管希寧，字幼孚，號平原生。少習制舉，以羸疾棄去。乃涉獵諸史百家，旁及金石，而於書畫尤所究心。書兼篆籀真行。寫山水極幽冷之致，差病其弱。人物一意馬和之，典雅古淡，出乎塵壒之外。曾畫豳風一卷，每章作小篆書經冠其前，即令和之爲之，亦不過是。花卉會心象外，別具生趣。所居几座以外空洞無物，壁張古書畫一兩幅，庭堦雜蒔杞菊併諸野卉以觀生趣，其風致可想見矣。所著有就懦齋詩集。

俞瑩

金匱俞瑩，字敬亭，號友梅山人。能詩，工山水。嘗摘古人佳句補圖，茶熟香温，以之自賞。或偶得一聯半語，亦惟補圖自和，所謂不求賞識是也。寫生亦不在包山服卿下，與味琴、雲屏、丹林諸君最稱莫逆。嘗語丹林曰：「吾於丹青一事，未能深入古人堂奥，獨畫膽最大。凡徑丈巨幅，無論山水、花鳥，揮灑立就，不以爲難。」丹林以畫中畏友目之。海華檀史云：「友梅天姿寧静，性愛佳山水，時於寫畫發抒胸臆，不得作丹青觀。然出入大家，操縱自如，不謂之丹青老手，亦不得也。」

黄易

仁和黄松石哲嗣，名易，字小松。工詩文，精篆刻。其寫山水，亦得北苑、巨然正法眼藏，非苟作者。松石没後，家徒壁立，小松念舌耕不足以供事育，乃習刑名學，一出即有聲幕府。其在清苑也，邑號繁劇，又值兵差絡繹，文移鞅掌，日不暇給，小松能以詩筒畫筆與簿書迭進，不廢風雅。居停甚器重之，佽助援川運，例得官山東穀城主簿。

范來宗

范來宗，字翰尊，號芝巖，吴縣人，家於香山，文正公二十四世孫也。成乙未進士，官翰林院編修，今榮養歸里。工寫花卉，得指授於丹陽范野君，而風格自超，别具秀骨。行楷亦復工妙。

喬　林子昱附

喬林，字翰園，號墨莊，如皋人。工唫詠，善篆隸。山水不拘宗法，有蒼潤罨靄之趣。至鐫刻晶玉磁牙，各臻其妙，而手製竹根章尤精雅可愛。令似昱，字丹輝，號鏡潭，篆刻承其家學，兼長水墨蘭竹。

施士鍾

施士鍾，字介亭，錢塘人，僑寓吴門。寫山水姿態横發，六橋、兩峯秀氣收拾毫端。邇日友人攜示墨菊一幅，乃知更善寫生。

王　源

王源，字雲谷，溧陽人。能詩，工山水。遊吴門，館穀于菊花亭楊君蓉坡齋中。蓉坡爲人淵雅，喜筆墨，賓主甚相契也。嘗作畫贈予，仿宋復古作瀟湘洞庭之景，落筆清疎，神味冷雋，覽之令人作出塵想。

謝　谷[一]

謝谷，字石農，南通州人。能詩，工山水、人物、花卉。近見其爲墨莊作白描小照，亦復酷肖。

薛　鑄

薛鑄，字壽魚，吴縣人，生白先生之孫也。曾官廣西縣尹。工寫花卉、翎毛，專法宋人，無纖柔穠艷之習，可稱矯矯拔俗。

許國柄

許國柄，字掌衡，嘉定之南翔里人。喜翰墨，敦友誼。家擅園亭之勝，多植名花異卉，時與二三知己琴尊茗椀，對物寫生，頗饒佳趣。張香谷亟稱之。

吴之湄

吴之湄，字林洲，吴江諸生，家於蘆區。工詩，精筆札，尤善寫山水。

[一] 卷前目録原作「謝一谷」。

屠　璇

屠璇，字彝珍，號疎村，吴興籍，今家長洲。寫山水酷摹獨往客，用乾筆皴擦，其一種鬆秀之致迥不猶人，小幅尤佳。近從邱觀察静堂遊，工力日進。

張四教

張四教，字宣傳，號石民，甘泉縣諸生。世本秦人，商於揚，遂占藉焉。石民性沖素，喜翰墨，家蓄法書名畫，又多晨夕晤對，遂能點染。花卉以徐、黄爲歸；人物則舜舉以降，步趨六如；書法二王，小楷尤妙。平日不肯輕易涉筆，故人得其片紙如拱璧云。

汪　葑

汪葑，字芥亭，初名封，字玉書，吴人。少喜塗抹，凡案有敗紙，必墨滿而後已，家人禁之弗止也。後從其舅氏山怡周先生遊，得其指授，教以臨摹，於是近規石谷、麓臺，上遡元明，蒼潤渾厚，卓然成家。又常遊歷燕趙間，故魄力雄大，得北地氣運爲多。

陸家振

陸家振，字渭英，崑山人，壽峯司訓之甥，鄂莊明經之姊婿也。幼孤，顧孺人以長以教，俾克成立。渭英亦刻苦自奮，善承親旨，請旌樹楔，垂名不朽矣。工寫山水，頗有倪、黄兩家筆意。

吴 禮

吴禮，字若愚，休寧人，寓吴。善山水，師周山怡。乾隆二十二年，聖上南巡，進九如圖。召試行在，題爲受天百禄嵩岳三呼，稱旨，賜克食及緞。筆意秀潤，風格流麗，惜不永年，未臻蒼老。

袁 瑛

袁瑛，字近華，號二峯，清谿從子。童時習山水，既長從徐北山尚學花卉。乾隆乙酉，膺李鶴峯學使之薦，供奉内廷者二十餘年，極邀寵賚。歲乙巳，以母老乞養歸。

孫 賢

孫賢，字樸園，吴縣人。幼孤失學，從婁東顧翰臣習繪事。後又師事上海朱巨山，得其傅染之法。

俞 理

仁和孝廉俞理，字秋府，號小緑天菴主。書法酷摹梁山舟侍講，寫山水嘗云愛嚴鐵橋、畏奚鐵生。二鐵皆同時畫家中之錚錚者，秋府可謂不薄今人。

闞 嵐

闞嵐，字文山，號晴峯，桐城人。兼工山水、花鳥、人物。其繪事之妙見賞於奇大方伯，故久在吴門署中。

温　純

烏程温一齋純，髫年即從沈芥舟先生得畫理，於古人法書名印尤心愛之，見必摹，摹必三四反而後已。寫山水渾灝淵懋，力追董、巨。篆隸真草飛白各體，皆有原有委，非苟作者。近悉舍去，從費侍御可園游，迸力於詩古文詞。太守井陘雷公最所激賞。生平更喜搜尋秘籍，如金石史、五經筭術、雲谷雜記、敬齋古今黈、翁林題跋諸書，已，手校梓行。

祁　焕

祁焕，字藴文，號蔚峯，吴縣學諸生。幼即喜寫蘭竹，博覽諸家，師承善本，其薰習摹倣幾五十年矣。晚歲自成一家，敗毫破墨信筆揮灑，頗有古穆之趣，特不利時目耳。性尤好古彝鼎、圖書，列案摩挲。多蓄古硯，家居桃花塢北里，有二十八硯齋。

莊　存

毘陵莊存，字義門，工畫大松及墨梅，其花鳥尤佳。

李祥鳳

婁東李孝廉祥鳳，號曉江，工山水。

董家麟

董家麟，號蘭塘，華亭人，文敏公六世孫，候補鹽場大使。工山水，梅竹亦佳。

陸　楷

陸楷，字振之，號梅圃，吴興之南潯鎮人。工寫山水、人物、花卉。與同郡辛開皆爲沈芥舟先生入室弟子。開没無子，爲之經紀後事，其友誼亦足嘉焉。

朱　璉

朱璉，字若賢，號石齋，揚州人。善花卉、翎毛。初學宋人，今轉爲南田、秋岳，更覺指揮如意。余於竹室處見其所寫黄山百種花册，極其娟麗。

金　鏞

金鏞，字大聲，號鵲泉，吴縣人。性機巧，一切藝事舉手輒工。前遊中州，畢制軍秋帆甚器重之。近館穀於繆松心先生家，縱觀名跡，專心摹仿。南北兩宗兼收博采，宜其技日益進而名日益彰矣。

吴　點

吴點，字春沂，號湘帆，休寧人，今僑寓吴門。吴中吴補齋先生工花卉，尤長畫魚。湘帆承其指授，摹擬逼肖。亦工山水。

吴　照

吴照，字清暉，號雨香，湘帆弟。工白描人物，得上海俞宗帆法。亦善寫真。

陳俞　蔣型俞子效文附

陳俞字古虞，蔣型字儀正，嘉興人，皆從張徵君浦山游，工山水，筆俱清朗，尤長寫真。古虞有子名效文者，能紹父藝。

薛文卓

薛文卓，字恒夫，揚州人。山水刻意宋元，渲染皴擦不遺餘力。

顧廉

顧廉，字又簡，號頑夫。畫山水善摹古，意致鍊淨。

周曾培

周曾培，字佩三，號虛槎，丹徒人。善山水，無論大小幅，必滿而後已。自云寫閩中山，蓋少時嘗遊幕於臺灣也。

周序培

周序培，字殷士，號窳生，丹徒人。工山水、人物、花鳥，整密秀潤，獨開生面，不襲前人。

王述縉

婁東王述縉，字公紳，號石泉，麓臺少司農孫。工山水，功力甚深，天資微乏。

商　紃

商紃，字□□，寶意先生令嗣。官海州惠澤巡檢。工詩，善畫。丁巳春，曾手鈔近稿并畫山水一幅，託王司訓靄亭見示。詩既清綺，不媿家風，畫筆亦復超雋不俗。

翟　紳

翟紳，字垂仲，居涇縣之水東，即古之桃花潭也。工山水，得梅花菴主筆意。

蔡　器

蔡器，字晴江，工花鳥，極工緻精巧，所乏者韻耳。

江　浩

江浩，字静涵，工士女，兼善花鳥，用筆設色，流麗可喜。

錢善揚

錢善揚，字慎夫，秀水庠生，籜石宗伯孫。花卉得祖法，而爲梅傳神，尤稱妙手。

李敬謨

李敬謨，字息耘，南通州人。工詩，善行草書，所作鉤勒花鳥、蟲魚亦頗妍雅。

周　申

周申，字舒菴，婁縣人。畫花鳥得白雪外史法，亦善寫真。

顧鶴慶

顧鶴慶，字子餘，號弢菴，丹徒人。工詩文，善行草書。髫年以畫受知於學使彭公元瑞。入都，館莊親王府，遨遊諸公卿間，故得縱觀宋元墨蹟，而畫益進。程青溪云：「宋人千巖萬壑無一筆不簡，元人枯竹瘦石無一筆不繁，弢菴得之。」性瀟灑，好飲酒歌詩，時目爲狂，自若也。今旋里，求畫者滿户，幾欲作鐵門限云。

張崟

張崟，字寶巖，號夕菴，丹徒人。性恬澹，寡交遊。焚香静坐，沈酣典籍，或累月不出。每獨往梵宇仙宫，談禪講道，又或累月忘歸。偶與賓客晤對，口不臧否人物。至與子弟尚論古人，討究六法，又復精嚴不遺餘力。同邑潘恭壽畫仿文待詔，幼年悦而效之。既改宗石田翁，得其蒼秀渾噩之氣。後又進法宋元人大家，旁搜博採，彙萃毫端，幾欲自成一子。閒畫仙佛像，亦超然絶俗。先是，尊甫此亭先生諱自坤者，精鑒賞，富收藏，寫花卉有王酉室風致，惜不多作。令嗣名深，字叔淵，寫生逼真惲南田。清河畫事，蓋源遠而流長矣。

程式潤

程式潤，號芳墅，霍山人。寫梅初學童二樹，繼乃遜志觀摩，悉心參究，變拙爲巧，由生之熟，繁枝亂橤揮灑自如，大幅横披縱横自在。再加精進，便可於元章補之後雄踞一席。

張　鋐

張鋐，號朗亭，長洲人。山水師周石湖，筆頗蒼秀。

徐廷錫

徐廷錫，字晉蕃，雪樵散人姪。山水得乃叔法，惜早卒。

釋石莊[一]

釋石莊，號石頭和尚，金陵人，卓錫於揚州湖上之桃花菴。生平喜結文字緣，年逾七旬，老而彌篤，故過揚名士咸樂與之交。其畫山水，筆則沈著，墨則濃郁，有磊落之概，無蔬筍之氣。其徒西崖，能墨竹，宗文湖州。孫竹塘，學畫於吴堯圃，亦稱善才，惜不永年。重孫甘亭、善田，皆喜畫，從袁竹室遊，駸駸乎克紹石頭衣鉢矣。

釋際慧

釋際慧，字静蓀，號雪舟。幼聰慧，喜讀書。其母梁孺人皈心浄域，遂命披剃於楓橋法華寺。梁孺人長齋繡佛，依子繙經，意泊如也。後梁孺人八袠帨辰，適雪舟主無錫之南禪方丈，一時士大夫景孺人之霜節、重雪舟之梵行，贈言成帙。雪舟彙而刻之，題曰繼德集。

[一] 卷前目録原脱。

又奉母命撰著禪宗心印十卷，今已付梓。母歿後，退棲於支硎山麓之何亭。禪誦餘閒，或唫小詩，或寫雜卉以遺興，而墨菊尤妙。雪舟繪事蓋本於其師祖石鐘和尚云。石鐘已見前編。

道士滕鑑

滕鑑，字古明，號静怡。學山水於視壁山房魏浮樽，頗得其傳。

道士伊大麓

圓妙觀道士伊大麓，字壽先，號雲峯。初學山水於滕古明，後復從王次峯游。

道士李體德

穹窿山道士李體德，字近仁，號補樵。善山水，得法於竹嶺、次峯兩家。

道士吉潮

道士吉潮，字亮初，號星槎，長洲人。幼業儒，早孤無力，遂習元教。嘗從雲峯作畫，從雲峯兄杏坡學詩。工山水，愛寫棧道、雪山，近郭河陽一派。

閨秀朱瑛

朱瑛，字玉田，休寧人。祖羲賓先生流寓楓橋，遂家焉。歸楔湖友人沈丹崖。丹崖妙擅丹青，玉田時共點染，落筆輕雋，秀色可餐。

閨秀姚雲書

姚雲書，號香坪，錢塘人。父廷璣，以名孝廉官直隸别駕。香坪隨侍左右。嫺唫詠，通音律，工繪畫。公餘退食，香坪能以諸藝悦其親。後歸中表任啓亭。吾友姜蓉汀爲啓亭姊俉，曾以香坪所畫蝴蝶見示，其畫上「南園緑草」一印，即蓉汀所鐫。

閨秀陳發祥

陳發祥，湖南祁陽人，前知嘉定縣事陳怡庭之女也，隨父寄居鴻鶴山莊。工詩，善寫水墨花卉。

閨秀錢與齡

錢與齡，字九英，雨亭郡丞女，文端公孫女，陳太夫人南樓曾孫女也，爲黎川蒯中翰聘堂室。工寫生，酷摹曾王母筆意。又得從兄籜石宗伯指授，藝日益進。其作畫處，屬予顔之曰「仰南樓」。

墨香居畫識卷八

于宗瑛

于宗瑛，字英玉，號紫亭，奉天鑲紅旗人，河督諱成龍謚襄勤之孫。乾隆甲戌庶吉士，官至江南道監察御史。性簡淡，不趨榮利所在，掃地焚香，似韋左司之爲人。工詩文，著有來鶴堂集。隨園主人嘗采其佳句入詩話中。書學顔平原，參以蘇、米兩家，極蒼古渾厚之致。山水得清閟三昧。間作寫意人物及花卉、禽蟲，皆有天趣。令嗣鰲公滄來，爲婁東刺史。余於甲寅暮春造謁，荷公欵留署中，因出家藏墨寶數十軸見示，高超神妙，洵屬大觀。

毛上炱

毛上炱，字羅照，號宿亭，太倉州人。壬辰舉人。官内閣中書，遷户部主事。寫山水工而敏，有前輩南華散仙餘韻。乙未春，扈從南巡，駕幸西山，召繪靈巖圖。時上炱飲已半酣，縱筆揮灑，天趣盎然。圖成，極荷宸賞。惜年未中壽而卒。

程蔭桂

程蔭桂，字燕山，吴縣人。乙卯舉人。大挑分發四川，題授大竹縣知縣。值金川跳梁，轉餉軍前，被難於木果木。山水得富陽董文恪公神骨。

金廷標

金廷標，字士揆，烏程縣人。父耕山，名鴻，工寫真及山水。廷標早歲落託不羈，繼乃專心繪事，凡人物、花卉、寫真俱能入妙。大駕南巡，廷標恭進白描羅漢册，蒙恩嘉賞，命入内廷供奉。數年卒於都中。

葛師旦

葛師旦，字匡周，號石村，寶山縣江灣鎮人。博學多能，工山水、篆刻，通陰陽、地理。訓徒之暇，應酬諸技。然性恬澹，非素交不易致也。詩亦清遠可愛。

陸雲錦

婁東陸雲錦，字文襄，號耕霞。寫人物、花卉均得古法，山水爲王東莊昱高弟。

方　華

方華，字甘白，錢塘縣人。工山水，有灑落之致。

戴咸亨

戴咸亨，江西南安縣舉人，善寫蘭竹。

陸錦雯

陸錦雯，字淳高，號杏村居士，平湖諸生。詩文澄潔。畫山水師陸鳴謙，既而有出藍之譽。居士既不樂仕進，乃即祥里故居課徒教子以自給。與族人烜僧、拙宜結忘形交，蓬艾没堦除，琴歌之聲聞於籬外。

張愷

張愷，字遐人，號霞岑，吴江縣人。寫真爲朱紀尊高足，兼工山水、人物、花卉。爲人坦蕩，屢空晏如。性嗜酒，飲輒盡一石。酒酣以往，乘興高歌，聲若鸞鳳。

陸英

陸英，字宗楷，號蘭堂，與霞岑同里，寫真亦出紀尊之門。

王圻

王圻，字西溪，號郁雨，新安籍，寄居苕上。生平閉户讀書，不慕榮利，晚更棲心禪悦。工寫蘭竹。吴興郡庠有蘇文忠石刻風竹一枝，天聖禪寺有管夫人晴竹墨跡，郁雨皆臨摹泐石，論者謂其筆蹤無愧前人云。

陸　鼎

陸鼎，字玉調，號鐵簫，居元和之修仙巷。詩有奇氣，見隨園詩話中。畫工山水、人物、花鳥，皆戛戛獨造，不爲繩墨拘束。至其白描大士像，一筆縈拂，縷縷若春蠶之絲，而神彩飛揚，體勢靈動，尤爲生平絶技。性坦夷，嗜酒，與人交無城府，不事生産，不騖榮勢。慕古人慎矯之風，矢志不娶。

孫　坤

孫坤，字眘夫，號漱生，崑山之安亭江人。年九歲攝梯畫吕祖師像于壁，長七尺彊，觀者驚異。長工山水、花鳥。嘗爲姚江張羅山作花塢圖，兩浙名流題詠殆徧。并工鐵筆。善製硯，士林争購之。先是，坤之世父光禮精篆刻、書畫，爲時推重。坤蓋擩染家學以成其藝云。

曹　鋭

曹鋭，字鍔堂，號友梅，休寧人，僑居吴門。山水得婁東王存素指授。初官深州尉，遷東城正指揮。既罷去，館穀於查氏，日以盤礴爲事，畫筆日進。壬子秋，以詩畫見寄，未幾而遊道山矣。姪烜，字曉堂，邑庠生，亦工山水。

顧王霖

顧王霖，字穉圭，號容堂，鎮洋縣人。庚戌恩科進士，點庶吉士。癸丑散館，改授工部主事。

工山水，興到揮毫，蒼老雄健，當於婁東派中别樹一赤幟。

張應均

張應均，字星纏，號東畬，元和縣人。庚辰、壬午聯舉京兆副車，充四庫館謄録生。書成議敘，官四川西昌知縣。以終養告歸，卜築齊門外，得林泉趣。寫山水初得董富陽指授，筆甚醇正，近則專趨穠厚，前後似出兩手。

陸大木

陸大木，原名培玉，字用成，上海人。畫漁家樂圖，得其從祖桓又衣鉢。間作花卉、禽蟲，亦復楚楚有致。

沈　瀛

沈瀛，字朗庭，吴江人，嘗僑寓揚州，工寫蘭竹。

莫春暉

莫廣元春暉，號葵齋，黟縣人。年十五省父於婁東，以所寫樹石謁王林屋先生。林屋以爲可教，乃授以南宗正派。葵齋得其旨。旋遭父喪，扶柩歸里，比反而林屋亦亡，乃移寓吴門。性喜陶，遂隱於陶。間寫山水，極疎老蒼秀。然每悼林屋之早逝，謂未得窺見六法堂奥也。其謙抑又如此。兼工醫。

李　良

李良，字寧士，吴縣人。學書於錢訥生，學畫於張墨岑，一點一畫，一樹一石，皆刻意摹寫。至於撫琴布棊，乃其餘技。

陳元勳

陳元勳，字紫嶠，長洲縣諸生，工寫墨竹。

黄德源

黄德源，字茂椒，鄞縣太學生。洞曉音律。嘗于市中得古鐵簫，品之有異聲，因以爲號。工山水、蘭竹，又從武陵奚鐵生學寫生。鐵生贈以詩，有「君等才華真玉琢，洞簫時作鐵龍鳴」之句。善篆刻，兼通堪輿術。

趙一漁

趙一漁，字更深，與茂椒同里相善。工山水。嘗同茂椒游剡源九曲，每曲繪其形勢，以像置其中，互相娱樂。性閒曠，慕天隨子高風，置一小舟于湖畔，顔曰「漁舲」，而日捕魚以爲樂。又學琴于汪孝廉芰湖。嘗月夜彈平沙落雁一曲，曲終，乘興攤燭寫圖以寄予，有蕭疎淡遠之致。

胡　量

胡量，字元謹，號眉峯，華亭人，僑寓吴門。工詩，得程魚門指授。又學畫山水于毛宿亭。

弱冠遊京師，客果郡王府。并善騎射，通醫理。後乃歷游齊、魯、閩、粵間，眼界日擴，詩畫日進。

洪範

洪範，字石農，休寧人，兩粵制軍福公幕中客也。善畫山水。

莊曰璜

莊曰璜，字渭川，震澤人。工書，善畫人物、草蟲。嘗作百蝶圖，題詠者甚多。其友鐫「莊生曉夢迷蝴蝶」之句以贈之。予同里朱玉麟，字書祥，亦工畫蝶，一時有「朱蝴蝶」之名。

許庭堅

許庭堅，字鄰石，號次谷，金匱廩生。其尊甫藏書處曰「種學樓」，庭中布置窠石疎竹，次谷日手一編吟哦其間。間寫山水，一禀先民矩矱，而秀逸之韻出自天成。性疎懶，緗素堆几案，敦逼之弗應；至興到揮灑，則又往往廢寢食。所著有忍古齋詩文稿。

盧登棹

盧登棹，字震滄，鄞縣人，青櫺館人門下士也。善畫山水，筆意蒼秀。

沈金臺 弟介圭兆陞附

沈金臺，字紫環，號芝暉，婁縣之楓涇人。善花卉，法惲南田。弟介圭，字震藩，工山水，法王麓臺，兆陞，字魚三，善人物，法仇十洲。

翁光祖

翁光祖，字默山，福建延平諸生。詩敏而工，畫師上官竹莊，書亦遒勁可喜。久幕滇南，與武陵沈瘦人友善。瘦人從滇中歸，乃攜示其筆墨焉。

陸在元

陸在元，字主調，號藕房，錢塘人，現官江蘇布政司理問。工詩，尤長詠物。予於甲寅初夏在太湖司理程君前川署中，讀梅花詩九首，格超味雋，足以嗣響青邱。既而相晤吴門，又得見所寫山水、人物，均有濯濯出塵之概。

沈可培

嘉興沈進士可培，字春原，號向齋。官山東黄縣知縣，有政聲。未幾告歸，教授鄉里，從游者甚衆。工寫山水。

顧兆麟章紳附

顧兆麟，字厚溥，號素園，居新陽巴城之西。樸實敦行誼，閭黨稱爲善人。先是，同邑章紳字佩玖者，幼年隨侍白雲外史，盡得其畫法，爲海寧陳相國賞識，久寓浙中，晚乃歸里。素園與之昕夕相聚，討論繪事，遂工花卉、翎毛，傅色鮮華，筆情妍雅，不媿毘陵滴派。

楊　堉

楊羲山堉，閩之晉江人。幼號神童，既冠後家貧甚，遂棄舉子業。欲游京師，道出吳門，遂爲黄氏館甥。既愛金陵江山之勝，乃卜宅焉。性孝友，重然諾。人無賢愚，見之生敬，咸稱曰「羲山先生」。詩文崇骨格，不事綺澤。書法于遒勁中時露機趣。畫則山水小景，或大幅蒼松，或梅蘭蕉石，皆奕奕可喜。而性愛竹，故寫竹尤稱獨步。嘉慶紀元丙辰，薦舉孝廉方正。

賀應祥

關中賀梅菴應祥，工指畫。嘗爲鰲刺史滄來畫棧道圖卷，精神團聚，骨格蒼古，必傳之技也。

陳應隆

吳門陳必大應隆，工寫真及花鳥。

朱　成

朱上舍澗東，名成，字聖和，居洞庭西山。工詩，善寫蘭。嘗往來瀟湘、雲夢間，受業于許太史香巖之門，又與王蓬心太守、張紫峴先生交契。蓬心曰：「元明以來寫蘭者甚衆，澗東風韻清疎，幾欲别開生面。」紫峴云：「吾觀澗東寫蘭，愛其和且潔，淵且静。子擷我三楚菁英，而余不妬也。」王光禄西莊亦有「美人下筆何翩翩，墨華吹作湘浦煙」之句。其爲名流推許若此。

李　點

李點，字撰春，無錫人，僑寓吴門，爲寫真高手。

湯遇昌

湯遇昌，字恒周，號蘅洲，秀水縣人，嘗寓居於盛川之皆石山房。工人物、山水、白描，得筆法于金士揆。生平作畫不肯苟下一筆，故索畫者每以遲鈍爲嫌。

張鵬翼

張鵬翼，字培風，寶山縣人。書法得董文敏筆意，偶貌松石亦蒼老可喜。

戴　彝

戴彝，字尚古，號松門。休寧縣籍，髫年流寓於金山縣之張溪。能詩，善琴，山水得婁東正派。嘗與華亭徐復園、同里黄少雲彈琴論畫，竟夕不寐。少雲名家杰，亦雅士。

郭　適

郭適，字樂郊，廣州府南海縣布衣。山居養静，人品高潔，工畫水墨雜卉。

雷　沅

雷沅，字芷堂，婁縣太學生，工山水。

余崧

余崧，字維嶽，號秋亭，元和縣人。寫真得法於李撰春，花卉尤雅静有致。山塘楊君蓉坡齋有鵑花一盆，百餘年物也，開時燦若朝霞，秋亭爲之寫照。予見而愛之，謂得徐熙不傳之秘。

張莘

張莘，字秋穀，仁和縣人，僑寓吴門。寫花卉專師惲南田，書亦酷似。

殷立杏

殷立杏，字鶴溪，號南齋，吴江縣人。讀書養静，留心翰墨。且家多古跡，任意臨仿，遂工山水，其於梅花道人法尤爲擅長。

張燮岑

張燮岑，字雲巖，松江西門外人。寫山水、花鳥俱臨摹枝窩頭陀陳枚，神理逼肖。

陳一鶴

陳一鶴，字鳴九，號雲汀，海寧州人，香泉先生之族曾孫也。山水、花鳥俱工。宦游荆楚間，歸老於魏塘婿家。

王溶

王溶，字潤蒼，號鶴艇，黟縣人。工山水，蒼老罨潤。家貧，性恬淡，屢空晏如。族叔名轂者，官德州刺史，招至任所，路經吴江，爲大令龍公所器重，留署中者匝月。

汪林茎

汪林茎，字萼輝，號花南，與潤蒼同里。性高雅，足不出户庭。工寫蘭竹，極有雅趣。求畫者絹素堆積，興至揮毫，輒頃刻數十幅。

童經正

童經正，字令輿，號淡泉，錢塘人，僑居江陰。工鈎勒花鳥。辛亥同韓明府燕寓居吴門，乃得見其畫筆。

盛匯潢

盛匯潢，字子潮，號鶴汀，嘉定人。其父兄均善六法。鶴汀入國學，屢試北闈未售，乃亦究心繪事。常館穀于先達門，名譽日盛。

張璇華

張璇華，字貢植，號查山，華亭廩生，隅寅先生之令嗣也。工山水，筆意極矯健。

王　壤

王壤，字東臯，鹽城人。工畫蘭竹、雜卉。

楊謙

楊謙，字炳南，嘉定人，善寫梅。

周佐

周佐，字逸材，號松岑，浙江東陽人。善畫蘭竹，亦工山水。

朱逢泰

朱逢泰，字鈞闐，號柳塘，吴江人。學詩於周明經鏡湖，得其神髓。又善畫山水，筆甚疎秀。辛亥秋，同張君霞岑造訪，流連竟日。别後以詩見寄，云：「憶接蘭芬已五年，扁舟過我柳溪邊。傾心毫素歸真論，羅網雲煙入手編。疎雨侵簾茶竈濕，淡香穿徑菊英妍。匆匆欲别情難遣，目送歸帆意渺然。」

葉元德

葉元德，字葆初，吴縣人。父兄多宦游，葆初獨守儒素，通岐黄理，兼工山水、花鳥。

查振旟

查雲槎振旟，星子縣諸生。爲復經進士喆嗣，善詩文。作書以三指捉筆，懸肘如意，故大小楷皆有法度。亦工山水。匡廬山帶一箑，乃寓金陵郡署時所寄贈。

高元眉

高女學元眉，字燕庭，嘉善之楓涇人。其尊甫明經稽，自號鶴湖漁長，工詩文，善書。燕庭克承家學，旁及丹清、篆刻。甲寅夏，晤于繞緣村莊。丁巳秋，寄山水小幅，筆情墨韻已駸駸入香光之室。

周綵

周太學綵，字萊衣，號嬾漁，東山之查灣人。與朱君友硯比鄰相契，故予亦得定交焉。詩近坡老，詞繼草窗。隸法出入禮器、曹全，寫生得天趣。蓋嬾漁居擅湖山勝處，又富于收藏，昕夕婆娑于林光黛色、法書名畫之間，宜其胸次毫端無半點塵俗氣也。

顧王畿

同邑顧太學王畿，字邦懷，號溪雲，小匡先生之曾孫也。初工香筆，繼則專精山水，筆意極麗落有致。

楊安景

楊安景，字映纏，杭州籍，現寓吴門。山水得翟雲屏指授。

顧海

顧海，字静涵，號香雪，常熟人。工山水、人物，并善篆籀。

陳　源

陳源，字天一，號昆流，吴縣人，工山水、雜卉。

鮑祖雋

鮑祖雋，字雲林，平湖諸生，工山水。

畢大椿

畢大椿，字澗雲，號松友，婁縣之楓涇人。工山水。入都，館於董尚書蔗林邸中。乙巳，命入内廷供奉。丙午八月，恭祝萬壽，進呈設色山水長軸，布置章法並成壽字，蒙恩嘉賞，收貯石渠寶笈。庚戌仲秋，復蒙御題絶句，大椿刊石以誌不忘。癸丑，歸里省親，得疾，自知弗瘳，沐浴，遷外寢，趺坐瞑目而逝。

張旋吉

張旋吉，字履祥，號味閒，華亭明經。山水、人物均得其舅氏王秦樵法。

周　笠

周笠，字元贊，號雲巖，又稱韻蘭外史，吴縣人。能詩，善山水，寫生入神，寫照入妙，含抱真素，吐納煙霞，吴中第一流人物也。訂交之後，虚衷問字，時時以筆墨商榷。壬戌，予至吴門，未相值。旋以畫册寄示，題詠多名下士，予亦附以詩，云：「研北香南點染新，荷田花發碧溪春。華陽一叟嗟匏繫，羡爾拈花澹宕人。」「三日百花洲畔住，蕭蕭風雨作秋涼。煩君屢向洲邊望，舴艋無形煙水長。」「綵筆妍毫付自天，果然翰墨小神仙。一般綺福誰消受，對寫丹青意渺然。」「金粉燕支未足奇，描摹寒翠向東籬。昔年贈我閨中册，題編閨中絶妙詞。」

施大烈

施大烈，字紹武，崇明人，工設色山水。

華　銈

華銈，字重光，一字夢莊，元和人。工畫花鳥，尤善爲梅寫照，單瓣重臺，硃砂緑萼，無一不工。

沈　鋑

沈鋑，字振初，吴縣人。工山水、花卉，其白描人物尤爲精妙。

吕　元

吕元，字耕畬，與鋑同里。工山水、人物，亦善草蟲。

陳　棟

陳棟，字任宇，號幹亭，世居長洲。性孝友，工詩，善山水。

王廷周

王廷周，字愷如，號鵝池，二癡老人次嗣也。山水得家傳，尤饒秀致。

錢　熙

錢熙，字皡如，一字巽峯，崑山人。工山水，亦善分書。

馬　鋭

馬鋭，字進修，號古愚，吴縣庠生。工山水，長於倣古。

戴　炳

戴炳，字明章，號笠人，吴江人。人物得指授於湯恒舟，兼善山水、花卉，筆皆韶秀。

唐　棣

同邑唐棣，字萼輝，工寫真，尤善界劃山水，邑乘繪圖乃其筆也。

胡勳堯勳裕

胡勳堯，字贊堂，號秋岑；弟勳裕，字成之，號鹿亭，青浦恪靖公寶瑔之曾孫也。綺歲能文，同入邑庠，工詩，善畫山水，一時有「金昆玉友」之稱。

姚廷本

同里姚廷本，字克修，號省夫。性蕭散，嗜佳山水，籜冠芒屨，時在六橋、三竺間。又好音律，每習一器必精熟而後已。其尊人澹亭謂之曰：「廢時日以調笙吹笛，雖工無益。何勿改絃易轍，學程笠父故事乎？」蓋笠父亦嗜音律，中年悔之，乃學畫山水，七十後藝成，名聞遠近。省夫承庭訓，乃棄故習。習繪事，落筆意致斐然，於婁東一派已得涯涘。

吴　增

吴增，字益之，號竹虚，錢塘人，從其尊人芷厓先生僑寓山塘。工山水、花卉、人物，質地聰慧，下筆輒佳。

程坎孚

程坎孚，字□□，吴江之平夢人。從籜石先生學寫花卉，并善人物、篆刻。

裴　錡

裴錡，字頤祖，號雲鵠，句容縣學生，予門下士也。喜畫梅蘭，非至契不輕捉筆。善唫詠，嘗贈予七律一首云：「風流道學兩無妨，月旦評非泛濫觴。元晦經傳白鹿洞，放翁詩賦碧雞坊。愛才不肎拘資格，挾技何難代表彰。寄語絳帷諸弟子，彭宣今日也升堂。」

宋雲書

吴門宋雲書，字容之，初名朝宗，字文潮。髫年穎秀，詩畫俱妙，爲胡眉峯高弟。

閨秀錢淵

錢淵，字大德，號静香，桐鄉人。適邑令陳某之子淩臯爲室，後歸汪西。善山水、花鳥，亦工詩。

閨秀高焕

高焕，字淑貞，平湖人，晉原之姪女也。喜讀書，工花鳥。惜所適非偶，抑鬱蚤卒。

閨秀閔苧

閔苧，字蘿屏，邑之石筍里人。工詩，善琴，寫山水秀逸似魏耕雲。友人黄文學碧塘配。碧塘游粤東，嘗寄以畫幅，碧塘題詩云：「桐花冉冉柳花飛，兩處風光共夕暉。莫畫家山寄行篋，天涯夫婿正思歸。」

閨秀閔慧

閔慧，字佩蘭，蘿屏之妹。學詩、學琴均有夙慧，畫筆亦秀拔，惜未字而卒。

閨秀嚴文

嚴文，字淑暉，烏程人。幼聰慧，喜吟詠。年十七歸同邑温一齋。一齋謂之曰：「能畫而不能詩，畫即無韻；能詩而不能畫，詩必無神。」遂潛心學畫，不數月而能花果。嘗題石榴四絶：「云曉起紗紅，處剛逢放榴。珊瑚未足比，明欲照梳頭。」「綵幭裁緑葉，麗日映清溪。渾似桃源裏，斑斕望欲迷。」「移來安石種，枝上子初成。不許風輕折，空傳嚼水精。」「紅綻流霞色，珠囊解滿枝。捲簾粧閣静，斜日好吟詩。」惜天不永年，僅十八而卒。

閨秀吴德韞

吴德韞，字恒卿，一齋之繼配也。能彈琴，工寫墨蘭。一齋嘗篆「花中疑有曲，絃外欲傳神」之句以貽之。

虞朗

虞朗，自號冰壺女史，金壇鳴球京兆之從妹，吾友臺山方山人之淑配也。性喜畫蘭。潘榕臯農部贈臺山詩云：「國香何礙老衡門，寫出風枝帶露痕。倒薤折釵同一法，小窗閒與仲姬論。」以臺山工書故云。臺山亦有詩曰：「自愛黔婁婦，妝臺學寫生。臨風雙管活，脱手萬枝縈。意葉因愁長，心香似水清。年年二三月，不羡衆芳榮。」

柳依依

俞敬亭先生之姬人柳氏，名依依，字緑煙。先生工畫，善撫琴，依依嘗爲設色理弦，故先生有詩曰：「捧硯得人勤潑墨，整弦有手易鳴琴。」依依性喜文墨，隨侍先生有年，頗能吟詠，善寫梅。而其不可及者，理家務甚勤，事家長尤敬，故先生又有詩曰：「舉世青娥嫌白髮，惟兹紅粉惜殘年。」

墨香居畫識卷九

史震林

匏岡居士名震林，字岵岡，金壇瓜渚史氏。乾隆丁巳恩科進士，官淮安府教授。甲戌告歸，仍往來淮揚閒，從游者日益衆。然性孤介，不肯與時俯仰。喜禪說，多方外友，故詩文往往近仙佛，亦復隨事諷喻，誘人爲善。工八分書，中年酷摹曹全碑，後更參以己軸。其寫樹石、蘭竹，一以生秀爲宗，不落前人科臼。壽至八十七。余初見西青散記十二卷，愛其文之淵雋。至句曲，王君藹亭贈以華陽散稿，讀之而味愈永也。西青散記，詩友吴長公所刻，後燬於火。華陽散稿，詩弟子徐墨莊、琴莊昆季所刻。華陽詩稿，則蔡西村刻而未印行也。其所未刻者，尚有游仙散草、華陽散草二種。

梁崇忠

梁崇忠，字衡在，號西野，山陽縣人。工詩，善山水。温陵龔升菴嘗招西野及吾郡沈沃田游虎阜，沃田贈以詩云：「邂逅同心興不孤，新詩字字木難珠。更煩一瀉金壺墨，爲寫春山霽景圖。」不數年，西野遂客死吴門。

趙泉

趙泉，字難涸，當塗縣歲貢生。工詩，善文。其寫竹石，疎宕有奇氣。市人勿喜，或乘其窘，擲錙銖而草芥拾之。泉每拳筆刺天而歎曰：「奈何貴米顛、富倪迂而坑趙泉哉！」時或酒後激昂，裂紙畀火，世多以狂生目之。年七十餘竟以貧死。

朱方藹

朱方藹，字吉人，號春橋，桐鄉縣人。工詩文，爲歸愚先生高弟。其畫山水，文質相宣，有大家風範，畫梅亦佳。乾隆壬午，聖駕南巡，方藹恭進畫册，蒙恩賜緞兩端。著有春橋詩選二卷，小長蘆漁唱四卷。

盧鎬

盧鎬，字配京，號月船，鄞縣人。癸酉舉人，官平陽教諭。工畫山水，喜於醉後燈下作之，秃筆焦墨，如亂髮，如攢蟻，雲峯叢薄，稍存位置，興盡即已。

閔世昌

閔世昌，字鳳見，南通州人。工山水、人物，爲張蒼梵從僴。蒼梵供奉内廷時，欲薦入畫院，鳳見雅不欲以畫顯。數應舉不第，遂隱居作畫以自娱。年八十三。

范　榕

范榕，字野君，丹陽縣人。工畫花卉、翎毛，墨光絢爛，生氣滿紙。閒作山水，亦復蒼秀。

朱　秉

朱秉，字述祖，號游蕃，吴縣人。庚子舉人。書法倣趙吴興，山水師王少司農。

吴　巖

吴巖，字桐村，烏程縣人。丁丑進士，官刑部主事，督山西學政。善山水，兼工寫意花卉。

保學灝

保學灝，字書山，號江村，南通州人。壬子舉人，甲寅會試，後蒙恩賜翰林院檢討。工寫蘭。

王鳳儀

婁東王觀察鳳儀，字審淵，丁卯舉人，麓臺少司農曾孫也，畫山水得其家法。

陸授詩

嘉定陸授詩，字昌雅，工寫生。聖駕南巡，與弟遵書竝獻畫册，均邀睿賞。惜早卒。

董　任

董任，字又衡，鄞縣人。工臨池，畫亦瀟灑不俗。家富有，好施與。中落後，爲貴州亦資孔驛丞，冬月猶著葛衣。嘗有句云：「黄金散盡無知己，博取人閒浪子名。」聞者惜之。

潘庭筠時敏附

潘庭筠，字蘭公，號德園，錢塘縣人。以舉人授内閣中書，成戊戌進士，入詞林，轉陜西道監察御史，旋告終養歸，主吾邑惠南書院。其韻春和，其致秋潔，尤喜皈依浄域，洗浣濁流，持齋誦經，蕭然物外。自言於繪事向極研究，解悟後棄捐一切，惟隨筆寫水墨花卉以應請索而已。令嗣時敏，字遜伯，號小煙，善畫仙佛。

蕭九成

蕭九成，字韶亭，山東日照縣人。壬辰進士，官翰林院檢討。山水謹守南宗，深得麓臺筆意，爲山左第一。

張錦芳

張錦芳，字藥房，廣東順德縣人。舉鄉試第一，乙酉成進士，官翰林院編修。善蘭竹，寫梅尤工。

汪體仁

汪體仁，字景瑶，號石匏，長洲縣人。辛卯舉人。山水倣黄一峯法，頗有神會。所著有佐觴草，半題畫什也。

吴山秀

吴山秀，字人虬，號晚青，震澤縣人。壬午歲貢生。工詩文，善山水，亦工寫生。

朱　杲

朱杲，字曉滄，無錫縣人。庚子恩科進士，官諸城縣。不久告歸，囊無長物。工山水，得董北苑法。

徐兆熊

徐兆熊，字開齋，號東濱，泰州人。癸卯舉人，授内閣中書，旋乞終養歸里，以詩畫自娱。工寫花鳥，尤善畫松。

陳　熙

陳熙，字右昭，號豆村，杭州布衣。工詩，善山水、人物。富陽董文恪見其畫，嘆爲近來無此筆墨，欲延之京邸。豆村以母老辭，終身不出郡城。

潘有爲

潘有爲，字毅堂，廣東番禺縣人。官内閣中書。善設色花卉，武進錢文敏嘗屬其代筆。經進後，求者漸衆，遂閟不輕作。

華　冠

華冠，原名慶冠，號吉崖，無錫縣人。工寫照，以白描擅長，窄幅徑寸，神氣畢肖；山水以淡遠勝。惜墨如金，非素交密友求之，不易得也。遊京師，名噪一時，最爲皇六子所鑒賞，贈賚甚渥。一官粵西司馬，旋解組歸。畏應酬繁，居鄉避之，不輕與人接，而車乘之招殆無虛日。

韓校

韓校，字學莊，廣東博羅縣人。官淮安檢校，閒曹清苦，處之宴如。寫山水、人物，筆意蒼秀。公餘揮灑，藉以自娛。

孫匯

孫匯，號嘯壑，安徽廬江人。琴音古澹，詩筆清新，善寫蘭，亦工山水。嘗於扇頭寫江上秋歸圖，題二絶以寄其內云：「一琴相伴幾懷歸，古調今彈計已非。自歎飄零同社燕，秋風江上夢羅幃。」「黃蘆紫蓼映扁舟，采石磯邊賦浪遊。偶借便鴻傳小扇，畫圖酣寫十分愁。」

唐璉

唐璉，字汝器，甘肅臯蘭人。書工小楷，更精斯篆。點染雲山，蒼茫古秀，陝人目之爲「小子畏」。

李昌泉 張鐸附

李昌泉，字復琦，號海若，鄞縣武舉人。善指頭畫，古雅不俗。同里張鐸，字純叔，亦工指畫。

張延茂 弟成附

張延茂，字知三，號蓮溪漁叟，句容縣人。予至句邑，訪畫家於王君脩竹，脩竹曰：「其庶幾知三乎！」乃出知三筆墨見示。蘭竹多逸趣，隸草亦佳。其弟成，字少田，亦工畫山水、人物。其能過於知三，而氣韻稍遜。

黄　鶴

黄鶴，字石屏，丹徒縣人。工畫花卉、翎毛，皆生動有致。吴郡張石公塤跋其畫册云：「石屏爲夢樓太守妹胥。夢樓故貧，南宫報捷，其妹脱銀釵一股與報人。□夢樓既貴，官滇南，妹以爲言，夢樓出金一鉤，權其重輕，曰：『妹以銀易金，不亦可乎？』傳者以爲笑。而石屏夫婦能安貧，買畫自給，不干求於夢樓云。」

管　濤

管廣文濤，字雲度，號壅臼，如皋縣人。寫蘭得楊无咎法乳，隨畫隨題，詩韻清絶，亦工填詞。

岳　皐

岳皐，字鶴亭，山西安邑縣人。工繪人物，大則徑尺，小則徑寸，無不精神活潑，躍然欲生。閒作花卉、翎毛，亦復生動。

王昭被

王昭被，字見山，自號鶴道人，鎮洋縣庠生。喜畫墨梅，尤善寫影，縱筆所之，無不如意。

吴寶書

吴寶書，字松崖，無錫逸泉先生孫。工畫花果、蘭竹，著墨無多，風神秀朗，不媿家法。

何龍

何龍，字禹門，休寧縣人。工指墨。曾爲王少尹柏崖畫漁樵問答一圖，隨意點抹，情致宛然。

鄒擴祖

鄒擴祖，字若泉，巢縣人，僑寓金陵。工山水、花鳥，而其寫意人物尤蕭散有致。

葉長春

葉長春，字芳林，號生白，嘉定縣學生，工寫蘭竹。

戴禮

戴禮，字石屏，興化縣人，畫師李復堂。

霍泰然

霍泰然，字榮江，號秋濤，長洲縣人。工寫花鳥，與吴補齋友善，故筆意頗近之。其畫游魚更佳。

顧　梱

顧梱，字松喬，一字鑑沙，慈谿縣人。歲貢生。善識别古人書畫，所作山水亦自雅秀。

謝純祚

謝純祚，字季桓，號一山，鎮海縣人。工書，兼工山水。陳元松有題一山春山圖詩云：「何處春山蒼翠，桃源即是仙家。拄杖石梁橋畔，飽看無數煙霞。」

戴　遠

戴遠，字士宏，號毅齋，新安人。工畫人物、花卉。早歲游都門，爲延清中堂所激賞，薦辦南巡盛典。晚年僑寓吴門，索畫者甚衆。

秦　銑

秦銑，字南珍，無錫縣諸生。工山水，尤善花鳥。其倣鄒小山宗伯筆，真贋莫辨。

周　濂

周濂，字蓮亭，沭陽縣人。性狷介，平居杜門不出。喜寫山水，人求之亦不易得。

許　楫

許楫，字午橋，號麓緣，甘泉縣人，僑寓楓橋。得畫法于閻世求，花卉、翎毛皆工緻妍雅，殊可愛玩。丙辰春，蒙寫杏花春燕小幅見寄，予題三絶句報之。

陸　珍

陸珍，字仁寶，號玉溪，杭州人。詩畫俱無俗韻，嘗爲王少尹柏崖畫卧梅横幅，題句云：「疏枝鐵榦太槎牙，心賞從來别一家。却愛前溪雅柏樹，畫成亦得似梅花。」其風致可想矣。

金可琛

金可琛，字甸華，號心山，吴縣庠生。工寫生。性孤冷，不喜與俗人接，人多以傲僻目之，故名不播於藝林。甲寅臘月，予與埜亭訪之深巷蕭齋，擁爐作畫，見客寒暄，貌甚恭，意甚殷，未嘗覺其傲僻也。既而知予嗜畫，即以案頭水墨牡丹見贈，并以别幅贈埜亭焉。其畫杼寫性靈，一空依傍，於勾勒處見法度，灑落處寓華滋，求之吴中寫生家，一時罕有儔匹。惜善病。丙辰秋接埜亭札，則心山已游道山矣。

嚴　果

嚴果，字敏中，號古緣，仁和縣舉人。性恬淡，通禪學，詩似陶、韋，偶然作畫，簡古高逸。與弟鐵橋齊名，人稱爲「二嚴先生」。

趙思敬子丕成丕省附

趙思敬，字鴻文，號挹峯，吴江縣人。工山水。子丕成，字職方，號晚亭；丕省字周蕃，號西林，皆克繼家學。

范永浤

范永浤，字浦雲，一字虚舟，鄞縣人，採菊山人從徹嗣子。工山水。嘗見其寄莪亭小幅，秀潤有致，題句云：「塞北江南雁影分，幾時風雨訴離羣。拈毫無限懷君意，春樹蒼茫帶暮雲。」其時虚舟方客燕臺也。

汪　穀

汪琴田穀，字心農，休寧人，少齋司馬之喆嗣也，築别墅于吴門之包衙前。與袁簡齋、王夢樓兩太史爲翰墨交，每一至吴，盤留忘返。琴田工寫蘭竹，筆法妍雅，不輕示人。少齋官九江時，嘗刻同郡名醫程國良所著醫學心悟，年久漫漶，琴田乃重鋟之。其留心濟世類如此。

程　堂

程堂，號雨湖，與琴田同里。學問淵雅，以商籍爲浙江錢塘學茂才，琴田延之家塾。山水初師石田翁，繼參元四家，筆法蒼秀。每赴省試，扁舟過吴，求畫者趾踵相接。

汪　恭

汪恭，字恭壽，號竹坪，亦與琴田同里。琴田嘗攜居别墅，討論文史。行楷書仿山舟、夢樓兩家，筆法可稱酷肖。山水雖泛濫各家，而于文氏一派尤爲心契，高者追蹤太史，次亦得與文水、五峯竝肩肘也。旁及人物、花卉、翎毛，無一不佳。兼妙解音律。

張鳴

張鳴，字鶴衢，金壇人。家貧，能敬奉其母，人皆稱爲張孝子。其畫山水、人物，不拘古法，而揮灑自如，神韻天然，亦近日能手也。嘗一至我邑，爲余作畫頗多。

宫國苞

宫國苞，號霜橋，泰州人。工詩，寫蘭竹、雜卉，生致可掬。

錢榆

錢榆，字叔美，號松壺小隱，仁和縣人，爲湘蓴方伯第七子。詩宗岑、韋，畫倣衡山。近遊滇黔，所歷多奇險，自當别有進境。

錢東

叔美從兄東，字杲桑，號袖海。年二十七遊京師，其室人病亟，遺以玉魚一枚，故又號玉魚生。玉魚雅善詩，尤長詞曲。畫倣南田，書亦似之。少負豪俠氣，中年以後棄儒爲賈，絶口不談詩畫。一日與袁竹室遇於維揚肆中，相與讀畫論詩，交成莫逆，於是名噪一時，求廢筆墨不可得矣。

周拔

周拔，字清漢，號挺生，南通州人。寫蘭法所南翁，畫竹師東坡居士，皆深造自得。梅菊亦佳。

吴　霖

吴霖，字稼軒，號紫翠山樵。與挺生同里相善。其寫意花卉，下筆輒佳，然不苟作。兼能剪裁盆玩，疊石布景皆得倪、黄筆意。

尹　錫

尹錫，字懷元，號西村，湖州南潯鎮人。其所寫山水、人物、花鳥，皆妙得天趣，殆學古而不泥乎古者耶。

程世萱世英

程世萱，字葦塘，號雪門，爲東冶先生令嗣，故又號小冶。元和縣高才生，文筆挺異，兼工山水、花卉。弟世英，字芝臺，官光禄寺署正，亦工山水。

夏丕雉

夏丕雉，字羽谷，崑山縣人，明太常昶裔孫。祖大昜，父廷香，皆善畫竹。羽谷早孤，廢書學畫，即得家法。其以蘭竹餬口江湖，迄今已三十餘載矣。

黄恩長

黄恩長，字奕載，號蒼雅，長洲縣人，上谷太守砥崖先生之孫也。其詩文得外舅王光禄西莊指授，花卉宗法徐熙父子，寫意人物則似吳小仙，工細者學仇十洲，尤精篆刻。有敦好齋印譜及千頃堂畫譜。

吳克諧

吳克諧，號夔菴，石門縣人。山水法耕煙散人。遇有真蹟，不惜重價購之，刻意摹倣，可稱神似。

王光昱

王光昱，號松崖，甘肅臯蘭縣人。髫齡即隨其尊人西谷比部客於果親王邸，王愛其聰俊，教之畫松，刻意揣摩，不數月而盡得其紛拏偃仰之秘，爲都下名公所激賞。兄光晟，號柏崖，官江寧少尹，學博品端，尤工漢隸。相晤時，每述其弟之梗概，而惜其年之不永也。未幾，柏崖亦棄世矣。

沈銓

沈銓，字師橋，號青來，天津人。山水師石田翁，花卉宗惲南田。嘗遊京師，瑶華主人雅重之。生平慕黄山之勝，己未秋偕程音田考功至歙，與莫山人葵齋裹糧同遊，凡山中怪石古松，奇葩異卉，咸爲圖繪，無不逼真。

陳澧

陳澧，字安瀾，號竹間，世居濠上。山水出王竹嶺之門，嗣與繆丹林、張味琴相過從，又善寫生。庚戌、辛亥間，遊婁東，寓廣堪齋，得縱觀宋元人名蹟，畫日益進。今年六十餘，抒毫伸紙，猶娓娓不倦也。

張　鏐

揚州張鏐，字紫貞，號老薑。善畫山水，工八分書，兼長篆刻。性嬾不修邊幅，不飲酒而嘗以詩代飲。曾寄示閒居雜興四律，中多佳句。

吴日昕

吴日昕，字藥雨，歙縣人。工山水，善摹石田、衡山兩家。

崔　溥

崔溥，字春泉，筠谷先生仲子也，山水、人物能世其業。

陳鼎鑄

陳鼎鑄，字恭壽，號石香，世居金閶專諸里。父大梧，叔小梧，皆工書，推重吴郡。石香既傳家學，又從繆丹林學寫花卉、禽蟲，筆法蒼秀，識者謂其冰寒於水。

王之佐

同邑王之佐，字光照，號謙齋。能詩，工漢隸，而於音律尤得妙悟。見前人所作山水、花鳥，輒閉户臨倣，動得神似。然見人又諱言之，即予亦不能數數見。齋後多古樾，予顔之曰「翠樾山房」。環植嘉卉，時與二三朋輩按曲聯吟，典衣貰酒以爲樂，即家人告炊無米，夷然不以介意也。

王　潤

王潤，字裕庭，號雨亭。府庠生。與謙齋同里相得。書學董香光，山水、花卉秀筆天生。近于吟誦之餘，更復遜志臨摹，畫境日進。

汪　曙

汪曙，字曉山，號半窗，黟縣人。工山水，兼善指墨，得何禹門法。

郭世鈺

郭世鈺，字二如，孝感縣諸生。父滐成，己未進士，早卒。二如能力學詩文，皆有法度。工山水、花鳥，尤善畫馬，得松雪意。

金樹荃

金樹荃，字香亭，號沅思。雲夢縣廩生，試輒冠軍，三舉優行。畫山水極工細而自有神韻，詩賦、小楷皆入格。嘗受業許香巖、秋巖兩太史之門。

吴　錦

吴錦，字晝堂，號柳邨，己酉拔貢生，竹堂先生令嗣也。寫竹得自家學，尤工山水。

錢東塾

錢東塾，字學韓，號畷田，嘉定學諸生，竹汀宫詹之次嗣也。工詩，善分隸書，尤嗜圖畫。嘗以春林澹靄小幅見寄，丰韻韶秀，超然塵壒之外。

吴之龍

吴之龍，字汝霖，號雲門，孝侯先生子。工山水、人物。

保希賢

保希賢，字蘭馨，號杏橋，南通州附貢生，元丞相忠義公罕之裔孫。性嗜書畫，善鑒别。書倣顔魯公，尤工小楷。畫學黄子久。家有逋園，在城西，於東隅搆屋數楹以藏書畫，曹地山先生顔其額曰「愛日園」。綴景十二，繪圖作記，一時名公鉅卿題詠唱和，稱其孝養。蓋杏橋尊人年已九旬外，故雖策名仕版，而未嘗出也。

保逢泰

杏橋姪逢泰，字極皤，號僊巖，州學生。七齡失怙，而能力學敦行，年未冠即工篆隸、鐵筆，善寫生，尤長蝴蝶。著有僊巖詩草。

談友仁

談友仁，字尚米，號文圃，家蘇州城北，吾友二匏令嗣也。性喜繪事，垂髫在家塾時，吴補齋先生時來爲其伯芝圖寫生，文圃即在旁竊視，學其筆法，繼又從徐君雪樵學山水。丁巳賤誕，蒙寫晚香益壽圖寄贈，筆已蒼秀。今又將數年，藝當益進矣。

釋清月

揚州僧清月，字品蓮，號藕船道人。梵行孤高，善琴，工詩，尤精蘭竹。曾倩吾友李漁莊以筆墨見貽。

閨秀劉敦詩

沭陽閨秀劉敦詩，適張氏。善寫山水，兼工荷花，著色清妍，頗無俗韻。

閨秀羅芳英

江西閨秀羅芳英，字妙華，梅仙從孫女，已樵上舍配。金陵吴君孝侯，既爲梅仙畫弟子，而與已樵又同譜相得，妙華乃寫秋江圖并題句以贈。孝侯出以示予。詩工畫雋，乃知羅氏畫學一脈，其尚流衍于閨閣中耶。

閨秀繆瑞英

吴門閨秀繆瑞英，字淡如，歸周雲巖。工花鳥，尤長寫菊。嘗贈予菊譜册，司諭徐喬生淑配浣雲見之，首題二絶，既而浣雲姊茝香及駱佩香、許仙霞、盧瀞香諸女史，均有題句。佩香跋其後云：「此墨香先生藏册，囑余弟文峯交余，索諸女史題詠。仙霞、瀞香誤認余本，而余不敢攘也。爰識數語，寄還墨香先生，且証題款之誤。」題句附後：

鮑浣雲之芳詩：「閨中風雅是吾師，斑管生花不畫眉。尺幅移來秋數種，霜華月暈共離披。」「載酒東籬舊夢賒，流留五斗媿陶家。西風莫怨開遲暮，相對秋心淡似花。」

鮑茝香之蕙詩：「淡泊秋容是一家，似從金谷謝繁華。幽人閒試生花筆，想見含毫逸思賒。」「故園三徑憶年時，冒雨同尋賦小詩。今日披圖見新詠，宛如相晤在東籬。」

駱佩香綺蘭詩：「此花我見易生愁，幾到平山買棹游。今日披圖如識面，拈毫同寫一天秋。」

許仙霞德馨詩：「素羽蹁躚絶點瑕，秋風吹雪上梨花。自來風雅乘軒客，一樣題門處士家。」

「清標曾不染纖塵，老圃秋容淡愈真。籬外有人披氅過，如將風格鬥丰神。」

盧瀞香元素詩：「昔人已乘黄鶴去，誰剪修翎作此華？應是神仙好詩酒，却吟秋興到陶家。」「分將額上新顔色，笑向東籬爲寫真。聽説王濛已仙去，范金今始鑄花神。」

閨秀駱綺蘭

閨秀駱綺蘭，字佩香，句曲名家女。幼習書史，喜吟詠。適金陵龔世治，早寡，無子。移居丹徒，益肆力于篇什，兼得簡齋、夢樓兩太史指授，詩筆大進。其所著聽秋軒詩集，兩太史已序而傳之矣。予于乙卯春至句曲，佩香即介其弟文峯以畫蘭見貽，繼于文峯齋中見其所畫芍藥三朵花及杏花春燕諸圖，已駸駸入南田之室，乃知慧性人固無事不洞宗透髓也。

閨秀盧元素

閨秀盧元素，字鸖雲，號瀞香居士。其先長白人，隨父徙居江南。玉魚生納爲側室，教之梅蘭。又師竹室寫山水。更善繡作人物、草蟲，紅絲翠縷與丹青渲染競發。歲乙卯，兩淮都轉曾賓谷先生倩玉魚爲畫芍藥三朵花圖，并以題句乞瀞香繡于後，瀞香并繡己所作詩。由是竹室言于玉魚，以瀞香才德如此，庸可屈于佐箟！即于是年九月十九日，其次子彌月之吉成禮，以繼正室焉。

閨秀錢林

閨秀錢林，爲湘蒓方伯少女，歸汪氏。從玉魚學爲花卉，從松壺學爲詩，頗得兩兄之雋美。嘗集武林諸閨秀爲詩畫會于西湖之寶石山莊。

閨秀吴申

閨秀吴申，字蕙姬，歙縣吴涵齋太史長女。母以夢鶴而生，因小字鶴僊。歸錢袖海。工水墨花卉，楚楚有致。兼能詩，有雙梧閣小草。

閨秀朱蘭

閨秀朱蘭，字夢香，號瓊華仙史。性耽吟詠，日夕苦思，至妄寢食。其尊人瑶襄，與竹室善，遂執贄爲詩弟子。竝學花卉，尤工蛺蝶。

閨秀吴雙玉

閨秀吴雙玉，字琴君，又字香幢，錢塘吴小匏先生女也。少孤，舅氏潘德園侍御撫爲己女。侍御主吾邑講席，喜周生蔚堂年少工文，遂以字之。琴君工詩，能鼓琴，蘭筆秀逸。其白描大士像，莊嚴端好，衣致作蓴絲折，有生動之致。平時禪課精嚴，其繪事殆從十六觀中出耶？第于歸未久而蘭摧玉殞，可勝惋惜。

閨秀王珊

閨秀王珊，字侍香，吴縣人，無錫賈素齋姬也。善音律，尤工寫生。嘗從學于陸鐵簫，盡得其法。

墨香居畫識卷十

孫銓

孫銓，字鑑堂，號少迂，崑山人。乾隆庚子舉人。幼喜學其鄉先輩夏仲昭墨竹，亦工山水，以黄鶴、山樵爲宗，至如子久、雲林、石田及國朝廉州、石谷諸家，皆所兼涉。中歲學寫生，亦得白陽、南田遺意。嘗遊京師，爲成邸所賞識，凡筆墨之事，所需輒應，無不得當。公卿羣相推重，與翁覃谿、法時帆兩學士尤稱莫逆。嘉慶辛酉，司訓吾邑，裒集諸名家法書，親自鉤摹入石，爲壽石齋法帖。

高樹程

高樹程，字邁菴，自號煙蘿子，居杭州府城。乾隆庚子副榜。學問淹博，尤工制藝。設講席於梁莊，從遊者雲集，得其指授輒破壁飛去，而煙蘿子依然一明經也。山水蒼秀，得子久、山樵兩家神髓。識者謂：「奚鐵生雖精能而少古趣，邁菴應在其右。」

賀隆錫

賀隆錫，字康侯，號晉人。原籍曲沃，僑寓江寧之上新河。官湖北宣恩縣知縣，擢府同知。

詩詞、行楷無一不妙，尤工山水、蘭竹。蓋家多儲藏，善鑒別，薰習之餘，其畫無一筆不從古人出，而於九龍山人及問政山樵兩家筆意更爲酷似。丁卯秋日奉訪，得登清閟，如入寶山，而小李將軍揭鉢圖卷後有陰陽本趙鷗波兩跋，尤爲偉觀。

朱昂之

朱昂之，字青立，武進人。其尊甫西巖孝廉，官興化教諭，能書，善山水。青立濡染家學，尤得力於石谷、南田兩家，落筆神似。賀君晉人嘗跋其畫册云：「青立爲毘陵名士，余舊友也。嘉慶壬戌、癸亥間，需次都門，青立亦以功名事北上兩載，往來甚密，得其册幅甚多。擇其最精妙者裝成一册，時一展玩，如見青立解衣槃礴之趣也。」丁卯秋，晉人出示是册共相欣賞。其筆墨精妙，一時恐少儔匹。

吴　鈞

吴鈞，字念曾，號墨隱，秀水人。山水得井西老人法。通醫理，善養静，年雖望七，而精神如少壯。今館於上河王顧亭太守家，顧亭令嗣仙舸從之遊，因得相識。爲余畫山水册幅一、雙松扇一，俱極精妙。

王　蘭 俞昌附

王蘭，字芳谷，錢塘人。余昔遊浙時，曾見其畫，二十年來未通聞問。乙丑秋，蒙以畫卷見寄，且題云：「古人謂作畫須讀萬卷書、行萬里路，然二者以外，尤以養氣爲主。蓋氣静則繁枝疊嶂自然藴藉，氣足則一水一山奇偉奪目。」其畫既佳，其論亦確。丙寅小春，相晤於桃花塢畔，則將束裝入秦矣。同里俞冠五名昌者，隨侍芳谷多年，亦能畫山水。

鍾　浩

鍾浩，字養斯，號小吾，又號玲瓏山樵，長興人。秀水馮大中丞鈐，其舅氏也。早年在浣江署中，即以詩畫與諸同人倡酬。繼以四庫館議叙，得阜陽丞，陞全椒令。爾時，蘇君廷煜、陳君一章均以指墨名，小吾與兩人相契，亦工其技。服闋後，改授湖南桑植縣。年老乞歸，日以翰墨自娱。書工隸篆，亦長鐵筆。

朱　楝

朱楝，字柱臣，號砥齋，長興人。乾隆丁酉拔貢，己亥舉人，現官山東廉訪使。詩詞、書法並工，尤善寫生。初官部郎時，名滿京師，有徐、黄之譽。出守後，爲政聲所掩。然公餘輒不廢翰墨，落筆渲染，皆栩栩有神韻。

陳詩庭

陳孝廉詩庭，嘉定人。王文潞詩云：「生平好詩復好畫，揎袖落筆風雲生。」又云：「我婁煙翁及湘碧，得其萃者惟茂京。近來畫法半榛莽，如君好手得未曾。」錢竹汀少詹亦向予亟稱之。

周　封

周封，嘉興諸生。阮芸臺學使試士，兼試繪事，封於場中寫秋山聽瀑圖，筆墨蒼秀，深得學使者意。

吳大均

吳大均，字叔平，號廉山。其又號雲源者，乃原籍休寧之地名。廉山遷居溧陽已久，應童子試時，邑人忌其才名，擯不得與，遂終身不應試，意恬如也。嘗從史悟岡先生遊，詩文得其指授。畫工山水、人物、花卉，尤長墨龍，愈大愈妙。爲人外和中介，喜飲酒，飲必滲以水。善鼓琴，每於夜分人静後，操一曲以自怡。嘗寓醉墨樓，與裴祉亭爲忘形交，予因得挹其丰采。所著有鏡吾、西有堂諸稿。

畢　涵

畢涵，字蕉麓，陽湖人。工山水，埽去塵熟，遠宗古法，亦毘陵一作手也。

沈　容

沈容，字二川，號春蘿，錢塘諸生。工詩詞，善寫山水、花卉。嘗見其爲芷橋寫芍藥一枝，丰姿縹緲，淩空欲舞，無半點畫家習氣。寫生至此，可稱逸品。

笪立樞

笪立樞，字繩齋，居句容茅莊。乾隆壬子舉人。教習期滿，引見，以知縣用。旋丁内艱，侍父家居。詩筆、書法俱妙，尤工山水。高者得宋元人氣骨，其下者亦不屑與藍田、叔宋、石門爲伍。江上風流，其繼起矣。

管　鏞

管鏞，字退菴，上元歲貢生，品學俱佳。丁卯春日，曾訪之於城北雙石鼓，而不知其能畫。近於朱煉師樂園扇頭見其寫梅花一枝，精妙絶倫，題句書法亦工，幾令人摩挲不忍置。

黄　嵋

黄嵋，號兩峯，江西南城人，現官盱眙縣知縣。寫山水以高曠爲宗，不落尋常蹊徑。

祝　喆

祝喆，字明甫，秀水人，爲豫堂先生令似。工畫梅，王述菴司寇稱其「横斜偏反，各極自然，直與陳楞山、金壽門輩異曲同工」。

陳公信

陳公信，字悝園，福建上杭縣人。官浙江鹽大使。服闋，選授徐州府經歷。丙寅夏日自吴門驗看還，與予相遇於秦淮水榭，畫山水扇見贈，極得上官竹莊筆意。

曹洪志

曹洪志，字士心，號淡持。上海廪貢生。纂修館謄録，期滿，議叙縣丞。工畫山水，爲康孝廉起山高足。

潘思牧

潘思牧，字樵侶，丹徒人。工山水，遠宗大癡，近法香光，筆沉著而墨罨潤，論其畫品不在君家、蓮巢之下。

姚嗣懋

姚嗣懋，字本仁，號脩田，又號靈石山樵。錢唐雲岫大宗伯少子。官北河州同。山水取法宋元，花卉宗南田，用筆、設色俱秀雅絶倫。

瞿紹勳

瞿紹勳，字□□，號楠圃。原籍如臯，遷常熟。爲人淵雅静穆。書法逼真董香光。山水不多作，而筆甚蒼秀。予屢索不與，嘗於其篋中得其仿米册幅，遂珍藏之。

王仲純

王仲純，字思專，號亦亭，吴縣人，文恪公裔孫。山水倣煙客、麓臺，花卉亦具有忘菴老人遺意。所居退思巖，爲文恪公怡老園故址。性狷品峻，宜其落筆尤侃侃也。

祝志裘

祝志裘，字仲冶，海寧州諸生，侍御止堂先生次子。詩文雋雅，風貌研秀。能鼓琴度曲。山水臨摹文、沈諸家，各臻其妙。白描法丁南羽。

周　京

周京，字寄林，號二木居士，丹徒人，工寫蘭。

改　琦

改琦，字伯蘊，號香白，亦號七薌。其先本西域人。祖某，爲松江提標參將，陞襄陽總兵，没於王事。父從定軍門出征，積功授六品職，遂家於松郡。香白柔弱善病，喜文工詩，寫仕女妙絶一時。近又喜寫折枝花卉，亦復娟秀可愛。

葛　光

葛光，字與林，上元諸生。詩文詞曲皆克擅長，亦善寫梅蘭。性情雅淡，雖尚滯青衿，而館穀自給，安分樂貧，不肯以奔競爲事。與黄秋舲、方錫之爲莫逆交。

楊振鐸

馮翊楊振鐸，字蟾橋，畫竹蒼勁，得顧定之法。

馮　麟

馮麟，字□□，慈谿人。嘗寫松鶴圖見贈，筆墨秀絶。

朱　壬

仁和朱壬，青湖先生子也。工詩，其山水、花卉、翎毛皆有古法。

張國裕　陳國觀

張國裕、陳國觀皆杭州人，工花卉。

王步蟾

王步蟾，字寒香，華亭諸生。工山水，得淡菴先生家法。

陳球　吕鈐　沈瀚

陳球、吕鈐、沈瀚三人，皆嘉興人，工山水。

虞光祖

虞光祖，秀水人，工花卉。

徐鉽　梁學　姚榕

仁和徐鉽，工山水。同邑梁學、姚榕，工墨梅。

唐　灼

唐灼，巢縣諸生。嘗得其山水小幅，筆蒼而秀。並工花卉。丁卯春，蒙顧寓齋，始知其授徒於白門者久也。

袁汝霖

袁汝霖，號天泉，蕭縣人。寫山水極有工力，大小幅皆不肯以輕心掉之。

孔傳薪

孔傳薪，字□□，句容人。乙酉拔貢，官太平縣教諭。寫花卉得陸包山、周服卿兩家筆意。

孟覲乙

孟覲乙，字麗堂，陽湖縣人。能詩，工山水。

周　桂

同邑周桂，字香巖，詩人牧菴喆嗣。工寫真，山水、花卉亦得古趣，絶非泛常補圖酬應之作。

汪　蕃

汪蕃，字晉夫，一字屏山，號小華。休寧人，僑寓上海。工詩，山水得米家法，尤工棧道。

朱鼎鋐

朱鼎鋐，字鎔萬，號佇汾，自號阿欸。原籍江寧，今居吴門。蘭竹似鄭板橋，尤工蘆蟹，尺縑點筆，作作生芒。

張　鴻

張鴻，字衍夫，元和籍，今居江寧。爲人樸茂真摯，與予訂交數餘年，每至金陵輒主其家，周旋莫逆，臨去時輒依依不忍捨。工寫梅蘭竹菊，求者甚衆。

顧　震

顧震，字大震，號濺雷，南通州人。寫梅承其父述亭家學。其寫竹，喜作萬竿煙雨，令人起瀟湘之思。

曹　湘

曹湘，字應鳳，號月湖，與濺雷同里。山水、人物、花卉師錢石亭，深得其法。

劉允升

劉允升，字敬堂，號桐村，丹徒庠生。山水得文氏家法。

陸良弼

陸良弼，字嘯巖，耳山副憲之弟。性聰穎，詩古文辭落筆輒工。間繪花卉，亦得前人法。惜早卒。

沈清佐

沈清佐，字右岑，號筤村，歸安廩生。力學好古，詩字俱佳。山水深得董華亭法，花卉亦生動。館隨園，曾以畫幅見貽。及余走訪，值筤村抱病，未得相晤。

周永瀚

周永瀚，字香浦，常州人，工山水。

程庭松

程庭松，字秋濤，居吴門。工寫禽蟲，惟妙惟肖。

李蟠根

李蟠根，字屈菴，丹徒人。工花卉。嘗寫牡丹一枝見寄，筆極疎老。

張　騏[一]

張麒，字伯冶，又號一粟散人。本浙籍，寄居吴門。工詩詞，尤善楷法，山水、花鳥均得南田筆意。

薛　周

薛周，字秋泉，常熟人，工山水。

艾　德

金陵艾德，字容堂，號石船。工寫照。寓朝天宫之飛雲閣。嘗倩方錫之畫冶城高隱圖屬

[一]「騏」正文作「麒」，莫知孰是，兩存之。

題，蓋朝天宫正在冶城山，而飛雲閣又朝天宫最勝處也。余於丁卯春仲訪之，爲予寫自在舟漁篷圖。亦工雜卉。

沈　桂

沈桂，字石樵，常熟人，工山水。

包　惠

包惠，字秋巖，上海諸生。寫山水亦得康起山法乳。

余文本

余文本，字仁山，號友芝，吴縣人。工山水、蘭竹。

顧　錦

顧錦，字侣樵，工寫生。

吴希文

吴希文，字松坡，涇縣人。以指畫名，而筆畫尤佳。

楊嘉梓

楊嘉梓，字南山，號祝圃，吴縣人。工山水，得韻蘭外史指授，藝學日進。

萬榮恩

萬榮恩，字玉卿，江寧諸生。能寫山水、禽蟲，並臻佳妙。尤長詞曲，著《謫花樓傳奇》。瀟灑倜儻，有六如、夢晉風。

呂　璜

呂璜，字渭占，號耘陶，崑山人。早孤，寄跡吴門，信筆作人物、山水，已合法度。既在韻蘭外史甥館，相與商確古今，畫日益進。

吴階升

吴階升，字南吉，號芝田，上海人。府學廩生。工寫棧道。

楊天璧

楊天璧，字繡亭，上元諸生。詩文既工，偶寫山水、花卉，亦涉筆輒佳。

周介福

周介福，字□□，號竹田，江寧國學生。其尊甫芍園先生，精兒醫，名藉甚。竹田年甚少，即能承其家學。詩筆穩秀，寫蘭竹亦蒼古無稚氣。

裴　鏞

裴鏞，字聚堂，號迪君，句容庠生，吾友祉亭令似也。祉亭好客，喜書畫，工大小篆，一時韻士如廉山、雲谷、一亭輩，時時在醉墨樓。聚堂性淵静，無俗嗜，薰習之餘，輒能寫折枝花卉，落筆即有南田氣韻。

張深

張深，字叔淵，號浪客，丹徒庠生，吾友寶巖令似也。寶巖人既淵雅，而於山水、花卉、人物取法最上，落筆最高，輒不作第二人想。今夏五月，相晤於淩江閣，爲細談畫理者竟日。未幾，叔淵赴試來省，蒙寫花卉見貽。鈎染精細，氣味静穆，亦深得宋人筆意。

王立德

王立德，字晉業，號繡竹，謙齋長似也。工山水，咸謂有咄咄跨竈之勢。予謂謙齋嬾於拈筆，難免生疎。繡竹年少高興，索畫者輒滿所欲而去，其交譽之宜也。然平心而論，謙齋似不如繡竹之圓熟，至於氣韻疎冷入古，繡竹亦遠不能逮。

程纘

上元程纘，字克家，臨摹元明人山水無不逼真。人以賤值得之，裝潢轉售，輒獲厚利，而克家食貧如故。

李馨

李馨，字小霞，常熟人。工山水。嘗見其寫滿湖山色一歸舟圖贈顧孝廉實夫，用筆極灑落如意。而詢其年，尚在髫齡，何天姿之超妙若是耶！

周　岱

周岱，字東籓，號小巖，韻蘭外史長似也。韶年學畫，已能得其家法。

釋宣澍

金陵承恩寺僧宣澍，字甘亭，工詩，能畫山水。

道士徐體微

徐體微，字妙庭，號浣梧道人，丹徒人，西津淩江閣道士。善山水。充大真人府知事，供職天壇。

道士朱福田

朱福田，字樂原，號嶽雲。住上河徽州會館。詩見賞於姚姬傳院長。又從墨隱老人學山水，未及半載，早已駸駸入室。

道士許仁年　沈春林

許仁年，字靜寧，飛霞閣道士。沈春林，字蘭皐，飛雲閣道士。均善寫墨菊，有韻致。

閨秀沈英

沈英，字綠墅，德清人。安平明府硯圃女，長興朱明經曉軒淑配，刺史午山尊慈也。工詩，善雙鈎染墨法。然性凝重，惡名譽，惟教其令媛文樓女史作畫。餘雖緗縑剡紙，求者盈篋，恒不易落筆，惟戚黨間獲數紙，珍逾拱璧。又嘗惜近代才媛易就湮没，因廣爲蒐輯，著有墨華樓詩話一編。憐才盛心，闡幽微旨，論者交美焉。

閨秀朱新

朱新，字雨花，號文樓女史。既幼承緑野夫人工餘指授，復得季父砥齋與爲商榷，於雙鈎没骨之法悉意揣摩，曲擅能事，浙西名家争耳名而心折焉。山舟梁侍講爲傳以紀其美，稱其品韻在惲冰、吴綃之上。

閨秀顧兆蘭

顧兆蘭，號紫琅女史，溧雷女。畫承家學。嘗寫洛神，明璫翠羽，深得古法。作花卉、魚蟲，亦極娟秀。

閨秀席文卿

席文卿，字淡如，洞庭東山人。年十二歸吴江徐筠嶠爲側室。性靈穎，教以詩詞書畫，輒能領會。尤有至性，嘗篝燈紡績，蓄資以葬其親。惜年未三十而逝。筠嶠作傳徵詩，並以遺墨見贈，余乃作五絶以悼之。

圖書在版編目(CIP)數據

馮氏畫識二種/(清)馮金伯撰;陳旭東,朱莉莉,賴文婷點校.—上海:
復旦大學出版社,2018.1
(浦東歷代要籍選刊/李天綱主編)
ISBN 978-7-309-12475-0

Ⅰ. 馮… Ⅱ. ①馮…②陳…③朱…④賴… Ⅲ. 畫家-列傳-中國-清代 Ⅳ. K825.72

中國版本圖書館 CIP 數據核字(2016)第 183149 號

責任編輯 張旭輝

(浦東歷代要籍選刊)
馮氏畫識二種
(清)馮金伯 撰
陳旭東 朱莉莉 賴文婷 點校

復旦大學出版社有限公司出版發行
上海市國權路 579 號 郵編:200433
網址:fupnet@fudanpress.com
http://www.fudanpress.com
門市零售:86-21-65642857
團體訂購:86-21-65118853
外埠郵購:86-21-65109143
出版部電話:86-21-65642845

浙江新華數碼印務有限公司印刷

開本 890×1240 1/32 印張 19.25 字數 340 千
2018 年 1 月第 1 版第 1 次印刷

ISBN 978-7-309-12475-0
K·578 定價:68.00 圓